CULTURA, ESCOLAS E FASES
METODOLÓGICAS DO PROCESSO

Conselho Editorial
André Luís Callegari
Carlos Alberto Molinaro
César Landa Arroyo
Daniel Francisco Mitidiero
Darci Guimarães Ribeiro
Draiton Gonzaga de Souza
Elaine Harzheim Macedo
Eugênio Facchini Neto
Gabrielle Bezerra Sales Sarlet
Giovani Agostini Saavedra
Ingo Wolfgang Sarlet
José Antonio Montilla Martos
Jose Luiz Bolzan de Morais
José Maria Porras Ramirez
José Maria Rosa Tesheiner
Leandro Paulsen
Lenio Luiz Streck
Miguel Àngel Presno Linera
Paulo Antônio Caliendo Velloso da Silveira
Paulo Mota Pinto

Dados Internacionais de Catalogação na Publicação (CIP)

J62c   Jobim, Marco Félix.
       Cultura, escolas e fases metodológicas do processo / Marco Félix
Jobim. – 4. ed. rev. atual. de acordo com o novo CPC. Porto Alegre:
Livraria do Advogado, 2018.
       197 p.; 25 cm.
       Inclui bibliografia.
       ISBN 978-85-9590-031-8

       1. Processo civil - Brasil - Estudo e ensino. 2. Brasil - Cultura.
3. Culturalismo. 4. Sociedade - Direito - Processo. 5. Escolas de
processo - Brasil. I. Título.

	CDU	347.91/.95(81)
	CDD	341.46

Índice para catálogo sistemático:
1. Processo civil: Brasil: Estudo e ensino   347.91/.95(81)

(Bibliotecária responsável: Sabrina Leal Araujo – CRB 10/1507)

Marco Félix Jobim

CULTURA, ESCOLAS E FASES METODOLÓGICAS DO PROCESSO

4ª EDIÇÃO,
revista e atualizada
de acordo com o novo CPC

Porto Alegre, 2018

© Marco Félix Jobim, 2018

(Edição finalizada em fevereiro/2018)

Projeto gráfico e diagramação
Livraria do Advogado Editora

Revisão
Rosane Marques Borba

Imagem da capa
freepik.com

Direitos desta edição reservados por
Livraria do Advogado Editora Ltda.
Rua Riachuelo, 1300
90010-273 Porto Alegre RS
Fone: 0800-51-7522
editora@livrariadoadvogado.com.br
www.doadvogado.com.br

Impresso no Brasil / Printed in Brazil

A quarta edição, novamente, como não poderia deixar de ser, é dedicada aos meus dois amores, Gabriel D'almeida Jobim e Pedro D'almeida Jobim, que iluminam todos os meus dias com aqueles sorrisos únicos e fazem com que minha saída de casa pela manhã seja precedida da vontade incondicional de retornar o mais breve possível.

Agradecimentos à 4ª edição

Aos grandes processualistas que nos deixaram em 2017: Ada Pellegrini Grinover (1933-2017), José Carlos Barbosa Moreira (1931-2017) e Teori Albino Zavascki (1948-2017).

Agradecimentos às edições anteriores

3ª edição

Aos colegas, funcionários e alunos da Pontifícia Universidade Católica do Rio Grande do Sul, minha nova morada acadêmica desde agosto de 2015.

2ª edição

O amadurecimento acontece com a correspondente responsabilidade que se espera de alguém e, desde o lançamento da 1ª edição, muito foi exigido de minha pessoa e espero que possa ter correspondido a essas exigências. Em razão disso, é momento de agradecer àqueles que me fizeram tanto crescer no último triênio, sendo que o esquecimento de algum nome pode ocorrer, tendo em vista que muitos foram aqueles que me auxiliaram na caminhada.

Aos professores de mestrado em Direito e Sociedade do Unilasalle, e não é demais nominá-los, iniciando pelo seu coordenador, Professor Germano Schwartz, pela confiança depositada na minha pessoa, acreditando no meu potencial e me abrindo portas que jamais serão esquecidas; aos demais professores com quem o convívio nos últimos anos foi por demais proveitoso: Selma Rodrigues Petterle, Daniel Achutti, Daniela Cademartori, Diógenes Ribeiro, Fernanda Medeiros, Jayme Weingartner Neto, Leonel Pires Ohlweiler, Marcos Catalan, Maria Cláudia Cachapuz, Paula Pinhal de Carlos, Renata Almeida da Costa, Salo de Carvalho, Sérgio Cademartori, José Alberto Antunes de Miranda; aos funcionários do Unilasalle, os quais presto agradecimento na pessoa de Fransciély Velasques e aos demais professores nas pessoas de Guilherme Abraão e Miguel do Nascimento Costa.

Aos colegas da ULBRA – Universidade Luterana do Brasil –, minha antiga morada, tendo em vista ser graduado, mestre e professor pela primeira vez nessa Universidade, agradecimento que faço a todos os discentes e docentes, estes nas pessoas dos amigos Rafael Lopes Ariza e Marcia Aparecida Cardoso da Silveira.

À Fadergs – Faculdade de Desenvolvimento do Rio Grande do Sul –, na qual tive um tempo não muito longo, mas muito proveitoso, tanto no convívio com os alunos como com os professores, aos quais agradeço nas pessoas do Paulo Fayet e Geraldo Jobim.

Aos alunos do Centro Universitário Lassale, que nos últimos dois anos me recepcionaram calorosamente, meu sincero agradecimento.

A todos os professores e discentes do Programa de Pós-Graduação da Pontifícia Universidade Católica do Rio Grande do Sul, com quem tive o prazer de realizar um grande sonho, que era o doutorado, conquistado no ano de 2012, o qual faço na pessoa do seu Coordenador, Prof. Ingo Wolfgang Sarlet, e de meu orientador, Prof. José Maria Rosa Tesheiner.

Ao Prof. Dr. Daniel Mitidiero e aos alunos do mestrado e doutorado em Direito de suas disciplinas na UFRGS que, nos últimos dois anos, me acolheram com grandes debates no *Pantheon* Acadêmico, que inovam temas importantes do direito processual;

O ano de 2013 me reservou uma alegria que não pode ser expressa por meio de palavras, pois no dia do trabalhador Deus me confiou o nascimento de meu segundo filho, Pedro D'Almeida Jobim.

Aos mais novos integrantes da família, Nina e Benício.

Aos colegas do escritório, pois, se há algum resquício de tempo para a vida acadêmica, é em razão de eles tornarem mais leve minha atividade advocatícia.

Aos leitores da edição esgotada, minha profunda gratidão, esperando que depositem nova confiança na leitura desta nova edição que agora se concretiza.

1ª edição

Difícil agradecer sem esquecer alguém, por isso, em algumas partes, a generalidade: Por primeiro, ao nosso criador; à Betânia e ao Gabriel, eles sabem todas as razões; ao meu pai e à minha mãe sempre; ao Cassio e Marcio, amigos inigualáveis; ao Bruno (preto do tio); à Carol (minha veia); às minhas cunhadas e aos meus comprades; à Idília, pelo carinho especial ao seu neto; aos meus afilhados; aos meus amigos; aos meus colegas de escritório, pois sem a força de trabalho deles não poderia dar continuidade aos meus estudos; aos meus colegas docentes, pois todos se dedicam com o coração numa profissão tão importante e, ao mesmo tempo, tão pouco reconhecida; aos meus colegas do doutorado, pois a busca pelo conhecer é algo compartilhado em nosso curso por todos que lá estudam; aos meus professores, pois sempre temos que perseguir o algo mais, e encontro neles o norte para continuar nesta busca; aos meus alunos, pois são eles que movem a esperança de um futuro melhor para o nosso país; ao Professor José Maria Rosa Tesheiner e ao amigo Júlio Cesar Goulart Lanes, pelas leituras preliminares e críticas; à Professora Elaine Harzheim Macedo, pela designação do tema; à Livraria do Advogado Editora, nas pessoas do Walter e do Valmor, mais uma vez pela aposta.

Nota à quarta edição

Passados quase dois anos da última edição, muito ocorreu: já se podem prever aquelas ideias que estão e que não estão se consolidando, com o advento do CPC/2015; processualistas importantes nos deixaram, os quais deixamos consignados em nossos agradecimentos; grandes teses, dissertações, monografias em geral, obras individuais e coletivas, assim como artigos e colunas foram escritos sobre o novo direito processual civil; houve um fortalecimento das associações processuais, assim como fechamento de grandes parcerias. Por tudo isso, necessária a atualização, mais uma vez, dessa obra que tem como meta principal um conhecimento de algumas questões ligadas à geografia do Direito Processual Civil nos dias de hoje em solo brasileiro. Mas o que quero deixar registrado na nota foi o encontro que tive com o Prof. Ronaldo Brêtas de Carvalho, em Uberaba, durante o Congresso de Processo do ano de 2016 quando o Professor, mostrando-se conhecer desse humilde estudo, anuncia que eu havia acertado sobre a Escola de Processo Mineira na 1ª edição, quando defendi ser uma só, e não como o fiz na segunda e terceira edições, cindindo a mesma em duas vertentes. Só por isso se faria necessária a atualização, pois, após refletir, retorno ao que havia já defendido na 1ª edição quando, à luz da pesquisa realizada, deparei-me com uma Escola somente, em que pese haver divergências de pensamento internamente, o que, por si só, não autoriza a divisão realizada. Além deste importante retorno às origens, abordo melhor alguns temas, revejo outros, coloco capítulos novos mostrando a existência de algumas associações ligadas ao direito processual, assim como faço uma radiografia de como se pode publicar hoje em revista qualificada de processo, questões estas que já deveriam fazer parte da obra desde sua edição original.

Nota às edições anteriores

3ª edição

A terceira edição apresenta alguns aspectos relevantes que foram incorporados após a publicação da edição anterior, em especial por outros paradigmas culturais contemporâneos que foram identificados, como: *(i)* o medo; *(ii)* a identidade genética e *(iii)* o esvaziamento do poder. Aliado a isso, preferiu-se desmembrar o que se denominou de demais Escolas de processo com subcapítulos próprios, não só em razão da importância de cada Escola, mas para, inclusive, fomentar o debate sobre a existência de algumas ou ainda para que, a partir das dúvidas nesta obra levantadas, outras se organizem para fortalecer a própria criação daquela Escola que ainda está em estado letárgico ou embrionário. Por fim, foram atualizadas algumas notas de rodapé e acrescidas algumas obras que se considerou importante no transcorrer dos meses que separaram as edições.

Deixar à disposição o *e-mail* para críticas, sugestões e debates, apesar de frustrante na primeira edição, encontrou norte agradável na segunda, em especial naquele enviado pelo Professor da PUC de Minas Gerais Rosemiro Pereira Leal que, academicamente, discordando dos escritos, indicou-me a obra **O mito do contexto**, de Karl Popper, para leitura e reflexão, o que, além de gratificante, contribuiu ainda mais para minhas convicções, o que acredito não ter sido a intenção do Professor Rosemiro. O conteúdo da mensagem é importante para que o leitor entenda que não deve haver ressentimentos em discordâncias acadêmicas. Refere o Prof. Rosemiro: *"Prezado colega Prof. Marco Félix Jobim. Agradeço penhoradamente a remessa que me fez de obras de sua autoria, máxime a sob título 'Cultura, Escolas e Fases Metodológicas do Processo' em que o colega fez uma gentil incursão em minha teoria. Percebi que o colega acha inexpugnável o contexto cultural como uma rede aprisionadora de todos desde sempre. Embora esteja em lado oposta a essa convicção apeliana, o seu trabalho é fecundo e presta grande contribuição ao estudo do pensamento processualístico no Brasil. Tomo a liberdade de anotar que a transcrição de minha obra no rodapé de nº 265 está trancada, comprometendo a compreensão sobre as posições de Kant com relação à pena de morte que ele tinha como via necessária à recuperação da cidadania perdida. Só para fazer uma provocação acadêmica, gostaria que o colega lesse uma obra, pequena em tamanho, mas grande em conteúdo a meu ver: 'O Mito do Contexto' de Karl Popper, Biblioteca de Filosofia Contemporânea, Edições 70, Lisboa, Portugal, 1996. Fico aqui nas 'Gerais' às ordens do colega. Afetuoso abraço do Rosemiro Pereira Leal"*.

Isso apenas demonstrou que marcos teóricos diferentes podem levar a conclusões diferentes, contribuindo para a diferenciação entre os pensamentos de cada Escola, de cada autor, em que pese ser leitor de outras obras de Popper e tê-lo utilizado como um dos marcos da minha pesquisa de doutorado.

Por isso, o *e-mail* <marco@jobimesalzano.com.br> segue à disposição.

Nota 2ª edição

Fiz um apelo especial à Editora *para que elaborassem uma capa nova, pois a segunda edição do livro "Cultura, escolas e fases metodológicas do processo" é uma obra em grande substância modificada.* Isso se deu muito em razão de uma reflexão sobre um trecho da vasta obra de Nietzsche quando uma vez referiu sobre ser o prefácio um momento próprio do autor, mas ao leitor é deixada a possibilidade do posfácio e, é realmente por causa desses leitores, que a segunda edição precisa de algumas explicações prévias. Algumas convicções que tinha no primeiro trabalho foram refutadas. Para mim, que sou estudante da filosofia da ciência, e autores como Popper, Kuhn, Lakatos e Feyerabend, somente somou alegria. E essas modificações foram, em parte, realizadas a partir de críticas que alguns amigos realizaram, em especial Elaine Harzheim Macedo, Maurício Martins Reis e Ângela Araújo Espíndola, que me fizeram enxergar as escolas de processo de forma diferente.

Tive contato com inúmeras obras novas, assim como algumas raridades, como a *História da Cultura*, de Kaj Birket-Smith, que me foi emprestada pelo querido amigo Professor José Maria Rosa Tesheiner. Ao lado dessa obra, inúmeras outras foram incorporadas ao capítulo destinado à cultura e as suas formas de manifestação na sociedade contemporânea, razão pela qual houve um aumento significativo dos paradigmas que se consolidam na sociedade e que devem influenciar o Direito e o processo. O capítulo que menos teve inovações foi o destinado às fases metodológicas do processo, mas, mesmo assim, obteve um aumento bibliográfico importante. Já o capítulo destinado às escolas de processo foi alvo também de alguns acertos, todos eles devidamente explicados em momento oportuno.

Retirei, por opção metodológica, todas as citações do texto para uma fluidez melhor da leitura, colocando tudo para as notas de rodapé, sendo que o leitor sempre poderá buscar nelas a confirmação do que leu ou para ir atrás da obra em seu original, alargando sua pesquisa e seu conhecimento. O que também fiz foi alocar citações antes do texto apenas no capítulo e subcapítulos destinados ao estudo da cultura e suas implicações ao Direito e ao processo para que o leitor que está mais habituado com a leitura dogmática se familiarize com os assuntos pautados não dogmáticos.

Em razão dessas modificações tenho, para minha alegria, uma obra melhor que a primeira, mais completa e mais bem pesquisada. A ligação entre Direito e cultura e as modificações que um pode causar noutro ficaram mais claras em minha opinião e, após a finalização do doutorado, trazer o processo como elemento que pode vir a modificar ambos foi extremamente proveitoso para complementar o pensamento final desta edição.

Continuo na expectativa do franco diálogo com os leitores, razão pela qual o *e-mail* <marco@jobimesalzano.com.br> está sempre disponível para o debate que nossa academia tanto precisa.

Prefácio

Tenho, pela vez primeira, a oportunidade de apresentar ao mundo jurídico uma obra da lavra do Marco Félix Jobim. Ainda que não ostente altos títulos acadêmicos, tais como *mestre* ou *doutor*, aceitei o encargo habilitado por duas credenciais.

A primeira diz respeito ao exercício da advocacia por mais de 40 anos, tempo suficiente para habilitar qualquer prático a empreender reflexões sobre sua profissão. Não se pretende aqui inventariar uma vida dedicada ao Direito, antes dar breve testemunho de um protagonista acerca da cena jurídico-cultural apresentada pelo livro prefaciado.

Desvelo a primeira impressão do que tinha da Justiça, dando voz às reminiscências da minha puerícia, narrando, de forma breve, a reação causada pela entrada de um magistrado num recinto. O ambiente, ainda que animado pela embriaguez, como que paralisava, perante aquela figura que simbolizava, para nós, o próprio Estado, a própria Lei. Se, ao invés de juiz, algum desembargador fosse quem adentrasse, posso pecar pelo excesso, mas aquilo tinha algo de divino.

Principiando o advogar no final da década de 60, auge da ditadura militar, o processo civil era detentor de uma autonomia praticamente soberana, tanta que eram tempos em que se dizia ser possível ganhar a ação "no processo". Ganhar a ação no processo era, numa linguagem vulgar, de corredor do fórum, a representação da fase metodológica do processo denominada de processualismo, a qual é trabalhada na obra ora prefaciada.

Embora a mudança cultural não seja representada por um único evento, que revolucione, antes por uma lenta e contínua evolução, podemos apontar a Constituição de 1988 como um marco referencial de uma nova abordagem da vivência jurídico-profissional, a qual passou a ser marcada, cada vez mais, por uma relativa desimportância de certas formalidades processuais. O processo, explica-me o livro prefaciado, deixara de ser um fim em si mesmo, passando a ser considerado um instrumento de realização do Direito material.

Embora nunca tenha perdido o merecido e devido respeito diante do Judiciário, que se regula por este processo, não posso deixar de notar a perda de certa gravidade no seu trato, a perda de um elemento litúrgico que dava uma solenidade imemorial aos atos processuais. Havia ali uma formalidade autorreferencial, que dava sentido e conteúdo ao próprio procedimento.

Talvez sejam essas as palavras de um saudosista; talvez, não. A resposta a terão os juristas que, como o Marco, persistirem em estudar a realidade cultural de nosso país, e os futuros práticos, que, como eu, terão a oportunidade de ler análises inteligíveis como esta que vos apresento.

A segunda credencial, que me habilita a este introito, se hospeda na paliçada familiar, reservando as demais observações técnicas aos seus leitores, tudo, pois falo do meu filho e, nesta condição, peço vênia, para ceder à tentação.

Do Marco prefiro ressaltar o prazer que emana do nosso convívio diário e continuado, das fraldas para o advogado, do primeiro beijo para o abraço pela graduação, pelo mestrado, pelo doutorado, pelo filho amoroso que é, pelo irmão fraterno, pelo pai atento, pelo chefe de família exemplar, pela dedicação que entrega para a esposa Betânia, pelo carinho que nutre aos meus netos Gabriel e Pedro e, finalmente, por uma capacidade profissional rara, sustentada por uma força de vontade inquebrantável e de um descortino jurídico privilegiado, condições que vão digitalizar as suas obras de forma invulgar.

Parabéns, com um beijo do pai que muito te ama.

19.V.2011.

BLJ

Sumário

1. Introdução..21

2. Cultura..25

2.1. Cultura: tentativa de conceituação.............................25

2.2. Culturalismo: bases necessárias................................28

2.3. Cultura e tempo...30

2.4. Cultura e sociedade..33

2.5. Os momentos atuais que o Direito vivencia e influencia na sua compreensão..............38

    2.5.1. Da cisão entre texto e norma..............................39

    2.5.2. O neoconstitucionalismo e pós-positivismo................41

2.6. A cultura da sociedade contemporânea.........................42

    2.6.1. A pós-modernidade...43

    2.6.2. A globalização..46

    2.6.3. O hiperconsumismo...48

    2.6.4. A sociedade da pressa.....................................51

    2.6.5. Tudo está à venda?..53

    2.6.6. O multiculturalismo.......................................55

    2.6.7. A crise do ensino jurídico................................56

    2.6.8. A sociedade do espetáculo ou midiática....................58

    2.6.9. O fenômeno do jovialismo..................................59

    2.6.10. A internet..60

    2.6.11. A crise da moral..64

    2.6.12. A crise da religião.....................................66

    2.6.13. O ser politicamente correto e a era do conformismo......67

    2.6.14. O superendividamento....................................70

    2.6.15. O medo..71

    2.6.16. Os novos rumos da genética..............................72

    2.6.17. O esvaziamento do Poder.................................73

2.7. Cultura, Direito e processo....................................74

2.8. O processo e o Direito na sociedade contemporânea..............78

3. As escolas de processo..81

3.1. Definição de Escola...82

3.2. A Escola Paulista de Processo..................................85

3.3. A Escola da Universidade Federal do Rio Grande do Sul..........93

3.4. A Escola Mineira...98

3.5. Escola Pernambucana ou de Recife...104
3.6. A Escola Alternativa e sua vertente processual......................................106
3.7. Escola Paranaense...108
3.8. Escola Crítica de Processo..113
3.9. Escola Norte/Nordeste..114
3.10. Outras Escolas de Processo..116
  3.10.1. A jovem Escola Catarinense de Processo.....................................116
  3.10.2. Escola processual de Copacabana...118
  3.10.3. Escola pontiana ou pontesiana de processo?............................120
  3.10.4. A Escola Capixaba de Processo..122
3.11. Outros pensamentos em solo rio-grandense..124
  3.11.1. Escola ovidiana de processo...124
  3.11.2. Escola da PUC/RS de processo...126
  3.11.3. A nova Escola da Unisinos de processo.......................................128
3.12. A formação dos institutos, academias e associações de Direito Processual no Brasil....129
  3.12.1. O IBDP – Instituto Brasileiro de Direito Processual.................129
    3.12.1.1. Projeto Mulheres no Processo Civil 132
  3.12.2. A ANNEP – Associação Norte e Nordeste de Professores de Processo............133
  3.12.3. ABDPro – Associação Brasileira de Direito Processual.............135
3.13. Algumas revistas de Direiro Processual..136

4. As Fases metodológicas ou culturais do processo.......................................139
4.1. A primeira fase: o praxismo...142
4.2. A segunda fase: o processualismo..146
4.3. A terceira fase: o instrumentalismo...149
  4.3.1. O instrumentalismo substancial, o instrumentalismo constitucional, o pós-instrumentalismo ou o neoinstrumentalismo?..............................154
4.4. Existe uma quarta fase metodológica de estudo de Processo?................155
  4.4.1. O Formalismo-valorativo..155
  4.4.2. O neoprocessualismo...157
  4.4.3. O neoinstitucionalismo..158
4.5. Uma quinta fase? O pragmatismo processual e a tese de Vicente de Paula Ataíde Junior. .160
4.6. Qual fase metodológica abarca o momento cultural atual?......................161
4.7. E afinal, o Código de Processo Civil brasileiro de 2015 leva em conta as fases metodológicas e Escolas de processo?....................................168

Considerações finais..179

Referencial bibliográfico..181

"O progresso das certezas científicas produz, portanto, o progresso da incerteza, uma incerteza ingênua e nos desperta um sonho lendário: é uma ignorância que se reconhece como ignorância".

Edgar Morin

"Nela, na verdade, se reflete toda uma cultura, considerada como conjunto de vivências de ordem espiritual, que singularizam determinada época de uma sociedade. Costumes religiosos, princípios éticos, hábitos sociais e políticos, grau de evolução científica, expressão do indivíduo na comunidade, tudo isto, enfim, que define a cultura e a civilização de um povo, há de retratar-se no processo, em formas, ritos e juízos correspondentes".

Galeno Lacerda

"[...] à emergência de um Estado pós-moderno corresponde inevitavelmente o surgimento de um direito pós-moderno. Mais precisamente, ainda que os fenômenos não estejam ligados por um vínculo de causalidade, mas sim de concomitância, a dinâmica pós-moderna que sacode as sociedades contemporâneas atravessa simultaneamente, e como um mesmo movimento, tanto o direito como o Estado e característico das sociedades modernas, assiste-se à emergência progressiva de um novo direito, reflexo da pós-modernidade".

Jacques Chevalier

O "casamento espiritual" dos nuers.

Em duas formas incomuns, mas perfeitamente legítimas de casamento entre os *nuers*, o pai reconhecido socialmente (*pater* no sentido latino) de uma criança não é o homem cuja relação sexual com a mãe presumivelmente levou à gravidez (o genitor). Uma mulher *nuer* cujo marido morreu continua sujeita a um contrato legal pelo qual os direitos aos filhos que ela tiver foram transferidos para o grupo de seu marido. Ao dar gado para o grupo do pai da mulher, o grupo do marido adquire direito perpétuo sobre seus poderes reprodutivos. Idealmente, se o marido morre, o contrato será mantido através do casamento da viúva com o irmão do marido falecido ou algum outro membro de seu grupo. Mas os filhos que ela tiver das relações sexuais com seu segundo marido são socialmente definidas como filhos de seu primeiro marido (por isso 'casamento fantasma').
A viúva, em vez de casar outra vez, pode simplesmente ter amantes; mas mesmo assim os filhos que ela tiver de suas relações sexuais com esses amantes são definidos como filhos de seu marido falecido.

Em outra forma mais rara, uma mulher mais velha e importante pode (adquirindo gado) 'casar' com uma jovem. A mulher mais velha financia as transações do casamento como se ela fosse um homem. Eles são socialmente definidos como filhos da 'marida' que por sua vez é seu 'pai' (por isso eles pertencem ao grupo do pai dela, embora a pertença a esse grupo seja transmitida pela linha masculina).

Roger M. Keesing e Andrew J. Strathern.

1. Introdução

Na melhor tradição socrática,[1] Hans-Georg Gadamer[2] alerta que é mais difícil[3] alerta que é mais difícil[4] a elaboração de uma pergunta do que efetivamente sua resposta e, em razão deste viés filosófico, inicia-se com dois questionamentos fundamentais que irão dar norte à pesquisa do seu início até as considerações finais. São eles: (i) Qual(is) momento(s) cultural(is) se vivencia(m) na sociedade brasileira na atualidade? E (ii) esse(s) momento(s) cultural(is) que se sobressai(em) numa determinada sociedade e num determinado espaço temporal tem(têm) relação direta com o seu Direito e o seu processo?[5] Essas as premissas postas que o autor se compromete a tentar responder ou, pelo menos, fazer com que se pense a respeito.

O Direito, por si só, já é um fenômeno extremamente complexo,[6] embora muitos tentem reduzi-lo por meio de fórmulas que tentam simplificá-lo.[7]

---

[1] BENOIT, Hector. Sócrates: o nascimento da razão negativa. In: PECORARO, Rossano (Org.). Os filósofos: clássicos da filosofia: de Sócrates a Rousseau. Petrópolis, RJ: Vozes; Rio de Janeiro: PUC-Rio, 2008. v. I. Sobre o filósofo ateniense, recomenda-se a leitura do texto nas páginas 9 a 39. Foi, nas palavras do autor, o mestre do diálogo e da dialética.

[2] ROHDEN, Luiz. Gadamer. In: PECORARO, Rossano (Org.). Os filósofos: clássicos da filosofia: de Ortega y Gasset a Vattimo. Petrópolis, RJ: Vozes; Rio de Janeiro: PUC-Rio, 2008. v. III. Da página 57a 80 o autor expõe a história do filósofo alemão que merece ser conhecida.

[3] GADAMER, Hans-Georg. Verdade e método. Traços fundamentais de uma hermenêutica filosófica. 7. ed. Traduzido por Flávio Paulo Meurer. Petrópolis: Vozes; Bragança Paulista: Universitária São Francisco, 2005. v. I. p. 473. Refere: "Uma das mais importantes intuições que herdamos de Sócrates platônico é que, ao contrário da opinião dominante, perguntar é mais difícil do que responder".

[4] Idem, ibidem.

[5] Para início do debate de como o estudo do momento cultural pode ser determinante, leia-se: MITIDIERO, Daniel. O processualismo e a formação do Código Buzaid. In: TELLINI, Denise Estrella; JOBIM, Geraldo Cordeiro; JOBIM, Marco Félix. Tempestividade e efetividade processual: novos rumos do processo civil brasileiro. Caxias do Sul: Plenum, 2010. p. 109-130. p. 109. Dentre outras passagens, refere: "É fora de dúvida que o Direito pertence aos domínios da cultura, sobre os seus influxos e caminha pelos corredores da história. Esta contingência aponta para a necessidade de compreendê-lo a partir do contexto social em que se insere".

[6] ZIPPELIUS, Reinhold. Filosofia do direito. Tradução de António Franco e António Francisco de Souza. São Paulo: Saraiva, 2012. p. 25. Refere ao filósofo alemão: "O direito é uma estrutura complexa. E no entanto voltamos sempre e cedemos à tentação de idéias simplificadoras: segundo uns, o direito seria apenas um conjunto de regras factuais da convivência humana. Outros foram de opinião que seria um puro sistema de disposições normativas. Também em relação aos factores que determinam o conteúdo das normas jurídicas nos deparamos com tentativas inadequadas de simplificação. Foi assim que por vezes se quis derivar o direito, na sua riqueza conteudal, da natureza humana. Outros consideraram o direito como um produto das circunstâncias econômicas. Outros, por sua vez, viram no direito um resultado do 'espírito do povo' ou das mentalidades alguma vez dominante".

[7] Dentre os principais críticos, ler: STRECK, Lenio Luiz. Direito mastigado e literatura facilitada: agora vai!!! Disponível em: <http://www.conjur.com.br/2014-mai-08/senso-incomum-direito-mastigado-literatura-facilitada-agora>. Acesso 06 de outubro de 2017.

O que se dirá sobre sua complexidade quando nas relações sociais, econômicas, políticas, sociológicas, literárias e filosóficas vivencia-se aquilo que se tem convencionado denominar de pós-modernidade ou termos afins como hipermodernidade, modernidade líquida, modernidade tardia ou modernidade reflexiva, para não se estender em questões terminológicas neste momento. Aliado a isso, a globalização trouxe um novo modo de ver o mundo e um novo mundo a ser desvelado, o que, nas palavras de Silva Pacheco,[8] parece ser um dos motivos para renovar o olhar sobre o passado, para que, até mesmo, o futuro seja mais bem pensado. Aliado a esses dois fenômenos mundiais, podem-se relatar outros tantos que permeiam a sociedade contemporânea e que serão mais à frente revelados.

Mas esses marcos são acompanhados pelo Direito, pelo processo, do mesmo modo como são vivenciados pela sociedade?[9] Para tentar responder a tais questionamentos, serão abordadas algumas questões culturais e suas relações com o Direito e o processo, assim como as Escolas processuais brasileiras e suas fases metodológicas ou culturais, tentando averiguar se a cada fase cultural da humanidade se desenvolve uma fase metodológica processual, assim como qual fase hoje explica melhor o momento contemporâneo que se vivencia.

Contudo, isso só pode ser afirmado se estudados conceitos como o de cultura, culturalismo, tempo, sociedade, pós-modernidade, globalização, hiperconsumismo, dentre outros. Também será abordado se pode haver ligações culturais entre determinadas sociedades, ou ainda, se há modificações culturais pelo transcorrer do tempo numa mesma sociedade, razão pela qual o capítulo inicial se dedicará a tais perspectivas e, em especial, a defender o processo como fenômeno cultural, o que deságua em imensas repercussões nas considerações sobre as fases metodológicas do processo.

Tendo em vista que o processo civil no Brasil é discutido de norte a sul sob os mesmos enfoques, ou seja, as mesmas fontes, quais sejam a Constituição da República Federativa do Brasil, o Código de Processo Civil e as leis esparsas que regulamentam a matéria em nível de legislação federal, restando apenas alguns aspectos processuais em nível estadual, como aqueles que estão inseridos nos regimentos internos dos Tribunais, os quais não são alvo deste estudo, é de extrema importância apresentar algumas das Escolas de processo surgidas ao longo da história, e serão abordadas aquelas que mais se destacam na atualidade, como a Paulista, a nascida na Universidade Federal do Rio Grande do Sul, a Copacabana, a Mineira, a Norte e Nordeste e, exemplificativamente, serão analisadas outras, como a Paranaense, a Sulista ou alternativa, a Pernam-

---

[8] PACHECO, Silva. *Evolução do processo civil brasileiro*. 2. ed. Rio de Janeiro: Renovar, 1999. p. XXIX. Inicia afirmando: "É bom que se conscientize a nossa juventude de que há séculos vêm a religião, a filosofia, as artes, as ciências, o comércio, a economia, o Direito, não só diluindo diferenças entre os povos, mas aproximando-os, com vista à união em torno dos mesmos princípios, básicos à convivência, com respeito à dignidade humana". E finaliza: "Atualmente, porém, graças ao ritmo esplendoroso dos progressos tecnológicos da informática e das telecomunicações, o mundo está dentro de nossas casas e nós, todos, dentro do mundo, o que põe em realce a íntima conexão globalizada de todos, sob todos os aspectos, não só econômicos, mas também culturais, éticos e jurídicos".

[9] Para compreender a diferença entre o tempo do Direito e o tempo da sociedade, ler: OST, François. *O tempo do Direito*. Tradução de Maria Fernanda Oliveira. Lisboa: Instituto Piaget, 1999.

bucana e a Escola Crítica de Processo, não deixando de referir que outras podem existir a partir de novos estudos sobre o processo no Brasil, aumentando o estudo nesta edição com alguns Institutos e Associações ligadas ao estudo do processo.

Para finalizar, serão abordadas as fases metodológicas do processo, respondendo se existem três (praxista, processualista e instrumentalista – ou pós-instrumentalista), quatro (agregando-se o formalismo-valorativo, ou o neoprocessualismo, ou o neoinstitucionalismo, se é que se pode defendê-lo inserido numa quarta fase) grandes fases metodológicas, ou, ainda, uma quinta fase, que estaria subsumida dentro da primeira, ou outras ainda, e a razão pela qual não se tem uma unidade de pensamento do processo pela doutrina brasileira que aborda o tema, sem excluir do estudo, mesmo que superficialmente, aqueles que pensam existir mais fases que as acima identificadas. Tendo em vista o advento no novo Código de Processo Civil brasileiro (Lei 13.105/15), foi elaborado um capítulo destinado a analisar se o referido texto processual apresenta características que informam a sociedade contemporânea, indicando os artigos pertinentes a cada uma delas.

Conforme o leitor se adiantar na matéria, verá que se trata de uma obra mais informativa que reflexiva, não deixando, porém, de ser levantadas questões importantes para reflexão. Mas este *ser informativa* está ligado ao fato de que aquele que se deparar com sua leitura poderá buscar nas fontes indicadas uma melhor reflexão para compreensão global da matéria, deixando para este livro apenas o aspecto geral de um assunto pouco estudado pela doutrina em geral, em que pese ser de extrema importância. O estudo, visivelmente, não tem a pretensão qualquer de esgotamento de conteúdo, servindo para alinhavar a discussão acerca da temática da cultura, das fases metodológicas do processo e de quais Escolas processuais despontam hoje no Brasil.

O trabalho iniciou seu desenvolvimento num dos seminários realizados no programa de pós-graduação em Direito da PUCRS, razão pela qual se agradece à Professora Elaine Harzheim Macedo pela designação da relatoria do autor para o tema e aos colegas pelo profícuo debate em sala de aula. Desde a primeira edição muitas foram as críticas e sugestões que culminaram em novos horizontes de pensamento e, com isso, novas conclusões sobre os temas levantados, que se espera deixem novas reflexões aos leitores para futuros debates.

2. Cultura

O que predomina na cultura atualmente?[10] O questionamento, de dificílima resposta, impulsiona a linha percorrida pelo estudo, razão pela qual será no contato inicial com este capítulo inaugural da obra que serão elaboradas as bases para o que, posteriormente, será defendido ao final do estudo. Por isso, aspectos conceituais importantes ligados ao fenômeno cultural, desde aqueles mais básicos, como seu possível conceito e objeto, como alguns mais complexos, como a noção de culturalismo, historicidade e temporalidade, deverão ser visitados. De mesmo modo, serão abordadas algumas temáticas com o intuito de responder determinadas questões ligadas à cultura e ao transcorrer do tempo, assim como se existe diferença cultural em sociedades distintas ou até mesmo dentro de uma mesma sociedade. Saber os momentos culturais determinantes hoje em algumas partes do mundo enriquece a pesquisa, razão pela qual se tenta definir qual ou quais são estes momentos. Aliado a tudo isso, será de bastante interesse o estudo do ambiente do Direito e do processo como manifestação cultural e se acaso vivencia-se hoje em ambos o(s) momento(s) cultural(is) atual(is) da sociedade brasileira.[11] Para defesa inicial das palavras acima escritas, servem de embasamento aquelas proferidas por Silva Pacheco[12] na abertura de sua obra sobre a evolução do Processo Civil brasileiro, no qual alerta que é por meio do processo que se conhece o grau de evolução de um povo.

2.1. Cultura: tentativa de conceituação

A cultura deve ser algo inerente à determinada sociedade ou a alguém, não importando se em maior ou menor escala, razão pela qual o que realmente

---

[10] SILVA, José Afonso da. *Ordenação constitucional da cultura*. São Paulo: Malheiros, 2001. p. 16. Refere o constitucionalista: "No entanto, vivencia-se a cultura do *cheese-burger*, do *big mac*, do *jeans*, o imperialismo cultural infiltrado através do rádio e da televisão. A globalização da televisão é explosiva e cava fundo nos valores que se elevam do viver nesses nossos lugarejos dos fundos de vale, quase esquecidos no entrecerras, ou dos planaltos gerais pintando pingado de branco e avermelhado aqui e ali entre o verde-musgo dos cerradões".

[11] Sem deixar de ilustrar que se sabe que o tempo do Direito e o tempo da Sociedade estão em paradigmas diferentes. Para maior aprofundamento: OST, François. *O tempo do Direito*. Tradução de Maria Fernanda Oliveira. Lisboa: Instituto Piaget, 1999.

[12] PACHECO, Silva. *Evolução do processo civil brasileiro*. 2. ed. Rio de Janeiro: Renovar, 1999. p. XXVIII. Refere: "Se é pelo processo que se distinguem os sistemas jurídicos mais civilizados e se é através dele que se conhece o grau de desenvolvimento de um povo, cabe-nos a ingente missão de elaborá-lo, maleável e com a ductilidade necessária, a que seja eficiente hoje, no ano de 2000 e no princípio do século XXI, a fim de que, ao invés de importarmos técnicas e modelos, a ele relativos, passemos a exportá-los numa colaboração para o progresso do Direito dos povos".

importa para os fins deste estudo são os traços culturais existentes, mesmo que ainda rudimentares (como se pode ver, até hoje, em algumas sociedades) ou voltados à tecnologia (em países como o Japão e a China), demonstrando que indivíduo e sociedade estão interligados. Mas isso não conceitua o que é cultura, apesar de aparentar ser uma explicação minimamente plausível para a sua compreensão. A resposta para essa dificuldade de objetivação conceitual da expressão dá-se pelo simples fato de os conceitos ditos primários ou fundamentais serem extremamente complicados de sistematização. Kaj Birket-Smith[13] bem comprova esta afirmação, ao anunciar uma tentativa de conceituação a partir de várias opções, mas, objetivamente, pouco dizendo o que realmente vem a ser cultura.

Pode-se dizer que esses conceitos fundamentais ou primários são aqueles nos quais, embora aparentemente possam transparecer uma facilidade de serem compreendidos, no momento de uma definição surge uma imensa dificuldade em sua objetivação. No geral, o ser humano tem alguma noção, mesmo que superficialmente, do que vem a ser cultura, mas no momento de defini-la existem tantas variantes que apenas se pode acreditar estar definindo certo o verdadeiro e real alcance da palavra. Isso, de forma alguma, engessa seu conceito, razão pela qual qualquer outra pessoa pode vir a pensar de forma diversa sem que esteja certa ou errada em sua definição. Essa complexidade é bem explorada por Terry Eagleton, ao referir que *"'cultura' é considerada uma das duas ou três palavras mais complexas de nossa língua [...]"*.[14] Na mesma linha sobre a dificuldade de uma definição simples e clara, pode ser lida a passagem de Miguel Reale,[15] ao expor que a amplitude da palavra cultura que, por si só, já é multívoca e complexa, faz com que qualquer conceito esteja longe de consenso ou isento de fortes críticas, definição esta que encontra a mesma trilha no entendimento de Daniel Mitidiero,[16] ao afirmar sobre a dificuldade de conceituar o termo, embora aduza que dois significados podem ser objetivados: (*i*) o de cultura *animi* e (*ii*) o de civilidade.

Diante desses entendimentos, justifica-se aquela dúvida que atormenta o ser pensante ao acreditar ter conceituado equivocadamente uma palavra primária ou fundamental, ou ainda sequer ter chegado perto de conceituar em

---

[13] BIRKET-SMITH, Kaj. *História da cultura*: origem e evolução. 3. ed. Tradução de Oscar Mendes. São Paulo: Melhoramentos, 1965. p. 37. Escreve o autor: "A cultura é uma 'soma' de fôrças espirituais, de saber e de poder humanos, de atividades mentais, que se superpõem (e por vezes se opõem) ao jogo cego dos institutos e das fôrças. A cultura é criada e mantida pelo indivíduo e, simultâneamente, pela sociedade; são as duas condições necessárias. A cultura ultrapassa a natureza, mas está profundamente enraizada nela; representa sua flor mais perfeita".

[14] EAGLETON, Terry. *A idéia de cultura*. Tradução de Sandra Castello Branco. São Paulo: UNESP, 2005. p. 9.

[15] REALE, Miguel. Conceito de cultura: seus temas fundamentais. In: ——. *Paradigmas da cultura contemporânea*. 2. ed. São Paulo: Saraiva, 2005. p. 1-23. p. 1. Refere: "A primeira questão que merece nossa atenção é quanto à amplitude da palavra 'cultura', já em si mesma multívoca e polêmica, não havendo conceito dela que possa ser acolhido sem reservas ou fortes contraditas".

[16] MITIDIERO, Daniel. *Colaboração no processo civil*: pressupostos sociais, lógicos e éticos. São Paulo: Revista dos Tribunais, 2009. p. 27. Expõe: "Já se observou que 'é difícil escapar à conclusão de que a palavra 'cultura' é ao mesmo tempo ampla demais e restrita demais para que seja de muita utilidade'. Nada obstante, à guisa de outorgar-lhe contornos menos fluidos, é possível reconhecer ao menos dois significados básicos que normalmente se lhe imputam: o de cultura animi e o de civilidade".

sua completude estas referidas palavras, em especial neste tópico a palavra *cultura*, quando perguntado sobre sua definição. Diante dessa constatação, e perguntando a si mesmo que se podem definir objetivamente expressões como *direito, justiça, tempo, lei, virtude* entre outras que poderiam ser citadas, vê-se a real dificuldade do que se está expondo. O mais estranho, e ao mesmo tempo o que dá grande veracidade ao que se coloca, é que ao ser perguntado qual conceito de tais palavras para duas ou mais pessoas, pode ser que os conceitos dados sejam completamente antagônicos, sem que nenhum deles esteja errado. Talvez o exemplo mais claro da dificuldade de conceituação de palavras como as acima relacionadas esteja no pensamento de Santo Agostinho[17] que, quando questionado sobre o que vem a ser tempo, referiu[18] ser ele compreendido por nós quando não somos questionados a explicá-lo, mas, se acaso tivesse que explicá-lo a quem pergunta, já não mais saberia o que dizer. E o fato de tornar o exemplo de Santo Agostinho mais marcante ainda é que se está diante de alguém que dedicou grande parte de sua vida e obra sobre o tempo, mostrando a sua real humildade pelo homem estudioso que foi. Ora, se Santo Agostinho, um dos filósofos que mais se debruçou sobre as questões relacionadas sobre tempo, não conseguiu conceituar, resta evidenciado que existe uma tamanha dificuldade de objetivação daquelas palavras que apresentam uma aparente facilidade de conceituação.

Mas, mesmo com essa primeira explicação sobre a dificuldade de definição de determinados termos, há aqueles que se arriscam numa tentativa de conceituação mais clara de cultura,[19] como faz Luis Afonso Heck,[20] ao expor,

---

[17] MARKUS, Robert A. Agostinho. In: CANTO-SPERBER, Monique (Org.). *Dicionário de ética e filosofia moral*. São Leopoldo: Unisinos, 2003. v. I. p. 43-49. p. 43. Sobre a vida do filósofo refere o autor: "Agostinho nasce em Tagaste, na África do Norte, em 354, numa família de classe média. Aos dezenove anos, a leitura do Hortênsio de Cícero orienta-o para a filosofia. Ainda jovem, adota na África a religião maniquéia. Tendo estudado em Cartago, ensina retórica nessa cidade durante alguns anos, e em Milão, depois de uma breve temporada em Roma. Em 386, impressionado pela pregação de Ambrósio, bispo de Milão, lê uma parte da literatura neoplatônica nas traduções latinas em uso nos círculos milaneses. Em 386-387, abandona o maniqueísmo e, após retirar-se para o campo com amigos, em Cassiciacum perto de Milão, recebe o batismo cristão na páscoa de 387. De volta à África, funda uma comunidade monástica com a intenção de viver nela. É ordenado sacerdote e torna-se bispo de Hipona em 395, continuando a viver em sua comunidade monástica. Uma atividade pastoral e administrativa intensa, a pregação e um engajamento resoluto na controvérsia, particularmente contra os maniqueístas, os pagões, os donatistas e os pelagianos, vão ocupá-lo até sua morte em 430".

[18] SANTO AGOSTINHO. *Confissões*. Tradução de Maria Luiza Jardim Amarante. São Paulo: Paulus, 1984. p. 338-339. "O que é realmente o tempo? Quem poderia explicá-lo de modo fácil e breve? Quem poderia captar o seu conceito, para exprimi-lo em palavras? No entanto, que assunto mais familiar e mais conhecido em nossas conversações? Sem dúvida, nós o compreendemos quando dele falamos, e compreendemos também o que nos dizem quando deles nos falam. Por conseguinte, o que é tempo? Se ninguém me pergunta, eu sei; porém, se quero explicá-lo a quem me pergunta, então não sei".

[19] SANTOS, José Luiz dos. *O que é cultura*. São Paulo: Brasiliense, 2012. p. 45. Aponta: "Cultura é uma construção histórica, seja como concepção, seja como dimensão do processo social. Ou seja, a cultura não é 'algo natural', não é uma decorrência de leis físicas ou biológicas. Ao contrário, a cultura é um produto coletivo da vida humana".

[20] SANTOS, Tânia Maria dos. *O direito à cultura na Constituição Federal de 1988*. Porto Alegre: Verbo Jurídico, 2007. p. 13. Luís Afonso Heck define cultura no prefácio da obra, assim o fazendo: "Cultura, latim cultura, de *colere*: urbanizar, cuidar, em sentido mais amplo, é tudo que o homem mesmo produz configurantemente, ao contrário da natureza, por ele não criada e não alterada. Prestações culturais podem consistir na transformação formadora de um material dado pelo critério de uma idéia dirigente. Assim, na técnica ou, também, arte formadora ou nas formações ideais como moral, direito, religião, ciência que são dadoras de sentido e organizadoras da comunidade. Por fim, cultura significa, com referência ao indivíduo, o exercício

num primeiro momento, uma parte mais etimológica da palavra, encontrando sua raiz latina de *colere*, para, após, fazer referência ao exercício de influências que desenvolvem a capacidade espiritual e corporal do indivíduo. Note-se que uma das técnicas de conceituar esse tipo de palavra é a busca de sua etimologia,[21] como fez o professor da Universidade Federal do Rio Grande do Sul para criar sua própria conceituação, colocando, por óbvio, o seu ponto de vista para a modelagem da definição a ser dada. Por fim, há quem entenda que se a palavra *cultura* for definida por uma área do conhecimento, pode aparentar ser fácil seu significado, sendo que, ao passo de ser conceituado noutra, já fica mais difícil de o conceito ser sistematizado, conforme já expôs T. S. Eliot.[22]

Para as respostas perseguidas neste estudo, mais importante do que a definição propriamente dita de *cultura*, até em razão de se aparentar ser de difícil definição, é saber quais são os paradigmas sociais, políticos, econômicos, dentre outros, que estão pulsando nas sociedades mais desenvolvidas. Para tanto, alguns outros conceitos são necessários antes da definição dos paradigmas que vivemos.

2.2. Culturalismo: bases necessárias

Sabendo-se da existência da dificuldade em conceituar a palavra[23] *cultura*, e ciente de que tanto um estudioso sobre o tema como um analfabeto podem defini-la coerentemente pelo já anteriormente defendido, deve-se propor para além do conceituá-la, e ver o que se pode retirar objetivamente da mesma,

---

de influência no desenvolvimento de suas capacidades espirituais e corporais. Com isso, mostra-se, por um lado, que a cultura é dependente de transmissão, isto é, de tradição e, por outro, que ela deixa situar-se na perspectiva hermenêutica.

[21] EAGLETON, Terry. *A idéia de cultura*. Tradução de Sandra Castello Branco. São Paulo: UNESP, 2005. p. 10-11. Na mesma linha definindo a palavra em sua etimologia, embora dando também outros enfoques, refere o autor: "A raiz latina da palavra 'cultura' é *colere*, o que pode significar qualquer coisa, desde cultivar e habitar a adorar e proteger. Seu significado de 'habitar' evoluiu do latim *colonus* para o contemporâneo 'colonialismo', de modo que títulos como Cultura e colonialismo são, de novo, um tanto tautológicos. Mas *colere* também desemboca, via o latim *cultus*, no termo religioso 'culto', assim como a própria idéia de cultura vem da Idade Moderna a colocar-se no lugar de um sentido desvanecente de divindade e transcendência. Verdades culturais – trate-se da arte elevada ou das tradições de um povo – são algumas vezes verdades sagradas, a serem protegidas e reverenciadas. A cultura, então, herda o manto imponente da autoridade religiosa, mas também tem afinidades desconfortáveis com ocupação e invasão; e é entre esses dois pólos, positivo e negativo, que o conceito, nos dias de hoje, está localizado. Cultura é uma dessas raras idéias que têm sido tão essenciais para a esquerda política quanto são vitais para a direita, o que torna sua história social excepcionalmente confusa e ambivalente".

[22] ELIOT, T. S. *Notas para a definição de cultura*. Tradução de Eduardo Wolf. São Paulo: Realizações, 2011. p. 123. Aduz: Quando o termo 'cultura' é aplicado à manipulação de organismos inferiores – ao trabalho do bacteriologista, ou do agrônomo –, o significado é bastante claro, pois podemos obter unanimidade acerca dos propósitos a serem atingidos, e é possível chegarmos a um acordo se os atingimos ou não. Quando aplicado ao aperfeiçoamento da mentalidade e do espírito humano, é menos provável que concordemos quanto ao significado de cultura".

[23] CARVALHO, José Mauricio de. *Filosofia da cultura*: Delfin Santos e o pensamento contemporâneo. Porto Alegre: EDIPUCRS, 1999. p. 19. No sentido dado pelo autor: "A cultura é o mundo do homem, e ela é plural, podendo variar entre si os valores, esperança, temores e expectativas, entre outras coisas, que diferenciam os homens entre si. Nela havia um elemento de maior duração do que nas civilizações, destinadas a se suceder na história. A cultura possuía também o elemento mais dinâmico, representava um conjunto mais amplo de valores".

por meio do estudo de seu objeto. Por exemplo, Miguel Reale[24] descreve que se deve dar sentidos à palavra, e prevê dois[25] deles ao expor que num primeiro momento está-se falando em cultura como elemento agregado de conhecimento do ser humano – indivíduo – que define seu papel no mundo.[26] Isso aponta para o elemento cultural que cada ser humano traz consigo pelas suas experiências passadas, ou seja, por sua bagagem cultural. Isso é um indicador de que qualquer um de nós possui a viabilidade de ter uma cultura subjetiva ligada a sua observância dos elementos externos de seu ser.

Contudo, aponta Miguel Reale[27] para um segundo grande sentido que confere à expressão ao dizer que se pode também dar sentido à palavra no seu aspecto objetivo, como a carga acumulada na sociedade de determinados bens materiais e imateriais. Posteriormente, sintetiza o autor[28] o que entende pelos dois conceitos ao referir um duplo aspecto de sentido no elemento cultural: o primeiro consubstanciado naquilo que o ser humano agrega de valores em seu subjetivo, e o segundo, naquilo que determinada sociedade pode oferecer culturalmente pela sua historicidade acumulada. Tudo isso serve para afirmar

---

[24] REALE, Miguel. Conceito de cultura: seus temas fundamentais. In: ——. *Paradigmas da cultura contemporânea*. 2. ed. São Paulo: Saraiva, 2005. p. 1-23. p. 1-2. "O primeiro sentido do termo 'cultura', que tomo como um dos possíveis pontos de referência, está mais próximo do seu uso corrente, quase intuitivo, incorporado à linguagem comum sem prévia análise crítica de seus pressupostos lógicos e ontológicos. Nessa acepção geral, a palavra cultura vincula-se a cada pessoa, indicando o acervo de conhecimentos e de convicções que consubstanciam as suas experiências e condicionam as suas atitudes, ou, mais amplamente, o seu comportamento como ser situado na sociedade e no mundo".

[25] Daniel Mitidiero, embora se referindo à outra nomenclatura (cultura animi e civilidade), também aponta para estes dois paradigmas culturais, assim expondo: "No primeiro sentido, normalmente associado à Antiguidade Grega, reconhece-se ao termo cultura a própria educação do indivíduo dentro das disciplinas superiores (por exemplo, a filosofia), o seu refinamento e o desenvolvimento das suas capacidades intelectuais e morais. A tônica dessa acepção de cultura vai posta no indivíduo embora a polis e a civitas constituam o local em que se manifesta e se realiza a cultura individual (aspecto social do conceito). No segundo, a palavra cultura exprime uma idéia mais coletiva, social, transindividual, identificando-se com determinados estágios de evolução dessa ou daquela sociedade (ou mesmo com o seu progressivo desenvolvimento), aparecendo essa maneira de compreender o tema principalmente a partir do século XVIII. O aspecto social cobra, pois, destaque. Em ambos os sentidos, contudo, aparece o termo marcado pela especificidade humana". MITIDIERO, Daniel. *Colaboração no processo civil*: pressupostos sociais, lógicos e éticos. São Paulo: Revista dos Tribunais, 2009. p. 27-28.

[26] REALE, Miguel. *Paradigmas da cultura contemporânea*. 2. ed. São Paulo: Saraiva, 2005. p. IX-X. É o que está parcialmente escrito no trecho: "Prevalece, no entanto, entre os culturalistas a convicção de que natureza e cultura são termos primordiais e complementares que se dialetizam segundo as diversas concepções que se possa ter de dialética. De uma forma ou de outra, porém, a cultura é sempre uma categoria fundamental, desenvolvendo-se através de distintas formas de objetivação das intencionalidades do homem ao longo do tempo, às quais damos o nome de civilização. Daí a dificuldade de distinguir história de cultura, visto como, sendo o homem um ser a priori cultural, a temporalidade lhe é imanente, constituindo ele a força motriz do processo cultural, o qual, como se verá, é impensável sem a ideia nuclear de objetivação do espírito, mediante a qual se consegue pôr a natureza a serviço do homem, o agente natural da história".

[27] REALE, Miguel. *Paradigmas da cultura contemporânea*. 2. ed. São Paulo: Saraiva, 2005. p. 3. Refere: "Ao lado, porém, do conceito pessoal ou subjetivo de cultura, como 'aperfeiçoamento da sensibilidade e do intelecto pelo conhecimento dos homens e das coisas', há outro social ou objetivo, em acepção a um só tempo filosófica, antropológica e sociológica, como 'acervo de bens materiais e espirituais acumulados pela espécie humana através do tempo, mediante um processo intencional ou não de realização de valores".

[28] REALE, Miguel. *Paradigmas da cultura contemporânea*. 2. ed. São Paulo: Saraiva, 2005. p. 3. Afirma: "Mais sinteticamente se poderia afirmar que, no primeiro caso, a cultura assinala um processo de enriquecimento subjetivo e pessoal de valores; e, no segundo, um processo, objetivo e transpessoal de valores, consubstanciados em formas de vida, donde poder-se dizer que a cultura é o sistema de intencionalidades humanas historicamente tornadas objetivas através da história, ou, por outras palavras, a objetivação e objetivização histórica das intencionalidades no processo existencial".

que Miguel Reale é um adepto do estudo da cultura, pois acredita ser ela o cerne da estruturação do próprio ser humano, corrente esta que se denomina culturalismo, a qual, na acepção de Gerson Luiz Carlos Branco,[29] é uma forma de pensamento que elenca a cultura como o centro das ciências humanas.

A passagem demonstra a importância do conceito de "culturalismo" para Miguel Reale, confirmando que a base cultural é um paradigma a ser confirmado e que está nas bases das ciências, em especial as humanas. Mas o que vem a ser "culturalismo" é o próprio filósofo do Direito,[30] adepto maior da corrente no Brasil, quem deve conceituar, afirmando ser ele uma corrente de pensamento fundamentada na cultura, que deve romper com paradigmas passados, reavaliando conceitos e reescrevendo-os se for o caso.

Mesmo analisando a palavra "cultura" em ambos os sentidos empregados por Miguel Reale, quer seja subjetivo, como o núcleo cultural de cada indivíduo, ou objetivo, como uma cultura geral de uma sociedade que a reflete por intermédio do homem, ou ainda desvelando o conteúdo do que vem a ser "culturalismo", deve-se analisar se existe uma transformação desses pela passagem do tempo ou pelos costumes de uma específica sociedade.

2.3. Cultura e tempo

A cultura é estática numa determinada sociedade ou ela pode vir a se desenvolver,[31] dinamicamente, pela passagem do tempo? Essa questão é de extrema importância, pois isso interessa não só ao Direito como ao processo, tendo em vista que se existe referida modificação, deve-se, também, modificar o que se pensa ser o Direito e o processo de tempos em tempos. Uma sociedade pode, no passar do tempo, ser obrigada a modificar, também, seu lado cultural

---

[29] MARTINS-COSTA, Judith; BRANCO, Gerson Luiz Carlos. *Diretrizes teóricas do novo Código Civil*. São Paulo: Saraiva, 2002. p. 2. Inicia dizendo: "O culturalismo é uma corrente do pensamento que se utiliza da noção 'cultura' como um paradigma central e decisivo nos domínios das ciências humanas. O significado e a função da cultura para as ciências humanas, em especial na teoria do conhecimento e ciência jurídica, são os problemas centrais do culturalismo de Miguel Reale, expoente desse movimento no pensamento jurídico e filosófico brasileiro, assim como principal coordenador do Projeto de Código Civil". E finaliza: "Miguel Reale é um culturalista por sua própria definição e por ter fundado sua concepção de conhecimento, ciência e direito, a partir da ação do homem como um ser cultural, imerso na história e em constante relação com a natureza desenvolvida na linha de tempo".

[30] REALE, Miguel. *Paradigmas da cultura contemporânea*. 2. ed. São Paulo: Saraiva, 2005. p. IX. Afirma: "Estou convencido de que o conceito de cultura converteu-se em um paradigma, no sentido que T. Kuhn dá a esta palavra, ou seja, em uma idéia mestra segundo a qual se torna necessário proceder a uma revisão de muitas teses havidas como assentes, quer para substituí-las, quer para retificá-las. Dá-se o nome de culturalismo à corrente de pensamento que reconhece a decisiva importância do apontamento paradigma, passando a reexaminar, a essa nova luz, antinomias tradicionais, como, por exemplo, a que contrapõe realismo a idealismo, ou racionalismo a pragmatismo".

[31] HERMET, Guy. *Cultura & desenvolvimento*. Tradução de Vera Lúcia Mello Joscelyne. Petrópolis: Vozes, 2002. p. 9. Refere: "O desenvolvimento e a cultura estão intimamente ligados. No entanto, quem enfatiza essa conexão se expõe imediatamente a um processo de intenção, provocado pela mera menção de tal vínculo. Principalmente nos últimos vinte anos, declarar que o desenvolvimento e a cultura das populações são interdependentes faz logo surgir uma forte suspeita. Mais exatamente: formular essa constatação sugere a todos aqueles que se negam a considerá-la que quem a enuncia interpreta os valores próprios de cada grupo humano como determinantes indeléveis, cujo efeito é condenar sociedades inteiras à miséria econômica e social, ou, ao contrário, predestiná-las a um desenvolvimento indefinido".

ou isto é algo engessado e estigmatizado, que não pode e não deve ser modificado com o transcorrer do tempo? Esse é o questionamento que se pretende, humildemente, responder neste capítulo. Note-se que o próprio conceito de cultura já esteve intimamente ligado ao tempo vivido em determinada sociedade, como ressalta Mario Vargas Llosa.[32]

Relembra Judith Martins-Costa[33] uma das discussões existentes na obra de Miguel Reale sobre o tempo, que demonstra a diferença existente entre temporalidade e historicidade, diferenciando-os em razão das marcas que deixam ou não na humanidade. Então, Miguel Reale aborda a questão da temporalidade e da historicidade para distinguir o mero transcorrer do tempo com o importante reconstituir do tempo. Enquanto que na temporalidade o tempo é o senhor numérico, ou seja, existe apenas o seu transcorrer, na historicidade há uma abissal diferença, pois se trata daquilo que realmente o tempo agregou de valor na vida do ser humano, na vida da sociedade, ou seja, no seu fator cultural. O mundo subsiste no humano pois este se temporaliza, e se temporalizando sua transcendência é inevitável, como Lorenzo Carnelli[34] afirmava.

Numa mesma linha de raciocínio, o filósofo alemão Hans-Georg Gadamer[35] analisa o tempo, por intermédio do seu transcorrer (que denomina de

---

[32] VARGAS LLOSA, Mario. Breve discurso sobre a cultura. In: MACHADO, Cassiano Elek (Org.). *Pensar a cultura*. Porto Alegre: Arquipélago, 2013. p. 11-31. p. 12. Escreve o autor: "Ao longo da história, a noção de cultura teve distintos significados e matizes. Durante muitos séculos foi um conceito inseparável da religião e do conhecimento teológico; na Grécia, esteve marcada pela Filosofia e, em Roma, pelo Direito, enquanto no Renascimento foi conformada, sobretudo pela literatura e pelas artes. Em épocas mais recentes, como no Iluminismo, foram a ciência e os grandes descobrimentos científicos que deram o principal viés à idéia de cultura".

[33] MARTINS-COSTA, Judith; BRANCO, Gerson Luiz Carlos. *Diretrizes teóricas do novo Código Civil*. São Paulo: Saraiva, 2002. p. 172-173. Inicia dizendo: "Tema recorrente na obra de Reale é o da distinção entre temporalidade e historicidade, entre o tempo numérico ou quantitativo e o tempo histórico. O que é histórico, assenta Miguel Reale, é aquilo que se inseriu, ou se insere *significativamente* nas coordenadas do espaço e do tempo. Por não ser mera inserção, mas inserção grávida de significados, a história não se confunde com o mero fluir dos dias e das datas, é interpenetração e simultaneidade, é 'atualidade constante dos bens culturais'". E conclui: "Enquanto a temporalidade é o fluir do tempo, a historicidade é aquilo que, no tempo, tem significado. São, portanto, inconfundíveis o tempo histórico e o fluir do tempo: este é a passagem cronológica, aquele é o recorte na temporalidade do que tem significação, pelo seu valor. A história não constitui, assim, mera reprodução do ocorrido. É reconstituição, é o resultado do olhar de um sujeito também histórico, é escolha e é recorte, é opção e valoração. Como tal, afirma Reale, 'a história não retém todos os eventos, mas aqueles que estão relacionados a valores', o que significa dizer que a historicidade é marcada pelas recíprocas implicações entre tempo e valor, constituindo a cultura o que resta da constante 'filtragem e refiltragem daquilo que, emergindo da mera temporalidade, se fez história".

[34] CARNELLI, Lorenzo. *Tempo e direito*. Tradução de Érico Maciel. Rio de Janeiro: José Konfino, 1960. p. 66-67. Refere: "Identifica-se com o que vive; mas não o que vive na antiga acepção de aparente ou fenomênico; não, tampouco, o que vive como vivenciado. E o que vive existencialmente. E que, portanto, se temporaliza. Temporalizando-se, a existência humana transcende-se no Mundo. Por isso afirma-se: há Mundo porque há existência e Temporalidade. Apenas, nenhuma das duas entra no Mundo: nos seus umbrais cessa a existência e termina o Tempo a sua temporalização. E com isso termina, também, o presente. Nesse mesmo ponto começa o passado e surgem: para a existência que continua sendo – a possibilidade; para o Mundo – a objetividade".

[35] GADAMER, Hans-Georg. *Verdade e método*. Traços fundamentais de uma hermenêutica filosófica. 7. ed. Tradução de Flávio Paulo Meurer. Petrópolis: Vozes; Bragança Paulista: Universitária São Francisco, 2005. v. I. p. 393. Refere: "O tempo já não é, primariamente, um abismo a ser transposto porque separa e distancia, mas é, na verdade, o fundamento que sustenta o acontecer, onde a atualidade finca suas raízes. Assim, a distinção dos períodos não é algo que deva ser superado. Esta era, antes, a pressuposição ingênua dos historicismo, ou seja, que era preciso deslocar-se ao espírito da época, pensar segundo seus conceitos e representações em vez de pensar segundo os próprios, e assim se poderia alcançar a objetividade histórica. Na verdade trata-se de reconhecer a distância do tempo como uma possibilidade positiva e produtiva de compreender".

distância temporal), como forma de compreender, de interpretar, o texto, a obra, ou, como mesmo denomina, como uma forma de acontecer, definindo o passar do tempo como uma possibilidade positiva e produtiva, não havendo mais razão para aquele deslocamento do intérprete ao espírito que idealizou o que hoje será interpretado, como era próprio do movimento do historicismo. Buscar a distância do tempo como forma de compreensão é trazer ao indivíduo historicidade que resta impregnada em sua cultura. Em continuidade aos seus pensamentos, ingressa Hans-Georg Gadamer[36] no cerne do que entende por distância temporal, ao afirmar que por ela é possível se identificar o verdadeiro sentido contido no texto ou obra, pois, além da eliminação das fontes de erro, podem-se filtrar as distorções de seu verdadeiro sentido. Quer se acredite ser isto possível ou não, ou seja, filtrar as compreensões, em especial as equivocadas, o que importa é o alerta de que, pelo menos, isso deva ser tentado no processo de interpretação. Então, conforme palavras do próprio filósofo alemão, a distância temporal permite a completude para o desenvolvimento do real significado de algo. Isso não quer dizer que se utilizando desse distanciamento de tempo a interpretação vai estar correta, tendo em vista que ela está em constante evolução, mas ela, no mínimo, possibilita que o intérprete tenha uma melhor filtragem, tentando-se eliminar os falsos preconceitos,[37] para se chegar à tentativa de uma perfeita compreensão da coisa.

Então, é de se concluir que a historicidade é condição básica de cultura, o que somente acontece pelo transpassar do tempo, ou, como refere Hans-Georg Gadamer, pela distância temporal. A modificação cultural pode, então, ter como alicerce o passar do tempo ou não,[38] tendo em vista que este faz com

---

[36] GADAMER, Hans-Georg. *Verdade e método*. Traços fundamentais de uma hermenêutica filosófica. 7. ed. Tradução de Flávio Paulo Meurer. Petrópolis: Vozes; Bragança Paulista: Universitária São Francisco, 2005. v. I. p. 394-395. Aponta o filósofo que: "A distância temporal possui ainda um outro sentido além da morte do interesse pessoal pelo objeto. Ela é a única que permite uma expressão completa do verdadeiro sentido que há numa coisa. Entretanto, o verdadeiro sentido contido num texto ou numa obra de arte não se esgota ao chegar a um determinado ponto final, visto ser um processo infinito. Não se eliminam apenas novas fontes de erro, de modo a filtrar todas as distorções do verdadeiro sentido. Antes, estão surgindo sempre novas fontes de compreensão, revelando relações de sentido insuspeitadas. A distância temporal que possibilita essa filtragem não tem uma dimensão fechada e concluída, mas está ela mesma em constante movimento e expansão. Ao lado do aspecto negativo da filtragem operada pela distância temporal, aparece, simultaneamente, seu aspecto positivo para a compreensão. Essa distância, além de eliminar os preconceitos da natureza particular, permite o surgimento daqueles que levam a uma compreensão correta".

[37] Sobre a eliminação dos falsos preconceitos há uma passagem mais precisa na obra *Verdade e Método*: "Muitas vezes essa distância temporal nos dá condições de resolver a verdadeira questão crítica da hermenêutica, ou seja, distinguir os verdadeiros preconceitos, sob os quais compreendemos, dos falsos preconceitos que produzem os mal-entendimentos. Nesse sentido, uma consciência formada hermeneuticamente terá que incluir também a consciência histórica". GADAMER, Hans-Georg. *Verdade e método*. Traços fundamentais de uma hermenêutica filosófica. 7. ed. Tradução de Flávio Paulo Meurer. Petrópolis: Vozes; Bragança Paulista: Universitária São Francisco, 2005. v. I. p. 395.

[38] WHITROW, G. J. *O que é tempo?* Uma visão clássica sobre a natureza do tempo. Tradução de Maria Ignez Duque Estrada. Rio de Janeiro: Jorge Zahar, 2005. p. 22-23. Algumas sociedades, embora contemporâneas, podem se mostrar infensas a mudanças pelo transcorrer do tempo, como as tribos de Nuers, que, inclusive, na contagem de tempo, sequer o marcam pelos modos como as sociedades mais avançadas fazem, conforme relata o autor: "Outra raça sudanesa estudada por Evans-Prichard, os Nuers, que vivem em ambas as margens do Nilo Branco, não tem equivalente algum de nossa palavra 'tempo' e não são capazes de falar dele como se algo que passa e que pode ser poupado e desperdiçado. Seus pontos de referência para o tempo são fornecidos por suas atividades sociais: 'Os eventos [para eles] seguem uma ordem lógica, mas não são controlados por um sistema abstrato, não existindo pontos autônomos de referência e que as atividades de-

que as várias fases da história sejam relevantes para a interpretação final, o que, se acaso for a correta, deve modificar a forma de pensamento humano que desemboca no fator cultural.

2.4. Cultura e sociedade

A cultura, apesar de se manifestar de formas distintas ao longo do tempo, pode também se manifestar de diferentes maneiras, dependendo do tipo de sociedade em que se vive,[39] sendo isso de vital importância também ao Direito e ao processo, pois estes devem estar de acordo com a cultura de seu povo, de sua sociedade, de sua nacionalidade[40], e não de meras e impensadas importações[41] de modelos que não foram desenvolvidos para uma determinada sociedade.[42] Isso se dá pelo simples fato de que, mesmo que sociedades tenham

---

vam corresponder com precisão'. Os Nuers não têm unidades de tempo como horas ou minutos, pois não medem o tempo, pensando, apenas em termos de sucessões de atividades. E são tantas as que envolvem seus rebanhos que Evans-Prichartd fala de seu 'relógio de gado'. Os anos são referidos pelas enchentes, pestilências, fomes, guerras e outros acontecimentos que neles ocorreram. Aos poucos, os nomes dados aos anos são esquecidos e todos os eventos que escapam a esse rudimentar registro histórico passam a ser pensados como tendo ocorrido muito tempo atrás. O tempo histórico fundado numa sequência de eventos de grande significação para toda uma tribo abrange um lapso maior que o tempo histórico de grupos menores, mas, na opinião de Evans-Prichard, nunca engloba um período de mais de 50 anos e, quanto mais distante do presente, menos numerosos e mais vagos são os pontos de referência. A distância entre os eventos não é computada pelos Nuers em termos de conceitos temporais, mas relacionadas à estrutura social, em especial ao que Evans-Prichartd chama de 'sistema de conjunto de idade', já que todos os meninos 'iniciados' num número sucessivo de anos pertencem a um único conjunto de idade. Na época em que fez sua pesquisa, Evans-Prichard encontrou vivos os membros de seis conjuntos. Embora não tenha conseguido elucidar plenamente o modo como um indivíduo percebia efetivamente o tempo, uma vez que o assunto 'estava envolto em dificuldades', concluiu que, entre os Nuers, o tempo é percebido como mero movimento de pessoas, frequentemente como grupo, através da estrutura social. Em consequência, não há uma verdadeira impressão das distâncias temporais entre os acontecimentos, como aquela produzida por nossas técnicas de datação. Em particular, a distância temporal entre o início do mundo e o dia presente permanece fixa. A contagem do tempo é essencialmente uma conceitualização da estrutura social, os pontos de referência sendo uma projeção, no passado, das relações presentes entre grupos sociais. 'É menos um meio de coordenar eventos que de coordenar relações, e por isso é sobretudo um olhar para trás, uma vez que as relações devem ser explicadas em ternos do passado'".

[39] SANTOS, José Luiz dos. *O que é cultura*. São Paulo: Brasiliense, 2012. P. 18. Refere: "Existem realidade culturais internas à nossa sociedade que podem ser tratadas, e muitas vezes o são, como se fossem culturas estranhas. Isso se aplica não só às sociedades indígenas do território brasileiro, mas também a grupos de pessoas vivendo no campo ou na cidade, sejam lugares isolados, de características peculiares, sejam agrupamentos religiosos fechados que existem no interior das grandes metrópoles. Pode-se tentar demonstrar suas lógicas internas, sua capacidade de emitir pronunciamentos, de interpretar a realidade que as produz, de agir sobre essa realidade".

[40] HALL, Stuart. *A identidade cultural na pós-modernidade*. 11. ed. Tradução de Tomaz Tadeu da Silva e Guacira Lopes Louro. Rio de Janeiro: DP&A, 2006. p. 47. Refere o autor sobre a cultura nacional que forma a identidade cultural: "No mundo moderno, as culturas nacionais em que nascemos se constituem em uma das principais fontes de identidade cultural. Ao nos definirmos, algumas vezes dizemos que somos ingleses ou galeses ou indianos ou jamaicanos. Obviamente, ao fazer isso estamos falando de forma metafórica. Essas identidades não estão literalmente impressas em nossos genes. Entretanto, nós efetivamente pensamos nelas como se fossem parte de nossa natureza essencial".

[41] A crítica aqui é feita no sentido das importações que são realizadas sem o devido estudo dos seus institutos para que sejam relidos para a atualidade brasileira, não estando o texto fechando a porta para teorias estrangeiras, aliás, o que se incentiva, desde que com seriedade.

[42] TARUFFO, Michele. Aspectos fundamentais do processo civil de *civil law* e de *common law*. In: ——. *Processo civil comparado*: ensaios. Tradução de Daniel Mitidiero. São Paulo: Marcial Pons, 2013. p. 11-34. p. 29. Para complementar melhor a afirmação, o processualista italiano analisa como se devem conhecer outras

uma vivência no mesmo tempo, pode existir uma abissal diferença cultural entre elas, não havendo como existir um consenso universal cultural,[43] em que pese poderem existir conceitos tendentes a universalização, como refere Fredie Didier Jr.[44] ao escrever sobre os conceitos jurídicos fundamentais. Interessante abordagem que comprova o já referido é elaborada por Leslie A. White e Beth Dillingham,[45] que identificam o ato de simbologizar como o alicerce que define a separação entre duas ou mais culturas, identificando alguns exemplos para demonstração de suas proposições, como a da pedra calcita, que para um geólogo é algo, mas para um indígena é completamente diferente. O manancial de exemplos é enorme para demonstrar a existência da diversidade cultural entre determinadas sociedades num mesmo espaço temporal, o que também pode

---

culturas para a elaboração de leis, ao dizer: "Naturalmente, isso depende da cultura do legislador que está empenhado na reforma: um legislador 'culto' terá as informações necessárias para fazer escolhas melhores no mercado das ideias relativas à justiça civil, concernentes às suas finalidades e aos instrumentos para promovê-las, enquanto um legislador 'ignorante' (do qual se pode dar vários exemplos, em especial na Itália) tenderá a ser culturalmente autárquico e, portanto, a entender que o ordenamento nacional em particular pode ser reformado tão-somente dentro de sua particular e provinciana cultura, sem qualquer influência útil derivada de outros ordenamentos que já enfrentaram e resolveram – talvez de modo melhor e mais eficiente – os mesmos problemas".

[43] BIRKET-SMITH, Kaj. *História da cultura*: origem e evolução. 3. ed. Tradução de Oscar Mendes. São Paulo: Melhoramentos, 1965. p. 8. Escreve: "A cultura assemelha-se a uma árvore, uma árvore de lenda em que cada galho se distingue do vizinho, cada flor possui uma cor e um perfume próprios e cada fruto um sabor especial. Tôda esta riqueza se formou naturalmente. Cada cultura e cada povo têm um caráter particular. Mas todos os galhos brotaram do mesmo tronco e se nutrem da mesma seiva. Já há mais de quatro milênios que nós, dinamarqueses, vivemos em nosso país e é provável que a língua que falamos derive diretamente daquela que já se ouvia nas nossas plagas, há tantos anos. É uma herança que cria para nós uma obrigação. Mas, ao mesmo tempo, somos membros da comunidade humana e nossa cultura é uma parte da cultura universal à qual devemos levar uma contribuição permanente".

[44] DIDIER JR., Fredie. *Sobre a teoria geral do processo, essa desconhecida*. Salvador: Juspodivm, 2012. p. 42-43. Aduz: "O conceito jurídico fundamental (lógico-jurídico, jurídico próprio ou categorial) é aquele construído pela Filosofia do Direito (é uma das tarefas da Epistemologia Jurídica), com a pretensão de auxiliar a compreensão do fenômeno jurídico onde e quando ele ocorra. Tem pretensão de validez universal. Serve aos operadores do Direito para a compreensão de qualquer ordenamento jurídico determinado. É, verdadeiramente, um pressuposto indispensável de qualquer contato científico com o direito".

[45] WHITE, Leslie A.; DILLINGHAM, Beth. *O conceito de cultura*. Tradução de Teresa Dias Carneiro. Rio de Janeiro: Contraponto, 2009. p. 9-10. Referem: "O homem é um animal. Porém, não é 'apenas mais um animal'. Ele é único. Só o homem, entre todas as espécies, tem uma capacidade a que, por falta de um termo melhor, chamaremos capacidade de simbologizar. Ela é a capacidade de originar, definir e atribuir significados, de forma livre e arbitrária, a coisas e acontecimentos no mundo externo, bem como de compreender esses significados. Eles não podem ser percebidos e avaliados com os sentidos. Por exemplo, água benta é diferente de água comum. Ela tem um valor que a distingue da água comum, e esse valor é significativo para milhões de pessoas. Como a água comum se torna água benta? A resposta é simples: os seres humanos atribuem-lhe esse significado e estabelecem a sua importância. O significado, por sua vez, pode ser compreendido por outros seres humanos. Se não fosse assim, não faria sentido para eles. Simbologizar, portanto, envolve a possibilidade de criar, atribuir e compreender significados". E continuam: "Como observamos, os significados que resultam da simbologização não podem ser percebidos e avaliados com os sentidos. Não se pode distinguir água benta de água comum com o paladar, o olfato, a visão ou o tato, nem se pode fazer essa distinção com uma análise física ou química. Mas a distinção é real. Seria uma ingenuidade descartá-la dizendo que é irreal, apenas fruto da imaginação. Nada é mais real do que uma alucinação". E finalizam: "Vamos prosseguir com outros exemplos de simbologização ou de produtos de simbologização. Um índio *pueblo* me dá uma pedra, e um geólogo me disse que era calcita. Era a materialização de um poder sobrenatural, uma fonte de poder sobrenatural; os índios podiam confiar nela e usá-la para fazer coisas. Não era, então, só um objeto mineral; era também um fetiche, e essa condição tinha um significado real para os índios. Aqui, mais uma vez, não se pode perceber ou compreender esses significados por meio dos sentidos ou de qualquer método de análise mineralógica. Os índios tinham atribuído esse significado à pedra de forma livre e arbitrária. E a capacidade de criar e atribuir significados não sensoriais é também capacidade de compreendê-los".

ser comprovado a partir das constatações de Roque de Barros Laraia,[46] que trabalha com situações que vão desde costumes indígenas à prática de adultério, que é visto como crime com pena capital em determinadas localidades.

Pegue-se, por exemplo, um tema de debate praticamente universal, como o do conteúdo da dignidade da pessoa humana, que atravessa o tempo, como expõe Ingo Wolfgang Sarlet,[47] ao referir que o tema deita raízes na antiguidade clássica e no centro do ideário cristão. Não existem dois países no mundo que vivenciaram um tipo diferente de cultura e que sistematizaram a dignidade da pessoa humana da mesma forma. O jurista alemão Peter Häberle[48] aponta a dificuldade de existir consenso no que concerne ao assunto da dignidade ao referir sobre a diferença entre indivíduo e comunidade.

Enquanto no Brasil tem-se um catálogo de direitos fundamentais,[49] individuais e coletivos, que protegem a vida, a honra, a integridade física e a liberdade, em outros países, por exemplo, como o Irã, a pena de morte é instituída em determinados casos, como o adultério, assim como a de tortura e a do tratamento degradante ao ser humano que pratica determinados tipos de crimes.

---

[46] LARAIA, Roque de Barros. *Cultura*: um conceito antropológico. 24. ed. Rio de Janeiro: Jorge Zahar, 2009. p. 14-15. Inicia referindo: "Qualquer um dos leitores que quiser constatar, uma vez mais, a existência dessas diferenças não necessita retornar ao passado, nem mesmo empreender uma difícil viagem a um grupo indígena, localizado nos confins da floresta amazônica ou em uma ilha do Pacífico. Basta comparar os costumes de nossos contemporâneos que vivem no chamado mundo civilizado". E continua: "Esta comparação pode começar pelo sentido do trânsito na Inglaterra, que segue a mão esquerda; pelos hábitos culinários franceses, onde rãs e *escargots* (capazes de causar repulsa a muitos povos) são considerados como iguarias, até outros usos e costumes que chamam mais a atenção para as diferenças culturais". E ainda refere: "No Japão, por exemplo, era costume que o devedor insolvente praticasse o suicídio na véspera do ano-novo, como uma maneira de limpar seu nome e o de sua família. O haraquiri (suicídio ritual) sempre foi considerado como uma forma de heroísmo. Tal costume justificou o aparecimento dos 'pilotos suicidas' durante a Segunda Guerra Mundial". "Entre os ciganos da Califórnia, a obesidade é considerada como um indicador de virilidade, mas também é utilizada para conseguir benefícios junto aos programas governamentais de bem-estar social, que a consideram como uma deficiência física". "A carne da vaca é proibida aos hindus, da mesma forma que a de porco é interditada aos muçulmanos". Para finalizar: "O nudismo é uma prática tolerada em certas praias européias, enquanto nos países islâmicos, de orientação xiita, as mulheres mal podem mostrar o rosto em público. Nesses mesmos países, o adultério é uma contravenção grave que pode ser punida com a morte ou longos anos de prisão".

[47] SARLET, Ingo Wolfgang. *Dignidade da pessoa humana e direitos fundamentais na Constituição Federal de 1988*. 8ª ed. Porto Alegre: Livraria do Advogado, 2010. p. 31-32. Esclarece: "Assim, sem adentramos, ainda, o problema do significado que se pode hoje atribuir à dignidade da pessoa humana, cumpre ressaltar, de início, que a ideia do valor intrínseco da pessoa humana deita raízes já no pensamento clássico e no ideário cristão. Muito embora não nos pareça correto, inclusive por faltarem dados seguros quanto a este aspecto, reivindicar – no contexto das diversas religiões professadas pelo ser humano ao longo dos tempos – para a religião cristã a exclusividade e originalidade quanto à elaboração de uma concepção de dignidade da pessoa, o fato é que tanto o Antigo quanto o Novo Testamento podemos encontrar referências no sentido de que o ser humano foi criado à imagem e semelhança de Deus, premissa da qual o cristianismo extraiu a consequência – lamentavelmente renegada por muito tempo por parte das instituições cristãs e seus integrantes (basta lembrar as crueldades praticadas pela 'Santa Inquisição') – de que o ser humano – e não apenas os cristãos – é dotado de um valor próprio e que lhe é intrínseco, não podendo ser transformado em mero objeto ou instrumento".

[48] HÄBERLE, Peter. A dignidade humana como fundamento da comunidade estatal. In: SARLET, Ingo Wolfgang (Org.). *Dimensões da dignidade*: ensaios de filosofia do direito e direito constitucional. 2. ed. Tradução de Ingo Wolfgang Sarlet e Pedro Scherer de Mello Aleixo. Porto Alegre: Livraria do Advogado, 2009. p. 45-104. p. 86. Aduz: "Na verdade, uma fórmula comum sobre dignidade ainda não foi encontrada e possivelmente nem o venha a ser, pois a diferença entre indivíduo e comunidade, inclusive no sentido de comunidade constituída, constitui uma relação de tensão irrevogável, geradora de conflitos, cujo reconhecimento jurídico justamente se mostra característico para a estabilidade moderna".

[49] Ver, em especial, os artigos 5º, 6º e 7º da Constituição da República Federativa do Brasil.

Na morte por apedrejamento, por exemplo, as pedras utilizadas segundo as leis "[...] não devem ser grandes o suficiente para que a pessoa morra com uma ou duas pedradas, nem tão pequenas que não possam ser chamadas de pedras", podendo a primeira pedra ser atirada tanto pelo juiz como por uma testemunha, caso o crime tenha sido confessado. Há países que ainda mantêm pena de morte por decapitação (Arábia Saudita), injeção letal (China, Guatemala), fuzilamento (Coreia do Norte), enforcamento (Afeganistão, Iraque) e cadeira elétrica (em alguns estados dos EUA), mas que a lista de países é maior, sendo meramente exemplificativos os acima identificados. O grande contrassenso é que no Brasil alguns podem acreditar ser a pena de morte por apedrejamento no Irã, por exemplo, um completo ato de desumanidade, ao passo que no Irã, da mesma forma, podem pensar ser desumano como são tratados os casos aqui em solo brasileiro, sendo, pois, estes pensamentos manifestações que se sobressaem da própria cultura objetiva de determinadas sociedades.

Por razões como essa é que não existe nada mais difícil do que mudar a mentalidade cultural de uma determinada sociedade, de um determinado povo. Por exemplo, não adianta um país intervir militarmente noutro e tentar impor sua cultura, suas tradições, seu estilo de vida, sem que exista um plano altamente delineado para isso e mais, sem que o povo esteja propenso a essa mudança. Niccolò Machiavelli[50] já escreveu, séculos atrás, que o príncipe poderia facilmente perder um país conquistado acaso tentasse impingir a cultura de seu reino. Um príncipe que não soubesse o limite de intervenção cultural que deveria ter sobre um reino conquistado era alguém que estaria propenso a perder facilmente aquilo que fora conquistado.

Trazendo mais para a contemporaneidade, Mauro Cappelletti[51] aponta uma importante questão em sua obra ao se perguntar como um processualista de diferente continente pode dar alguma contribuição ao estudo do processo noutro continente, respondendo, ele mesmo, num sentido mais abstrato, de que cabe ao estudioso do outro país saber fazer as devidas conexões do que pode ou não ser adotado em sua tradição jurídica. Aqui se tem um grande problema em que o Brasil tem sido campeão em não levar em conta, qual seja a importação de doutrinas de outras culturas para a nossa. Mauro Cappelletti advertiu o que poderia ele, um processualista europeu, contribuir para o estudo do Direito Processual Civil estadunidense, não apenas expor aqueles pro-

---

[50] MACHIAVELLI, Niccolò. *O príncipe*: com as notas de Napoleão Bonaparte. 2. ed. Tradução de J. Cretella Jr. e Agnes Cretella. São Paulo: Revista dos Tribunais, 1997. p. 22. São suas palavras: "Digo, então, que, nos estados hereditários, e ligados ao sangue de seu príncipe, são bem menores as dificuldades de mantê-los que os novos, porque basta somente não preterir a ordem de seus ancestrais e, depois, contemporizar com as situações acidentais; de tal modo que, se tal príncipe for de inteligência comum, sempre se manterá no seu estado, a não ser que haja força extraordinária e excessiva, que o prive deste; e, mesmo que seja privado deste, por pior que seja o ocupante, pode readquiri-lo".

[51] CAPPELLETTI, Mauro. *Processo, ideologias e sociedade*. Tradução de Elicio de Cresci Sobrinho. Porto Alegre: Sergio Antonio Fabris, 2008. v. I. p. 311. Inicia fazendo o questionamento: "Pode um processualista europeu oferecer alguma contribuição ao estudo do processo civil americano e das suas possíveis reformas?". E finaliza: "Não é de mim, obviamente, que pode vir uma válida resposta a esta pergunta. Cabe aos juristas americanos, aqui presentes, julgar se os problemas continentais, sobre os quais falarei nesta conferência, são suficientemente análogos aos seus e se as soluções adotadas na Europa, como também as tendências, exigências e perspectivas européias de reforma, podem oferecer qualquer sugestão ao jurista e ao legislador norte-americano".

blemas por ele enfrentados na Europa e que fiquem apenas com aquilo que lhe servir para o seu ordenamento jurídico. Não se tem realizado no Brasil esse devido filtro, sendo comum serem buscadas correntes jurídico-filosóficas e jurídico-sociológicas para nossa realidade,[52] quando se tem uma sociedade diversa daquela para qual pensada a teoria.[53] Felizmente, a realidade tem mudado, tendo alguns autores trabalhado em monografias que tentam equilibrar as tradições ou famílias jurídicas, propondo novos modelos, e não somente a importação, pura e simples, de institutos que seriam inaplicados em solo brasileiro.

Assim, é de se concluir que numa determinada sociedade existe uma cultura predominante, muitas vezes inalcançável por inferências de outras comunidades.[54] É muito difícil projetar numa sociedade uma idealização que permeia noutra, razão pela qual cada uma deve buscar a sua identidade dentro de seus ideais culturais. Agregue-se a importante lição de Oscar G. Chase[55] sobre as

---

[52] TEIXEIRA, Anderson Vichinkeski; OLIVEIRA, Elton Somensi. *Correntes contemporâneas do pensamento jurídico*. Barueri, SP: Manole, 2010. p. XVIII. Só para se ter uma ideia, na introdução da obra em comento, os autores expõem algumas correntes filosóficas tratadas no capítulo I, ao dizerem: "A obra foi dividida em duas grandes partes. A parte I (Teoria e Filosofia do Direito) trata daquelas que são as correntes filosóficas mais discutidas, pesquisadas e influentes no pensamento jurídico ocidental contemporâneo: o pós-positivismo, a teoria do agir comunicativo, a teoria crítica do reconhecimento, a teoria dos sistemas sociais, a teoria axiomática do direito. O neojusnaturalismo, o neocontratualismo, o neoinstitucionalismo, a análise econômica do direito e o minimalismo jurídico. Ressalte-se que este elenco poderia ser ainda mais amplo, mas a sua determinação na presente forma poderia ser mais amplo, mas a sua determinação na presente forma teve como escopo concentrar o foco no Ocidente e nas suas filosofias e teorias jurídicas com maior representatividade no meio acadêmico e editorial".

[53] MORIN, Edgar. *Cultura de massas no século XX*. Espírito do tempo 1: neurose. 10. ed. Tradução de Maura Ribeiro Sardinha. Rio de Janeiro: Forense Universitária, 2011. p. 5. Não que deixem de existir culturas universais, como salienta o autor, ao dizer: "Uma cultura orienta, desenvolve, domestica certas virtualidades humanas, mas inibe ou proíbe outras. Há fatos de cultura que são universais, como a proibição do incesto, mas as regras e as modalidades dessa proibição diferenciam-se segundo as culturas. Em outras palavras, há de um lado, uma 'cultura' que define, em relação à natureza, as qualidades propriamente humanas do ser biológico chamado homem, e, de outro, culturas particulares segundo as épocas e as sociedades".

[54] ORTIZ, Renato. *Mundialização e cultura*. São Paulo: Brasiliense, 2000. p. 81. A discussão cinge-se em nosso contexto no Direito, uma vez que diferentes culturas tendem a aceitar determinados tipos de cultura alheia. Lembra o autor a parte gastronômica, por exemplo, ao referir: "Rompe-se assim a relação entre lugar e alimento. A comida industrial não possui nenhum vínculo territorial. Não quero sugerir que os pratos tradicionais tendam com isso a desaparecer. Muitos deles serão inclusive integrados à cozinha industrial. Mas perdem sua singularidade. Existiria alguma 'italianidade' nas *pizzas hut*, ou 'mexicanidade' nos tacos Bell? Os pratos chineses, vendidos congelados nos supermercados, têm algum sabor do império celestial? O exemplo de McDonald's é a meu ver heurístico. Ele permite compreender melhor o tema da deslocalização. Uma forma de analisá-lo é sublinhar sua 'essência' norte-americana. Esta maneira de pensar faz parte de todo um senso comum, e supõe uma idéia partilhada por muitos: a 'americanização' do mundo. Os dados empíricos tendem a confirmar esta impressão apressada. De fato, McDonald's tem uma presença insofismável, oferecendo seus préstimos na Europa, Ásia e América Latina. Sua 'marca' abraça as cidades de Paris, Nova York, São Paulo, Moscou e Tóquio. Entretanto, sua história nos sugere uma outra leitura. Afinal o que significa realmente este fenômeno?".

[55] CHASE, Oscar G. *Direito, cultura e ritual*: sistemas de resolução de conflitos no contexto da cultura comparada. Tradução de Sergio Arenhart e Gustavo Osna. São Paulo: Marcial Pons, 2014. p. 20. Refere: "Entre os Centro-Africanos Azande, o oráculo *benge* seria consultado. Uma pequena dose de veneno seria dada a um pintinho enquanto a questão é submetida ao oráculo: 'Se o requerente diz a verdade, que o pintinho morra, que o pintinho morra, que o pintinho morra'. O pintinho morre (ou vive). O oráculo dá a resposta. Em outro tempo e lugar (Estados Unidos) um juiz ordena que um júri seja consultado. Um grupo de desinteressados é convocado para uma sala especial, usada só para debates. Eles ouvem o requerente, o requerido e as testemunhas do conflito. Os desinteressados se retiram para uma sala privada e deliberam. Eles retornam com um veredito. Ainda em outro tempo e lugar (maioria da Europa Continental e América Latina), os fatos são determinados por um juiz especialmente treinado cuja decisão é baseada primeiramente em documentos, podendo sequer deixar as partes em litígio depor. Cada um desses métodos é considerado no lugar em que

diferentes formas de se julgar em partes diversas do mundo, que vão desde um veneno ofertado a um pintinho até um seleto juiz treinado para proferir uma decisão, sendo que conclui ser cada um destes métodos o mais eficiente para encontrar a verdade passada para aquela determinada localidade. Ressalte-se que mesmo em casos de colonização, às vezes não se consegue atribuir toda uma gama cultural do colonizante sobre o colonizado, como aponta Harold J. Berman[56] ao discorrer sobre como os Estados Unidos produziu seu direito com uma colonização inglesa. O que pode, e o que deve acontecer, é a troca de informações entre as sociedades sob as diversas formas culturais existentes e que, a partir destas trocas, elas sejam a condição de possibilidade de modificação cultural de uma delas para sua melhoria, o que inclusive tem nome próprio, chamando-se o fenômeno de aculturação.[57]

2.5. Os momentos atuais que o Direito vivencia e influencia na sua compreensão

Para compreender-se o alcance que o Direito tem na contemporaneidade, devem-se analisar alguns marcos culturais atuais, sem exclusão do passado naquilo que ainda está presente, e o que eles vêm influenciando a sociedade. O estudo é importante, tendo em vista que só se pode avaliar como está estruturado o Direito e o processo se tivermos uma compreensão macro dos acontecimentos que guiam e modificam toda uma sociedade. Mas antes de adentrar na cultura propriamente dita, deve-se investigar um fenômeno que tem

---

é (ou foi) usado como o melhor modo de se atingir a verdade sobre o passado desconhecido. Cada um desses povos descritos possui a mesma capacidade inata de raciocinar e observar o mundo ao seu redor. Por que eles chegaram a inata de raciocinar e observar o mundo ao seu redor? Como seus métodos favoritos de resolução de litígios refletem o seu mundo? As suas formas de 'resolução de litígios', de outro lado, afetam as suas crenças sobre o mundo em que habitam?".

[56] BERMAN, Harold J. O fundamento histórico do direito americano. *in Aspectos do direito americano*. Tradução de Janine Yvonne Ramos Péres e Arlette Pastor Centurion. Rio de Janeiro: Forense, 1963. p. 17. Refere: "Dêste modo, os ingleses que colonizaram a América nos séculos XVII e XVIII trouxeram com êles o conceito da Europa Ocidental da supremacia da Lei, incorporado à história tradição inglesa. Todavia, grande parte do Direito Inglês do século XVII foi mal adaptada às condições de vida no Nôvo Mundo. Muitos dos privilégios de que gozava a burguesia inglesa, proprietária de terras, deixavam de ter sentido nas colônias de além-mar; sendo que a solidez dos laços familiares e os contratos referentes à propriedade eram menos importantes nesta região inculta e desabitada do que o direito de igualdade de condições. Felizmente, a doutrina jurídica inglesa, em sua essência, previa que os colonizadores deveriam seguir e obedecer apenas às leis de seu país de origem que se adaptassem às suas novas condições de vida; tornando deste modo possível às côrtes coloniais e ao seu corpo legislativo fazer certas adaptações, como as que foram introduzidas na lei de herança, por exemplo, permitindo que todos os filhos fossem herdeiros legítimos da terra e não apenas o primogênito, como estabelecia a lei inglesa de primogenitura; ou ainda, no caso da lei de dano, modificando o sentido da lei inglesa que estabelecia ser dever do proprietário de gado cercar seus animais, lei esta que não tinha razão de ser numa terra sem fronteira e em início de colonização, como era a América do Norte. Por essa razão, o Direito Americano desde suas origens se caracterizou pelo espírito criador, que acompanhou os homens que exerceram poderes judiciais e legislativos".

[57] SILVA, Kalina Vanderlei; SILVA, Maciel Henrique. *Dicionário de conceitos históricos*. 3. ed. São Paulo: Contexto, 2010. p. 15. Sobre o conceito explicam: "O termo aculturação foi inicialmente cunhado por antropólogos norte-americanos, sendo o historiador francês Nathan Watchel um dos principais responsáveis por sua adaptação para a história. De acordo com ele, o conceito de aculturação é útil para o desenvolvimento de reflexões sobre as mudanças que podem acontecer em uma sociedade a partir da inclusão de elementos externos, ou seja, do contato com outras culturas. Para perceber a aplicação desse conceito na História, esse historiador estudou o caso da sociedade peruana depois da conquista espanhola, no século XVI".

angustiado sobremaneira o profissional do Direito, que é a diferença entre texto e norma. Isso, pois, se a norma é o produto da interpretação do texto, neste caminho hermenêutico, há que se preocupar com as influências cotidianas. Note-se que não se está a defender que estas influências sejam necessárias à transformação hermenêutica, mas deve-se saber quais são elas, exatamente para tentar se livrar dos possíveis caminhos que uma ou outra poderá influenciar o intérprete, o que torna o caminho, além de inseguro, perigoso, aliado ao fato de quem defenda, como Paulo Ferrareza Filho,[58] que erradicar ditas influências a partir de uma decisão judicial é de todo ingênuo, além de totalmente insuficiente. É por isso que autores como Friedrich Müller[59] apontam ser o estudo da norma jurídica àquele que alimenta as mudanças epocais do Direito.

2.5.1. Da cisão entre texto e norma

Prescreve o artigo 172[60] do Código de Trânsito brasileiro[61] que atirar do veículo ou abandonar na via objetos ou substâncias é infração de trânsito média, cuja consequência é a aplicação de uma multa. Já no artigo 181, II,[62] há a previsão de que estacionar o veículo afastado da guia da calçada (meio-fio) de cinquenta centímetros e um metro constitui infração leve, cuja pena é também a multa, e a medida administrativa é a remoção do veículo. Poderíamos abarrotar o texto com exemplos como os acima elencados para demonstrar o que a vem a ser um enunciado normativo, uma fonte ou um texto legal[63] e em

---

[58] FERRAREZE FILHO, Paulo: *Manual politicamente incorreto do direito no Brasil*. Rio de Janeiro: Lumen Juris, 2016. p. 176. Escreve: "Ainda que sejam saudáveis para a democracia o estabelecimento de mecanismos de controle do ativismo judicial, qualquer objetivo de erradicação, próprio das teorias salvacionistas da decisão judicial, mostra-se não somente insuficiente como também ingênuo".

[59] MÜLLER, Friedrich. *O novo paradigma do direito*: introdução à teoria e metódica estruturantes. 3. ed. São Paulo: Revista dos Tribunais, 2014. p. 9. Inicia referindo: "O que define as transformações epocais na ciência jurídica? Pelo modo de formular a pergunta pela justiça? Seria o modo de questionar o significado de justiça? Ocorre que a justiça é a estrela polar comum ao direito de todos os tempos, embora não se tenha chegado a um fundamento confiável a seu respeito. Na terminologia de Kant, por exemplo, 'justiça' é apenas uma ideia regulativa, mas nenhum dado, nenhum objeto que poderia conferir ao direito a solidez prática", e continua "ou será que a posição diante do direito natural define as transformações epocais na ciência jurídica? Ocorre que a história do direito natural até os nossos tempos, tal como foi apreendida pela ciência, não oferece mais do que um 'caos catalogado'. Assim como a justiça, o direito natural também é um problema enquanto houver conflitos entre os homens e enquanto houver ordenamentos jurídicos positivos. Mas ele não é mais nenhum fator concreto que respalde o fazer dos juristas", para, então, finalizar: "Em contrapartida, o centro de todo o trabalho jurídico efetivo, cotidiano é algo que pode ser formulado concretamente: a norma jurídica. Os enfoquer fundamentais da ciência jurídica distinguem-se quanto ao posicionamento das suas concepções da norma jurídica".

[60] Art. 172. Atirar do veículo ou abandonar na via objetos ou substâncias: Infração – média; Penalidade – multa.

[61] Disponível em: <http://www.planalto.gov.br/ccivil_03/leis/L9503.htm>. Acesso 20 jan. de 2018.

[62] Art. 181. Estacionar o veículo: II – afastado da guia da calçada (meio-fio) de cinquenta centímetros a um metro: Infração – leve; Penalidade – multa; Medida administrativa – remoção do veículo.

[63] GUASTINI, Riccardo. *Das fontes às normas*. Tradução de Edson Bini. São Paulo: Quartier Latin, 2005. p. 23-24. Sobre o tema, escreve: "Entendo por 'interpretação (jurídica)' a atribuição de sentido (ou significado) a um texto normativo. Chamo 'texto normativo' qualquer documento elaborado por uma autoridade normativa e, por isso, identificável prima facie como fonte do direito dentro de um sistema jurídico dado", e finaliza: "A interpretação constitui, a rigor, uma atividade mental: uma atividade de 'espírito', como se costuma dizer. Mas, considerada como atividade mental, a interpretação não seria suscetível de análise lógica: no máximo, poder-se-ia submetê-la à investigação psicológica. Querendo, ao contrário, submeter a interpretação à análise lógica, convém concebê-la não bem como uma atividade intelectual, mas antes como uma atividade discursiva, ou, caso se preferir, convém examinar não a atividade interpretativa enquanto tal, mas em

especial se diante daquilo prescrito nele temos a atitude que ali está determinada, preocupação esta que já foi alvo de estudo específico de Giovanni Tarello.[64] É a partir da sua leitura em conjunto com uma situação concreta que se estará interpretando-os e concedendo-lhes normatividade. Podemos saber que é proibido jogar objetos ou substâncias na rua estando dentro de um veículo automotor, mas e se o objeto estava para causar um dano maior se ficasse no interior do automóvel, ainda assim seria proibido jogá-lo para o lado de fora? E se ao estacionar o veículo estivéssemos em situação de emergência que a contagem dos centímetros entre o veículo e o meio-fio da calçada parecesse um completo absurdo frente à situação instaurada? Vamos para uma situação processual, tendo em vista o conteúdo da obra: o prazo do § 5º do art. 1003[65] do Código de Processo Civil brasileiro aponta que os recursos, menos o de embargos de declaração, têm prazo de 15 dias. Mas iniciam quando? Têm contagem em dobro? Acabam quando? E se acabou em dia de feriado? Ou num final de semana? E se a parte ou seu procurador faleceram durante o transcorrer do prazo? E se sobreveio nova ordem processual neste interregno? E se houve um ato normativo que suspendesse o prazo na Comarca? E se existe um feriado local? Com isso, comprova-se que, além de a interpretação do enunciado ser feita de forma sistemática, o que se extrai do texto tem uma função de vital importância para que se conheça o próprio Direito, sendo que ao texto deve-se adscrever o sentido para a extração da norma aplicada como já referido na nota que cita Riccardo Guastini, que aponta para o fato de que a interpretação se consolida ao ser atribuído significado ao texto normativo. Mais adiante em sua obra, expõe o professor genovese[66] o que entende por norma, sendo ela todo o enunciado que foi objeto de sentido ou significado a uma disposição,

---

melhor medida o seu produto literário (seja este uma obra doutrinária, uma medida judicial ou outro). Desse ponto de vista, a interpretação ganha destaque enquanto expressão disvursiva de uma atividade intelectual: a interpretação é o discurso do intérprete".

[64] TARELLO, Giovanni. La semántica Del néustico. Observaciones sobra la parte descriptiva de los enunciados prescriptivos. In *El realismo jurídico genovês*. Jordi Ferrer Beltrán; Giovanni B. Ratti (Eds). Madrid: Martial Pons, 2011. p. 15. Escreve: "El problema que voy a tratar sobre la determinación del significado de los enunciados que expresan la intención y cumplen la función de dirigir e influir sobre comportamientos (en lugar de, o además de, informar y comunicar conocimientos): tal clase de enunciados incluye también los enunciados que expresan prescripciones jurídicas. El problema específico que trago a colación es el de si, y, eventualmente, de qué modo, la función prescriptiva de un enuciado face referencia, o – en otras palabras – si la referencia semántica del enunciado o de una parte del enunciado muta al cambiar la función (prescriptiva o informativa) del enunciado mismo".

[65] Art. 1.003. O prazo para interposição de recurso conta-se da data em que os advogados, a sociedade de advogados, a Advocacia Pública, a Defensoria Pública ou o Ministério Público são intimados da decisão. § 1º Os sujeitos previstos no caput considerar-se-ão intimados em audiência quando nesta for proferida a decisão. § 2º Aplica-se o disposto no art. 231, incisos I a VI, ao prazo de interposição de recurso pelo réu contra decisão proferida anteriormente à citação. § 3º No prazo para interposição de recurso, a petição será protocolada em cartório ou conforme as normas de organização judiciária, ressalvado o disposto em regra especial. § 4º Para aferição da tempestividade do recurso remetido pelo correio, será considerada como data de interposição a data de postagem. § 5º Exceutados os embargos de declaração, o prazo para interpor os recursos e para responder-lhes é de 15 (quinze) dias. § 6º O recorrente comprovará a ocorrência de feriado local no ato de interposição do recurso.

[66] GUASTINI, Riccardo. *Das fontes às normas*. Tradução de Edson Bini. São Paulo: Quartier Latin, 2005. p. 25. Aduz: "(2) chamo 'norma' todo o enunciado que constitua o sentido ou significado atribuído (por qualquer um) a uma disposição (ou a um fragmento de disposição, ou a uma combinação de disposições, ou a uma combinação de fragmentos de disposições). Em outros termos, pode-se também dizer assim: a disposição é (parte de) um texto ainda por ser interpretado; a norma é (parte de) de um texto interpretado".

sendo que qualquer pessoa está autorizada a realizar dito feito. Outro importante momento que deve ser ressaltado é quando o autor anuncia que qualquer um é agente potencial de dar normatividade a um texto. Quando o cidadão se depara com um sinal vermelho, por exemplo, dirigindo um veículo automotor, fará sua interpretação se naquele momento, naquele local, sob aquelas circunstâncias em que se encontra,[67] é melhor desrespeitar o sistema legal vigente ou realmente parar o automóvel.

2.5.2. O neoconstitucionalismo e pós-positivismo

Essa passagem do Estado Liberal ao Estado Democrático de Direito ou Estado Constitucional[68] anuncia novas responsabilidades ao profissional do Direito, dentre elas pensar sobre qual seu momento atual na sociedade contemporânea. Será que a legalidade, que era afirmação do Estado Liberal desde a célebre obra de Montesquieu, ainda é uma realidade na atualidade, ou ela cede espaço a novas teorias que tentam explicar os fenômenos jurídicos hodiernos? Luiz Guilherme Marinoni[69] abastece essa parte doutrinária enaltecendo o rompimento com o Estado legalista, devendo-se dar norte a um novo Estado de Direito ligado à seara constitucional. O que se sabe é que temos ainda muito a estudar sobre o tema do neoconstitucionalismo, sendo que, como relembra Miguel Carbonel,[70] a total compreensão sobre o fenômeno ainda custará, seguramente, alguns anos.

---

[67] Note-se, por exemplo, o caso abaixo transcrito, oriundo do agravo de instrumento n. 70013609672 de lavra do Desembargador Araken de Assis, no qual, a parte agravante ultrapassou o sinal vermelho tendo em vista ter alegado que não havia obrigatoriedade de respeito ao semáforo no horário das 22h às 5h. E que pese ter perdido o recurso, se tivesse comprovado tal fato, sua interpretação teria sido corretada para não parar no sinal vermelho no horário em que teria passado. *Ementa:* ADMINISTRATIVO. TRÂNSITO. AVANÇO DE SINAL VERMELHO. ALEGAÇÃO DE NÃO OBRIGATORIEDADE DE PARADA NO SEMÁFORO NO HORÁRIO COMPREENDIDO ENTRE 22h00 E 5h00. AUSÊNCIA DE PROVA. REVISÃO DO MÉRITO DO ATO ADMINISTRATIVO. INADMISSIBILIDADE. 1. A ilegitimidade passiva da agravada é matéria a ser examinada pelo 1º grau de jurisdição. Preliminar rejeitada. 2. Mostra-se possível a autuação e aplicação de penalidade por avanço de sinal vermelho no horário compreendido entre 22:00 e 5:00, ante a ausência de prova da alegada não obrigatoriedade de parada no semáforo desde que resguardada a segurança no trânsito. Por outro lado, não se admite a revisão do mérito do ato administrativo pelo Poder Judiciário. 3. AGRAVO DE INSTRUMENTO DESPROVIDO. (Agravo de Instrumento Nº 70013609672, Quarta Câmara Cível, Tribunal de Justiça do RS, Relator: Araken de Assis, Julgado em 08/03/2006). Disponível em: <http://google8.tjrs. jus.br/search?q=cache:www1.tjrs.jus.br/site_php/consulta/consulta_Ementa%3D1371251+sinal+e+verm elho+e+multa&site=ementario&client=buscaTJ&access=p&ie=UTF-8&proxystylesheet=buscaTJ&output=x ml_no_dtd&oe=UTF-8&numProc=70013609672&comarca=Comarca+de+Porto+Alegre&dtJulg=08-03-2006 &relator=Araken+de+Assis>. Acesso: 14 de setembro de 2014.

[68] Para saber um pouco mais sobre a expressão, leia-se: MITIDIERO, Daniel. *Processo civil e Estado constitucional.* Porto Alegre: Livraria do Advogado, 2007.

[69] MARINONI, Luiz Guilherme. *Teoria geral do processo.* 4. ed. São Paulo: Revista dos Tribunais, 2010. v. I. p. 23-24.

[70] CARBONEL, Miguel. *Teoria del neoconstitucionalismo*: ensayos escogidos. Madrid: Trotta, 2007. p. 9. Sobre o tema, escreve: "El neoconstitucionalismo, entendido como el término o concepto que explica un fenómeno relativamente reciente dentro del Estado constitucional contemporáneo, parece contar cada día con más seguidores, sobre todo en el ámbito de la cultura jurídica italiana y española, así como en diversos países de América Latina (particularmente en los grandes focos culturales de Argentina, Brasil, Colombia y México). Con todo, se trata de un fenómeno escasamente estudiado, cuya cabal comprensión seguramente tomará todavía algunos años".

CULTURA, ESCOLAS E FASES METODOLÓGICAS DO PROCESSO

Então, sabe-se que o momento cultural jurídico que hoje prepondera no Brasil, assim como em muitos ordenamentos estrangeiros, denomina-se de neoconstitucionalismo.[71] Em abordagem objetiva sobre o tema, Humberto Ávila[72] sistematiza o fenômeno de uma forma compreensível, referindo que no neoconstitucionalismo há uma tendência maior à aplicação direta do princípio em detrimento da regra, o que faz com que haja mais ponderação e menos subsunção na aplicação do Direito. Com isso, passa-se de uma justiça que deveria ser mais geral para uma justiça particular, e o Poder Judiciário propicia ganhar maior espaço, abarcando temas que, pela teoria da tripartição de poderes, seriam do Executivo e do Legislativo. Contudo, é de se questionar se a cultura que se vivencia hoje fora das questões jurídicas está influenciando o Direito brasileiro.

2.6. A cultura da sociedade contemporânea

Inegável que as transformações oriundas de modificações culturais influenciam o âmbito do Direito[73] brasileiro, não sendo nem preciso a leitura da vasta bibliografia da matéria que assim entende, a qual já foi parcialmente referida, mas tão somente o cidadão, partindo de seu bom-senso, chega a esta indubitável conclusão. Seria o que Morin[74] chamaria de cultura científica e cultura das humanidades. O que passa a interessar, então, neste momento, é

---

[71] CAMBI, Eduardo. *Neoconstitucionalismo e neoprocessualismo*: direitos fundamentais, políticas públicas e protagonismo judiciário. São Paulo: Revista dos Tribunais, 2009. p. 27. Afirma o autor sobre o que entende pelo conceito de neoconstitucionalismo: "O neoconstitucionalismo está voltado à realização do Estado Democrático de Direito, por intermédio da efetivação dos direitos fundamentais. Aposta no caráter transformador das Constituições modernas, pois, como utopias de direito positivo, servem como norte capaz de orientar as necessárias mudanças sociais. Neste sentido, não se pode ignorar a advertência de Macpherson: 'Só sobreviverão as sociedades que melhor possam satisfazer as exigências do próprio povo no que concerne à igualdade de direitos humanos e à possibilidade de todos os seus membros lograrem uma vida plenamente humana'".

[72] ÁVILA, Humberto. *"Neoconstitucionalismo"*: entre a "ciência do direito" e o "direito da ciência". Disponível em: <http://www.direitodoestado.com/revista/rede-17-janeiro-2009-humberto%20avila.pdf>. Acesso em: 22 mar. 2014.

[73] BITTAR, Eduardo C. B. *O direito na pós-modernidade*. 3. ed. São Paulo: Atlas, 2014. p. xiv. O pensamento do autor é elucidativo ao que se quer dizer: "O convívio ostensivo com a ineficácia dos procedimentos típicos do Direito, e percepção notória das desigualdades e injustiças sociais, o crescimento exponencial da violência, a desagregação social acelerada, a morte das utopias e a fragilidade da consciência crítica, a deturpação de referências, o desbussolamento dos sujeitos, a aceleração rítmica do convívio, e virtualização da coexistência democrática, a movimentação de um consumismo desenfreado são aspectos a serem ressaltados na experiência histórica contemporânea, e que, direta ou indiretamente, se traduzirão em questões e desafios para a criação, implementação e aplicação do Direito contemporâneo".

[74] MORIN, Edgar. *Reformar o pensamento*: a cabeça bem feita. Lisboa: Instituto Piaget, 2002. p. 17-18. Escreve: "Doravante a cultura não está apenas recortada em peças separadas, mas, também, partida em dois blocos. A grande separação entre a cultura das humanidades e a cultura científica, iniciada no século anterior e agravada no nosso, causa graves consequências a uma e a outra. A cultura humanista é uma cultura genérica que, via filosofia, ensaio, romance, alimenta a inteligência geral, afronta as grandes interrogações humanas, estimula a reflexão sobre o saber e favorece a integração pessoal dos conhecimentos. A cultura científica, de natureza diferente, separa os campos do conhecimento. Suscita admiráveis descobertas, teorias geniais, mas não uma reflexão sobre o destino humano e sobre o futuro da própria ciência. A cultura das humanidades tende a tornar-se como um moinho privado do grão das aquisições científicas sobre o mundo e a vida que deveria alimentar as suas grandes interrogações; a segunda, privada de reflexividade sobre os problemas gerais e globais, torna-se incapaz de se pensar a si e de pensar os problemas sociais e humanos que coloca".

saber quais são os novos paradigmas que permeiam a sociedade e influenciam o Direito contemporâneo. Quando do lançamento da primeira edição deste estudo, partiu-se de três alicerces culturais: (*i*) pós-modernidade; (*ii*) hiperconsumismo e (*iii*) globalização, os quais ganham mais alguns aliados, não havendo espaço para que se pense que se trata de um rol taxativo, muito pelo contrário, trata-se de rol meramente exemplificativo.

2.6.1. A pós-modernidade

O ser humano já foi alguém desprovido de fala e de escrita, mas mesmo assim não deixou de sobreviver e de se comunicar pela linguagem atribuída a esta determinada época da história da humanidade. Isso se explica pelo simples fato de que talvez esse tenha sido o momento cultural ideal para aquela determinada classe de indivíduos, ou seja, não falar, não escrever, comunicando-se de outras maneiras e conseguindo, por meio delas, sobreviver.

A história relata que a sociedade, salvo raros casos, não permanece estagnada. Felizmente, o mundo evoluiu, ao passo de o elemento cultural preponderante evoluir num mesmo patamar para que momentos da história, interna ou global, pudessem ser hoje conhecidos, estudados e compreendidos para a melhoria da qualidade de vida, o que não impede de que erros tenham sido cometidos e com eles tenha a sociedade de aprender. O equívoco histório não se apaga, mas se estuda, compreende e se tenta não repetir.

Não é à toa que, quando se abre um livro destinado à história mundial, ou outro que tente explicar o posicionamento político de determinada época, ou ainda mais um de história do Direito, serão objetivos, seus capítulos, no que concerne aos diversos estágios existentes na sociedade mundial, sabendo-se que havia os povos da chamada Antiguidade[75] (dentre os mais conhecidos pode-se dizer os gregos e os romanos), e que, quando da derrocada destes últimos, ingressou-se numa nova era, chamada de Idade Média;[76] posteriormente, vimos o Absolutismo,[77] seguido do Renascimento,[78] estes últimos dois

---

[75] SILVA, Kalina Vanderlei; SILVA, Maciel Henrique. *Dicionário de conceitos históricos*. 3. ed. São Paulo: Contexto, 2010. p. 19. Sobre os povos da Antiguidade relatam: "O significado na palavra Antiguidade faz referência a objetos do passado. Mas como conceito histórico, Antiguidade é um período da História do Ocidente bem delimitado que se inicia com o aparecimento da escrita e a constituição das primeiras civilizações e termina com a queda do Império Romano, dando início à Idade Média. Tal conceito é de vital importância para a construção da ideia de Ocidente, da mesma forma que algumas noções correlatas, como clássico e antigo".

[76] PALMA, Rodrigo Freitas. *História do direito*. 4. ed. São Paulo: Saraiva, 2011. p. 203. Sobre esta parte da história refere o autor: "Convencionou-se designar de 'Idade Média' o período compreendido pelo declínio do Império Romano do Ocidente (476) e a queda de Constantinopla (1453). Além dessa classificação de praxe, pode-se estabelecer outra, que se divide em 'Alta Idade Média' (séculos V a X) e 'Baixa Idade Média' (séculos XI a XV)".

[77] SILVA, Kalina Vanderlei; SILVA, Maciel Henrique. *Dicionário de conceitos históricos*. 3. ed. São Paulo: Contexto, 2010. p. 11. Sobre o absolutismo relatam os autores: "O surgimento do Absolutismo se deu com a unificação dos Estados nacionais na Europa ocidental no início da Idade Moderna, e foi realizada a centralização de territórios, criação de burocracias, ou seja, centralização de poder nas mãos dos soberanos. Essa centralização aconteceu, no entanto, após uma série de conflitos específicos. Durante a Idade Média, os monarcas feudais dividiam o poder com os grandes senhores de terra, mas com a formação dos Estados nacionais iniciou-se um processo de diminuição do poder desses senhores. Tal processo foi possibilitado pelo crescente

importantes momentos na história que deram entrada ao que se conhece por Idade Moderna. Poderiam ser lembradas outras nomenclaturas para se referir a esse modelo contemporâneo que se vivencia como o de modernidade líquida ou fluida,[79] trazida pelo sociólogo polonês Zygmunt Bauman; o da modernidade reflexiva,[80] trabalhada por Anthony Giddens; a era do inconcebível, de Joshua Cooper Ramo;[81] os tempos fraturados,[82] de Eric Hobsbawm; os tempos hipermodernos, de Giles Lipovetsky;[83] e o da pós-modernidade,[84] que parece ser a referência mais aceita para explicar os fenômenos atuais.[85]

---

poder econômico da burguesia, uma camada social nascente que, sem possuir poder político, apoiou-se no rei para combater a nobreza. O Estado centralizado surgiu, assim, interligado aos conflitos políticos entre nobreza e burguesia, característicos desse momento histórico, além das disputas políticas entre os príncipes e a Igreja católica, visto que o Papado durante toda a Idade Média foi uma considerável força internacional".

[78] SCHWANITZ, Dietrich. *Cultura geral*: tudo o que se deve saber. Tradução de Beatriz Silke Rosa, Eurides Avance de Souza, Inês Antonia Lohbauer. São Paulo: Martins Fontes, 2007. p. 61. Sobre esse determinado período na história refere o autor: "O termo 'renascimento' vem de *renaissance*, criado por Giorgio Vasari já em 1550, para caracterizar sua época nas biografias que fazia dos artistas italianos. Com Vasari, quis definir a redescoberta da cultura pagã da Antiguidade depois do longo sono da Idade Média. Esse renascimento exprimiu-se sobretudo por meio da arquitetura, da escultura e da pintura e produziu as maravilhosas cidades italianas que até hoje admiramos". E finaliza: "Tudo isso não aconteceu por acaso: o que renasceu foram o prazer terreno, a sensualidade, as cores, a luz e a beleza do corpo humano. O ser humano voltou do além e descobriu o paraíso na terra. Era um paraíso de formas e cores. Essa descoberta provocou uma vertigem. O Renascimento era vivenciado como uma festa, como euforia e excesso e, por isso, expressava-se sobretudo nas artes que falam aos sentidos: a arquitetura e a pintura".

[79] BAUMAN, Zygmunt. *Modernidade líquida*. Tradução de Plínio Dentzien. Rio de Janeiro: Jorge Zahar, 2001. p. 14-15. Sobre a chegada da modernidade líquida refere o sociólogo: "A nossa é uma versão individualizada e privatizada da modernidade, e o peso da trama dos padrões e a responsabilidade pelo fracasso caem principalmente sobre os ombros dos indivíduos. Chegou a vez da liquefação dos padrões de dependência e interação. Eles são agora maleáveis a um ponto que as gerações passadas não experimentaram e nem poderiam imaginar; mas, como todos os fluidos, eles não mantêm a forma por muito tempo. Dar-lhes forma é mais fácil que mantê-los nela. Os sólidos são moldados para sempre. Manter os fluidos em uma forma requer muita atenção, vigilância constante e esforço perpétuo – e mesmo assim o sucesso do esforço é tudo menos inevitável".

[80] GIDDENS, Anthony. *As conseqüências da modernidade*. Tradução de Raul Fiker. São Paulo: UNESP, 1991. p. 51. Refere o autor, sem, contudo, deixar de mencionar partes sobre modernidade e pós-modernidade: "A reflexividade da modernidade, que está diretamente envolvida com a contínua geração de autoconhecimento sistemático, não estabiliza a relação entre conhecimento perito e conhecimento aplicado em ações leigas. O conhecimento reivindicado por observadores peritos (em parte e de maneira muito variadas) reúne-se a seu objeto, deste modo (em princípio, mas normalmente na prática) alterando-o. Não há paralelo a este processo nas ciências naturais; não é nada semelhante ao que ocorre quando, no campo da microfísica, a intervenção de um observador muda o que está sendo estudado".

[81] RAMO, Joshua Cooper. *A era do inconcebível*: por que a atual desordem no mundo não deixa de nos surpreender. Tradução de Donaldson M. Garschagen. São Paulo: Companhia das Letras, 2010.

[82] HOBSBAWM, Eric. *Tempos fraturados*: cultura e sociedade no século XX. Tradução de Berilo Vargas. São Paulo: Companhia das Letras, 2013.

[83] LIPOVETSKY, Gilles. *Os tempos hipermodernos*. Tradução de Mário Vilela. São Paulo: Barcarolla, 2004.

[84] CHEVALIER, Jacques. *O Estado pós-moderno*. Tradução de Marçal Justen Filho. Belo Horizonte: Fórum, 2009. p. 19-20. Sobre a nomenclatura pós-modernidade aponta o professor francês: "Alguns falarão de modernidade 'tardia', 'reflexiva' ou ainda de 'segunda modernidade' (U. BECK, 1986; A. GIDDENS, 1994), insistindo sobre os elementos de continuidade com a sociedade precedente, que não teriam levado a lógica da modernidade às suas últimas consequências. Outros, que, ao contrário, privilegiam os elementos de ruptura, falarão de modernidade 'líquida' (Z. BAUMANN, 2000) (a 'liquidez' das sociedades atuais, caracterizadas pela precariedade extrema dos vínculos sociais, constrastando com a 'solidez' das instituições do mundo industrial), ou ainda de 'hipermodernidade' (F. ASCHER, 2000) ou de 'sobremodernidade' (a radicalização da modernidade envolvendo importantes mutações). Preferir-se-á aqui falar de 'pós-modernidade', na medida em que se assiste ao mesmo tempo à exacerbação das dimensões já presentes no coração da modernidade e à emergência de potencialidades diferentes: comportando aspectos complexos, mesmo facetas contraditórias, a pós-modernidade se apresenta tanto como uma 'hipermodernidade', na medida em que ela leva

A exemplificativa caminhada, sem qualquer pretensão de esgotamento das fases históricas da humanidade, serve para demonstrar que o mundo evoluiu de acordo com determinados momentos culturais que a sociedade daquela época vivenciou, e que o passar do tempo pode vir a ser um elemento modificador da cultura e, consequentemente, do momento social que se vive.

Vivencia-se, hoje, o que se passa a chamar de pós-modernidade. Isso se dá pelos diversos elementos culturais que hoje estão a cada dia modificando o modo de pensar e de agir do ser humano, sendo importante frisar, nesse momento, que a pós-modernidade não chega abruptamente em todas as áreas do conhecimento humano,[86] mas, paulatinamente, tem criado condições de se solidificar a partir de momentos diferentes de sua chegada.[87] Mas o que vem a ser pós-moderno? Uma das explicações é conferida por Mike Featherstone,[88] ao expor que se trata de uma ruptura com a tradição antiga, que seria a própria ideia de modernidade, sendo, pois, uma negação, um abandono do moderno.

As certezas se esvaíram, e esta tem sido uma das funções do próprio Direito, conforme expõe António Manuel Hespanha.[89] Não se sabe hoje o que se

---

ao extremo certas dimensões presentes no cerne da modernidade, tais como o individualismo, e como uma 'antimodernidade', na medida em que ela se desvincula de certos esquemas da modernidade".

[85] FEATHERSTONE, Mike. *Cultura de consumo e pós-modernismo*. Tradução de Julio Assis Simões. São Paulo: Studio Nobel, 2007. p. 79. Para o autor: "A proeminência alcançada pelo termo "pós-modernismo" despertou grande interesse entre os acadêmicos e intelectuais. Embora alguns o depreciem como uma moda intelectual superficial e passageira, outros o vêem como a expressão de uma ruptura profunda não somente com o modernismo artístico, mas com a época maior da modernidade. Isso implica, em decorrência, uma rejeição de todas as manifestações culturais da modernidade como ultrapassadas – e aqui o termo 'cultura' é alargado para incluir a produção cultural mais ampla, não apenas nas artes, mas também nas esferas da ciência, do direito e da moralidade, que Weber considerou tanto origem quanto parte do processo de diferenciação da modernidade".

[86] BITTAR, Eduardo C. B. *O direito na pós-modernidade*. 3. ed. São Paulo: Atlas, 2014. p. xiii. Refere o autor em sua apresentação que no Direito a pós-modernidade ainda não está sedimentada.

[87] HARVEY, David. *Condição pós-moderna*: uma pesquisa sobre as origens da mudança cultural. 18. ed. Tradução de Adail Ubirajara Sobral e Maria Stela Gonçalves. São Paulo: Loyola, 2009. p. 45. Aqui o autor, por exemplo, relata quando inicia a pós-modernidade na arquitetura, ao dizer: "No tocante à arquitetura, por exemplo, Charles Jencks data o final simbólico do modernismo e a passagem para o pós-moderno de 15h32min de 15 de julho de 1972, quando o projeto de desenvolvimento da habitação Pruitt-Igoe, de St Louis (uma versão premiada da 'máquina para a vida moderna' de Le Corbusier), foi dinamitado como um ambiente inabitável para as pessoas de baixa renda que abrigava".

[88] FEATHERSTONE, Mike. *Cultura de consumo e pós-modernismo*. Tradução de Julio Assis Simões. São Paulo: Studio Nobel, 2007. p. 19. Aduz: "Se 'moderno' e 'pós-moderno' são termos genéricos, é imediatamente visível que o prefixo 'pós' (*post*) significa algo que vem depois, uma quebra ou ruptura com o moderno, definida em contraposição a ele. Ora, o termo 'pós-modernismo' apóia-se mais vigorosamente numa negação do moderno, num abandono, rompimento ou afastamento percebido das características decisivas do moderno, com uma ênfase marcante no sentido de deslocamento relacional. Isso tornaria o pós-moderno um termo relativamente indefinido, uma vez que estamos apenas no limiar do alegado deslocamento, e não em posição de ver o pós-moderno como uma positividade plenamente desenvolvida, capaz de ser definida em toda a sua amplitude por sua própria natureza. Tendo isso em mente, podemos olhar os pares mais profundamente".

[89] HESPANHA, António Manuel. *Cultura jurídica europeia*: síntese de um milênio. Coimbra: Almedina, 2012. p. 563-564. Aduz: "No domínio do direito, esta sensibilidade desdobra-se em diversas perspectivas, todas elas convergentes no sentido de desvalorizar direito do Estado – o grande ordenador do mundo, o garante dos valores certos, o portador dos grandes projetos sociais, o ator das grandes narrativas da vida comum, o 'colonizador' dos mundos locais. Projetos pós-modernos para o direito são, portanto, 'desreificá-lo', destruir a sua identidade única e majestosa, pôr em dúvida todas as mitologias construídas em torno dos seus valores e das suas formas, valorizar, em contrapartida, como direito todas as formas dispersas, diferentemente

espera do amanhã, diferentemente de como era sabido na Modernidade que, nas palavras de André Leonardo Copetti Santos[90] e Doglas Cesar Lucas, era uma época moldada para a igualdade e a universalidade. As incertezas[91] tomam conta do dia a dia, e isso vai se tornando cada vez mais corriqueiro para o ser humano, que acaba achando ser completamente normal viver dessa forma. Em suma, não se sabe mais o que é, por exemplo, música, cinema, teatro, literatura, arte e, em nosso caso, o próprio Direito, que está em constante mutação.

2.6.2. A globalização[92]

Com o advento da pós-modernidade, aumenta coinsideravelmente um fenômeno que não pode deixar de ser também um de seus maiores alicerces: a Globalização. Talvez uma obra que gere uma reflexão pertinente sobre o mundo globalizado seja a do colunista do *New York Times* Thomas L. Friedman, que entendeu, após passar um tempo na Índia, que o mundo redondo como se conhece não é o mesmo, denominando este fator de achatamento ou planificação do planeta, o que, parcialmente, dá nome a sua premiada obra **O mundo é plano: o mundo globalizado do século XXI**. Em certa passagem, escreve o autor[93] como chegou a esse conceito ao narrar parte de uma viagem em que participou em *Bangalore* e vivenciou essa planificação mundial a partir de uma

---

estruturadas, vinculadas a distintos sentidos da ordem e dos valores, pelas quais a vida condiciona os nossos comportamentos".

[90] SANTOS, André Leonardo Copetti; LUCAS, Doglas Cesar. *A (in)diferença no Direito*. Porto Alegre: Livraria do Advogado, 2015. p. 68.

[91] MORIN, Edgar. *Ciência com consciência*. 14. ed. Tradução de Maria D. Alexandre e Maria Alice Sampaio Dória. Rio de Janeiro: Bertrand Brasil, 2010. p. 24. A afirmação do autor é emblemática: "O progresso das certezas científicas produz, portanto, o progresso da incerteza, uma incerteza ingênua e nos desperta um sonho lendário: é uma ignorância que se reconhece como ignorância".

[92] ADOLFO, Luiz Gonzaga Silva. *Globalização e Estado contemporâneo*. São Paulo: Memória Jurídica, 2001. p. 59. Alguns, como os franceses, preferem a expressão mundialização, o que, segundo o autor da obra citada, é apenas uma questão semântica, sem maiores repercussões para o estudo em comento. Também há outra série de nomenclaturas já pensadas por outros autores, como pode ser lido na obra: ORTIZ, Renato. *Mundialização e cultura*. São Paulo: Brasiliense, 2000. p. 14. Refere: "Chama atenção nesses textos a profusão para descrever as transformações do fim do século XX: 'primeira revolução mundial' (Alexander King) 'terceira onda' (Alvin Toffler), 'sociedade informática' (Adam Shaff), 'sociedade amébica' (Kenichi Ohmae), 'aldeia global' (Mcluhan). Fala-se da passagem de uma economia de 'high volume' para outra de 'high value' (Robert Reich), e da existência de um universo habitado por 'objetos móveis' (Jacques Attali) deslocando-se incessantemente de um canto para o outro do planeta".

[93] FRIEDMAN, Thomas L. *O mundo é plano*: o mundo globalizado do século XXI. 3. ed. Tradução de Cristiana Serra *et al*. Rio de Janeiro: Objetiva, 2009. p. 19. Inicia: "Lá estava eu, em Bangalore – mais de quinhentos anos depois de Colombo, munido apenas das primitivas tecnologias de navegação da sua época, desaparecer no horizonte e voltar em segurança, comprovando em definitivo que a Terra era redonda –, e um dos mais brilhantes engenheiros indianos, que havia estudado na melhor escola politécnica do seu país e tinha as mais modernas tecnologias da atualidade ao seu dispor, vinha basicamente me comunicar que o mundo agora é plano – tão plano quanto aquele telão em que ele podia presidir uma reunião de toda a sua cadeia de fornecimento global. E o mais interessante é que, a seu ver, era ótimo, constituía um novo marco do progresso humano e uma extraordinária oportunidade para a Índia e o mundo, o fato de que havíamos achatado o planeta!". E finaliza: "No banco de trás daquela van, rabisquei quatro palavras no meu bloquinho: 'O mundo é plano', e, assim, que as vi no papel, tive a certeza de que aquela era a mensagem subjacente de tudo o que eu tinha visto e ouvido em Bangalore em 15 dias de filmagens. Estávamos aplainando o terreno da concorrência global. Estávámos achatando o planeta".

reunião global feita por meio de uma tela. Trata-se, pois, de um fenômeno que a todos afeta.[94]

Com as definições da era pós-moderna e da mundialização das relações sociais, políticas, econômicas, entre outras características da globalização, surgem outras tantas definições que podem ter intimidade com as ideias desses dois conceitos acima referidos, mas que, mesmo se não houvesse, deveriam ser estudadas pela rapidez com que vêm ocorrendo nos dias atuais, quer seja globalizadamente, quer seja apenas circunscrito ao âmbito brasileiro, sendo que algumas delas serão referidas mais adiante, sendo uma das principais o fato de a globalização fazer a vida ser ao vivo, quase que como um *reality show*, como explora Alexandre de Freitas Barbosa.[95]

Sobre o alcance do fenômeno da globalização, Luiz Gonzaga Silva Adolfo[96] afirma ser ele uma realidade a todas as áreas do conhecimento humano, não estando cingido apenas aos aspectos econômicos, jurídicos,[97] históricos, políticos e sociais e, por meio dela, conforme explana José Carlos Barbosa Moreira,[98] há comprensão do tempo e redução, ou até mesmo eliminação, do espaço pelo progresso tecnológico que se irrompe na contemporaneidade, mas não deixa de afirmar que, embora pareça se tratar de um novo fenômeno, não é tão novo assim, como muitas vezes se presume ser. Outra identidade importante da Globalização é o estreitamento que o fenômeno introduz entre Estados, derrubando tabus, mostrando identidades desconhecidas, até mesmo no campo dos sistemas jurídicos como elucida Nagibe de Melo Jorge Neto.[99]

---

[94] BAUMAN, Zygmunt. *Globalização*: as conseqüências humanas. Tradução de Marcus Penchel. Rio de Janeiro: Jorge Zahar, 1999. p. 7. Aduz: "A "globalização" está na ordem do dia; uma palavra da moda que se transforma repidamente em um lema, uma encantação mágica, uma senha capaz de abrir as portas de todos os mistérios presentes e futuros. Para alguns, "globalização" é o que devemos fazer se quisermos ser felizes; para outros, é a causa de nossa infelicidade. Para todos, porém, "globalização" é o destino irremediável do mundo, um processo irreversível; é também um processo que nos afeta a todos na mesma medida e da mesma maneira. Estamos todos sendo "globalizados" – e isso significa basicamente o mesmo para todos".

[95] BARBOSA, Alexandre de Freitas. *O mundo globalizado*. 4. ed. São Paulo: Contexto, 2010. p. 9. Aduz: "Na virada do século XX para o XXI, por meio da televisão e da internet, temos acesso a notícias e a informações transmitidas em tempo real, ou seja, no próprio momento em que os eventos se manifestam. Assim, podemos acompanhar de forma quase instantânea, em vários lugares do mundo, o encontro histórico entre os presidentes da Coréia do Sul e do Norte, a cotação do euro em relação ao dólar, as oscilações nas Bolsas de qualquer lugar do planeta, o conflito entre palestinos e israelenses, o lançamento do novo modelo de automóvel da Volkswagen ou mesmo questões menos importantes, e de interesse estritamente pessoal, como a temperatura na Suécia ou os preços de hotéis na Cidade do México".

[96] ADOLFO, Luiz Gonzaga Silva. *Globalização e Estado contemporâneo*. São Paulo: Memória Jurídica, 2001. p. 47. Refere: "Faz-se necessário tecer as considerações indispensáveis ao entendimento do fenômeno chamado globalização, que supera suas características econômicas, ou das ciências econômicas, e leva seus reflexos a diversas áreas, destacadamente ao Direito Público e sobre a soberania dos Estados Nacionais, cujo enfoque é realçado aqui, bem como sobre a história, política e sociologia, embora não esteja dissociada de praticamente todas as áreas do conhecimento humano".

[97] Quando se pensaria em elaborar um livro sobre Direito Chinês a partir de estudos realizados em Programa de Pós-Graduação no Brasil? Para tanto, recomenda-se: POLIDO, Fabrício Bertini Pasquot; RAMOS, Marcelo Maciel (Orgs.). *Direito chinês contemporâneo*. São Paulo: Almedina, 2015.

[98] MOREIRA, José Carlos Barbosa. *Temas de direito processual*. Oitava série. São Paulo: Saraiva, 2004. p. 276-277.

[99] JORGE NETO, Nagibe de Melo. Uma teoria da decisão judicial: fundamentação, legitimidade e justiça. Salvador: JusPodivm, 2017. p. 18. Refere: "Em outra vertente, temos assistido, no último século, a uma progressiva e cada vez mais vertiginosa globalização do mundo, ditada por razões econômicas, mas também pela expansão e barateamento dos meios de transporte, pelo surgimento de meios de comunicação capazes de diminuir distâncias e tempo na troca de informações e pelo ideal, sobretudo na cultura dos países

2.6.3. O hiperconsumismo

Deixe-se claro: todos somos potenciais consumidores![100] Contudo, está-se vivenciando um paradigma novo com a noção de hiperconsumismo, ou seja, de as pessoas estarem, a cada dia mais, sendo levadas a consumir em excesso num mercado altamente atrativo, que ultrapassa as necessidades,[101] em muito, para este fim, como relata o autor da preocupante obra **Consumido: como o mercado corrompe crianças, infantiliza adultos e engole cidadãos**. Nela, Benjamin R. Barber traz uma assustadora visão de como as crianças estão ficando adultas mais jovens e como os adultos estão entrando numa era de sua infantilização, o que acaba sendo uma das razões desse hiperconsumismo.[102]

---

ocidentais ditos humanos pelas revoluções do século XVIII. Essa globalização tem ditado, mais que permitido, a aproximação de diversos sistemas jurídicos ao redor de valores comuns, de estruturas comuns, como a Constituição e as cortes constitucionais como instância máxima de controle a favor desses valores, mas também ao redor de métodos comuns de raciocínio jurídico".

[100] LINDSTROM, Martin. *A lógica do consumo*: verdades e mentiras sobre por que compramos. Tradução de Marcello Lino. Rio de Janeiro: Nova Fronteira, 2009. p. 11. Escreve o autor: "Sejamos sinceros, todos nós somos consumidores. Quer estejamos comprando um celular, um creme antirrugas suíço ou uma Coca-Cola, comprar constitui uma parte enorme de nossas vidas quotidianas".

[101] BARBER, Benjamin R. *Consumido*: como o mercado corrompe crianças, infantiliza adultos e engole cidadãos. Tradução de Bruno Casotti. Rio de Janeiro: Record, 2009. p. 48-49. O CAPITALISMO FECHOU um ciclo. Nascido de uma sinergia extraordinária entre egoísmo e altruísmo, entre lucro e produtividade, houve um tempo em que permitiu que empresários que assumiam riscos prosperassem servindo ao crescimento e ao bem-estar de nações emergentes. Fez isso com a ajuda de um etos protestante que emprestou peso moral ao trabalho duro, ao investimento sagaz e à rígida adnegação. Hoje, sua capacidade de produção ultrapassa as necessidades às quais ele antes servia, enquanto sua capacidade de distribuição é obstruída pelas crescentes desigualdades globais que ele catalisou. Dependendo, para ter sucesso, do consumismo e não da produtividade, gerou um etos de infantilização que preza os mesmos atributos que o etos protestante condenava. Parece estar literalmente consumindo a si próprio, deixando a democracia em perigo e o destino dos cidadãos incerto. Embora aja como se prezasse e aumentasse a liberdade, torna o significado da liberdade ambíguo numa época em que comprar parece ter-se tornado um sinalizador mais persuasivo da liberdade do que votar, e aquilo que fazemos sozinhos no *shopping* é considerado mais importante para moldar nosso destino do que o fazemos juntos na esfera pública.

[102] BARBER, Benjamin R. *Consumido*: como o mercado corrompe crianças, infantiliza adultos e engole cidadãos. Tradução de Bruno Casotti. Rio de Janeiro: Record, 2009. p. 16-17. Neste trecho o autor alerta para como as coisas caminham, ao dizer: "Existem provas engraçadas em toda a parte: polícia de aeroporto distribuindo pirulitos para aplacar a ira de passageiros em áreas de inspeção; canais de notícias voltados para executivos da área de entretenimento, discussões pop-culturais ao estilo Vanity Fair sobre 'infantempreendedores', e o entusiasmo da New York Times Magazine com 'o que as crianças querem na moda, diretamente da boca das meninas', para sugerir calcinhas cavadas para meninas de sete anos; a profissionalização de esportes em escolas secundárias que transforma quadras de basquete de adolescentes em campos de recrutamento para a NBA e associação de jogadores de basquete em cartazes de propaganda; leitores adultos debandando para Harry Potter e O senhor dos anéis (quando não estão abandonando completamente o hábito da leitura); franquias de *fast food* ganhando o mundo para explorar (entre outras coisas) a inquieta aversão das crianças a jantar sentadas como adultos; jogos para adolescentes como World of Warcraft, Grand Theft Auto e Narc, e filmes inspirados em quadrinhos como Exterminador do Futuro, Homem-Aranha, Mulher-Gato e Shrek dominando o mercado de entretenimento; novos canais de televisão 'educativos', como BabyFirst TV e vídeos como 'Baby Einstein'; cirurgias plásticas e injeções de Botox prometendo uma fonte da juventude a mulheres da geração baby boom que invejam suas filhas; remédios para desempenho sexual, como Levitar, Cialis e Viagra (vendas superiores a US$ 1 bilhão em 2002), tornando-se artigos de consumo de homens da geração baby boom igualmente insatisfeitos e tentando contrabandear a juventude atávica para a idade da previdência social; e homens de negócios usando bonés de beisebol, jeans e camisetas largas, imitando a negligência estudada de seus filhos ainda em crescimento. Além da cultura pop, o etos infantilista também domina: julgamentos dogmáticos, com base no 'preto no branco', na política e na religião substituem as complexidades cheias de nuanças da moralidade adulta, enquanto as marcas da infância perpétua são impressas em adultos que se entregam à puerilidade sem prazer e à indolência sem inocência. Daí a atração do novo consumidor pela idade sem dignidade, por roupas sem formalidade, sexo sem reprodução, trabalho sem disciplina,

Tudo isso acaba sendo fruto de uma cultura massificada[103] e instantânea, na qual se está sendo vigiado e se vigia a vida de cada um a cada instante, em todas as partes do globo. A preocupação não está mais no ser individual, mas no ser coletivo, modificando uma cultura herdada do Modernismo e que hoje se vê desabar frente aos comportamentos industrializados que se compra todos os dias de modelos que sequer se compactuam com o nosso. Isso faz com que se autocomplete, mas de maneira complemente desarrazoada. Passa-se agora por ritualizações para nos mantermos inseridos neste mercado, conforme relembra Grant McCracken.[104] Em estudo aprofundado sobre esta sociedade que consome em demadia, Jean Baudrillard[105] afirma que outros problemas trabalhados nesta obra são fruto da sociedade capitalista que nos força a consumir cada vez mais.

O hiperconsumismo acaba sendo, em dois momentos, um alavancador de processos perante o Poder Judiciário. Numa primeira visão, as pessoas, consumindo mais, estão mais propensas a que ocorram problemas nestas relações,[106] acabando estes sendo resolvidos na via jurisdicional, que ainda padece de um efetivo meio de resolver os problemas em massa. Por segundo, essas mesmas pessoas que consomem em damasia, num exagero[107] desmedido, fazem com

---

brincadeiras sem espontaneidade, aquisição sem propósito, certeza sem dúvida, vida sem responsabilidade e narcisismo até a idade avançada e até a morte sem um vestígio de sabedoria ou humildade. Na época em que vivemos, a civilização não é um ideal nem uma aspiração, é um videogame".

[103] MORIN, Edgar. *Cultura de massas no século XX*. Espírito do tempo 1: neurose. 10. ed. Tradução de Maura Ribeiro Sardinha. Rio de Janeiro: Forense Universitária, 2011. p. 4-5. Sobre a cultura em massa refere o autor: "Cultura de massa, isto é, produzida segundo as normas maciças da fabricação industrial; propagada pelas técnicas de difusão maciça (que um estranho neologismo anglo-latino chama de *mass-media*); destinando-se a uma massa social, isto é, um aglomerado gigantesco de indivíduos compreendidos aquém e além das estruturas internas da sociedade (classes, família etc.)". E finaliza seu pensamento: "O termo cultura de massa, como os termos sociedade industrial ou sociedade de massa (*mass-society*), do qual ele é equivalente cultural privilegia excessivamente um dos núcleos da vida social; as sociedades modernas podem ser consideradas não só industriais e maciças, mas também técnicas, burocráticas, capitalistas, de classes, burguesas, individualistas [...]. A noção de massa é *a priori* demasiadamente limitada".

[104] McCRACKEN, Grant. *Cultura & consumo*: novas abordagens ao caráter simbólico dos bens e das atividades de consumo. Tradução de Fernanda Eugenio. Rio de Janeiro: MAUAD, 2003. p. 114-120. Nestas páginas alerta o autor para os rituais de troca, de posse, de arrumação e de despojamento.

[105] BAUDRILLARD, Jean. *A sociedade de consumo*. Tradução de Artur Morão. Lisboa: Edições 70, 2008. p. 261. Em especial, segue um dos trechos: "É legítimo, portanto, afirmar que a era do consumo, em virtude de constituir o remate histórico de todo o processo de produtividade acelerada sob o signo capital, surge igualmente como a era da alienação radical. Generalizou-se a lógica da mercadoria, que regula hoje não só os processos de trabalho e os produtos materiais, mas a cultura inteira, a sexualidade, as relações humanas e os próprios fantasmas e pulsões individuais. Tudo foi reassumido por esta lógica, não apenas no sentido de que todas as funções, todas as necessidades se encontram objectivadas e manipuladas em termos de lucro, mas ainda no sentido mais profundo de que tudo é espectacularizado, quer dizer, evocado, provocado, orquestrado em imagens, em signos, em modelos consumíveis".

[106] Para se ter uma noção, no *site* <www.espacovital.com.br>, em matéria acessada no dia 31 de maio de 2011, está a informação de que existem 24.000 (vinte e quatro mil) reclamações de consumidores que adquiriram produtos das Lojas Americanas, o que, em tese, pode gerar este número de ações individuais para o Poder Judiciário julgar os danos decorrentes deste consumo.

[107] Em recente artigo intitulado *A idade do exagero*, Claudia Tajes exprime a preocupação com o anunciado fenômeno. Diz ela: "Às vezes, no banco do supermercado, alguma senhora daquelas que parece que caiu de cara em um caldeirão de botox usa o sagrado direito dos maiores de 60 para passar na frente da fila. Me refiro às senhoras exageradamente botocadas (adjetivo popular para caracterizar que usa botox) e preenchidas a ponto de desfigurar o rosto. Aquelas de zigomas explodindo, lábios inchados, uma máscara colada direto na pele. Sempre que uma senhora assim usa desse direito, fico pensando: ué, quer aparentar 30 com as prerrogativas de 60? Não deixa de ser estranho". Mais tarde na mesma matéria refere: "Fazer o que se a

tudo em suas vidas se esvazie reapidamente e, em razão disso, nunca estão satisfeitas,[108] o que as levará, também, num dia, a serem consumidoras do Poder Judiciário, pela própria cultura incorporada em seu ser, levando a julgamento casos sem sentido e recebendo, tudo em nome de uma equivocada interpretação do artigo 5°, XXXV,[109] CRFB e do art. 3°,[110] *caput*, CPC/2015, muitas vezes denominado acriteriosamente de acesso à justiça ou inafastabilidade da jurisdição,[111] quando, na verdade, nada mais é do que direito fundamental de o cidadão poder levar sua pretensão de Direito material às portas do Poder Judiciário, embora grandes nomes defendam que existem duas concepções para o chamado "acesso à justiça": o primeiro, de somente poder acessar o Poder Judiciário, e, o segundo, de que este acesso seja justo.[112]

---

nossa é uma espécie exagerada? Desperdiça. Gasta muito. Bota fora. Ou então acumula. Quer cada vez mais. Não sabe parar. Há quem defenda essa gana – essa ganância – como um dos motores do desenvolvimento. O pessoal não deixa por menos e atropela. Não respeita. Não cuida. Para um lado e para outro, é a idade do exagero. Está aí a água para demonstrar. Pior: não está mais". Fonte: TAJES, Cláudia. A idade do exagero. *Zero Hora*. Ano 51, n. 18.015. Revista Dona, 2015. p. 8.

[108] Importante passagem pode ser lida em: FOLEY, Michael. *A era da loucura*: como o mundo moderno se tornou a felicidade uma meta (quase) impossível. Tradução de Eliana Rocha. São Paulo: Alaúde, 2011, p. 11. Refere o autor: "Aqui estou eu, diante de uma estante de livros que vai do teto ao chão, tão cheia que não há um só espaço vazio, e penso: Nem um único livro que eu queira ler. Depois passo às torres de CDs, que, apesar do tamanho e da divisão seletiva em clássicos, jazz, world music e rock para adultos, não contém uma única música que mereça ser tocada. Evidentemente, tenho que procurar estímulo em outro lugar. Consulto o guia de restaurantes, bares e diversão de Londres, provavelmente a maior e mais variada coleção de críticas de restaurantes do mundo, com capítulos substanciais sobre cada uma das 22 principais cozinhas regionais e nacionais. Folheio rápida e furiosamente as páginas diante da falta de pelo menos um lugar novo e excitante onde se possa comer. A solução talvez seja ir mais longe, em busca da mais pura e completa bem-aventurança de uma temporada de férias no exterior. Mas os *sites* só me provocam descrença e indignação. Por que cargas-d'água não existe um único apartamento de preço razoável naquela pitoresca cidade antiga, a poucos passos do mar e servida por uma extensa rede de transporte, com uma cobertura com churrasqueira e linda vista para uma movimentada e colorida feira? Será que alguém deveria se contentar com menos?".

[109] XXXV –a lei não excluirá da apreciação do Poder Judiciário lesão ou ameaça a direito.

[110] Art. 3° Não se excluirá da apreciação jurisdicional ameaça ou lesão a direito.

[111] SAMPAIO JUNIOR, José Herval. *Processo constitucional*: nova concepção de jurisdição. Rio de Janeiro: Forense; São Paulo: Método, 2008. p. 145. Após nominar o inciso XXXV do artigo 5° no seu capítulo 4.4.3 de "acesso à justiça", aponta na nota de rodapé 34 outras nomenclaturas encontradas no sistema: "Referimo-nos ao controle indispensável pelo Poder Judiciário, inafastabilidade de apreciação pelo Poder Judiciário, indeclinabilidade da prestação jurisdicional, entre outros, que trazem a idéia de que toda lesão ou ameaça de lesão a direito poderá ser apreciada e decidida pelo poder Judiciário, logo de plano se vê que essa garantia é ínsita a todo e qualquer tipo de processo, pois, em qualquer ferimento de qualquer sorte a seu direito, o cidadão tem o Poder Judiciário para protegê-lo".

[112] CAPPELLETTI, Mauro; GARTH, Bryant. *Acesso à justiça*. Tradução de Ellen Gracie Northfleet. Porto Alegre: Fabris, 1988. p. 8. Referem os autores sobre o duplo aspecto do título de sua obra e afirmam se tratar ela mais em sua primeira concepção de maior acesso do cidadão ao Poder Judiciário. Relatam, ainda, que em seu segundo significado quer dizer a busca por um processo justo, o que, na acepção adotada pelo livro ora escrito, não se encontra no inciso XXXV do artigo 5° da Constituição Brasileira, mas numa leitura crítica e atenta de todo o processo constitucional destacado no catálogo do artigo 5°. Tudo isso indica que o nome do livro "Acesso à justiça" é de grande infelicidade, quando o livro deveria ter sido nominado pelos escritores de "Acesso ao Poder Judiciário". Dizem os autores: "A expressão 'acesso à justiça' é reconhecidamente de difícil definição, mas serve para determinar duas finalidades básicas do sistema jurídico – o sistema pelo qual as pessoas podem reivindicar seus direitos e/ou resolver seus litígios sob os auspícios do Estado. O primeiro, o sistema deve ser igualmente acessível a todos; segundo, ele deve produzir resultados que sejam individualmente e socialmente justos. Nosso enfoque, aqui, será primordialmente sobre o primeiro aspecto, mas não poderemos perder de vista o segundo. Sem dúvida, uma premissa básica será a de que a justiça social, tal como desejada por nossas sociedades modernas, *pressupõe* o acesso efetivo". Também na mesma linha de via dupla para a expressão "acesso à justiça", pode-se ler: BERMUDES, Sergio. *Direito processual civil*: estudos e pareceres. 3ª série. São Paulo: Saraiva, 2002. p. 179. Discorre o processualista: "O direito processual encara a expressão *acesso à justiça*, primeiro como significativo da possibilidade de se pedir ao Estado a solu-

2.6.4. A sociedade da pressa

Deve-se esquecer aquela velha concepção de tempo que grande parte de nossos antepassados vivenciou,[113] que era consubstanciado em fragmentar o tempo em séculos, décadas, anos, dias, horas, minutos, segundos, décimos de segundos, milissegundo, microssegundo, pois chega-se a hora de, numa visão mais contemporânea de tempo, citar os novos paradigmas que o dividem em nanossegundos,[114] picossegundos,[115] femtossegundos[116] e attossegundos.[117] Isso se dá já nessa nova concepção da sociedade da pressa.

Os conceitos de outrora sobre tempo são difíceis de serem sustentados numa sociedade pós-moderna, tendo em vista que as pessoas vivem constantemente sem tempo.

A velocidade com que alguns acontecimentos ocorrem não poderia sequer ser imaginada alguns anos atrás. Uma pesquisa que poderia demorar anos ou até mesmo uma vida inteira pode ser feita em milésimos de segundos

---

ção de um conflito ocorrente, a prevenção de um conflito iminente ou a tutela de interesses relevantes, cuja administração ele chamou a si. Depois, ele toma essa expressão como indicativa da possibilidade de obtenção de uma prestação justa, isto é, conforme ao direito, cujas normas se empenham não apenas na proteção que elas asseguram, mas na pronta outorga dessa tutela". E conclui: "Em outras palavras, *acesso à justiça* significa propiciar meios ao jurisdicionado, que é qualquer pessoa, nacional ou estrangeira, física, jurídica ou formal, que se encontre sob a égide da soberania de um Estado, de obter a administração da justiça através de providências eficazes. Já se vê que na locução *acesso à justiça* o vocábulo justiça possui o duplo significado de Judiciário e de julgamento justo que reflita a vontade da regra de direito e repercuta, efetivamente, na vida do postulante e no grupo social".

[113] JÖNSSON, Bodil. *Dez considerações sobre o tempo*. Tradução Marcos de Castro. Rio de Janeiro: José Olympio, 2004. p. 11. Inicia expondo: "Quase não há ídolos em minha vida. Com uma exceção, talvez: minha avó paterna. Ela morreu antes que eu completasse sete anos. É ela quem domina as raras lembranças concretas que tenho de minha infância" e finaliza: "As razões que explicam a força dessas lembranças sem dúvida são muitas, mas uma me vem ao espírito imediatamente: ela tinha tempo. Segundo os nossos critérios, faltava--lhe espaço, às vezes alimentação, aquecedor e luz. Mas tinha tempo. Nunca dava a impressão de que faltava tempo, ela não via a vida assim".

[114] LABRADOR, David. Do instantâneo ao eterno. *Scientific American*, São Paulo: Ediouro, ed. 21, 2007. p. 24: "NANOSSEGUNDO (um bilionésimo de segundo). Um feixe de luz percorre apenas 30 centímetros no vácuo nesse espaço de tempo. O microprocessador de um computador doméstico leva normalmente de dois a quatro nanossegundos para executar uma instrução simples, como somar dois números. O méson k, outra partícula subatômica rara, tem vida de 12 nanossegundos".

[115] LABRADOR, David. Do instantâneo ao eterno. *Scientific American*, São Paulo: Ediouro, ed. 21, 2007. p. 24: "PICOSSEGUNDO (a milésima parte de um bilionésimo de segundo). Os transmissores mais rápidos operam em picossegundos. O quark para baixo, uma partícula subatômica rara criada em aceleradores de alta energia, dura um picossegundo antes de decair. O tempo médio de vida de ligação de hidrogênio nas moléculas de água em temperatura ambiente é de três picossegundos".

[116] LABRADOR, David. Do instantâneo ao eterno. *Scientific American*, São Paulo: Ediouro, ed. 21, 2007. p. 24: "FEMTOSSEGUNDO (a milionésima parte de um bilionésimo de segundo). Um átomo completa normalmente uma vibração entre 10 e 100 femtossegundo. Mesmo reações químicas muito rápidas precisam de algumas centenas de femtossegundos para chegarem ao fim. A interação da luz com pigmentos na retina, o processo que permite a visão, exige cerca de 200 femtossegundos".

[117] STIX, Gary. Tempo real. *Scientific American*, São Paulo: Ediouro, ed. 21, 2007. p. 9. Apenas para se ter uma ideia de como o segundo é hoje dividido: "Uma equipe da França e da Holanda conseguiu estabelecer um novo recorde de velocidade na subdivisão do segundo, ao anunciar, em 2001, que uma luz estroboscópica a laser emitiria pulsos com duração de 250 attossegundos – o que significa 250 bilionésimos de um bilionésimo de segundo. Esse estreboscópio poderá, no futuro, ser a base para a construção de uma máquina capaz de fotografar os movimentos de elétrons individuais. A era moderna já registrou avanços na mensuração de grandes intervalos de tempo. Métodos da datação radiométrica, que são como varas de medição de 'tempo profundo', informaram a idade da Terra".

pela *internet*, bastando fazer um cruzamento de informações e clicar o botão "*Enter*".[118] E isso é fruto de uma sociedade que necessita dessa agilidade, pois, ao invés de um compromisso apenas, o ser humano tem dezenas a realizar no mesmo dia, na mesma hora, o que acaba por tornar escasso o tempo, mesmo que existam ferramentas que facilitam o dia a dia, como acima mencionado. E o ser humano sente epidermicamente o passar do tempo e se preocupa, constantemente, com essa falta existente nos dias de hoje.

Tanto é assim que não é de se estranhar que o conhecido e antigo adágio popular "*time is money*"[119] nunca esteve tão em voga, e não apenas pela força da expressão, mas sim, pois, estando a sociedade sem tempo, nada mais justo que aqueles que o têm consigam vendê-lo para aqueles que não o têm, e sejam devidamente compensados, da melhor forma possível.

Gary Stix,[120] em lição sobre o tema afirma que "[...] o tempo, no século XXI, tornou-se o equivalente do que foram os combustíveis fósseis e os metais preciosos em outras épocas", mostrando que ele está se tornando uma raridade e, pior, comercializável.

Mais radical ainda é o pensamento de Philip Zimbardo e John Boyd[121] que, ao estudarem em profundidade as questões relacionadas ao tempo e ao ser humano, ao analisarem milhares[122] de questionários acerca do tema, relatam

---

[118] Apenas para se ter uma noção, digitar a expressão "tempo" no *site* de busca do "Google" serão pesquisadas 297.000.000 de informações para um tempo de apenas 0,04 segundos. Disponível em: <http://www.google.com.br>. Acesso em: 20 jan. 2009.

[119] STIX, Gary. Tempo real. *Scientific American*, São Paulo: Ediouro, ed. 21, 2007. p. 7: "Um professor inglês de economia chegou ao ponto de tentar capturar o 'espírito do tempo' do milênio atribuindo ao provérbio de Franklin um substrato quantitativo. Segundo uma equação formulada por Ian Walker, da University of Warwick, três minutos gastos escovando os dentes equivalem a U$$ 0,45, o valor médio da remuneração (descontados os impostos e a contribuição para a seguridade social) que o cidadão britânico deixa de ganhar, ao fazer algo que não seja trabalhar. Meia hora despendida lavando um carro equivale a U$$ 4,50".

[120] STIX, Gary. Tempo real. *Scientific American*, São Paulo: Ediouro, ed. 21, 2007. p. 7. A passagem completa do texto refere: "Há mais de 200 anos Benjamin Franklin criou a famosa frase comparando a passagem de minutos e segundos aos xelins e libras. O novo milênio – e as décadas que o antecederam – terminaram por dar às palavras de Franklin seu verdadeiro significado. O tempo, no século XXI, tornou-se o equivalente do que foram os combustíveis fósseis e os metais preciosos em outras épocas. Constantemente medida e valorada, essa matéria-prima vital continua a fomentar o crescimento de economias construídas com base em terabytes e gigabits por segundo".

[121] ZIMBARDO, Philip; BOYD, John. *O paradoxo do tempo*: você vive preso ao passado, viciado no presente ou refém do futuro? Tradução de Saulo Adriano. Rio de Janeiro: Objetiva, 2009. p. 16. Iniciam: "O tempo é nosso bem mais valioso. Na economia clássica, quanto mais escasso for um recurso, maior será a quantidade de usos que se pode fazer dele e maior o seu valor. O ouro, por exemplo, não tem nenhum valor intrínseco e não passa de um metal amarelo. Entretanto, os veios de ouro são raros no planeta, e esse metal tem muitas aplicações. Primeiramente o ouro era usado na confecção de jóias, e mais recentemente passou a ser usado como condutor em componentes eletrônicos. A relação entre escassez e valor é bem conhecida, e por isso o preço exorbitante do ouro não é nenhuma surpresa". E finalizam: "A maioria das coisas que podem ser possuídas – diamantes, ouro, notas de cem dólares – consegue ser reposta. Novas reservas de ouro e diamante são descobertas, e novas notas são impressas. O mesmo não acontece com o tempo. Não há nada que qualquer um de nós possa fazer nesta vida para acrescentar um momento a mais no tempo, e nada permitirá que possamos reaver o tempo mal-empregado. Quando o tempo passa, se vai para sempre. Então, embora Benjamin Franklin estivesse certo a respeito de muitas coisas, ele errou ao dizer que tempo é dinheiro. Na verdade o tempo – nosso recurso mais escasso – é muito mais valioso do que o dinheiro".

[122] ZIMBARDO, Philip; BOYD, John. *O paradoxo do tempo*: você vive preso ao passado, viciado no presente ou refém do futuro? Tradução de Saulo Adriano. Rio de Janeiro: Objetiva, 2009. p. 14: "Nessas três décadas, mais de 10 mil pessoas responderam ao nosso questionário. Em todo o mundo, nossos colegas em mais de 15 países usaram esses questionários com mais outros milhares de pessoas. É recompensador constatar que

ser o tempo nosso bem mais valioso ao afirmarem que, tendo em vista sua escassez, e isto é fator de valorização do bem no mercado, o tempo torna-se, na atualidade, um bem tão valioso como outro qualquer que não se encontra com facilidade, chegando a realizarem uma comparação com o próprio ouro, que não passaria de um metal amarelado como qualquer outro, caso não existisse em tão pouca quantidade e não tivesse destinação alguma para a perseguição de um bem maior.

Assim, a sociedade é da pressa, o que reflete diuturnamente na vida de todos, fazendo com que já se acorde atrasado, deite-se com a cabeça no amanhã e, inclusive, durma-se pouco para poder compensar os atrasos dos dias passados. Entra-se, no que Vince Poscente defende ser a era da velocidade.[123]

2.6.5. Tudo está à venda?

O filósofo estadunidense Michael J. Sandel, um dos grandes críticos na atualidade da ótica utilitarista que predomina no mercado empresarial, o que o fez em sua obra **Justiça: o que é fazer a coisa certa**, e nas suas aulas sobre o tema no seu Curso *Justice*, na Universidade de Harvard,[124] agora publica, na sequência, outra obra que promete abalar as estruturas da sociedade de consumo contemporânea, chamada de **O que o dinheiro não compra: os limites morais do mercado.**[125] Nas primeiras páginas da obra, o leitor já se depara com as situações inusitadas que o filósofo norteia para demonstrar que, se há dinheiro, existe a possibilidade de compra de quase tudo que se quer.[126]

Entre os exemplos, pode-se citar: *Upgrade* na cela carcerária por U$$ 82; acesso às pistas de transporte solidário por U$$ 8 nas horas do *rush*; barriga de aluguel indiana por U$$ 6.250, tendo em vista que nos Estados Unidos o valor tem ficado três vezes mais que na Índia; o direito de ser imigrante nos EUA, por U$$ 500.000; o direito de se abater um rinoceronte negro ameaçado de extinção na África do Sul, por U$$ 150.000; um plano para ter o celular de

---

as pessoas se submetem a este teste e percebem que distribuem o fluxo de suas experiências pessoais em categorias mentais ou zonas temporais".

[123] POSCENTE, Vince. *A era da velocidade*: aprendendo a prosperar em um universo mais-rápido-já. Tradução de Suely Cuccio. São Paulo: DVS, 2008.

[124] As aulas podem ser assistidas na íntegra no *site* <www.justiceharvard.org>.

[125] SANDEL, Michael J. *O que o dinheiro não compra*: os limites morais do mercado. Rio de Janeiro: Civilização Brasileira, 2012.

[126] SANDEL, Michael J. *O que o dinheiro não compra*: os limites morais do mercado. Rio de Janeiro: Civilização Brasileira, 2012. p. 11. Refere: "Vivemos numa época em que quase tudo pode ser comprado e vendido. Nas três últimas décadas, os mercados – e os valores de mercado – passaram a governar nossa vida como nunca. Não chegamos a essa situação por escolha deliberada. É quase como se a coisa tivesse se abatido sobre nós" e conclui: "Quando a guerra fria acabou, os mercados e o pensamento pautado pelo mercado passaram a desfrutar de um prestígio sem igual, e muito compreensivelmente. Nenhum outro mecanismo de organização da produção e distribuição de bens tinha se revelado tão bem-sucedido na geração de afluência e prosperidade. Mas, enquanto um número cada vez maior de países em todo o mundo adotava mecanismos de mercado na gestão da economia, algo mais também acontecia. Os valores de mercado passavam a desempenhar um papel cada vez maior na vida social. A economia tornava-se um domínio imperial. Hoje, a lógica da compra e venda não se aplica mais apenas a bens materiais: governa crescentemente a vida como um todo. Está na hora de perguntarmos se queremos viver assim".

seu médico à disposição diuturnamento, que varia de U$$ 1.500 a U$$ 25.000; o direito de lançar uma tonelada métrica de gás carbônico na atmosfera, por U$$ 18; e, por fim, em seus exemplos iniciais, coloca a faculdade de poder matricular seu filho em uma universidade de prestígio, sendo que deixa de colocar o valor para tal "compra", pois, de acordo com o *Wall Street Journal*, isso é feito por meio de doações.[127]

A partir daí, sob outra perspectiva, pondera o filósofo estadunidense que nem todos podem adquirir esses bens, mas não faltam modos de hoje poder se ganhar algum dinheiro de forma mais inusitada, afirmando existir este novo mercado que, também, não deixa de ser de venda, como: poder alugar um espaço na testa ou em outra parte do corpo para publicidade comercial, por U$$ 777; servir de cobaia humana em testes de laboratórios farmacêuticos para novas medicações, por U$$ 7.500; combater na Somália ou Afeganistão num contingente militar privado, de U$$ 250 por mês a U$$ 1.000 por dia; guardar lugar na fila no Congresso americano para um lobista que pretenda comparecer a uma audiência no dia seguinte, por U$$ 15 a U$$ 20; pagar para que alunos leiam livros em escolas com baixo desempenho, por U$$ 2 o livro; perder peso para ser mais saudável, o que vem sendo pago U$$ 378 por seis quilos em quatro meses pelas seguradoras; e, por último, exemplifica com a possibilidade de comprar a apólice de seguro de uma pessoa idosa ou doente, continuar pagando os prêmios anuais enquanto está viva e receber a indenização quando morrer, sem previsão de valor que pode chegar a milhões de dólares.[128] E a pergunta final do que pode ser vendido: porque não vender uma parte do corpo, como o rim?[129] E não se vai muito longe para encontrar já casos no Brasil que questiona o que não está à venda, ao se ver uma garota de Santa Catarina criar um *site* na *internet* para leiloar a sua virgindade.[130]

Ora, tudo isso e muito mais, como pode ser comprovado com a leitura das obras de Felipe Fernández-Armesto[131] ou de Ana Beatriz Barbosa Silva,[132] fazem

---

[127] SANDEL, Michael J. *O que o dinheiro não compra*: os limites morais do mercado. Rio de Janeiro: Civilização Brasileira, 2012. p. 9-10.

[128] Idem. p. 10-11.

[129] SANDEL, Michael J. *Justiça* – o que é fazer a coisa certa. Tradução de Heloisa Matias e Maria Alice Máximo. Rio de Janeiro: Civilização Brasileira, 2011. p. 90. Refere: "A maioria dos países proíbe a compra e venda de órgãos para transplantes. Nos Estados Unidos, pode-se doar um dos rins, mas não é permitido pô-lo à venda. Entretanto, algumas pessoas acham que essas leis deveriam ser modificadas. Elas argumentam que, a cada ano, milhares de pessoas morrem à espera de um transplante de rim – e que a oferta aumentaria se existisse um livre mercado para esses órgãos. Elas acham, também, que as pessoas que precisam de dinheiro deveriam ter liberdade para vender os próprios rins se quisessem".

[130] OBSTINADA, catarinense inicia segundo leilão para vender virgindade. *Folha de São Paulo*, São Paulo, 22 nov. 2013. Disponível em: <http://f5.folha.uol.com.br/celebridades/2013/11/1375299-obstinada-catarinense-inicia-segundo-leilao-para-vender-virgindade.shtml>. Acesso em: 05 jun. 2014.

[131] Sem querer se alongar em exemplos, é mais que recomendável a obra: FERNÁNDEZ-ARMESTO, Felipe. *Então você pensa que é humano?* Uma breve história da humanidade. Tradução de Rosaura Eichemberg. São Paulo: Companhia das Letras, 2007. Em especial o capítulo 5, sobre "Futuros pós-humanos".

[132] SILVA, Ana Beatriz Barbosa. *Mentes consumistas*: do consumo à compulsão por compras. São Paulo: Globo, 2014. Nas páginas 183-184 refere a autora alguns exemplos, sendo alguns encontrados na própria obra de Michael Sandel.

ou farão parte de novas concepções de mercado[133] que irão, necessariamente, desembocar, em determinado momento, no Poder Judiciário, discutindo a validade dos atos, tudo em prol, muitas vezes sem qualquer fundamentação de fundo, do direito fundamental à dignidade da pessoa humana, que passa a ser a salvaguarda principiológica de qualquer cidadão que, ofendido, queira provocar a jurisdição.

2.6.6. O multiculturalismo[134]

Não há necessidade de maiores divagações quanto ao fato de o Brasil ser ou não um país multiculturalista. Uma rápida visualização numa caminhada na região central de uma metrópole demonstra, à saciedade, a afirmação. Quer esteja na beira de uma das praias do litoral norte do Rio Grande do Sul ou no centro de Porto Alegre, por exemplo, pode-se ter a certeza de que múltiplas culturas convivem. Contudo, a sociedade comporta o convívio de múltiplas culturas?[135] Caso contrário, como se faz para que exista uma convivência mínima, baseada no respeito aos demais seres humanos[136] que não têm a mesma base cultural que a sua? Essa é uma resposta que, apesar de ter um forte cunho político[137] na sua efetivação, possivelmente passará pelo crivo do Poder Judiciário para sua implementação.

---

[133] SANDEL, Michael J. *O que o dinheiro não compra*: os limites morais do mercado. Rio de Janeiro: Civilização Brasileira, 2012. Nas páginas 16 e 17, o filósofo de Harvard relembra que há até mesmo a compra de óvulos com estereótipos predeterminados para casos de casais com infertilidade, ao expor: "Não muito tempo após a controvérsia acerca da criança surda, um anúncio foi publicado no *Harvard Crimson* e em outros jornais universitários da *Ivy League*. Um casal infértil estava à procura de uma doadora de óvulos – mas não de qualquer doadora. Ela precisava ter 1,80 de altura, ser atlética, não ter maiores problemas médicos no histórico familiar e ter tirado 1.400 pontos ou mais nas provas do SAT. Em troca do óvulo de tal doadora, o anúncio oferecia US$ 50 mil".

[134] Pode ser chamado de interculturalismo. Ver: MEDEIROS, Ana Letícia Barauna Duarte. Multiculturalismo. In: BARRETO, Vicente de Paulo (Coord.). *Dicionário de filosofia do direito*. São Leopoldo: Unisinos; Rio de Janeiro: Renovar, 2006. p. 588-592.

[135] Note-se o atualíssimo caso da expulsão dos ciganos da França. FRANÇA começa a expulsar ciganos. *Diário de Notícias*, 19 ago. 2010. Disponível em: <http://www.dn.pt/inicio/globo/interior.aspx?content_id =1643938&seccao=Europa>. Acesso em: 11 mar. 2014.

[136] SALDANHA, Jânia Maria Lopes. Prefácio. In: GAGLIETI, Mauro; ESPÍNDOLA, Angela Araújo da Silveira. *Direito & multiculturalismo no espaço público brasileiro*. Passo Fundo: IMED, 2013. p. 13. Escreve: "Quem diz multiculturalismo diz liberdade e diferença. Reivindicar condição e garantia de diversidades, antes de ser um fardo entre tantas uniformidades, consiste em trunfo na idade da globalização".

[137] É o que refere Amy Gutmann na introdução à obra: TAYLOR, Charles. *Multiculturalismo*: examinando a política de reconhecimento. Tradução de Marta Machado. Lisboa: Instituto Piaget, 1994. p. 21. Refere: "As instituições públicas, incluindo a administração central, as escolas e os estabelecimentos de ensino superior dedicados aos estudos humanísticos, têm sido ultimamente objeto de duras críticas por não reconhecerem ou respeitarem as diversas identidades culturais dos cidadãos. Nos Estados Unidos, a polêmica centra-se com mais frequência nas necessidades dos americanos de ascendência africana e asiática, dos nativos e das mulheres. Poder-se-ia acrescentar mais grupos a esta lista, que iria mudando à medida que se cobrisse o planeta. Mas é difícil encontrar, hoje em dia, uma sociedade democrática ou democratizante que não seja palco de alguma polêmica sobre a questão de se saber se e como as suas instituições públicas deveriam melhorar a capacidade de reconhecerem as identidades das minorias culturais e sociais. O que significa para nós, cidadãos com diferentes identidades culturais, muitas vezes fundamentadas na etnia, na raça, no sexo, ou na religião, reconhecermo-nos como iguais na maneira como somos tratados em política? E na maneira como os nossos filhos são educados nas escolas oficiais? E nos cursos e políticas sociais dos estabelecimentos de ensino superior?".

E mais, que direitos podem ser vislumbrados a partir de culturas emergentes?[138] O que pode um ser humano cuja bagagem cultural é diferente da maioria das pessoas querer sem que possa questionar se aquele pretenso direito alegado é justo ou não? Não faz tanto tempo assim que um caso muito polêmico veio a público sobre um casal de lésbicas surdas que gostaria de ter um filho surdo, tendo procurado doadores de esperma cuja família tivesse um histórico de surdez de cinco gerações, o que acabou ocorrendo com o nascimento de Gauvin.[139] Tal exemplo apenas torna-se possível se comprendidas não só as razões pelas quais o casal desejava um filho surdo, mas também como era saudável, para elas, pelo seu *way of life* escolhido, ter uma criança com essa característica. Para isso, só entendendo o multiculturalismo como parte da identidade cultural, e não de uma massa de conceitos homogênos, conforme lição de André Leonardo Copetti Santos e Doglas Cesar Lucas.[140]

2.6.7. A crise do ensino jurídico

O que faz com que um único país tenha mais cursos de Direito abertos que em todo o resto do mundo? Segundo matéria veiculada pela Ordem dos Advogados do Brasil,[141] este tem 1.240 cursos de Direito enquanto que no resto

---

[138] Sem perder de vista que o multiculturalismo não se expõe somente em culturas emergentes, mas naquelas que foram apagadas, marginalizadas ou desconsideradas para viabilizar o projeto de poder público moderno. GAGLIETI, Mauro; ESPÍNDOLA, Angela Araújo da Silveira. *Direito & multiculturalismo no espaço público brasileiro*. Passo Fundo: IMED, 2013. p. 58.

[139] SANDEL, Michael J. *Contra a perfeição*: ética na era da engenharia genética. Tradução de Ana Carolina Mesquita. Rio de Janeiro: Civilização Brasileira, 2013. p. 15-16. Refere o filósofo: "Alguns anos atrás, um casal de lésbicas decidiu ter um filho, de preferência surdo. As duas parceiras eram surdas e com orgulho. Tais como outros membros da comunidade do orgulho dos surdos, Sharon Duchesneau e Candy McCullough consideravam a surdez um traço de identidade cultural, e não uma deficiência a ser curada. 'Ser surdo é um modo de vida', declarou Duchesneau. 'Nós nos sentimos pessoas inteiras na qualidade de surdas e queremos compartilhar os aspectos maravilhosos da nossa comunidade – o sentimento de pertencimento e de ligação – com as crianças. Sentimos verdadeiramente que, como surdas, levamos uma vida plena". E continua: "Na esperança de conceber um filho surdo, elas procuraram um doador de esperma cuja família tivesse um histórico de cinco gerações de surdez. E conseguiram. Seu filho Gauvin nasceu surdo". E finaliza: "As novas mães ficaram surpresas quando sua história, que apareceu nas páginas do *Washington Post*, desencadeou amplas críticas. A maior parte do ultraje alheio se centrava na acusação de que elas haviam deliberadamente infligido uma deficiência a seu filho. Duchesneau e McCullough negaram que a surdez fosse uma deficiência e argumentaram que desejavam apenas um filho igual a elas".

[140] SANTOS, André Leonardo Copetti; LUCAS, Doglas Cesar. *A (in)diferença no Direito*. Porto Alegre: Livraria do Advogado, 2015. p. 71. Referem os autores: "Há, de certa forma, uma dificuldade em considerar-se o multiculturalismo como uma tradição de pensamento, pois, considerando-se todos os autores que foram ou são etiquetados como multiculturalistas, observa-se uma gama um tanto quanto ampla de argumentos, em alguns casos até mesmo contraditórios. Neste sentido, é mais plausível considerarmos o multiculturalismo numa perspectiva cartográfica, como possibilidade de mapeamento de problemas e argumentos que envolvam a questão da cultura ou da identidade cultural, do que propriamente um conjunto homogêneo de reflexões e conhecimentos a ponto de constituir uma tradição".

[141] Traz a matéria: "O Brasil tem mais faculdades de Direito do que todos os países no mundo, juntos. Existem 1.240 cursos para a formação de advogados em território nacional enquanto no resto do planeta a soma chega a 1.100 universidades. Os números foram informados pelo representante do Conselho Federal da Ordem dos Advogados do Brasil (OAB) no Conselho Nacional de Justiça (CNJ), o advogado catarinense Jefferson Kravchychyn. 'Temos 1.240 faculdades de direito. No restante do mundo, incluindo China, Estados Unidos, Europa e África, temos 1.100 cursos, segundo os últimos dados que tivemos acesso', disse o conselheiro do CNJ". E segue: "Segundo ele, sem o exame de ordem, prova obrigatória para o ingresso no mercado jurídico, o número de advogados no País – que está próximo dos 800 mil seria muito maior. 'Se não

do planeta há cerca de 1.100, e mais, segundo alerta Vladimir Passos de Freitas,[142] muitos dos vestibulandos se contentam com qualquer um dos cursos abertos para pôr fim a sua ansiedade e de sua família, o que, em sua opinião, não é algo recomendável.

Lenio Streck[143] aponta que o ensino jurídico restou estandardizado, o que apenas agrava mais o ensino jurídico no país, saltando-se, em suas palavras, de uma crise do ensino para um ensino da crise. Por óbvio que as críticas quanto à crise do ensino jurídico não estão todas elencadas na referida obra de Lenio Streck, pois se trata de um de seus mais intensos debates que, semanalmente, traz ao leitor por meio das suas colunas jurídicas em *site* que se propõe a tal fim. Diante disso, é denunciado pelo pesquisador da Universidade do Rio dos Sinos fenômemos como resumões jurídicos, temas simplificados, descomplicados e afins, aulas virtuais sem qualquer aprofundamento, dentre outros que poderiam ser citados, que bem demonstram que a cultura do ensino-doutrina-concursa já está enraizada no sistema.[144] Horácio Wanderlei Rodrigues[145] aponta as várias crises que o ensino jurídico vem passando no Brasil, referindo existir uma crise estrutural, uma crise funcional e uma crise operacional, dividindo-se a primeira em crise do paradigma político-ideológico e crise do paradigma epistemológico; a segunda se subdivide em crise do mercado de trabalho e crise de identidade e legitimidade dos operadores jurídicos; e a terceira se subdivide em crise administrativa, crise didático-pedagógica e crise curricular.

Alunos acríticos estão sendo formados nestas 1.240 faculdades de Direito sem uma mínima fiscalização rígida quanto ao modo como são abertas, o que

---

tivéssemos a OAB teríamos um número maior de advogados do que todo o mundo. Temos um estoque de mais de 3 milhões de bacharéis que não estão inscritos na Ordem', afirmou Kravchychyn". OAB. Conselho Federal. *Brasil, sozinho, tem mais faculdades de direito que todos os países*. Disponível em: <http://www.oab.org.br/noticia/20734/brasil-sozinho-tem-mais-faculdades-de-direito-que-todos-os-paises>. Acesso em: 03 abr. 2014.

[142] FREITAS, Vladimir Passos de. *Curso de direito*: antes, durante e depois. 2. ed. Campinas: Millennium, 2012. p. 5. Refere: "Pois bem, se a opção for mesmo pelo Direito, o primeiro passo é a escolha de uma boa faculdade. Existem nada menos que 1.174 cursos de Direito no país. No Brasil não se dá muita importância a este aspecto. Evidentemente, todos sabem quais são as boas, qual é a melhor. No entanto, a maioria dos vestibulandos se contenta com qualquer faculdade. Quer a todo custo ver-se aprovado e pôr fim à sua ansiedade e à da sua família. Isto não é bom, pois entrar em uma faculdade significa apenas um passo na direção do sucesso. E se for mal dado, certamente trará maus resultados lá na frente".

[143] STRECK, Lenio. *Lições de crítica hermenêutica do direito*. Porto Alegre: Livraria do Advogado, 2014. p. 18. Refere: "Imerso nesta realidade em que o ensino e a doutrina se bastam enquanto preparatórios para os concursos e o exame da OAB, inclusive nas faculdades, a crise, aparentemente, alcança sua estabilidade. O que outrora era tido como enunciador da crise, o juspositivismo, agora está nas entranhas do nosso modo de pensar e fazer direito. Saltamos da crise do ensino para o ensino da crise. Na raiz, uma pergunta ainda não respondida: o que é isto – o positivismo jurídico?".

[144] STRECK, Lenio Luiz. *Lições de crítica hermenêutica do direito*. Porto Alegre: Livraria do Advogado, 2014. p. 17. Escreve: "É nessa trilha que o presente texto busca se ocupar da simbiose existente entre ensino-doutrina-concurso, intentando evidenciar que esta mutualidade tem contribuído para o agravamento da crise e a consolidação de entendimentos apenas perfomaticamente pós-positivistas. Isto é, dantes questionávamos o atrelamento do ensino com a cartilha do positivismo jurídico, hoje, a questão que vem a baila é: somos de fato pós-positivistas? Conseguimos transpor o positivismo jurídico, ou o nosso ensino está ou continua enraizado neste paradigma, mesmo quando afirmamos o oposto?".

[145] RODRIGUES, Horácio Wanderlei. *Pensando o ensino do direito no século XXI*: diretrizes curriculares, projeto pedagógico e outras questões pertinentes. Florianópolis: Fundação Boiteux, 2005. O autor trabalha os temas entre as páginas 34 e 59.

faz com que, posteriormente, nas avaliações, sejam algumas fechadas, o que sequer adianta muito, tendo em vista que ainda terá que formar turmas de forma deficitária, mostrando que o problema maior está nas exigências de constituição de um curso e não na declaração de sua insolvência perante as regras de ensino. Duas obras ainda merecem referência para que se pense no assunto que expõe como se deu a formação dos cursos jurídicos nos Estados Unidos e no Brasil, sendo o primeiro dele **Ensino jurídico e teoria do direito nos EUA**, de Daniel Brantes Ferreira,[146] e o segundo, a obra **Introdução à formação jurídica no Brasil**, de Vera de Arruda Rozo Cury.[147]

2.6.8. A sociedade do espetáculo ou midiática

O trecho[148] do conto de Franz Kafka intitulado **Um artista da fome**, publicado em 1924, já anunciava um norte interessante para se pensar a era da sociedade do espetáculo. Veja que o jejuador ficava à exposição da plateia nas ruas da cidade, sendo que o tempo estipulado pelo seu empresário era de 40 (quarenta) dias, o hiato temporal em que se mantinha a atenção do público para aquela pessoa jejuando dentro de uma jaula. A fome, a falta de força, o aparecimento dos ossos, a dificuldade de perambular, tudo isso e outras tantas características do jejuador dentro da jaula eram do interesse daqueles que estavam do lado de fora.

Vivemos a era do espetáculo! A dignidade da pessoa humana, tão cara à história da humanidade e tão presente na Constituição da República Federativa do Brasil de 1988, é derrubada em qualquer programa de *reality show* existente nas empresas de telecomunicação, destronando aquilo que um dia se conheceu por intimidade e vida privada. Já existe, com o perdão da redundância, o sensacionalismo do sensacionalismo, no qual a isenção da verdade é um dos *slogans* da marca sensacionalista.[149] A televisão molda culturas, isso é fato.[150]

---

[146] FERREIRA, Daniel Brantes. *Ensino jurídico e teoria do direito nos EUA*: a dupla faceta do realismo jurídico norte-americano. Curitiba: Juruá, 2012.

[147] CURY, Vera de Arruda Rozo. *Introdução à formação jurídica no Brasil*. Campinas: Edicamp, 2002.

[148] KAFKA, Franz. *Um artista da fome*. Disponível em <http://www.psb40.org.br/bib/b186.pdf>. Acesso em: 18 mar. 2014. Eia o trecho: "O empresário havia fixado em quarenta dias o prazo máximo de jejum, acima disso ele nunca deixava jejuar nem nas grandes cidades do mundo – e isso por um bom motivo. A experiência mostrava que durante quarenta dias era possível espicaçar o interesse de uma cidade através de uma propaganda ativada gradativamente, mas depois disso o público falhava e se podia verificar uma redução substancial da assistência; naturalmente existiam neste ponto pequenas diferenças segundo as cidades e os países, mas como regra quarenta dias era o período máximo. Sendo assim, no quadragésimo dia eram abertas as portas da jaula coroada de flores, uma platéia entusiasmada enchia o anfiteatro, uma banda militar tocava, dois médicos entravam na jaula para proceder às medições necessárias no artista da fome, os resultados eram anunciados à sala por um megafone e finalmente duas moças, felizes por terem sido as sorteadas, ajudavam o jejuador a sair da jaula, descendo com ele alguns degraus de escada até uma mesinha onde estava servida uma refeição de doente cuidadosamente selecionada".

[149] LANNA, Leonardo; MENDONÇA, Martha; ZORZANELLI, Marcelo; FERNANDES, Nelito. *Sensacionalista*. Caxias do Sul, RS: Belas Letras, 2016.

[150] Uma boa obra para análise e discussão é: LEITE, Cláudio Antônio Cardoso. *A cultura brasileira e a sexualidade na TV*: uma análise sociológica. Rio de Janeiro: Booklink, 2010.

O acesso irrestrito à informação já é fator de indistinção entre vida e trabalho.[151] Contudo, insculpe o ser humano para o bem ou para o mal, para o que é sério ou para o que é fútil. O preço dessa liberdade? Para alguns, a frustração.[152] Se o espetáculo ficasse somente adstrito ao supérfluo, como os *realitys shows*, já teríamos um avanço considerável. Contudo, assiste-se a um noticiário com ar de espetacularismo, programas que passam durante toda a programação da tarde contando dramas familiares, trajédias, ou mesmo assuntos banais,[153] com um tom altamente comercial. E é evidente que os abusos e os excessos serão, mais uma vez, levados à apreciação do Poder Judiciário[154] para a resolução do conflito uma vez instaurado.

2.6.9. O fenômeno do jovialismo

Peter Pan é até hoje um dos maiores contos infantis de que se tem notícia. É a partir dele que muitos sonharam em se ver eternamente jovens, o que passou a ser chamado de Síndrome de Peter Pan,[155] ou seja, manter-se criança para sempre. Isso nunca foi tão preocupante até o advento da pós-modernidade, na

---

[151] HARDT, Michael; NEGRI, Antonio. *Declaração* – Isto não é um manifesto. São Paulo: n – 1 edições, 2014. p. 29. Referem os autores: Com o *smartphone* e as conexões *wireless*, você pode ir a qualquer lugar e continuar ocupado, o que significa que você continuará trabalhando aonde for. A midiatização é o fator principal das divisões cada vez mais indistintas entre trabalho e vida".

[152] Juremir Machado da Silva na apresentação à obra: LIPOVETSKY, Gilles. *A sociedade da decepção*. Tradução: Armando Braio Ara. Barueri, SP: Manole, 2007. p. xviii-xix. Aduz o apresentador: "Nossa sociedade é dominada pelo imaginário da comunicação. Estamos na era da mídia e na midiatização da vida. As novas tecnologias invadem e geram uma obsessão interativa. É preciso estar sempre conectado. Privado e público se confundem. Cada vez mais, cada um quer ser protagonista e contar a sua vida num blog ou noutro mecanismo de exposição o que antes era reservado à família, aos vizinhos e aos amigos. O grande problema é que agora cada um sente-se na obrigação de se realizar, de fazer algo da vida, de ser bem-sucedido, de dar um sentido satisfatório ao próprio destino. Ficamos livres da obrigação de conquistar o paraíso. Estamos cada vez mais livres do pesadelo do pecado e do moralismo. Temos direito a uma opção sexual. Podemos, em tese, andar como quisermos. Mas, em contrapartida, queremos estar na moda e somos prisioneiros de novas e terríveis obrigações terrenas. Como diz Lipovetsky, com humor, cada um pode fazer o que bem entender e ser o que bem quiser, mas é quase impossível encontrar uma mulher que queira ser gorda. A sociedade hipermoderna cria novas imposições e cobra novas posturas. A liberdade pode ter um preço muito alto: a frustração".

[153] FERRY, Luc. A sociedade mediática em questão: o ecrã contra o escrito? In *A sabedoria dos modernos*: dez questões para o nosso tempo. André Comte-Sponville e Luc Ferry. Lisboa: Instituto Piaget, 1998. p. 365. Aduz o autor: "Porque é que o mundo das imagens, e muito particularmente da televisão, irrita o mundo intelectual a tal ponto que a sua crítica se vê elevada ao nível de um novo gênero literário? Não há uma estação que passe sem trazer a sua colheita de panfletos antimidiáticos, repisando quase sempre as mesmas banalidades: escravizadas pela opressão das audiências, submetidas à imperiosa lógica do espetáculo e do entretenimento, a cultura e a informação mediáticas estariam no caminho da perdição".

[154] Em recente matéria veiculada, tem-se o exemplo do que o espetáculo televisivo pode se transformar: Vice-presidente do TJRS será indenizado pela TV Record. Está na fase final de cumprimento de sentença, na 3ª Vara Cível do Foro Central de Porto Alegre, uma ação reparatória por dano moral ajuizada pelo atual 1º vice-presidente do TJRS, Luiz Felipe Silveira Difini, contra os jornalistas Alexandre Mota e Antonio Sacomory e também contra a TV Record S.A. Em 2010, quando presidia o TRE-RS, o desembargador Difini se sentiu injuriado no programa Balanço Geral. Esse ilícito civil foi reconhecido em sentença confirmada pela 5ª Câmara Cível do TJRS. A indenização nominal – já com trânsito em julgado – é de R$ 25 mil. Com a correção e os juros, a condenação chega a R$ 38.442, mais 20% (R$ 7.688) de honorários sucumbenciais. Os advogados (irmãos) Carlos Ignacio Schmitt Sant'Anna e Maria José Schmitt Sant'Anna atuam em nome do autor. As teses do autor e dos réus estão sintetizadas na sentença proferida pela juíza Maria Claudia Mercio Cachapuz, da 3ª Vara Cível de Porto Alegre. (Proc. nº 11102516865). Disponível em: <http://www.espacovital.com.br/#5>. Acesso em: 22 maio 2014.

[155] Para compreender um pouco o que é a Síndrome de Peter Pan, pensada por Dan Kiley no livro com o título da Síndrome, leia a matéria da Folha. AHRER, Luli Radf. Síndrome de Peter Pan. *Folha de São Paulo*,

qual, o ser humano, perdendo grande parte de suas referências, de suas tradições, parte para uma incessante busca pela sua infantilização, ou, nas palavras de Sergio Sinay,[156] para seu jovialismo, o que repercute, nas palavras do autor, na política, na cultura, na família, na sexualidade, no casamento, na vida comunitária e na economia, causando um falso estado juvenil,[157] aprisionando a pessoa num espaço de contrafluxo da vida, atribuindo-lhe, falsamente, a ideia de jovialidade aparente. O medo de encarar a vida adulta pelo excesso de sentimentalismo, também fruto de uma sociedade contemporânea, faz parte de um alerta de Theodore Dalrymple,[158] que chega a afirmar que a sociedade está mimada demais.

2.6.10. A internet

Talvez um dos maiores, senão o maior fenômeno de tecnologia de acesso em massa na atualidade, embora iniciado nos anos 70,[159] seja a *internet*, podendo

---

São Paulo. Disponível em: <http://www1.folha.uol.com.br/fsp/tec/162241-sindrome-de-peter-pan.shtml>. Acesso em: 22 maio 2014.

[156] SINAY, op. cit., p. 13. Uma vez perguntaram à romancista e filósofa existencialista francesa, Simone de Beauvoir, qual era a sua definição da vida adulta, e ela respondeu: "um adulto é uma criança inflada pela idade". De Beauvoir morreu em Paris em 1986. Neste momento, tantos anos depois, sua frase ressoa em mim como uma ladainha. Tenho, amiúde, a sensação de viver em uma sociedade de crianças infladas. Homens e mulheres cujos documentos de identidade e cuja aparência – ainda que não gostem – denunciam que cruzaram faz tempo a linha divisória da maioridade, negam-se a aceitar esse acontecimento natural da vida e travam penosas batalhas para ocultá-lo ou dissimulá-lo. Teimam em conservar atitudes infantis ou adolescentes, expressam pensamentos surpreendentemente superficiais e simplórios, vinculam-se uns aos outros – no plano conjugal e da amizade, na paternidade e na maternidade, no esporte e no âmbito social – de forma imatura e interesseira, carente de responsabilidade e compromisso. Sua forma de consumir, os modismos aos quais se entregam, os fanatismos desportivos, artísticos e pseudoespirituais a que se apegam me fazem temer que tenham sido vítimas do vírus da regressão. Falam com um vocabulário cada vez mais desnutrido e raso, enchem a boca com "imbecil", "louco", "chato", "tapado" e "irado". Começam qualquer conversa com "e aí?", como se adevertissem que não querem escutar nada que não seja "divertido", "incrível", "espetacular" ou simplesmente superficial. Dedicam tempo, energia mental e boa parte do saldo de seu cartão de crédito a lutar contra seu próprio corpo, como se ele fosse um perigoso delinquente, para mantê-lo em um estado de juventude impossível, eterno, trabalhoso e falso.

[157] SINAY, Sergio. *A sociedade que não quer crescer*: quando os adultos se negam a ser adultos. Tradução de Maria Dalva Leite de Castro de Bonnet. Rio de Janeiro: Guarda-Chuva, 2012. p. 11-12.

[158] DALRYMPLE, Theodore. *Podres de mimados*: as consequências do sentimentalismo tóxico. Tradução de Pedro Sette-Câmara. São Paulo: É Realizações, 2015. p. 10-11. "Daí chegamos aos 'mimados' de Dalrymple. O psiquiatra inglês vê esse romantismo como tendo se deteriorado em sintomas muito distantes do trabalho intelectual sofisticado dos autores originais. O culto tóxico do sentimentalismo acabou por se articular institucionalmente – nos governos, na mídia e nas universidades –, tornando-se não um esforço para refletir sobre angústias modernas, mas uma desculpa permanente de sociedades ricas, a princípio, para o fracasso (afinal, a vida sempre foi 'doente de dor') e para a irresponsabilidade contra as dores do amadurecimento e da vida real. A 'política das vítimas' acabou por se constituir numa desculpa para a incapacidade de enfrentar a vida adulta. Por isso, Dalrymple trata nesta obra, por exemplo, das exigências de emoções públicas como prova de 'pureza moral' (sempre falsa) e da pobreza material como atestado da sinceridade; enfim, do sentimentalismo como forma de negação da vida cotidiana, cheia de incertezas, contingência e derrotas".

[159] KRETSCHMANN, Ângela; WENDT, Emerson. *Tecnologia da informação & Direito*. Porto Alegre: Livraria do Advogado, 2018. p. 39. Referem: "Como referido, a tecnologia tem evoluído num ritmo frenético, tornando-se cada vez mais complexa. Junto a ela, desde os primeiros estágios na década de 70 do século XX, houve a idealização da Internet e suas peculiaridades comunicativas céleres e constantes inovações, principalmente a partir da década de 90, mas especificadamente após a criação da rede 'www' por Tim Berners-Lee. No Brasil, frise-se, mormente após 1995, quando deixou de ser uso exclusivo das universidades e passou a ter acesso público/comercial e, também, foi criado o Cômite Gestor da Internet no Brasil, pela Portaria Interministerial nº 147, de 31 de maio de 1995, alterada pelo Decreto Presidencial nº 4.829, de 3 de setembro de 2003".

ser pensando, sem sombra de dúvida, que o ser humano está numa prática constante de sua virtualização, como anuncia Bruno Zampier.[160] Segundo Emerson Wendt e Higor Vinicius Nogueira Jorge,[161] ela pode ser utilizada para diversas finalidades que vão desde negociações comerciais, passando por produção de *marketing* pessoal e de diversão. Tudo isso leva a responsabilizações civis e criminais que só podem ser imaginadas a partir de leituras específicas sobre o tema. Apenas a título de ilustração, os mesmos autores[162] alertam para os crimes cibernéticos que podem ser divididos em abertos ou exclusivamente cibernéticos e as ações prejudiciais atípicas que não podem ser tipificadas como crime. Veja-se que muitas das condutas acima podem impelir à responsabilização civil, levando ao Poder Judiciário não só uma massa de casos novos, o que é preocupante,[163] como o da compra e venda de bens no chamado jogo *Second Life*,[164] mas que exigem uma determinada complexidade como, por exemplo, casos como LICRA v. Yahoo[165] e Alemanha v. Töben,[166] que o próprio

---

[160] ZAMPIER, Bruno. *Bens digitais*. Indaiatuba, SP: Foco Jurídico, 2017. p. 1. Escreve: "Em um mundo cada vez mais conectado aos computadores e às redes sociais, a pessoa natural, assim como outros entes, vai se virtualizando".

[161] WENDT, Emerson; JORGE, Higor Vinicius Nogueira. *Crimes cibernéticos*: ameaças e procedimentos de investigação. 2. ed. Rio de Janeiro: Brasport, 2013. p. 12. Referem os autores: "A internet tem sido utilizada para inúmeras finalidades, seja para realizar negociações comerciais, buscar conhecimento, conhecer pessoas, manter relacionamentos, produzir atividades de marketing pessoal, buscar diversão e, em alguns casos, promover transtornos para outras pessoas, incluindo prejuízos financeiros das vítimas".

[162] WENDT, Emerson; JORGE, Higor Vinicius Nogueira. *Crimes cibernéticos*: ameaças e procedimentos de investigação. 2. ed. Rio de Janeiro: Brasport, 2013. p. 20. Elencam os autores nas ações prejudiciais atípicas a invasão de computador sem o fim de obter, adulterar ou excluir dados e informações, divisão de *phishing scam*. Dentre os crimes cibernéticos abertos estão os crimes contra a honra, a ameaça, a pornografia infantil, o estelionato, o furto mediante fraude, o racismo, a apologia ao crime, a falsa identidade, a concorrência desleal e o tráfico de drogas. Já nos crimes exclusivamente cibernéticos estão a invasão de computador mediante violação de mecanismo de segurança com o fim de obter, adulterar ou excluir dados e informações sem autorização expressa ou tácita do titular do dispositivo ou instalar vulnerabilidades para obter vantagem ilícita, a interceptação telemática ilegal, a pornografia infantil por meio de sistema de informática, a corrupção de menores em sala de bate papo e os crimes contra a urna eletrônica.

[163] LEONARDI, Marcel. *Tutela e privacidade na internet*. São Paulo: Saraiva, 2012. p. 39. Escreve: "A *internet* não exige apenas novas soluções jurídicas para os novos problemas; ela também afeta a maneira como os problemas e as soluções jurídicas devem ser analisadas. Ao romper com os paradigmas jurídicos tradicionais e desafiar os mecanismos convencionais de tutela, a Rede representa um dos princiapis objetos de estudos dos doutrinadores preocupados com essa nova realidade social".

[164] FEINMAN, Jay M. *Law 101*: Everything you need to know about American Law. Third Edition. New York: Oxford University, 2010. p. 2. Apenas para se ter ideia do que se está querendo demonstrar, já há casos de processos judiciais envolvendo transações no Second Life. Refere o autor: "Marc Bragg bought and sold virtual land and other assets in Second Life, the enormously popular online role playing game. When He exploited a gap in the game´s code to acquire a parcel of land at the bargain price, Linden Research, the producer of Second Life, froze his account, depriving him of virtual property worth $4,000-$6,000 in the real world. Bragg sued Linden; Linden defended, claiming that property owned in Second Life was subject to the game's termsof service that gave Linden complete control over it. How does the Law take property concepts dating back to medieval times and apply them to the Internet in the twenty-first century? If a virtual world is a community with its own norms and rules, should it have its own legal system as well, or should the existing legal system at least recognize the norms and rules as binding in real-world courts?".

[165] LEONARDI, Marcel. *Tutela e privacidade na internet*. São Paulo: Saraiva, 2012. p. 250. Comentando o caso, diz o autor: "O exemplo emblemático é o caso LICRA v. Yahoo!, iniciado na França e encerrado nos Estados Unidos. A seção R645-2 do Código Penal francês veda a exibição de material nazista para fins de comércio e proíbe que cidadãos franceses adquiram ou possuam esse material. A subsidiária Yahoo! France cumpria a legislação local, removendo informações nazistas porventura encontradas na *Web* <www.yahoo.fr> e nos demais *Web sites* mantidos pela empresa, vinculados ao código de país .fr. Usuários franceses, no entanto, podiam acessar normalmente o *Web site* norte-americano <www.yahoo.com> e se deparar com informações nazistas".

profissional do Direito não está acostumado com as novas tecnologias, os novos termos, ou seja, uma nova linguagem que se cria a partir da tecnologia da informação.

Outro lado da *internet* que oferece uma potencialidade de danos aos usuários é quando a pesquisa realizada apresenta equívocos, quer sejam eles meros erros de não atualização da informação ou até mesmo de já na origem esta informação ter sido gerada com erro. Carlo Ginzburg[167] expõe o cuidado que se deve ter com as ferramentas de pesquisa contando uma história interessante sobre um dos *sites* mais procurados para se elaborar uma pesquisa: a *Wikipédia*. Mas o que os erros podem gerar de danos só o futuro pode responder, com as pretensões deduzidas em juízo pelos usuários prejudicados por falsas ou equivocadas informações em *sites* na *internet*.

O que o futuro nos reserva não se limita a erros e acertos que possam aparecer nas informações colhidas via *internet*, mas também na imensa gama de exemplos de ofensas que podem existir a partir de postagens realizadas nos mais diversos aplicativos existentes no mercado, a exemplo do que ocorreu recentemente com o denominado LULU,[168] um aplicativo moldado para o público feminino para que concedessem notas aos homens publicamente divulgadas no referido aplicativo. Ao lado do LULU, pode-se imaginar uma infinidade de outros danos que podem se sobressair de endereços eletrônicos mundialmente utilizados, como o já desativado *Orkut*,[169] ou outros que estão em plena

---

[166] LEONARDI, Marcel. *Tutela e privacidade na internet*. São Paulo: Saraiva, 2012. p. 255. Comentando o caso, expõe o autor: "Gerald Frederik Töben é um cidadão australiano naturalizado, nascido na Alemanha, e fundador do Adelaide Institute, entidade dedicada à doutrina do antissemitismo, dissecando ideias preconceituosas e discriminatórias contra judeus, e ao revisionismo histórico, consistente na negação do Holocausto. Por meio do *Web site* do Adelaide Institute, cujos servidores encontram-se em território australiano, Töben faz apologia de sua ideologia revisionista e antissemita".

[167] GINZBURG, Carlo. A história na era Google. In: SCHÜLER, Fernando Luís e WOLF, Eduardo (Orgs.). *Pensar o contemporâneo*. Porto Alegre: Arquipélago, 2014. p. 40-63. p. 42-43. Exemplifica o autor: "Quem quer que exerça o trabalho do historiador sabe que a internet modificou – e facilitou – diversos aspectos da pesquisa. Vou começar com o mais óbvio. Digamos que me depare com uma citação – algumas palavras em qualquer idioma – cuja origem é desconhecida para mim. Se eu for ao Google e transcrever essas palavras, poderei ser capaz de identificar a origem. É claro, as palavras não devem ser exageradamente triviais; além disso, devem fazer parte de um texto ou vários textos que, por alguma razão, foram carregados na *web*. Mas o número de textos carregados, mesmo que não deliberadamente (por exemplo, podem ter sido citados num texto de um tipo completamente diferente) é espantosamente alto. Aqui estou roçando de leve um tópico – o do acaso – ao qual voltarei mais adiante. Por enquanto, vou continuar com exemplos triviais. Durante um trabalho de pesquisa eu me deparo com o nome de um personagem, não necessariamente um nome famoso; faço uma busca no Google e – em geral, por meio da onipresente Wikipédia – encontro uma biografia, com a possível adição de referências bibliográficas. Aqui surge a primeira objeção: os erros. É verdade: com muita frequência, de fato, os verbetes da Wikipédia contêm erros. De uma maneira geral, na internet, como é bem conhecido, podemos encontrar qualquer coisa – falsidades, lixo, infâmias, tudo misturado com verdadeiras e corretas jóias. Como podemos aprender e escolher as jóias em meio à porcaria toda? Como é que um menino ou menina que está aprendendo a fazer pesquisa se vira para obter alguma orientação numa barafunda desse tipo".

[168] Note-se a reportagem: "LULU" completa 25 dias fora das lojas de aplicativos. *G1*. Tecnologia e games. Disponível em: <http://g1.globo.com/tecnologia/noticia/2014/01/lulu-completa-25-dias-fora-das-lojas-de-aplicativos.html>. Acesso em: 01 jun. 2014. Em um dos trechos, segue a informação dos inúmeros casos judiciais envolvendo homens ofendidos: "A repercussão do aplicativo levou homens insatisfeitos com a exposição no *site* a entrarem com diversas ações na Justiça. A insatisfação levou o aplicativo a mudar sua estratégia no Brasil e somente manter nos sistemas aqueles usuários que optarem por informações seus dados".

[169] O Orkut deixou inúmeras ações que foram e ainda estão sendo julgadas pelo Poder Judiciário, muitas delas relacionadas a criação de falsos perfis. Apenas como ilustração, leia-se a Apelação Cível 70059999144,

atividade, como *Facebook*,[170] *Twitter*,[171] *Linkedin*,[172] *MySpace*,[173] assim como de *blogs* que podem ser abertos em segundos sem qualquer tipo de fiscalização[174] mais rígida, o que só aumenta a nocividade da *internet* quando utilizada de forma irresponsável, que é capaz de com um clique lesar, inclusive, direitos fundamentais.[175] Ao lado de tudo isso ainda, há *sites* de aúdio (*Podcasting*),

---

de relatoria do Desembargador Túlio de Oliveira Martins, da 10ª Câmara Cível do Tribunal de Justiça do Estado do Rio Grande do Sul: Ementa: RESPONSABILIDADE CIVIL. ORKUT. CRIAÇÃO DE PERFIL FALSO. RESPONSABILIDADE CIVIL OBJETIVA. DANOS MORAIS E MATERIAIS CONFIGURADOS. Caso dos autos em que comprovada a criação de perfil falso em nome da autora, com a atribuição de adjetivos pejorativos à sua pessoa, relacionando-se à pornografia e sensualidade. Aplicável, na espécie, as normas do Código de Defesa do Consumidor, pois as partes se enquadram nos conceitos de consumidor e fornecedor de serviços, ainda que esses estejam estabelecidos a título gratuito, porquanto existente o lucro pela entidade demandada, ainda que de forma indireta. Manutenção do montante indenizatório fixado em sentença, considerando o grave equívoco da ré, o aborrecimento e o transtorno sofridos pela autora, além do caráter punitivo-compensatório da reparação. Danos materiais devidamente comprovados nos autos, decorrentes do abalo moral suportado que ocasionou a transferência da demandante de Escola para o término do ano letivo, despendendo valores com a matrícula escolar e uniforme. Sentença de procedência mantida. RECURSO DE APELAÇÃO DESPROVIDO. (Apelação Cível Nº 70059999144, Décima Câmara Cível, Tribunal de Justiça do RS, Relator: Túlio de Oliveira Martins, Julgado em 18/12/2014). Disponível em: <http://www1.tjrs.jus.br/site_php/consulta/consulta_processo.php?nome_comarca=Tribunal+de+Justi%E7a&versao=&versao_fonetica=1&tipo=1&id_comarca=700&num_processo_mask=70059999144&num_processo=70059999144&codEmenta=6120546&temIntTeor=true>. Acesso: 3 de maio de 2015.

[170] Só para se ter uma ideia, já há inúmeros casos entre obrigações de fazer, não fazer e até mesmo de indenizações por danos experimentados em razão de postagens em Facebook. Dentre elas, leia-se: Apelação Cível 70059068387, de relatoria da Desembargadora Iris Helena Medeiros Nogueira da 9ª Câmara Cível do Tribunal de Justiça do Estado do Rio Grande do Sul. *Ementa:* "APELAÇÃO CIVIL. RESPONSABILIDADE CIVIL SUBJETIVA. POSTAGEM DE FOTOGRAFIA EM REDE SOCIAL – FACEBOOK – ATRELANDO A IMAGEM DOS AUTORES, ENQUANTO AGENTES DE TRÂNSITO A DESCASO COM A FUNÇÃO PÚBLICA. CRÍTICA QUE ULTRAPASSOU A ESFERA DO DIREITO DE CRÍTICA E DE LIVRE MANIFESTAÇÃO DO PENSAMENTO CONSAGRADA NO ARTIGO 5º, IV, DA CONSTITUIÇÃO FEDERAL. ALUSÃO PEJORATIVA AO TRABALHO DOS AUTORES. DIREITOS DA PERSONALIDADE ATINGIDOS. ARTIGOS 186 E 927, DO CÓDIGO CIVIL. DANO MORAL CONFIGURADO. SENTENÇA MANTIDA. APELO DESPROVIDO. UNÂNIME". RIO GRANDE DO SUL. Tribunal de Justiça do RS. Apelação Cível nº 70059068387. Nona Câmara Cível, Relator: Iris Helena Medeiros Nogueira, Julgado em 14/05/2014. Disponível em: <http://www.tjrs.jus.br/busca/?q=facebook&tb=jurisnova&partialfields=tribunal%3ATribunal%2520de%2520Justi%25C3%25A7a%2520do%2520RS.%28TipoDecisao%3Aac%25C3%25B3rd%25C3%25A3o%7CTipoDecisao%3Amonocr%25C3%25A1tica%7CTipoDecisao%3Anull%29&requiredfields=&as_q=>. Acesso em: 01 jun. 2014.

[171] TELLES, André. *A revolução das mídias sociais*: cases, conceitos, dicas e ferramentas. São Paulo: M. Books do Brasil, 2011. p. 54. "O Twiter funciona a partir do envio de mensagens curtas – tweets – que são visualizadas por seus followers – seguidores –, seja de maneira a contar o que você está fazendo num determinado momento, ou por meio de replies – respostas – às pessoas que te enviam um tweet".

[172] Idem, p. 92. Conceitua o autor: "O Linkedin, lançado em maio de 2003, é um *site* que busca a criação de redes sociais voltadas aos negócios. Ele é muito diferente dos *sites* de relacionamento pessoal, como o Orkut, Facebook e MySpace, voltados ao público em geral. Ele está focado em profissionais e seu desejo de construir uma rede de contatos profissionais que de fato possa ser utilizada nos negócios".

[173] Idem, p. 99. Refere o autor: "O MySpace foi o primeiro *site* de rede social que permitiu aos usuários personalizar seus perfis. Ele mantém a popularidade com adolescentes, músicos e outros artistas. No Brasil o MySpace tem baixa adesão, mas já atingiu a marca de 130 milhões de usuários pelo mundo. Ele ainda dá ao usuário mais liberdade para personalizar do que qualquer uma das outras redes, mas muitos usuários abusaram dessa habilidade como montar gráficos e músicas que tocam automaticamente num piscar de olhos".

[174] A fiscalização a que me refiro é para restrição das ações na internet, e não de mapeamento para que ela seja utilizada como ferramenta de leitura de comportamentos futuros para obtenção de vantagens, o que ocorre no cotidiano. Para ver este viés, recomenda-se a leitura de: BAKER, Stephen. *Numerati*: conheça os numerati: eles já comecem você. Tradução de Ivo Korytowski. São Paulo: Saraiva, 2009.

[175] LIMBERGER, Têmis. Direito e informática: o desafio de proteger os direitos do cidadão. *in Direitos fundamentais, informática e comunicação*: algumas aproximações. SARLET, Ingo Wolfgang (Org.). Porto Alegre: Livraria do Advogado, 2007. p. 195. Refere a autora: "O mundo globalizado apresenta problemas que

de compartilhamento de fotos (Instagram, Flickr), de compartilhamento de apresentações (*SlideShare*), assim como outros de redes sociais (Formspring, Foursquare), sendo que, evidentemente, o rol é meramente exemplificativo, mas não se pode deixar de concordar com Bruno Zampier[176] quando defende que no ciberespaço pode-se, simplesmente, encontrar de tudo. Gustavo Testa Corrêa[177] apresenta, e aqui apenas para fins de referência das repercussões da internet em outras áreas do Direito, o que podem ser considerados como "crimes digitais", sendo citados *a pornografia na internet, a pirataria de software através da rede, as fraudes na internet, o abuso quanto aos cartões de crédito, a lavagem eletrônica de dinheiro, os crimes digitais de* hacking *e* cracking, apenas para ficar em alguns deles. O que não se pode perder de conta é que a tecnologia cobra seu preço, conforme alude Marcos Catalan.[178]

2.6.11. A crise da moral

A preocupação identificada por Luiz Fernando Tomasi Keppen e Nadia Bevilaqua Martins[179] é válida na medida em que já anunciavam que a imoralidade torna-se, na atualidade, a regra. Vive-se a crise da imoralidade![180] O ser humano, gregário por natureza, que viveu coletivamente desde os primórdios da humanidade, soube discernir o bom do mau comportamento, incentivando aquele e reprimindo este. Contudo, não mais o faz. A palavra que melhor

---

envolvem diferentes países e como tal, demanda soluções no âmbito nacional e internacional. Hoje se assiste a um incremento tecnológico capaz de lesar os direitos fundamentais. Assim, os correios eletrônicos não desejados, denominados spams, representam aproximadamente 2/3 do tráfego mundial de mensagens e provocam o desperdício de tempo e dinheiro. Um estudo realizado pela União Européia revelou que a circulação diária de lixo eletrônico por *e-mail* custa U$ 9,36 bilhões para os internautas, a cada ano. Considerando que há aproximadamente 500 milhões de internautas no mundo, o spam tem um custo individual de U$ 20,00".

[176] ZAMPIER, Bruno. *Bens digitais*. Indaiatuba, SP: Foco Jurídico, 2017. p. 10. Escreve: "A cada minuto, novas pessoas se interconectam, outras informações são inseridas no ciberespaço, dando a este mais e mais um caráter universal, sem qualquer chance de se fechar em um conteúdo particularizado. O que é possível ser encontrado neste espaço cibernético que norteia a sociedade da informação? Simplesmente tudo. Trata-se de um universo indeterminável, em constante expansão, um verdadeiro labirinto pelo qual navega a informação, o conhecimento, sem qualquer significado ou temática principal".

[177] CORRÊA, Gustavo Testa. *Aspectos jurídicos da internet*. 5. Ed. São Paulo: Saraiva, 2010.

[178] CATALAN, Marcos. *A morte da culpa na responsabilidade contratual*. São Paulo: Revista dos Tribunais, 2013. p. 13. Refere: "O inconstante fluir do tempo transforma futuro em presente e, enquanto cada momento vivido distancia-se mais e mais dos instantes que compõem o agora, é possível perceber – com maior ou menor nitidez – como a matriz tecnológica que dá suporte à vida do homem em sociedade se modifica cada vez mais rapidamente. E é assim que, a cada átimo de tempo – ao lado de incontáveis benesses, é preciso admitir – efeitos deletérios de distintos matizes e intensidades permeiam a vida de cada ser humano".

[179] KEPPEN, Luiz Fernando Tomasi; MARTINS, Nadia Bevilaqua. *Introdução à resolução alternativa de conflitos*: negociação, mediação, levantamento de fatos, avaliação técnica independente. Curitiba: JM Livraria Jurídica, 2009. p. 29-30. Iniciam escrevendo: "O segundo é a moral, que contempla a ética, círculo esse interno ao anterior, a definir comportamento conforme idéias filosóficas. Havendo transgressão a sanção é social, o que implicaria em possibilidade de exclusão do convívio social [...]", e finalizam "O mesmo se diga do julgamento moral. Hoje, a imoralidade campeia. Então é o Direito que tem a hercúlea função de estruturar o comportamento humano [...]".

[180] COMTE-SPONVILLE, André. O filósofo e o político. In *A sabedoria dos modernos*: dez questões para o nosso tempo. André Comte-Sponville e Luc Ferry. Lisboa: Instituto Piaget, 1998. p. 407. Refere o autor: "A essas crises econômica e ideológica juntou-se, nos últimos anos, uma crise moral. Demasiados escândalos, demasiada corrupção, demasiados casos, como se diz, e nos dois campos".

ilustra isso é tolerância! Os grupos sociais toleram comportamentos que antes eram rechaçados, excluindo aquele que, porventura, romperia com os ditames morais e éticos daquela microssociedade. Hoje, caso o transgressor não encontre guarida de seu péssimo comportamento no grupo a que pertence, facilmente será acobertado noutro que tolera violações morais daquele tipo, e assim por diante. Isso ocorre porque a moral está impregnada no próprio ser humano, sendo, pois, o ato de agir algo que está intimamente ligado a uma expressão de nossa personalidade, estando, nas palavras de Miguel Reale,[181] radicalmente em nós, como concorda François Jullien,[182] mas este também expõe que numa segunda dimensão ela – a moral – se encontra fora de nós.

Contudo, conforme o próprio autor salienta, a conduta moral, diferentemente da religiosa, que encontra sua justificativa fora do elemento social, é algo que deve ser medido pelo sujeito, tendo em vista ser ele o próprio juiz de seus atos, mas a conduta é passível de adesão e assentimento.[183] Pegue-se, por exemplo, o *bullying*,[184] e pode-se notar, claramente, que se trata de um desvio comportamental daquele que pratica o ato. O problema toma maior assento quando a conduta que deveria ser reprovada pelos demais alcança conforto em alguém ou em alguns, sendo o que basta para a prática continuar se disseminando. Problemas como o do *bullying*, inevitavelmente, têm sido julgados pelo Poder Judiciário em casos como o da aluna que, por apresentar uma necessidade especial, foi apelidada, pela professora, de "Maria tortinha".[185]

---

[181] REALE, Miguel. *Filosofia do direito*. 20. ed. São Paulo: Saraiva, 2002. p. 396.

[182] JULLIEN, François. *Fundar a moral*: diálogos de Mêncio com um filósofo as luzes. Tradução de Maria das Graças de Souza. São Paulo: Discurso Editorial, 2001. p. 14.

[183] REALE, Miguel. *Filosofia do direito*. 20. ed. São Paulo: Saraiva, 2002. p. 398-399.

[184] Para conhecer mais sobre o tema: PORTAL BULLYING. Disponível em: <http://www.portalbullying.com.pt/>. Acesso em: 05 jun. 2014.

[185] Trata-se da apelação cível 70049350127, de lavra do Desembargador Leonel Pires Ohweiler, da Nona Câmara Cível: "APELAÇÃO CÍVEL. RESPONSABILIDADE CIVIL. AÇÃO DE INDENIZAÇÃO POR DANOS EXTRAPATRIMONIAIS. APELIDO DADO EM RAZÃO DE PROBLEMA CONGÊNITO DA AUTORA POR PROFESSORA DE ESCOLA MUNICIPAL. RESPONSABILIDADE CIVIL DO ESTADO CONFIGURADA. ART. 37, §6°, CCF/88. ATO ILÍCITO E *BULLYING*. DANOS EXTRAPATRIMONIAIS VERIFICADOS. QUANTUM INDENIZATÓRIO MAJORADO. HONORÁRIOS ADVOCATÍCIOS MANTIDOS. CORREÇÃO MONETÁRIA E JUROS DE MORA. LEI N° 11.960/09. – RESPONSABILIDADE EXTRACONTRATUAL DO ESTADO – A Administração Pública responde objetivamente pelos danos advindos dos atos comissivos realizados pelos agentes públicos, nesta condição, contra terceiros, nos termos do artigo 37, § 6° da Constituição da República. Configurada hipótese de responsabilidade extracontratual do Estado pelo evento danoso, porquanto devidamente comprovado nos autos, bem como o nexo de causalidade com a atuação comissiva do ente público demandado. – ATO ILÍCITO E A PRÁTICA DE BULLYING – O princípio da dignidade humana constitui-se em fundamento do Estado Democrático de Direito, nos termos do art. 1°, III, CF. Em relação às crianças e adolescentes a materialização deste princípio ocorre por meio da proteção integral, consagrada no art. 227 da CF e no próprio texto da Lei n° 8.069/90. O direito ao respeito engloba a inviolabilidade da integridade física, psíquica e moral das crianças e adolescentes. O *bullying* configura-se como ato ilícito que causa lesão à dignidade da pessoa humana. O Estado, por meio dos seus agentes públicos, especialmente membros do magistério público, devem adotar práticas funcionais direcionadas para resguardar a integridade das crianças e adolescentes. Caso em que configurada a ilicitude no agir do agente público, pois, na condição de professora de escola pública municipal, deu apelido à autora com base em problema congênito (inclinação lateral irreversível do pescoço), sendo que seus colegas de turma também passaram a chamá-la da mesma forma. Tal situação gerou abalo psicológico ao ponto da autora não querer mais freqüentar as aulas. Configurado, pois, o ato ilícito, em razão de conduta comissiva do ente público estadual. – DANOS EXTRAPATRIMONIAIS E QUANTIFICAÇÃO DA INDENIZAÇÃO – A configuração do dano extrapatrimonial, na hipótese, é evidente e inerente à própria ofensa; ou seja, trata-se de dano *in re ipsa*, que dispensa prova acerca da sua efetiva ocorrência. A indenização por danos extrapatrimoniais deve

2.6.12. A crise da religião

Talvez, num primeiro momento, o melhor título para o capítulo não fosse a crise da religão, tendo em vista que se pensado instintivamente, nunca existiram tantas religiões a quem a humanidade pudesse exercer suas crenças, sendo, então, de se pensar sob este norte, na maximização ou valorização da religião. Não se trata disso, mas sim transparece ao ser humano tantas formas religiosas que hoje se apresentam e se, com base, tem ele a confiança na religião que uma vez já teve e a respeitou. Luiz Fernando Tomasi Keppen e Nadia Bevilaqua Martins, aponta nesta esteira, uma vez que se a religião já foi um balizador forte da conduta do ser humano em razão das penalidades aplicadas,[186] hoje já não é mais e muito em razão da oferta de religiões que aceitam o comportamento de determinada pessoa cuja religião original não aceitava.

A crise se instaura, quer em razão de que uma Constituição estadual não elenca em seu preâmbulo[187] a proteção a Deus,[188] quer pela complexidade de casos envolvendo liberdade de religião, donde se pode elencar dois emblemátcos para fins de exemplificação, como (i) a transfusão de sangue para os adeptos da religião Testemunhas de Jeová;[189] e (ii) a utilização de substância

---

[186] KEPPEN, Luiz Fernando Tomasi; MARTINS, Nadia Bevilaqua. *Introdução à resolução alternativa de conflitos*: negociação, mediação, levantamento de fatos, avaliação técnica independente. Curitiba: JM Livraria Jurídica, 2009. p. 29-30. Começam "O primeiro é a religião, com seus valores universais, com seus imperativos dogmáticos, formando o círculo mais amplo, fazendo o homem buscar a excelsitude de agir com base no exemplo religioso. A sanção é social-religiosa, no catolicismo a excomunhão [...]" e finalizam: "Ocorre que no círculo religioso, proeminente ao longo de toda a Idade Média, com seus juízos de fé, ordálias e fogueiras aos hereges, atualmente oferece uma reprimenda pouco eficiente em termos pedagógico-comportamentais [...]".

[187] No preâmbulo da Constituição da República Federativa do Brasil consta, expressamente, a proteção de Deus, e a pergunta ficou jogada no ar: as outras Constituições Estaduais também não devem ter? Segue a íntegra do texto com a invocação da proteção em negrito: "Nós, representantes do povo brasileiro, reunidos em Assembléia Nacional Constituinte para instituir um Estado Democrático, destinado a assegurar o exercício dos direitos sociais e individuais, a liberdade, a segurança, o bem-estar, o desenvolvimento, a igualdade e a justiça como valores supremos de uma sociedade fraterna, pluralista e sem preconceitos, fundada na harmonia social e comprometida, na ordem interna e internacional, com a solução pacífica das controvérsias, promulgamos, *sob a proteção de Deus*, a seguinte CONSTITUIÇÃO DA REPÚBLICA FEDERATIVA DO BRASIL".

[188] Como aconteceu no caso da Constituição Estadual do Acre. Restou decidido: "Preâmbulo da Constituição: não constitui norma central. Invocação da proteção de Deus: não se trata de norma de reprodução obrigatória na Constituição estadual, não tendo força normativa." (ADI 2.076, Rel. Min. *Carlos Velloso*, julgamento em 15-8-2002, Plenário, *DJ* de 8-8-2003.) Disponível em: <http://www.stf.jus.br/portal/constituicao/artigoBd.asp?item=2>. Acesso em: 04 jun. 2014.

[189] Há já diversos casos julgados no Poder Judiciário como o da apelação cível 70058469362, de lavra da Desembargadora Maria Isabel de Azevedo Souza, da 22ª Câmara Cível, com a seguinte ementa: "SAÚDE. CIRURGIA. TRANSFUSÃO DE SANGUE. LIBERDADE DE RELIGIÃO. TESTEMUNHA DE JEOVÁ. Distinções, na prestação do serviço público de saúde, para atender às convicções religiosas ferem o direito à igualdade na repartição dos encargos públicos. Daí que a liberdade de religião garantida a todos pela Constituição da República não assegura o direito à pessoa humana de exigir do Estado prestação diferenciada no serviço público para atender às regras e as práticas da fé que professa. Recurso desprovido". RIO GRANDE

psicotrópicas em determinadas religiões;[190] quer em razão da possibilidade de que símbolos religiosos possam apresentar defeitos nos produtos, o que é alvo de curiosa tese de doutoramento de Ivan de Oliveira Silva;[191] quer ainda por um crucifixo se fazer presente dentro de um espaço público.[192] Note-se que os exemplos acima são totalmente exemplificativos, tendo em vista que há outros que poderiam ser referidos como os elencados por Jayme Weingartner Neto,[193] como (*i*) o ensino religioso nas escolas públicas, (*ii*) o estresse do véu no ambiente escolar, e (*iii*) o sacrifício de animais.

2.6.13. O ser politicamente correto e a era do conformismo

Mentira e verdade já foram temas tratados por várias áreas do conhecimento. Uma das perguntas que ainda não têm uma resposta consistente é se mentir em determinadas ocasiões é moralmente correto. Como expõem Clóvis de Barros Filho e Júlio Pompeu,[194] há quem acredite ser a mentira condenável, mas há quem ache o contrário. Os autores, inclusive, elencam alguns exemplos[195] que acreditam causar dúvidas sobre a necessidade de mentir ou não. Dois fatos se sobressaem na questão de mentir: (*i*) é que se todos falassem somente a verdade, possivelmente a convivência seria muito mais difícil; (*ii*) é

DO SUL. Tribunal de Justiça do RS. *Agravo de Instrumento Nº 70058469362*. Vigésima Segunda Câmara Cível, Relator: Maria Isabel de Azevedo Souza, Julgado em 24/04/2014. Disponível em: <http://www.tjrs.jus.br/busca/?q=testemunha+e+jeov%E1&tb=jurisnova&partialfields=tribunal%3ATribunal%2520de%2520Justi%25C3%25A7a%2520do%2520RS.%28TipoDecisao%3Aac%25C3%25B3rd%25C3%25A3o%7CTipoDecisao%3Amonocr%25C3%25A1tica%7CTipoDecisao%3Anull%29&requiredfields=&as_q=>. Acesso em: 04 jun. 2014.

[190] A própria Suprema Corte dos Estados Unidos já se manifestou sobre o tema. Para saber mais, leia-se o artigo de GODOY, Arnaldo Sampaio de Moraes. *A Suprema Corte Norte-Americana e o julgamento do uso de Huasca pelo Centro Espírita Beneficente União do Vegetal (UDV)*: colisão de princípios: liberdade religiosa v. repressão a substâncias alucinógenas: um estudo de caso. Disponível em: <http://www.planalto.gov.br/ccivil_03/revista/rev_79/artigos/Arnaldo_rev79.htm>. Acesso em: 04 jun. 2014.

[191] SILVA, Ivan de Oliveira. *Relação de consumo religiosa*: a vulnerabilidade do fiel-consumidor e a sua tutela por meio do Código de Defesa do Consumidor. São Paulo: Atlas, 2012.

[192] O Tribunal de Justiça do Estado do Rio Grande do Sul já se manifestou sobre a temática, decidindo que não se consolida um Estado Democrático de Direito quando em prédios públicos há símbolos que pertencem a uma ou outra religião, devendo o Estado ser equidistante. Disponível em: <http://www.espacovital.com.br/noticia-26748-crucifixos-fora-dos-predios-e-salas-justica-gaucha>. Acesso em: 04 jun. 2012.

[193] WEINGARTNER NETO, Jayme. *Liberdade religiosa na Constituição*: fundamentalismo, pluralismo, crenças, cultos. Porto Alegre: Livraria do Advogado, 2007. No capítulo 8 o autor inicia a falar dos tópicos problemáticos elencando vários temas interessantes para debate.

[194] BARROS FILHO, Clóvis de; POMPEU, Júlio. *A filosofia explica as grandes questões da humanidade*. Rio de Janeiro: Casa da Palavra; São Paulo: Casa do Saber, 2013. p. 28. Referem: "Por exemplo: a mentira é, para muitos, sempre condenável. Inaceitável, porque corrói uma premissa importantíssima da vida e da boa convivência que é a confiança. Mas há quem não concorde que o princípio da verdade seja válido em qualquer situação".

[195] Idem, p. 30-31. Iniciam afirmando: "Primeiramente para nós, com certeza. Mas também conveniente para o outro, o interlocutor, a vítima que será em tese preservada e disporá de um unguento, uma sobrevida, um alívio ainda que temporário, um bálsamo protetor face à tristeza que supostamente ensejaria a verdade. Seria um recurso para os momentos em que a sinceridade fosse cruel demais. Será que um doente, em estado terminal, precisa mesmo de relatos verídicos?". E finalizam: "E você, na hora de terminar um namoro ou casamento, no momento de dar as devidas justificativas, precisa mesmo revelar que encontrou outro ou outra, em melhores condições de proporcionar prazer? Com apetrechos e dotes que não consegue tirar da cabeça? Será tão necessário assim passar em revista os talentos e competências profissionais do pretendente?".

que nunca se mentiu tanto como na sociedade contemporânea, como afirma Luiz Felipe Pondé.[196] Quem não viu filmes como *O mentiroso*[197] ou *O primeiro mentiroso*[198] e não se sentiu incomodado com o conteúdo mostrado nas películas?

Apesar de mentir então ser, em determinadas situações, aquilo a ser feito como correto, não é o que se vivencia na sociedade contemporânea, tornando-se a mentira regra, e a verdade exceção, tendo em vista que se criou uma bolha ao redor das pessoas, na qual somente entra e torna-se parte da minha vida, da minha sociedade, se repetir coisas que eu gosto de ouvir. Ou seja, para que se frequente determinados segmentos sociais, e aqui não se está diferenciando por posses, mas sim por camadas educacionais, só estará apto a se inserir numa delas quem for politicamente correto para aquele determinado grupo. Autores chegam a colocar no início de suas obras que se trata de estudo politicamente incorreto para que o leitor já saiba, de antemão, que a leitura pode lhe desagradar.[199] Isso cria uma sociedade de tolerância de mentiras que, para aquele determinado segmento, passa a ser verdade, e quando alguém pensa em dizer algo contrário torna-se indesejado, por ser politicamente incorreto. Note-se a inversão de papéis: o politicamente incorreto é quem, possivelmente, está certo, ao passo que o politicamente correto é quem, possivelmente, estará errado. Exemplo que pode ser relembrado para confirmar como não gostamos de ler e ouvir verdades é como foram adjetivados[200] Alan Sokal e Jean Bricmont após escreverem **Imposturas intelectuais**,[201] obra que revela como intelectuais famosos[202] têm escrito sem responsabilidade, exemplificando alguns erros[203] – que chamam de imposturas – existentes em seus escritos.

---

[196] PONDÉ, Luiz Felipe. *A era do ressentimento*: uma agenda para o contemporâneo. São Paulo: LeYa, 2014, p. 31-34. Ressalta o filósofo: "O que este autor modestamente diria é que nuca se mentiu no mundo como hoje, e de forma organizada. O risco de as Ciências Humanas se tornarem alvo de ridículo no futuro é enorme (confiarão mais nas revistas femininas e nas pesquisas publicitárias), justamente porque elas perderam qualquer contato com a realidade e afirmam seus delírios sobre homens e mulheres que não existem".

[197] O MENTIROSO (título original: *liar liar*). 86 min. 1997. Universal Pictures. Direção: Tom Shadyac.

[198] O PRIMEIRO MENTIROSO (título original: *The invention of lying*). 120 min. 2009. Universal Pictures. Direção: Ricky Gervais e Matthew Robinson.

[199] PONDÉ, Luiz Felipe. *Guia politicamente incorreto da filosofia*. São Paulo: Leya, 2012. p. 18. Alerta o filósofo: "Este livro não é um livro da filosofia, mas sim um ensaio de filosofia do cotidiano, mais especificamente um ensaio de ironia filosófica que dialoga com a filosofia e sua história, movido por uma intenção específica: ser desagradável para um tipo específico de pessoa (que, espero, seja você ou alguém que você conhece), ou, talvez, para um tipo de comportamento (que, espero, seja o seu ou o de um amigo inteligentinho que você tem). Mas, afinal, que tipo de pessoa? Esse tipo que vive numa 'bolha de consciência social' (nunca entendi bem o que vem a ser 'consciência social') sendo politicamente correto, ao que, às vezes, me refiro neste ensaio como a "praga PC". Se você é uma delas, tenha em mim um fiel e devoto inimigo. Desejo sua extinção".

[200] "Cientistas arrogantes" foi uma das adjetivações.

[201] SOKAL, Alan; BRICMONT, Jean. *Imposturas intelectuais*: o abuso da ciência pelos filósofos pós-modernos. 5. ed. Tradução de Max Altman. Rio de Janeiro: Record, 2012.

[202] Dentre eles: Jacques Lacan, Luce Irigaray e Jean Baudrillard.

[203] ARONNE, Ricardo. *Direito civil-constitucional e teoria do caos*: estudos preliminares. Porto Alegre: Livraria do Advogado, 2006. p. 148. Escreve o autor sobre a obra: "Mas o legado mais importante deste livro é, precisamente, o catálogo de exemplos de erros, de falta de compreensão e até mesmo de preguiça intelectual de pensadores contemporâneos, quando analisam o conhecimento científico recente e não tão recente. É um mostruário sólido, convincente, irrecusável, que tem existência independente das opiniões dos compiladores. Está ali para que cada um julgue. Compreensivelmente, dentro da polêmica gerada pelo livro, ninguém põe em dúvida o fato de que os erros apontados são realmente erros. As críticas referem-se antes à relevância

Apenas a título de ilustração para se fazer entender, recentemente foram publicadas cinco obras que trazem esse viés de pensamento, sendo elas: (*i*) **Guia politicamente incorreto da América Latina**,[204] (*ii*) **Guia politicamente incorreto do mundo**,[205] (*iii*) **Guia politicamente incorreto do Brasil**,[206] (*iv*) **Guia politicamente incorreto do futebol**,[207] (*v*) **Guia politicamente incorreto da filosofia**[208] e (*vi*) **Guia politicamente incorreto da economia brasileira**.[209] Também merece referência, nos dias atuais, em que pese ser uma obra que critica o esquerdismo e enaltece a política de direita (que está acabando), **Mentiram (e muito) para mim**, de Flavio Quintela,[210] no qual descreve o autor as mentiras que na sua ótica são contadas a todos nós ao longo de nossas vidas, ou, ainda, o **Manual politicamente incorreto do direito no Brasil**, de Paulo Ferrareze Filho,[211] no qual o autor raalmente escreve em duras linhas o que pensa de alguns temas ligados ao Direito em solo brasileiro. Longe de se defender que tudo o que está descrito nas obras supracitadas são tidas como verdades irrefutáveis, mas, de certa forma, fazem o leitor pensar e refletir sobre temas que até então eram dogmas para a sociedade e, ao mesmo tampo, também fazem pensar sobre se o que se ensinou até então corresponde aos verdadeiros fatos históricos da humanidade.

Então, precisa-se de obras que tentem trazer ao leitor verdades ou que se reflita sobre onde elas estão. Dois bons exemplos de obras com este teor são **A cabeça do brasileiro**[212] e **A cabeça do eleitor**,[213] ambas de Alberto Carlos Almeida, assim como, do mesmo autor, **O dedo na ferida: menos impostos, mais consumo**,[214] no qual faz um ataque aos líderes políticos em geral. Nelas, já num estudo mais sociológico, baseado em dados concretos, o autor aponta para

---

desses escritos dentro da obra dos autores considerados e às intenções finais de um livro como este. Sokal e Bricmont esclarecem que não julgam o resto das obras dos autores analisados, mas apenas as referências à física e à matemática (todavia, gostariam que outros, mais competentes, julgassem tendo em conta as imposturas apontadas), nem discutem se as imposturas são premeditadas ou de boa-fé (o título do livro fala de 'imposturas', não de 'impostores)".

[204] NARLOCH, Leandro; TEIXEIRA, Duda. *Guia politicamente incorreto da América Latina*. São Paulo: Leya, 2011.

[205] NARLOCH, Leandro. *Guia politicamente incorreto do mundo*. São Paulo: Leya, 2013.

[206] NARLOCH, Leandro. *Guia politicamente incorreto do Brasil*. 2. ed. São Paulo: Leya, 2011.

[207] ROSSI, Jones; MENDES JÚNIOR, Leonardo. *Guia politicamente incorreto do futebol*. São Paulo: Leya, 2014.

[208] PONDÉ, Luiz Felipe. *Guia politicamente incorreto da filosofia*. São Paulo: Leya, 2012.

[209] NARLOCH, Leandro. *Guia politicamente incorreto da economia brasileira*. São Paulo: Leya, 2015.

[210] QUINTELA, Flavio. *Mentiram (e muito) para mim*. Campinas, SP: Vide Editorial, 2014.

[211] FERRAREZE FILHO, Paulo: *Manual politicamente incorreto do direito no Brasil*. Rio de Janeiro: Lumen Juris, 2016. p. 161-162. Para se ter ideia da forma como expõe o autor, fica o trecho para leitura e reflexão: "Passei por uma experiência sociológica do direito instigante. Numa sessão de julgamentos do Tribunal de Justiça de Santa Catarina, presenciei, por diversas vezes, uma desembargadora agradecer a todos os advogados que deixavam de fazer suas sustentações orais. O engraçado é que ele nunca agradecia aos advogados que FAZIAM as suas sustentações. Antes que se possa fazer desse texto um manifesto classista de advogados contra juízes, quero apenas noticiar esse fato: há desembargadores que ficam gratos quando os advogados abrem mão de fazer suas sustentações orais. Por certo aquela calhorda filha da mãe não há de ser única".

[212] ALMEIDA, Alberto Carlos. *A cabeça do brasileiro*. 2. ed. Rio de Janeiro: Record, 2007.

[213] ALMEIDA, Alberto Carlos. *A cabeça do eleitor*: estratégia de campanha, pesquisa e vitória eleitoral. Rio de Janeiro: Record, 2008.

[214] ALMEIDA, Alberto Carlos. *O dedo na ferida*: menos impostos, mais consumo. Rio de Janeiro: Record, 2010.

inúmeras conclusões que o próprio brasileiro desgostará,[215] mas de necessária leitura, mostrando que não se faz pesquisa sem ser politicamente incorreto.

2.6.14. O superendividamento

A massificação das relações de consumo, que são levadas ao cidadão por meio de um superespetáculo, criando, cada vez mais, pessoas hiperconsumistas e jovialistas, tem um alto preço: o superendividamento.[216] Tal fenômeno está, de igual forma, atrelado, como salienta Clarissa Costa de Lima,[217] ao excesso de crédito e de sua concessão irresponsável, à desregulamentação desse mercado, à redução do bem-estar social, ao impulso do consumo, ao *deficit* de informação, à falta de educação financeira, dentre outros motivos apontados em seu estudo.

O que fazer com essa massa de consumidores hiperendividados quando cada vez mais a dívida[218] faz parte da sociedade contemporânea? As saídas ainda são poucas, mas parte delas deságua no Poder Judiciário. Ainda vigente, há o instituto da insolvência civil, regulado pelo Código de Processo Civil brasileiro que, para pessoas adoentadas pelo consumo, pouco auxilia na sua recuperação, liberando-as, muitas vezes, das dívidas, tendo em vista o falho sistema legal previsto, jogando-as novamente no mercado consumerista para

---

[215] ALMEIDA, Alberto Carlos. *A cabeça do brasileiro*. 2. ed. Rio de Janeiro: Record, 2007. p. 272. Dentre elas a de que o brasileiro discrimina, ao referir: "A verdade é que, pelo visto nos capítulos que tratam da questão do preconceito no país, não há como negar o que dizem os dados da Pesquisa Social Brasileira. Há discriminação no Brasil, e ela é voltada contra pardos e pretos. Para eles, a vida é bem mais difícil do que para os brancos. Em alguns casos, os pardos são ainda mais vítimas desse preconceito do que os pretos. Sob outros aspectos, os pretos estão em piores condições. De uma forma ou de outra, tudo isso quer dizer que, no Brasil, não há nada melhor do que ser homem e branco. Fato que muitos conhecem pela experiência. Pelos resultados de nossa pesquisa é também o que afirmam os próprios brasileiros. Aqueles que continuam insistindo que não existe racismo no Brasil, ou se há, ele é 'suave' e 'cordial', terão de encarar os dados apresentados neste livro. São os brasileiros que se declaram racistas. E não necessariamente cordiais".

[216] LIMA, Clarissa Costa de. *O tratamento do superendividamento e o direito de recomeçar dos consumidores*. São Paulo: Revista dos Tribunais, 2014. Cláudia Lima Marques na apresentação à obra, nas páginas 9 e 10. Aduz: "O superendividamento pode ser definido como a impossibilidade global do devedor – pessoa física, consumidor, leigo e de boa-fé, pagar todas as suas dívidas atuais e futuras de consumo (excluídas as dívidas com o Fisco, oriundas de delitos e de alimentos). Este estado é um fenômeno social e jurídico, a necessitar de algum tipo de saída ou solução pelo direito do consumidor, a exemplo do que aconteceu com a falência e a recuperação judicial e extrajudicial no direito de empresa, seja o parcelamento, os prazos de graça, a redução dos montantes de juros, das taxas, seja qualquer outra solução possível para que possa pagar ou adimplir todas ou quase todas as suas dívidas, perante todos os credores, fortes e fracos, com garantias ou não. Tais soluções, que vão desde a informação e controle da publicidade ao direito de arrependimento, para prevenir o superendividamento, assim como tratá-lo, são fruto dos deveres de informação, cuidado e principalmente cooperação e lealdade oriundos da boa-fé para evitar ruína do parceiro (exceção da ruína), que seria sua "morte civil", exclusão do mercado de consumo, ou sua "falência" civil com o superendividamento".

[217] LIMA, Clarissa Costa de. *O tratamento do superendividamento e o direito de recomeçar dos consumidores*. São Paulo: Revista dos Tribunais, 2014. As causas apontadas pela autora, para melhor aprofundamento, estão entre as páginas 33 e 43 da referida obra.

[218] HARDT, Michael; NEGRI, Antonio. *Declaração* – Isto não é um manifesto. São Paulo: n – 1 edições, 2014. p. 22. Aduzem os autores: "Atualmente, ter dívidas está se tornando a condição geral da vida social. É quase impossível viver sem contrair dívidas: crédito educativo para a faculdade, hipoteca para a casa, financiamento para o carro, seguro para a saúde, etc. A rede de segurança social passou de um sistema de bem-estar social para um endividamento, pois os empréstimos se tornaram o principal meio de satisfazer as necessidades sociais. Sua subjetividade se configura sobre a base da dívida. Você sobrevive se endividando, e vive sob o peso de sua responsabilidade em relação à dívida".

consumirem. Há também as ações revisionais que, em determinada época, praticamente levaram o Poder Judiciário ao colapso, mas que hoje se apresentam tímidas, frente à consolidação da jurisprudência no tocante às matérias que eram postas em juízo. Restam, como possibilidades, os meios alternativos de resolução de conflitos que, a latere do Poder Judiciário, auxiliam na extinção do conflito, tendo, como uma das técnicas utilizadas, projetos de conciliação como o existente no Tribunal de Justiça do Rio Grande do Sul, bem lembrado por Clarissa Costa de Lima.[219]

2.6.15. O medo

Muitas vezes não se sabe, mas ele está lá![220] O medo faz com que muitas das atitudes tomadas diariamente sejam de uma forma, e não de outra. Pode-se confrontar alguém, ou não! Pode-se atravessar uma rua, ou não! Pode-se acender um rojão, ou não! Pode-se trair, ou não! Pode-se roubar, ou não! Pode-se matar, ou não! Pode-se beber e dirigir, ou não! Pode-se mentir, ou não! Pode-se temer as trevas,[221] ou não! A lista seria inimaginável de situações que poderiam ou não ser feitas quotidianamente. Também poder-se-ia explicar por que razões tomou-se uma ou outra decisão com base em vários motivos, mas transparece que, em muitos dos exemplos acima e outros que poderiam ser criados, lá está ele: o medo. Refere Zygmunt Bauman,[222] em sua obra **Confiança e medo na cidade**, que há uma segregação dentro dos centros urbanos diretamente relacionada com o medo. De um lado, constroem grandes centros habitacionais, segurados por empresas privadas, com desenvolvimento social próprio, e de outro, tem-se, à margem desses centros, um estado marginal, afundado na miséria e destituídos de proteção social. A máquina que faz girar essas divisões é toda equipada para, de alguma forma, direta ou indiretamente, trazer insegurança ao Direito e mais trabalho ao Poder Judiciário. Para construir esses

---

[219] LIMA, Clarissa Costa de. *O tratamento do superendividamento e o direito de recomeçar dos consumidores*. São Paulo: Revista dos Tribunais, 2014. p. 179.

[220] BAIERL, Luiza Fátima. *Medo social*: da violência visível ao invisível da violência. São Paulo: Cortez, 2004. p. 37. Escreve: "Buscar explicar o medo não é algo novo ou inusitado. Ele sempre percorreu a vida das pessoas e das sociedades. O medo se configura como um sentimento natural, intrínseco aos seres viventes, racionais e irracionais. É um sinal de alerta de que estamos correndo alguns riscos. No entanto, esse risco pode ser real, imaginário ou petencial. Se o medo é real, o risco que se corre pode ser potencial ou imaginário e não necessariamente real. O medo nos mobiliza para ficarmos atentos. A questão que se coloca é o medo condicionado socialmente e o uso que se faz desse medo".

[221] Sobre esse, leia-se uma passagem na obra: BAIERL, Luiza Fátima. *Medo social*: da violência visível ao invisível da violência. São Paulo: Cortez, 2004. p. 210. Refere a autora: "Podemos, ainda, identificar um medo expresso por todos e que se trata de um dos mais antigos da humanidade: o medo das trevas, que, em cada época e lugar, ganha sentidos e significados. O pôr do sol traz consigo a escuridão e o silêncio, portanto, gera uma maior insegurança em todos os entrevistados. A noite é a maior cúmplice dos grandes malefícios (Delimeau), o inimigo fica à espreita e, na escuridão, torna-se mais perigoso e audacioso. Não é a toa que a maioria dos crimes e das formas de violência ocorre na calada da noite. Ela propicia o disfarce e as máscaras. No escuro, é difícil identificar o inimigo ou ser reconhecido. Por isso, a maioria dos nossos entrevistados evita transitar à noite, principalmente em lugares com pouca movimentação e iluminação pública. Dirá Delumeau que, à noite, com o desaparecimento da luz e o silêncio, as pessoas se confinam em seu isolamento, pois se sentem inseguras e fragilizadas. Daí a importância significativa que tem a iluminação pública para que as pessoas possam minimamente se sentir e perceber reconhecendo e sendo reconhecidas".

[222] BAUMAN, Zygmunt. *Confiança e medo na cidade*. Tradução de Eliana Aguiar. Rio de Janeiro: Zahar, 2009.

modelos urbanos gasta-se, contrata-se, descontrata-se, ofende-se, segrega-se, desrespeita-se! Esses são fatos incontestáveis que chegam, aos montes,[223] no Poder Judiciário e que auxiliam no seu inchaço. Um fato é certo: o medo de hoje, caso não seja trabalhado, será o do futuro também.[224]

2.6.16. Os novos rumos da genética

Muito se evolui na ciência desde 1883, e a ideia de eugemonia talhada por Francis Galton.[225] Não há mais necessidade de múltiplos casamentos, como outrora se pensou, para gerar um ser humano mais talentoso. Hoje ele pode ser produzido dentro de um laboratório. A grande questão levantada é sobre o limite que queremos dar a este ser? Em **Contra a perfeição**, Michael Sandel explora um pouco dos medos que existem em novos humanos criados ou moldados à luz de novas tecnologias e, principalmente, faz perguntas da inserção desses ao mundo comum em que se vive. O filósofo estadunidense[226] expõe, logo de início, quatro fatores importantes hoje pensados pela bioengenharia para iniciar o debate: melhoramento muscular, da memória, da altura e da seleção de sexo. Poder-se-iam elaborar algumas perguntas para cada uma dos exemplos acima cuja resposta (ou respostas) seria(m) de alta complexidade. No caso do melhoramento muscular, há a possibilidade de que superatletas sejam produzidos geneticamente? Caso sim, seria justo que competissem, por exemplo,

---

[223] Evidente que não se nega que muitas reclamações não chegam ao Poder Judiciário nesse modelo, em especial aquelas que acontecem nas áreas mais pobres, pois lá há um poder paraestatal que mantém, de certa forma, a ordem. Mas advindo das zonas criadas para a separação, contratos de trabalho, contratos de construção, acidentes entre outros irão alcançar as vias jurisdicionais.

[224] SAMPAIO, Ítalo Abrantes. *Medo*: fronteira entre o sobreviver e o viver. Porto Alegre: Livraria do Advogado, 2013. p. 101. Refere o autor: "Nossos medos inatos, no futuro, serão de revólver, sequestro, assalto, gravata e paletó, lembranças daqueles que nos causaram experiências dolorosas? Serão das drogas, inclusive o álcool, gerador de violência, destruição de muitas famílias e de muitos sonhos, inclusive do amor? Serão do 'dinheiro', não mais contaminado, mas que, ao ser tirado de muitos em detrimento de poucos, ou ter sido perdido por esses poucos, que são muitos, arruinou muitas vidas", e finaliza: "Sejam quais forem os medos inatos do futuro, não podemos deixar de reconhecer que serão frutos dos medos condicionados do presente, forjados pelos nossos modelos socioculturais e em muitos casos em nome de deuses, que são longa e repetidamente sedimentados no nosso sistema nervoso".

[225] SANDEL, Michael J. *Contra a perfeição*: ética na era da engenharia genética. Tradução de Ana Carolina Mesquita. Rio de Janeiro: Civilização Brasileira, 2013. p. 77. Escreve: "A eugenia foi um movimento dotado de uma grande ambição: aprimorar geneticamente a raça humana. O termo, que significa 'bem nascido', foi cunhado em 1883 por sir Francis Galton, primo de Charles Darwin, que aplicou métodos estatísticos ao estudo da hereditariedade. Convencido de que a hereditariedade dominava o talento e o caráter, ele achava possível 'produzir uma raça altamente talentosa de seres humanos por meio de casamentos criteriosos durante diversas gerações consecutivas'. Ele conclamava que a eugenia fosse 'introduzida na consciência nacional, como uma nova religião', encorajando os talentos a escolherem seus parceiros com objetivos eugênicos em mente. 'O que a natureza faz às cegas, devagar e de modo grosseiro, os homens podem fazer de modo providente, rápido e gentil (...). O aprimoramento de nossa raça me parece ser um dos mais elevados objetivos que podemos buscar racionalmente'".

[226] SANDEL, Michael J. *Contra a perfeição*: ética na era da engenharia genética. Tradução de Ana Carolina Mesquita. Rio de Janeiro: Civilização Brasileira, 2013. p. 23. Relata: "Para entender como isso se dá, consideremos quatro exemplos da bioengenharia que já estão delineados no horizonte: melhoramento muscular, da memória e da altura e seleção de sexo. Em cada um desses casos, o que começou como a tentativa de tratar uma doença ou prevenir um distúrbio genético hoje acena como um instrumento de melhoria e uma escolha de consumo".

com atletas sem modificação genética? E no caso de superinteligências moldadas a partir de escolhas genéticas, seria justo que realizassem as mesmas provas para um vestibular ou concurso público com pessoas que nasceram sem qualquer modificação genética para este fim? Seria plausível escolher que seus filhos sejam todos altos e do sexo masculino em razão de uma atividade que a família exerce por gerações? Ou seja, seria, ao final, justo, que filhos e netos de uma geração sem manipulação genética compitam em igualdade de condições com pessoas que foram moldadas para não ficarem doentes, serem mais inteligentes, mais fortes, mais ágeis, mais altas... etc.?

2.6.17. O esvaziamento do Poder

Falar em poder[227] ainda soa como algo extremamente antipático, uma vez que a expressão está muito vinculada a uma entonação pejorativa, especialmente por estar ligada a concepções ideológicas de regimes totalitários do século XX, que culminaram, como é de conhecimento histórico, com grandes barbáries que desonraram a ideia de dignidade do ser humano. As feridas[228] ainda estão abertas e talvez nunca cicatrizem, degradando[229] cada vez mais a palavra e seu conteúdo, mas deve-se aprender a conviver com elas, restabelecendo alguns conceitos que, bem trabalhados, podem vir a auxiliar na recomposição da ordem. Até mesmo relembrando onde se aplica a palavra *poder* numa conversação, nota-se que ela é utilizada de modo a demonstrar disparidades entre os envolvidos, como poder do empregador, pátrio poder e outros mais como apontam Carlos Ari Sundfeld[230] ou Gabriel Chalita,[231] conduzindo, numa sociedade de questionamentos, a força do que outrora foi o poder numa fragilizada ideia contemporânea do que ele vem a ser.

---

[227] CHALITA, Gabriel. *O poder:* reflexões sobre Maquiavel e Etienne de La Boétie. 3. ed. São Paulo: Revista dos Tribunais, 2005. p. 21. Palavra de difícil conceituação, por tratar-se de palavra primária ou fundamental. Refere o autor: "'Poder' permanece algo indeterminado, difícil de ser definido com precisão".

[228] GOMES, Orlando. *Raízes históricas e sociológicas do Código Civil brasileiro.* São Paulo: Martins Fontes, 2006. p. 110. Lembra o autor: "O refluxo do autoritarismo, que arrastou muitas nações para o torvelinho da tirania sistemática, de conteúdo ideológico, imprimiu à legalidade um sentido novo, que, por ser postiço, nem por isso deixou de afetar a consciência jurídica, abrindo-lhe uma brecha profunda. Quando os seus focos internacionais foram dinamitados, a repulsa às suas inspirações generalizou-se rapidamente, mas a brecha não pôde ser cosida com a mesma rapidez, e infelizmente ainda está aberta".

[229] NÁIM, Moisés. *O fim do poder*: nas salas da diretoria ou nos campos de batalha, em Igrejas ou Estados, por que estar no poder não é mais o que costumava ser? Tradução de Luis Reyes Gil. São Paulo: LeYa, 2013. p. 16. Expõe: "O poder está em degradação" e continua: "Em poucas palavras, o poder não é mais o que era. No século XXI, o poder é mais fácil de obter, mais difícil de utilizar e mais fácil de perder. Das salas de diretoria e zonas de combate ao ciberespaço, as lutas pelo poder são tão intensas quanto antes, mas estão produzindo cada vez menos resultados. A ferocidade dessas batalhas mascara o caráter cada vez mais evanescente do poder. Por isso, entender de que modo o poder está perdendo seu valor – e enfrentar os difíceis desafios que isso supõe – é a chave para assimilar uma das tendências mais importantes que vêm reformulando o mundo no século XXI".

[230] SUNDFELD, Carlos Ari. *Fundamentos de Direito público.* 5. ed. São Paulo: Malheiros, 2012. p. 20. Aponta o autor: "Em todo grupo, um, ou alguns, dos membros exerce sobre os outros o poder: na família, os pais sobre os filhos; na empresa, o diretor sobre os gerentes, os gerentes sobre os chefes de seção, os chefes sobre os demais".

[231] CHALITA, Gabriel. *O poder:* reflexões sobre Maquiavel e Etienne de La Boétie. 3. ed. São Paulo: Revista dos Tribunais, 2005. p. 21.

A ideia de poder, resgatada com consciência, equilíbrio e especialmente alicerçada a partir de parâmetros democráticos, deve ser incentivada. Talvez esse resgate possa vir de políticas culturais,[232] as quais, trabalhando na reconstrução de novos significados, possam redefinir uma ideia de poder desraizada de seu sentido mais ligado às ideologias autoritárias do século XX e que possam servir de conceito nesse alvorecer de século XXI. Na realidade, o que ocorre com o mundo na atualidade é o fim do conservadorismo, estando, a todo o momento, sofrendo ataque para desconstrução tudo aquilo que já de alguma forma sedimentado ao longo da história, sendo que, na palavras de Roger Scruton,[233] este trabalho de destruição é rapido. O problema é que o rompimento com tais conceitos, digam-se duros, faz com que um questionamento dos mais importantes seja feito: o que fica no lugar dos conceitos ora desconstruídos? A resposta, longe de ser fácil, nos remete à dúvida de que se realmente está havendo construção após a desconstrução, caso contrário cria-se um hiato na sociedade, perdendo os jovens referências das mais básicas, o que parece ser uma das características da sociedade atual.

2.7. Cultura, Direito e processo

Após uma análise sobre a importância, o conceito e as relações da cultura com as sociedades, com o tempo e como ela é impregnada na sociedade nos dias de hoje, é momento de pensar se ela regula ou não o pensamento jurídico em determinado ordenamento e se isto afeta ou não o modo de pensar tanto o processo como o Direito naquela determinada sociedade e naquele determinado espaço temporal.[234]

Para início de debate, deve-se buscar nas palavras de Galeno Lacerda[235] a gênese da discussão ora trazida a lume, pois, em suas palavras, aponta ser a

---

[232] Sobre o tema, consultar: GOHN, Maria da Glória. *O protagonismo da sociedade civil*: movimentos sociais, ONGs e redes comunitárias. 2. ed. São Paulo: Cortez, 2008. Em especial o capítulo 4 que inicia na página 41 e finaliza na 51.

[233] SCRUTON, Roger. *Como ser um conservador*. Tradução de Bruno Garschagen. Rio de Janeiro: Record, 2015. p. 9. "O conservadorismo advém de um sentimento que toda a pessoa madura compartilha com facilidade: a consciência de que as coisas admiráveis são facilmente destruídas, mas não são facilmente criadas. Isso é verdade, sobretudo, em relação às boas coisas que nos chegam como bens coletivos: paz, liberdade, lei, civilidade, espírito público, a segurança da propriedade e da vida familiar, tudo o que depende da cooperação com os demais, visto não termos meios de obtê-las isoladamente. Em relação a tais coisas, o trabalho de destruição é rápido, fácil e recreativo; o labor da criação é lento, árduo e maçante. Esta é uma das lições do século XX. Também é uma razão pela qual os conservadores sofrem desvantagem quando se trata de opinião pública. Sua posição é verdadeira, mas enfadonha; a de seus oponentes é excitante, mas falsa".

[234] SILVA, Vasco Pereira da. *A cultura a que tenho direito*: direitos fundamentais e cultura. Coimbra: Almedina, 2007. p. 25. Eis a posição do autor: "Em provisória síntese, é necessário considerar que o Direito é um fenômeno cultural, que plasma os valores da comunidade e os torna vigentes num determinado momento e local, mas que é também uma realidade autônoma, consubstanciada em normas e em princípios jurídicos".

[235] LACERDA, Galeno. *Teoria geral do processo*. Rio de Janeiro: Forense, 2008. p. 4. Inicia o autor: "Se no processo se fazem sentir a vontade e o pensamento do grupo, expressos em hábitos, costumes, símbolos, fórmulas ricas de sentido, métodos e normas de comportamento, então não se pode recusar a esta atividade vária e multiforme o caráter de fato cultural". E continua: "Nela, na verdade, se reflete toda uma cultura,

cultura um elemento importantíssimo para o crescimento de uma civilização ao expor que, por meio do processo, a própria cultura se espelha, servindo de índice de uma civilização. Poéticas ou não, lendo as palavras do processualista gaúcho, chega-se à conclusão de que é inegável que o processo não pode estar infenso aos fenômenos culturais da sociedade, e mais, segundo aponta, deve ele ser, inclusive, condição de possibilidade de modificação do pensamento de determinada comunidade.

Na introdução de uma de suas obras, Daniel Mitidiero[236] já aponta com que norte deve-se pensar atualmente o processo civil brasileiro, afirmando que o culturalismo e o constitucionalismo devem ser marcas do pensamento jurídico contemporâneo. A afirmação do processualista tem três grandes destaques a serem feitos: primeiro, de que o processo deve ser pensado num paradigma cultural; segundo, o processo deve ser pensado por um prisma constitucional; terceiro, a própria Constituição, ou como refere o constitucionalismo, também é manifestação cultural. Na sequência, traz o autor a afirmação que se esperava, ao confirmar que o Direito e, consequentemente, o processo, pertencem à cultura[237] do povo, sempre sujeita aos fatos da vida social, o que pode ser confirmado, da mesma forma, com a leitura de Carlos Alberto Alvaro de Oliveira[238] ao afirmar que o processo é produto do homem e, portanto, inevitavelmente, de sua cultura. Ao afirmar que o processo não se encontra em *res natura*, adverte o professor da Universidade Federal do Rio Grande do Sul que o processo está em constante movimento, sendo, pois, modificado pela própria experiência do ser humano.

Tendo em vista que a afirmação de que o Direito e o processo são partes da cultura do homem e, portanto, da sociedade e do espaço temporal em que vive, sendo um dos alicerces para as considerações posteriores, podem-se, ainda,

---

considerada como conjunto de vivências de ordem espiritual, que singularizam determinada época de uma sociedade. Costumes religiosos, princípios éticos, hábitos sociais e políticos, grau de evolução científica, expressão do indivíduo na comunidade, tudo isto, enfim, que define a cultura e a civilização de um povo, há de retratar-se no processo, em formas, ritos e juízos correspondentes". Para, então, finalizar: "Ele, na verdade, espelha uma cultura, serve de índice de uma civilização".

[236] MITIDIERO, Daniel. *Elementos para uma teoria contemporânea do processo civil brasileiro*. Porto Alegre: Livraria do Advogado, 2005. p. 9. Aduz: "O presente trabalho nasce com uma preocupação central: pensar o processo civil contemporâneo. Para tanto, cumpre, em um primeiro momento, aquilatar de um modo geral a maneira como o direito processual civil pode ser encarado hoje, notadamente a partir da perspectiva do culturalismo e do constitucionalismo, esse último em si mesmo produto do primeiro, marcas indeléveis do pensamento jurídico contemporâneo".

[237] Idem. p. 11. Três notas singularizam a experiência jurídica contemporânea no que concerne ao direito processual civil: a sabença de que o direito pertence à cultura do povo, sujeito aos fluxos e contrafluxos da vida social, a constitucionalização das normas jurídicas fundamentais do processo e a consciência de que esse tem de reagir ao direito material, instrumentalizando-o a contento, superando-se a vazia autonomia que o direito moderno impôs ao processo.

[238] ALVARO DE OLIVEIRA, Carlos Alberto. O formalismo-valorativo no confronto com o formalismo excessivo. In: DIDIER JR., Fredie; JORDÃO, Eduardo Ferreira. *Teoria geral do processo*: panorama doutrinário mundial. Salvador: JusPodivm, 2007. p. 125-150. p. 128. Refere: "Desses aspectos fundamentais do fenômeno do formalismo é indissociável outra reflexão: o processo não se encontra in res natura, é produto do homem e, assim, inevitavelmente, da sua cultura. Ora, falar em cultura é falar em valores, pois estes não caem do céu, nem são a-históricos, visto que constituem frutos da experiência, da própria cultura humana, em suma".

trazer os pensamentos de Guilherme Botelho,[239] Lucas Pereira Baggio,[240] Sérgio Gilberto Porto e Daniel Ustárroz,[241] Artur Carpes[242] e Guido Fernando Silva Soares.[243]

Numa linha mais diversa, Ângelo Falzea,[244] já ao se referir ao próprio Direito e não mais ao processo, aponta ser ele um subsistema do que vem a ser o sistema maior, que seria a própria cultura. Ora, sendo o Direito um subsistema do sistema que vem a ser a "cultura", conclui-se que, modificado o sistema, os seus subsistemas sofrerão igualmente consequências, modificando-os também, e vice-versa, ou seja, modificando o subsistema (Direito), a cultura (sistema) também poderá ser atingida e modificada, razão pela qual a decisão judicial, que faz parte do ordenamento jurídico vigente como um microssistema do subsistema (Direito), também modifica este e a cultura numa sociedade. E note-se, o Poder Judiciário é receptáculo dos acontecimentos sociais, pois

---

[239] BOTELHO, Guilherme. *Direito ao processo qualificado*: o processo civil na perspectiva do Estado constitucional. Porto Alegre: Livraria do Advogado, 2010. p. 13. Inicia: "A primeira parte, preocupando-se em inserir o direito e, em especial, o direito processual como produtos da cultura, logo, verdadeiros processos de adaptação social, examina a evolução dos métodos de pensamento próprios do direito processual civil, mediante a compreensão do inter-relacionamento destes com os demais ramos do direito e, em especial, com a cultura, até a conformação do seu estágio atual e suas principais influências, com destaque para o Estado Constitucional". E continua nas páginas 18 e 19: "É no processo que se dá a atuação da lei perante a sociedade e, tendo suas normas natureza instrumental e o escopo primordial de realização de justiça, é natural que sofra as influências da experiência e do momento cultural vivido pela sociedade em que resta inserido, que elegerá, por sua vez, os procedimentos adequados a cada situação da vida, de acordo com as necessidades e prioridades por ela eleitas". Até finalizar: "Por essa razão, é possível concluir que é o procedimento a porta da ideologia e da cultura no processo; através dele, opta-se pelos níveis de cognição que deverão incidir no instrumento de regulação do direito substancial. Elege-se, através do procedimento processual, os ramos ou situações substanciais que se quer maior sumariedade ou restrição de amplitude de alegações e até mesmo preferências de tramitação frente a outras ações adequadas a tutelar outras espécies de direitos".

[240] BAGGIO, Lucas Pereira. *Tutela jurisdicional de urgência e as exigências do direito material*. Rio de Janeiro: Forense, 2010. p. 9. Aduz: "O fenômeno jurídico estaria diretamente relacionado com aspectos culturais próprios de sua época, considerando, inclusive, o homem como ser histórico".

[241] PORTO, Sérgio Gilberto; USTÁRROZ, Daniel. *Manual dos recursos cíveis*. 3. ed. Porto Alegre: Livraria do Advogado, 2011. p. 161. Referem: "Enfim, cada modelo processual responde a exigências culturais".

[242] CARPES, Artur. *Ônus dinâmico da prova*. Porto Alegre: Livraria do Advogado, 2010. p. 19. Inicia: "O ponto de partida para todo aquele que deseja compreender o direito processual é entendê-lo como fenômeno cultural. É através do exame da história que se vai constatar que o processo sempre esteve moldado à cultura de sua época. As 'marchas e contramarchas' do desenvolvimento formalismo processual são marcadas por doutrina de relevo, da mesma forma com que se caracteriza o direito processual – ramo do direito 'mais rente à vida' – como verdadeiro 'espelho de uma cultura' ou 'índice de uma civilização'. Compreender o processo como produto da cultura do homem, e não apenas como mera técnica, pois, é o primeiro passo a ser dado para aquele que se dedica a interpretar o fenômeno na pós-modernidade". E finaliza: "Entender que o processo não vive alheio à cultura de seu tempo, mas, pelo contrário, respira os ares do momento histórico em que está inserido é, pois, de todo fundamental".

[243] SOARES, Guido Fernando Silva. *Common law*: introdução ao direito dos EUA. 2. ed. São Paulo: Revista dos Tribunais, 2000. p. 21-22. Na verdade, o Direito, enquanto sistema normativo, encontra-se concebido e originado da cultura e da civilização de um povo e, portanto, reflete seus valores, e, sendo uma cultura de um povo ou da civilização de uma época, vale enquanto valem os valores inconfundíveis e irredutíveis daquelas cultura e civilização. Um paralelismo com as línguas vivas, que igualmente são fruto da cultura e da civilização de um povo, mostra que é totalmente improcedente dizer que a língua inglesa é melhor ou pior que a portuguesa, que esta é mais que aquela ou que aquela é mais concisa do que esta: o que importa é que, tanto numa quanto noutra, as idéias são expressas com igual clareza e os valores são transmitidos de pessoa a pessoa.

[244] FALZEA, Angelo. Sistema culturale e sistema giuridico. In: ——. *Ricerche di teoria generale del diritto e di dogmatica giuridica*. Milano: Giuffrè, 1999. p. 2. "Che Il diritto è un fenomeno culturale; che la cultura è configurabile come un sistema internamente articolato in sottosistemi; Che Il diritto à uno dei sottosistemi Del sistema culturale".

é o Poder mais próximo a eles, no qual o cidadão pode receber mais rapidamente uma resposta. Prova disso, por exemplo, é a questão (ou as questões) relacionada(s) ao meio ambiente que, como sustenta José Roberto Marques,[245] deve o Judiciário ser praticamente consequencialista em suas decisões. Mas não é a polêmica do consequencialismo que se quer aqui reproduzir, mas de como as coisas ocorrem no mundo da vida e repercutem, quase *on line*, no Poder Judiciário, enquanto os demais Poderes, para poderem tomar conta da situação, dependem de toda uma estrutura, tanto representativa como procedimental, o que gera um lapso temporal, às vezes, inaceitável entre o ocorrido e a solução apresentada.

Nada mais exemplificativo contemporâneo que a decisão do Supremo Tribunal Federal,[246] que igualou as relações homoafetivas à de união estável entre homem e mulher. O Direito terá que se adaptar à nova orientação, assim como deverá ter uma nova orientação cultural objetiva na sociedade que precisará atuar na cultura subjetiva de cada indivíduo para que exista um ajustamento de conduta de todos aos novos direitos que surgirão a partir da decisão judicial.

E o desfecho deste capítulo pode ser realizado com o pensamento de Ovídio Araújo Baptista da Silva,[247] que define as ligações existentes entre cultura e Direito um norte para a superação do dogmatismo, pois com isto se dá a recuperação da dimensão hermenêutica ao Direito. Diante de tais pensamentos, não há como deixar de registrar a uniformidade de pensamento de todos ao referirem que a cultura influi diretamente no Direito[248] e, por conseguinte, também no processo. É conveniente anotar, desde já, que se a cultura reelabora o Direito e o processo, estes devem, de mesma forma, ser responsáveis pela modificação cultural. Diante de tais fatos, pode-se afirmar que o processo e o

---

[245] MARQUES, José Roberto. *O desenvolvimento sustentável e sua interpretação jurídica*. São Paulo: Verbatim, 2011. p. 118. Refere: "Na tarefa de busca do desenvolvimento sustentável, o Poder Judiciário, para torná-lo apreciável, deve considerer, em todas as suas decisões, os princípios da prevenção e precaução, que visam a evitar impactos negativos ou a admiti-los com redução razoável e consequente reparação, quando for o caso".

[246] Entre 4 e 5 de maio de 2011, o Supremo Tribunal Federal julgou procedentes a ADI 4277 e a ADPF 132, igualando as relações homoafetivas à união estável.

[247] SILVA, Ovídio Araújo Baptista da. *Processo e ideologia*: o paradigma racionalista. Rio de Janeiro: Forense, 2006. p. 1-2. Aponta: "Em resumo, superar o dogmatismo, fazendo com que o Direito aproxime-se de seu leito natural, como ciência da cultura, recuperando sua dimensão hermenêutica". E finaliza: "Isto poderia parecer uma tarefa desnecessária, pois hoje ninguém mais tem dúvida de que o Direito é uma construção humana, não havendo uma ordem jurídica previamente inscrita na natureza das coisas; e a lei deve ser apreendida como uma proposição cujo sentido altera-se na medida em que se alterem as variantes necessidades e contingências históricas".

[248] SILVA, José Afonso da. *Ordenação constitucional da cultura*. São Paulo: Malheiros, 2001. p. 42. Não é por menos que a Constituição da República Federativa do Brasil dedicou tantos artigos ligados à cultura, conforme expõe o constitucionalista: "A Constituição Brasileira de 1988 refere-se à cultura nos arts. 5º, IX, XXVII, XXVIII e LXXIII, e 220, §§2º e 3º, como manifestação de direito individual e de liberdade e direitos autorais; nos arts. 23, 24 e 30, como regras de distribuição de competência e como objeto de proteção pela ação popular; no arts. 215 e 216, como objeto do Direito e patrimônio brasileiro; no art. 219, como incentivo ao mercado interno, de modo a viabilizar o desenvolvimento cultural; no art. 221, como princípios a serem atendidos na produção e programação das emissoras de rádio e televisão; no art. 227, como um direito da criança e do adolescente; e no art. 231, quando reconhece aos índios sua organização social, língua, crenças e tradições e quando fala em terras tradicionalmente ocupadas por eles necessárias à reprodução física e cultural, segundo seus usos, costumes e tradições".

Direito devem se adaptar àquela determinada cultura na época ou na sociedade na qual se vive, assim como esta adaptar-se às inovações porventura trazidas por aqueles.

2.8. O processo e o Direito na sociedade contemporânea

Sabe-se que o momento cultural jurídico que hoje prepondera no Brasil, assim como em muitos ordenamentos estrangeiros, denomina-se de neoconstitucionalismo,[249] já abordado quando do início da obra para demonstrar o estado atual da arte. Contudo, é de se questionar se a cultura que se vivencia hoje fora das questões jurídicas, como a da pós-modernidade, da globalização e do hiperconsumismo e todos os demais paradigmas já relatados estão influenciando o Direito e, consequentemente, o processo brasileiro[250] que tem sua aplicação pelo Poder Judiciário. Em última análise, então, questiona-se se referidos paradigmas transformam a própria forma de julgamento de efetivação do processo que tem na jurisdição a função de concretização do Direito quando não cumprido espontaneamente.[251]

Já adiantando a conclusão do capítulo, se é certo que a cultura de uma determinada sociedade deveria ser o alicerce do Direito e do processo,[252] não

---

[249] CAMBI, Eduardo. *Neoconstitucionalismo e neoprocessualismo*: direitos fundamentais, políticas públicas e protagonismo judiciário. São Paulo: Revista dos Tribunais, 2009. p. 27. Afirma o autor sobre o que entende pelo conceito de neoconstitucionalismo: "O neoconstitucionalismo está voltado à realização do Estado Democrático de Direito, por intermédio da efetivação dos direitos fundamentais. Aposta no caráter transformador das Constituições modernas, pois, como utopias de direito positivo, servem como norte capaz de orientar as necessárias mudanças sociais. Neste sentido, não se pode ignorar a advertência de Macpherson: 'Só sobreviverão as sociedades que melhor possam satisfazer as exigências do próprio povo no que concerne à igualdade de direitos humanos e à possibilidade de todos os seus membros lograrem uma vida plenamente humana'".

[250] MITIDIERO, Daniel Francisco; ZANETI JÚNIOR, Hermes. *Introdução ao estudo do processo civil*: primeiras linhas de um paradigma emergente. Porto Alegre: Sergio Antonio Fabris, 2004. p. 13-14. Reforçam os autores a ideia de que o atual Código de Processo Civil vigente não abrange a realidade social: "Não é mais possível a ilusão de um processo infenso à ideologia, distante do direito material e da realidade da vida. Agindo como a velha senhora que usa as vestes de menina, o processo moderno aparece inútil, imprestável, muitas vezes carrasco dos nobres interesses aos quais deveria responder. A vertente tecnicista do Direito Processual Civil pode muito bem ser encarada como a coroação de um longo processo de evolução científica do processo. Já era pretensão iluminista assemelhar o Direito às ciências matemáticas, frisando Leibniz que a ciência processual era, das sendas do Direito, a mais adequada ao pensamento *more geometrico*".

[251] PASSOS, J. J. Calmon de. *A ação no direito processual civil brasileiro*. Salvador: JusPodivm, 2014. p. 116. Expôs assim o autor: "Estão aí perfeitamente delimitados os dois campos do mundo do direito: o da aplicação voluntária e o da aplicação autoritativa. A norma jurídica, que tem em si mesma, imanente e inextirpável, sua tendência a atuar-se, realiza-se mediante a própria atuação dos que se acham a ela submetidos ou através da atividade jurisdicional do Estado. Tôda e qualquer tentativa de se reduzir esta dualidade à unidade será inútil, visto como resultado sempre em deformação da realidade o pretender-se o ordenamento como incluído preceitos apenas destinados aos sujeitos privados, ou exclusivamente aos órgãos do Estado encarregados da realização autoritativa do direito".

[252] Talvez tal fato tenha iniciado pelo simples motivo de trazermos um modelo de processo civil importando conceitos de diferentes culturas, como a alemã e a italiana. Sem concluir desta forma, mas relatando a influência dos países citados na formação do Código de Processo Civil de 1973, afirma Daniel Mitidiero: "A influência da processualística alemã do final do século XIX e, mais fortemente, da doutrina italiana da primeira metade do século XX na formação do Código Buzaid é evidente. Atesta-o Buzaid, ao recomendar as instituições de Chiovenda como livro-chave para a sua compreensão e ao consagrá-lo como 'um monumento imperecível de glória a Liebman, representando fruto de seu sábio magistério no plano da política legislativa', atesta-o Cândido Rangel Dinamarco, com a indicação do Manual de Liebman como o 'guia mais seguro

é o que vem ocorrendo atualmente, havendo um hiato entre os avanços que ocorrem na sociedade e aqueles que ocorrem no mundo jurídico, o que pode ser confirmado com a leitura de Jaqueline Mielke Silva,[253] que, após relatar sobre as mudanças cotidianas, alerta para o problema de se pensar o Direito contemporaneamente. Isso se dá pelo simples fato de que não aceita pensar o Direito na era da globalização, na pós-modernidade, no hiperconsumismo, ou seja, com os problemas atuais enfrentados pela sociedade. Novamente Jaqueline Mielke Silva[254] aborda este posicionamento, ao expor que ainda se continua legislando sobre o paradigma da modernidade, o que se torna meramente paliativo na resolução dos problemas. Esses e outros problemas são o cerne de pesquisas realizadas, como a de Fabiana Marion Spengler,[255] para quem o Estado vivencia uma crise, assim como pode ser lido o sempre atual e saudoso processualista gaúcho Ovídio A. Baptista da Silva,[256] que já no prefácio de sua

---

para a perfeita compreensão de nossa lei processual'". Op cit, p. 116-117. Após, finaliza o autor: "A repercussão das ideias do Processualismo europeu no Código Buzaid pode ser nitidamente aferida a partir da sua estrutura. Ainda, as linhas fundamentais do sistema do Código Buzaid podem ser compreendidas diante das suas relações com a realidade social e com o Direito material, predeterminadas identicamente pelo clima do cientificismo próprio do processualismo. MITIDIERO, Daniel. O processualismo e a formação do Código Buzaid. In: TELLINI, Denise Estrella; JOBIM, Geraldo Cordeiro; JOBIM, Marco Félix. *Tempestividade e efetividade processual*: novos rumos do processo civil brasileiro. Caxias do Sul: Plenum, 2010. p. 109-130. p. 117.

[253] SILVA, Jaqueline Mielke. *O direito processual civil como instrumento de realização de direitos*. Porto Alegre: Verbo Jurídico, 2005. p. 37-38. Inicia dizendo: "No cenário contemporâneo, a sociedade é regida por novos comandos. De um lado, o mundo contemporâneo trouxe um progresso material impressionante, de descobertas e inovações tecnológicas; de outro, grande parte da população mundial permanece no mais completo estado de subdesenvolvimento e abandono". E continua: "Ao desenvolvimento e progresso das metrópoles industriais é possível atribuir também o enorme crescimento das classes médias urbanas e, com elas, o destaque da estrela e vilã de nosso século: a cultura de massa, produção cultural destinada aos grandes grupos de consumidores, simples e estereotipada, com objetivos claros e definidos". Para concluir: "O grande problema jurídico na atualidade é como pensar o Direito, como operar com o Direito neste período de grandes transformações pela qual se passa, nesta forma de sociedade de que muitos chamam, por uma questão de comodidade, de globalização. Examinar o Direito dentro da globalização implica relacioná-la com a complexidade, com todos os processos de diferenciação e regulação social que estão surgindo".

[254] SILVA, Jaqueline Mielke. O tempo na sociedade pós-moderna. In: JOBIM, Geraldo Cordeiro; JOBIM, Marco Félix; TELLINI, Denise Estrela. *Tempestividade e efetividade processual*: novos rumos do processo civil brasileiro. Caxias do Sul: Plenum, 2010. p. 357-367. p. 367. Aduz: "No Direito brasileiro, temos experimentado diversas tentativas de 'modernização' do Processo Civil. Todavia, elas são incapazes de produzir uma transformação significativa em nossa experiência judiciária, por uma simples e incontestável razão: continuamos legislando baseados no paradigma da modernidade. Sem uma mudança de paradigma, continuaremos a ter 'reformas' que são apenas paliativos, que em nada resolvem problemas com a efetividade do processo e a realização do Direito".

[255] SPENGLER, Fabiana Marion. *Da jurisdição à mediação*: por outra cultura no tratamento de conflitos. Ijuí: Unijuí, 2010. p. 36. "O Estado contemporâneo está em crise, necessitando rever todos os seus papéis, tanto na esfera econômica quanto nos modelos de regulação social e jurídica tradicionais. Tais modelos já não mais funcionam, o que deflagra a constatação de que o Estado vive uma crise que põe em xeque o desempenho das atribuições que lhe eram específicas. De fato, há tempos a crise do Estado se anuncia e paralelamente se assiste à transformação das coordenadas espaciais e temporais da vida social. A evolução tecnológica reformula a concepção de tempo e de espaço e o Estado, que até então era uma forma de organização de determinado território nacional com delimitações bem definidas, assiste à transformação de seus contornos jurídico/políticos".

[256] SILVA, Ovídio Araújo Baptista da. *Processo e ideologia*: o paradigma racionalista. Rio de Janeiro: Forense, 2006. p. IX. "Dentre os objetivos visados por este ensaio, cabe destacar alguns que me parecem mais significativos. O primeiro deles, pela sua importância, é o propósito de assumir uma posição decidida na defesa da jurisdição estatal, como instituição indispensável à prática de um autêntico regime democrático. Este objetivo obriga-nos a tratar das deficiências e obstáculos, apostos por nosso sistema processual, a uma jurisdição compatível com o nosso tempo, uma jurisdição capaz de lidar com a sociedade de consumo, complexa e pluralista, em seu estágio de 'globalização'".

obra mais conhecida remete a uma jurisdição que abarque os tempos em que se vive.

Diante desses fatos, a afirmação de Jacques Chevalier[257] de que se precisa de um Direito pós-moderno para os acontecimentos que existem na pós-modernidade é de vital importância para a sobrevivência do que se chama Direito e do que se chama de processo. Assim, em que pese todos os autores defenderem que Direito e processo estão umbilicalmente ligados à cultura,[258] também é verdade que a cultura que vem se desenvolvendo está a anos luz do que se pensa atualmente em termos de Direito e processo, razão pela qual se deve pensar na pós-modernidade, na globalização e no hiperconsumismo como os marcos que modificam as relações sociais, econômicas, políticas, filosóficas, artísticas e jurídicas contemporâneas e qualquer teoria do Direito ou fase metodológica do processo que pretenda sobreviver deve ter este perfil, que é o que se passa a estudar.

---

[257] CHEVALIER, Jacques. *O Estado pós-moderno.* Tradução de Marçal Justen Filho. Belo Horizonte: Fórum, 2009. p. 115. Nas palavras do professor francês: "[...] à emergência de um Estado pós-moderno corresponde inevitavelmente o surgimento de um direito pós-moderno. Mais precisamente, ainda que os fenômenos não estejam ligados por um vínculo de causalidade, mas sim de concomitância, a dinâmica pós-moderna que sacode as sociedades contemporâneas atravessa simultaneamente, e como um mesmo movimento, tanto o direito como o Estado e característico das sociedades modernas, assiste-se à emergência progressiva de um novo direito, reflexo da pós-modernidade".

[258] Note-se a lição do autor sobre o pensamento de Calamandrei: MARINONI, Luiz Guilherme. *O STJ enquanto corte de precedentes*: recompreensão do sistema processual da corte suprema. São Paulo: Revista dos Tribunais, 2013. p. 20. Refere: "Muito embora a evolução da natureza da Corte de Cassação, Calamandrei, em seu monumental trabalho sobre o tema, não teve condições de ultrapassar a ideia de que a Corte se destina a declarar o exato sentido da lei e, a partir daí, a garantir a uniformidade da sua interpretação mediante o controle da legalidade das decisões judiciais. Calamandrei estava submetido aos valores culturais e políticos do seu tempo, tendo não só concluído que a decisão cassacional é a que, oficialmente, revela o sentido exato da lei, como também que o regime de precedentes seria algo típico de um sistema em que o 'juiz cria o direito' e a sua evolução é obstaculizada diante da impossibilidade da revogação do precedente".

3. As escolas de processo

Quando é referida numa determinada conversa descontraída, entre amigos, a palavra Escola, logo vem aquela velha noção que se tem dos tempos em que se cursava o ensino básico ou fundamental. Obviamente que, saindo desse contexto, ao se adentrar num curso mais de formação universitária ou técnica, não mais se está falando naquele modelo de Escola, mas em outros níveis de conhecimento, agora buscados em Universidades, Centros Universitários ou Faculdades, grupos de estudos ou de pesquisas, quer seja para a conquista de um diploma em curso de nível superior, em nível técnico ou ainda para aperfeiçoamento intelectual. Contudo, tais noções apenas nos levam ao ambiente físico quando, inegavelmente, se está aqui a pensar em Escola numa outra concepção, de formação e de fortalecimento de uma unidade de pensamento. O engano é aceitável, tendo em vista que pouco se sabe da importância da palavra *Escola* para todas as fases do conhecimento do ser humano. Em razão desse fato, para que se retire a mera ilusão de que a Escola nos remete a lembranças passadas, serve o capítulo para demonstrar sua importância na formação do pensamento, que é muitas vezes[259] construído pelo diálogo,[260] sendo, no presente estudo, direcionado ao pensamento do direito processual civil, como base, e outros ramos do processo por extensão. Um alerta final nessa pequena introdução ao capítulo para que não se pense que se está a defender que todas as Escolas estão consolidadas, até em razão de se saber da dificuldade de sua formação,[261] mas opta o autor para anunciar sua

---

[259] O muitas vezes é em razão de que, eventualmente, pode-se chegar a formação do pensamento sem diálogo, preferindo alguns autores a solidão para o refletir e o pensar.

[260] TRINDADE, André; MAZZARI JUNIOR, Edval Luiz. *Autonomia universitária e Direito educacional. in* Direito universitário e educação contemporânea. André Trindade (Coord.). Porto Alegre: Livraria do Advogado, 2009. p. 12. Refere: "Aparece sempre que há relações entre pessoas e intenções de ensinar e aprender, mostrando-se num processo dialogal ou dialético em que os homens constroem-se em reciprocidade. Logo, o educador não está numa posição de onisciência, demonstrando pelo saber universal; mas é na troca do seu conhecimento com o do educando que, de fato, acontece a educação e o aprendizado".

[261] DONDI, Angelo; ANSANELLI, Vincenzo; COMOGLIO, Paolo. *Processo civil comparado*: uma perspectiva evolutiva. Coordenação e revisão da tradução de Luiz Guilherme Marinoni, Sérgio Cruz Arenhart e Daniel Mitidiero. São Paulo: Revista dos Tribunais, 2017. p. 13. Serve o alerta dos coordenadores da tradução para a Escola de Gênova e seus autores. Referem: "Processo Civil comparado: uma perspectiva evolutiva, dos nossos queridos amigos e brilhantes processualistas civis da Universidade de Gênova, Itália, Angelo Dondi, Vincenzo Ansanelli e Paolo Comoglio, é um livro que deve ser lido. Trata-se de conclusão que não por acaso já é anunciada no próprio prefácio que Michele Taruffo escreveu para a edição italiana e que deve ser mais uma vez sublinhada", e continuam: "Em primeiro lugar, este livro revela um exercício de Scuola, notadamente de uma escola crítica do processo civil, que vê na perspectiva cultural um verdadeiro método de trabalho. É a vereda aberta por Vittorio Denti e seguida de perto por Michele Taruffo na Universidade de Pavia,

existência ou, pelo menos, uma ideia embrionária para que o leitor possa optar em, seguindo adiante em seus estudos, escolher aquele ou aqueles marcos teóricos que melhor encaixam na sua ideia de compreensão e aplicação do processo.

3.1. Definição de Escola

Ao longo dos séculos, alguns pensadores influenciaram outros, algumas sociedades, outras, o que pode ser visto não só na área do Direito, mas na Filosofia,[262] na Sociologia, na Literatura, na Física, na Matemática, na Biologia etc., fazendo com que um pensamento seja disseminado, propagado e acabe virando uma corrente ideológica que se costuma denominar de Escola. Cumpre relembrar que havia épocas em que referidas áreas de saber eram pensadas em conjunto quando, então, abriu-se mão disto em prol de especializar o conhecimento, o que, como lembra Edgar Morin,[263] reduz a complexidade e fragiliza

---

Itália, em que a história e o direito comparado são vistos não como simples adornos teóricos, mas como elementos que dão conta da necessidade de pensar o processo civil a partir da experiência concreta para dessa retirar lições para a reforma dos institutos e instituições. Angelo Dondi, Vicenzo Ansanelli e Paolo Comoglio desenvolvem magistralmente essa perspectiva de análise, aprofundando-o de forma exemplar", para finalizarem: "Em segundo lugar, este livro revela uma percepção pouco comum na doutrina brasileira – e não por acaso nos movemos mais uma vez em um terreno de Scuola. Enquanto é comum por aqui a compreensão do processo civil em uma perspectivas mais teórico-normativa, que acentue mais os institutos trabalhados no Código de Processo Civil, este livro revela um endereço doutrinário voltado para o assalto e subversão do establishment ao abordar o processo civil entre os seus institutos, suas instituições e seus personagens típicos. Em outras palavras: revela uma abordagem que vai além da consideração da disciplina normativa do processo civil do Código de Processo Civil, abrangendo também o papel das instituições judiciárias – das Cortes de Justiça e das Cortes Supremas – e dos participantes técnicos do processo civil – juízes, advogados e membros do Ministério Público. Vale dizer: revela uma necessidade de compreensão do processo civil necessariamente integrado no âmbito mais amplo da Justiça Civil".

[262] CORTELLA, Mario Sergio. *Pensar nos faz bem!*: 1. filosofia, religião, ciência e educação. Petrópolis, RJ: Vozes; São Paulo, SP: Ferraz & Cortella, 2013. p. 15. "Academia. A palavra 'academia' lembra, para várias pessoas, a noção de ginástica, de exercício, de malhação. Também é isso, mas não só. Na origem, há 2.500 anos, Academia foi o nome de uma escola, das mais importantes da história. É possível que a primeira forma de universidade no Ocidente tenha sido fundada por Platão, um dos grandes pensadores do século IV. Neste período, ele decide, com um grupo, organizar um local para pensar, se debater, para ir além do óbvio. E funda uma escola em um jardim em Atenas que, num determinado tempo, acreditava-se ser o 'túmulo' de uma personagem mitológica do mundo grego, chamada Academo, um herói ático. Esta escola, por ficar no jardim do Academo, acabou sendo chamada de Academia. E ela persiste no tempo com este nome, e nós utilizamos também como local para outras atividades, mas, essencialmente, para o pensamento. Academia é o espaço para o conhecimento, algo que Platão nos legou, em relação à necessidade de pensar, de se refletir, de se trabalhar as ideais para a nossa educação, a fim de que ela nos eleve, nos faça crescer e nos torne melhores".

[263] MORIN, Edgar. *Repensar a reforma*: reformar o pensamento: a cabeça bem feita. Tradução de Ana Paula de Viveiros. Lisboa: Instituto Piaget, 1999. p. 15. Inicia: "Assim, os desenvolvimentos disciplinares das ciências apenas trouxeram as vantagens da divisão do trabalho, trouxeram, também, os inconvenientes da sobrespecialização, da compartimentação e do parcelamento do saber. Não só produziram conhecimento e elucidação, produziram, também, a ignorância e a cegueira", e continua: "Em vez de opor correctivos a estes desenvolvimentos, o nosso sistema de ensino obedece-lhes. Ensina-nos, desde a escola elementar, a isolar os objectos (do seu meio-ambiente), a separar as disciplinas (mais do que a reconhecer as suas solidariedades), a separar os problemas, mais do que religar e integrar. Leva-nos a reduzir o complexo ao simples, isto é a separar o que está ligado, a decompor e não a recompor, eliminar tudo o que traz desordens ou contradições no nosso entendimento" param então, finalizar: "Nestas condições, os jovens espíritos perdem suas aptidões naturais para contextualizar os saberes e integrá-los no seu conjunto".

o jovem espírito à simplicidade, à ordinaridade do saber. Como exemplos de Escolas no Direito, podem-se citar: (*i*) a Escola de Bolonha;[264] (*ii*) a Escola dos Glosadores;[265] (*iii*) a Escola da Exegese,[266] e (*iv*) Escola Científica,[267] sendo o rol meramente exemplificativo.

---

[264] CUNHA, Paulo Ferreira da; SILVA, Joana Aguiar e; SOARES, António Lemos. *História do direito*: do direito romano à Constituição europeia. Coimbra: Almedina, 2005. p. 162-163. Discorrem os autores sobre a Escola de Bolonha: "Assim, de pequena escola de artes liberais que era em finais do séc. X, o studium civile de Bolonha adquire no início do séc. XII o estatuto de Universidade. A ideia que nos é dada por um autor de meados do séc. XIII, Odofredo, é a de que os próprios mestres dessas artes se transformaram, forçados por todo um conjunto de circunstâncias, em professores de direito. Assim teria acontecido com Pepo, lendário mestre de leis em Bolonha, em relação ao qual a história reservou escassas a pouco claras referências e que não deixou obra escrita, e com Irnério, aquele que é considerado o verdadeiro fundador dos estudos jurídicos em Bolonha. Irnério, Wernerius, ou Guarnerius, como era conhecido dos seus contemporâneos, parece ter sido mestre, em Bolonha, de retórica e dialéctica. A familiaridade que tinha com os métodos escolásticos do trivium, com as técnicas de ensino das artes liberais, herdadas da antiguidade, habilitam-no a começar o trabalho sobre os textos de direito justinianeu, em torno dos quais se vinha observando um novo interesse. Talvez inicialmente a sua intenção se cingisse ao esclarecimento de alguma terminologia de sentido mais obscuro ou menos evidente, mas a partir daí Irnério passa a analisar passagens integras dos textos em questão. De tal maneira que acaba por passar à história como jurista".

[265] LOPES, José Reinaldo de Lima. Escola de glosadores. In: TRAVESSONI, Alexandre (Coord.). *Dicionário de teoria e filosofia do direito*. São Paulo: LTr, 2011. p. 154-157. p. 154-155. Sobre a Escola dos Glosadores refere o historiador do Direito: "O direito medieval, apesar de inserir-se em uma cultura totalmente distinta, corresponde ao início da experiência jurídica moderna porque desde então não se interrompeu o ensino universitário da disciplina, e dessa experiência acadêmica inicial os primeiros sujeitos foram os glosadores. O nome de glosadores lhes vem do instrumento de análise e do gênero literário utilizado, a *glosa*, para explicar e traduzir os textos do direito romano convertidos em matéria de estudo nas recém-nascidas escolas de direito, particularmente em Bolonha, na Itália setentrional. O estudo dos grandes textos da Antiguidade expandira-se tanto na teologia (onde se estudavam as Escrituras e os textos dos padres latinos e gregos), quando na filosofia e no direito. Neste o material submetido a estudo era composto do Digesto (compilação de livros de jurisconsultos, recuperando por partes, cada uma delas nomeada pela ordem de sua recuperação: Digesto velho, Digesto novo, Digesto reforçado – *infortiatum*), do *Código* (compilação de constituições e rescritos imperiais), das *Novelas* (compilação das constituições e rescritos imperiais recentes, daí seu nome), e de uma introdução ao direito, às instituições. Ainda não se sabe ao certo como o material foi 'redescoberto', mas é fora de dúvida que no século XI estava já em sua maior parte disponível para estudo. Reconhece-se que o primeiro centro de estudos propriamente jurídicos foi Bolonha, onde a atividade dos glosadores praticamente nasceu. Seu nascimento costuma ser associado ao nome de Irnério (1050?-1130?), figura quase lendária de cuja vida há poucos detalhes oficiais confiáveis".

[266] GILISSEN, John. *Introdução histórica ao direito*. 5. ed. Tradução de A. M. Espanha e L. M. Macaísta Malheiros. Lisboa: Fundação Calouste Gulbenkian, 2008. p. 515-516. Refere o historiador do direito sobre a escola da exegese: "A partir da promulgação do *Code Civil*, os juristas começaram a estudá-lo, dedicando-se mais especialmente à análise do seu texto. Consideravam-no como algo de absolutamente novo, que era necessário explicar sem ter o passado em conta. Atribuíram à análise textual uma importância capital, explicando um artigo a partir de outro, combinando-os entre si, elaborando assim na base das disposições legais teorias novas, muitas vezes imprevistas, que os autores do Código não tinham, decerto, imaginado. Isolavam assim o *Code Civil* – e também os outros códigos – do meio social no qual ele tinha nascido e no qual devia ser aplicado; consideravam-no em si, como um todo, do qual eles deviam deduzir por via do raciocínio todas as soluções teoricamente possíveis. Método, portanto, puramente dogmático, baseado na análise exegética dos textos legais".

[267] Idem. p. 518. Sobre esta Escola afirma: "A nova doutrina recusa-se a considerar a lei como fonte única de direito; admite a sua preeminência, embora entenda que o costume, a jurisprudência, a doutrina e a equidade devam também ser reconhecidas como fonte de direito. O jurista deve procurar as soluções mais justas e mais adequadas, como complemento às normas impostas pelo legislador. Já em 1904, o presidente do Tribunal de Cassação francês, BALLOT-BEAUPRÉ afirmava que 'o juiz não deve obstinar-se em procurar determinar qual foi, há cem anos, o pensamento dos autores do *Code*, ao redigir este ou aquele artigo; o que se deve perguntar é qual seria o seu pensamento se o mesmo artigo fosse redigido hoje'; deve ter em consideração todas as modificações que 'se verificaram nas ideias, nos costumes, nas instituições, no estado da economia e da sociedade'. Outros dirão que o juiz deve interpretar a lei no sentido do seu fim social actual: que ele 'deve ser do seu tempo', que ele 'não é um fóssil'".

Um conceito de escola,[268] que mais aparenta ser uma definição de seu surgimento, é exposto por Jônatas Luiz Moreira de Paula,[269] ao dizer ser um conjunto de desmembramentos científicos advindos de um mestre ou uma unidade filosófica, construindo, a partir da historicidade, uma unidade científica sólida. Importante reprisar o que se escreveu em razão de duas importantes categorias lançadas, quais sejam a de que uma Escola existe para dar seguimento a: (*i*) um mestre ou (*ii*) uma unidade de pensamento. Diante desses nortes, serão abordadas, de maneira informativa, as principais Escolas existentes no Brasil no que concerne ao estudo do Direito Processual brasileiro, não necessariamente o civil, mas preferencialmente, apontando alguns de seus autores mais influentes para que, no capítulo seguinte, seja vislumbrado se em cada uma dessas unidades pode-se cogitar a existência de um pensar o Direito Processual de forma diferente, podendo ser a partir de uma respectiva nova fase metodológica ou cultural ou não, que cada uma refere existir ou não, para construir a teoria contemporânea do processo.

Em algumas ocasiões, o óbvio necessita ser dito (e escrito). Por isso, é mais que evidente que, infelizmente, ainda não foi nesta edição que a obra logra anunciar todas as Escolas de Processo existentes em solo brasileiro e, quem sabe isso nunca ocorra. Existe uma gama de excelentes processualistas, ou que simplesmente escrevem sobre processo, que ficaram de fora, tanto das Escolas nominadas como de alguma referência bibliográfica, razão pela qual, desde já, o escritor pede suas escusas. Outra razão é que, em algumas oportunidades, é difícil encaixar o processualista em alguma Escola, ou em razão de que escrevem em conjunto com outros autores que poderiam ser parte de outra Escola, ou querem formar um pensamento próprio, individual ou coletivamente.[270] Mas isso não é, em razão nenhuma, demérito aos escritores, mas tão somente

---

[268] MITIDIERO, Daniel Francisco; ZANETI JÚNIOR, Hermes. *Introdução ao estudo do processo civil*: primeiras linhas de um paradigma emergente. Porto Alegre: Sergio Antonio Fabris, 2004. p. 16. Também apontam os processualistas a noção de como se chega a uma Escola: "Assim, são os requisitos elencados para a formação de um modelo de pensamento jurídico: mestres, muitos, variados e criativos, capazes de multiplicar idéias; uma tradição jurídica; e jovens capazes de perceber e adquirir consciência de suas missões (e este, sabidamente, o requisito mais difícil). Como disse Couture: 'um só grupo compacto, ligado por um ideal científico comum, decidido a esquecer-se, por um momento, de suas unidades individuais para oferecer um só flanco à crítica e à luta contra o ceticismo e o desinteresse alheio [...]' em uma palavra 'o sentido de massa que lhe é indispensável'".

[269] PAULA, Jônatas Luiz Moreira de. *História do direito processual brasileiro*: das origens lusas à escola crítica do processo. Barueri: Manole, 2002. p. 339. Refere o autor: "Este capítulo destina-se ao exame das escolas jurídicas que influenciaram os juristas brasileiros no que se refere à ciência processual. Contudo, deve-se fazer uma nota explicativa. A palavra 'escola', em termos de ciência processual, significa o conjunto de desmembramentos científicos originários de um mestre ou de uma unidade filosófica, literária ou doutrinária. E tem-se por 'tendência científica' o movimento pelo qual um grupo de cientistas move-se em direção a um ponto específico, a fim de construir essa absoluta unidade científica".

[270] Note-se, por exemplo, a importante obra dos comentários ao CPC de 2015 de Fernando da Fonseca Gajardoni, Luiz Dellore, Andre Vasconcelos Roque e Zulmar Duarte de Oliveira Jr., que congrega autores que, *aparentemente*, seriam da Escola Paulista pela sua formação (Gajardoni e Dellore), um autor que pertenceria à Escola Copacabana pela sua formação e hoje atividade docente (Roque) e um autor que tem posicionamentos fortíssimos e diferenciados sobre o Processo Civil em Geral (Zulmar), e que não pertenceria a nenhuma destas Escolas. Para tanto, ver: GAJARDONI, Fernando da Fonseca; DELLORE, Luiz; ROQUE, Andre Vasconcelos; OLIVEIRA JR., Zulmar Duarte de. *Teoria geral do processo*: comentários ao CPC de 2015. São Paulo: Forense, 2015; GAJARDONI, Fernando da Fonseca; DELLORE, Luiz; ROQUE, Andre Vasconcelos; OLIVEIRA JR., Zulmar Duarte de. *Processo de conhecimento e cumprimento de sentença*: comentários ao CPC de 2015. São Paulo: Método, 2016; GAJARDONI, Fernando da Fonseca; DELLORE, Luiz; ROQUE, Andre Vasconcelos; OLIVEIRA JR., Zulmar Duarte de. *Execução e recursos*: comentários ao CPC de 2015. São Paulo: MÉTODO, 2017.

um hiato, atribuído única e exclusivamente, ao autor deste texto, por alguma falha durante sua pesquisa.

3.2. A Escola Paulista de Processo

Num primeiro momento, não haveria dúvidas para a resposta se acaso questionados os estudiosos do processo, de Norte a Sul do País, sobre qual a mais conhecida e propagada Escola existente, sendo inegável que a maciça maioria responderia ser a Paulista de Processo, não só pela sua tradição,[271] hoje quase bicentenária em razão da criação da Academia de Direito de São Paulo,[272-273] no Largo de São Francisco, mas também porque abarca o maior número de pensadores e adeptos.[274] A Escola Paulista é sedimentada sobre os auspícios dos conceitos apresentados pelo processualista italiano Enrico Tullio Liebman,[275] conforme assinala Cândido Rangel Dinamarco[276] quando narra um

---

[271] VIDIGAL, Luis Eulálio de Bueno. *Direito processual civil*. São Paulo: Saraiva, 1965. p. 209-210. Historiando um pouco da história do estudo do processo em São Paulo, refere o autor: "Ramalho, João Monteiro, João Mendes, Gusmão, Estêvão de Almeida, Morato e Soares Faria. Sete mestres, sete gerações de professores. Se percorrermos, com ânimo reverente de discípulos, os trabalhos de cada um deles, receberemos, todos nós, filhos desta casa, a mais doce e reconfortante das lições. Aprenderemos, e depois ensinaremos aos que vierem depois de nós, que os nossos mestres cultivam a tradição, buscam o progresso e amam o trabalho. Porque, se Ramalho e Morato, que preferiam os praxistas reinícolas aos autores de sua época, veneraram o passado, o que muito os enobrece, Estêvão de Almeida e Soares de Faria conhecem a ciência do direito processual civil nas suas mais recentes manifestações; se João Mendes meditou e aprofundou os estudos processuais, Gusmão e João Monteiro divulgaram, em seus compêndios, toda a doutrina francesa e italiana do século passado. Temperamentos completamente diversos, os sete mestres que hoje rememoramos têm traços comuns que a todos colocam no mesmo plano: a seriedade no ensino de sua disciplina e o amor à escola. Se a glória de cada um deles – esta é a nossa contingência humana – se circunscreve a apenas alguns aspectos de suas personalidades, a Faculdade de Direito, mãe espiritual de todos, pode orgulhar-se de ter ensinado aos brasileiros, nestes cem anos, através das lições de seus grandes mestres, o que de melhor se poderia oferecer no campo do direito processual civil".

[272] Disponível em: <http://www.direito.usp.br/>. Acesso em 15 fev 2018.

[273] VIDIGAL, Luis Eulálio de Bueno. *Direito processual civil*. São Paulo: Saraiva, 1965. p. 198. O autor em capítulo denominado de *"os mestres de Direito judiciário civil na Faculdade de Direito de São Paulo"*. O ensino do direito processual civil na Faculdade de Direito de São Paulo, nos últimos cem anos, tal é a matéria da presente aula de abertura do ano letivo. O período de cem anos, a cujo exame circunscrevemos a nossa aula, abrange praticamente todos os mestres da disciplina que deixaram traços de seus ensinamentos nesta escola. De fato, de 1828 a 1854, regeram a cadeira de Teoria e Prática do Processo Civil e Comercial, Luís Nicolau Fagundes Varela, o Padre Antônio Maria de Moura e José Inácio Silveira da Motta. Não chegou aos nossos dias o eco das lições que professaram. Também se desconhecem monografias processuais de sua autoria. Começa, pois, em 1854, com Joaquim Inácio Ramalho, o estudo e o ensino do Direito Processual em São Paulo.

[274] MEDINA, Paulo Roberto de Gouvêa. *Teoria geral do processo*. Belo Horizonte: Del Rey, 2012. p. ix. São as palavras do autor no início de sua obra: "Ver-se-á que o autor professa, no campo do Direito Processual, a linha doutrinária clássica, difundida no Brasil, por LIEBMAN e perfilhada por seus discípulos da chamada Escola Paulista (BUZAID, FREDERICO MARQUES, MOACYR AMARAL SANTOS), a qual recebeu inestimável contribuição, no sentido do seu aprimoramento, de eminentes processualistas como HÉLIO TORNAGHI e LUÍS MACHADO GUIMARÃES (de que é discípulo JOSÉ CARLOS BARBOSA MOREIRA) e teve em Minas Gerais uma figura pinacular, de visão modernizadora, LOPES DA COSTA".

[275] MITIDIERO, Daniel. O processualismo e a formação do Código Buzaid. In: TELLINI, Denise Estrella; JOBIM, Geraldo Cordeiro; JOBIM, Marco Félix. *Tempestividade e efetividade processual*: novos rumos do processo civil brasileiro. Caxias do Sul: Plenum, 2010. p. 109-130. p. 115. Assim discorre o autor sobre o início das atividades de Liebman no Brasil: "Em São Paulo, nosso Professor passa a ministrar aulas no Curso de Extensão Universitária oferecido pela Universidade de São Paulo (1941), primeiro em italiano e logo depois em português. Mais intimamente, na casa da Alameda Ministro Rocha Azevedo, sua residência no Brasil, Liebman começa a receber um grupo seleto de jovens e dedicados estudiosos de processo civil para reuniões semanais, todos os sábados, das 15 às 17 horas, ocasião em que dialogavam sobre os problemas da ciência

pouco da trajetória do mestre que conseguiu, em suas palavras, mesclar sua cultura com a brasileira, não se esquecendo da colonização portuguesa, o que fez com que se tornasse, então, o mentor de uma Escola processual no país.

Então, de início, cumpre a tarefa de ressaltar que a Escola Paulista[277] tem como marco referencial teórico o pensamento de Enrico Tullio Liebman,[278] jurista de águas profundas, embora nascido na cidade de Lviv (Ucrânia), em 1903, tinha como pátria a Itália, que trouxe ao Brasil ideias de uma cultura pensada na e para a Itália,[279] com influência dos processualistas italianos,[280] alemães e

---

processual. Depois da apreensão de leituras previamente indicadas durante a semana, todos se reuniam em uma larga mesa tendo o Mestre ao centro para discussão dos temas selecionados. O grupo era composto por Luís Eulálio de Bueno Vidigal, Benvindo Aires, Bruno Affonso de André, José Frederico Marques e Alfredo Buzaid. No Rio de Janeiro, por conta de breve passagem, as lições de Liebman passaram a ser meditadas e estudadas por Luís Machado Guimarães e Eliezer Rosa, que se encarregaram de espalhá-las na então capital da República." Também na mesma linha: TESHEINER, José Maria Rosa. *Elementos para uma teoria geral do processo*. São Paulo: Saraiva, 1993. p. 100. Refere: "Enrico Tullio Liebman é 'o pai da escola processual de São Paulo' (Niceto Alcalá-Zamora y Castillo); 'o fundador da ciência processual brasileira' (Buzaid). Chegando ao Brasil, pouco antes de entrar em vigor o Código de Processo Civil de 1939, encetou o seu magistério na Faculdade de Direito de São Paulo, em 1941, ministrando aulas no curso de extensão universitária. Suas lições marcaram profundamente o Código de Processo Civil de 1973".

[276] LIEBMAN, Enrico Tullio. *Manual de direito processual civil*. 3. ed. Tradução de Cândido Rangel Dinamarco. São Paulo: Malheiros, 2005. p. 7-8. Refere Dinamarco: "Quando se fala na Escola Processual de São Paulo, que verdadeiramente constitui hoje uma linha metodológica brasileira em direito processual, as lembranças convergem àquele que, durante os anos difíceis da Segunda Guerra, veio a trazer ao Brasil e aqui soube conduzir um movimento de atualização de nossa processualística, segundo os princípios jurídico-científicos revelados na revolução operada a partir da obra de Oskar Von Bülow e ao longo das históricas lições de Giuseppe Chiovenda. Portador de invejável lastro cultural, histórico e humanístico, soube Liebman também assimilar a cultura de nossos antepassados brasileiros e lusitanos, para imprimir a seus escritos e lições o cunho de uma extremada fidelidade às tradições do direito deste país; quem hoje se dedica ao estudo do direito processual no Brasil recebe lições que são o amálgama feliz da elaboração dos institutos luso-brasileiros à luz dos mais prestigiosos progressos da ciência processual européia. Por isso é que legitimamente vem Liebman sendo proclamado como o pai da Escola Processual de São Paulo". E, por fim, pode ser lido também: SANTOS, Ernane Fidélis dos. *Manual de direito processual civil*. Processo de conhecimento. 11. ed. São Paulo: Saraiva, 2006. v. I. p. 3. Refere o processualista: "O atual Código prima, sobretudo, pelo esmero terminológico e pela coerência do sistema. O autor do projeto foi o Prof. Alfredo Buzaid, então Ministro da Justiça, e as linhas mestras de sua inspiração foram a doutrina esposada pelo jurista italiano Enrico Tullio Liebman, que esteve exilado no Brasil durante a Segunda Guerra Mundial".

[277] CINTRA, Antonio Carlos de Araújo; GRINOVER, Ada Pellegrini; DINAMARCO, Cândido Rangel. *Teoria geral do processo*. 27. ed. São Paulo: Malheiros, 2011. p. 140. Entre os ditames que norteiam o pensamento da Escola estão: "A Escola Processual de São Paulo caracterizou-se pela aglutinação dos seus integrantes em torno de certos pressupostos metodológicos fundamentais, como a relação jurídica processual (distinta e independente da relação substancial, ou *res in judicium deducta*), autonomia da ação, instrumentalidade do direito processual, inaptidão do processo a criar direitos e, ultimamente em certa medida, a existência de uma teoria geral do processo".

[278] Que inclusive conta com uma coleção em seu nome chamada de Coleção Estudos de Direito de Processo que publica muitos dos trabalhos elaborados em grau de mestrado e doutorado, tanto na Universidade do Largo de São Francisco como da PUC/SP. São exemplos: PACÍFICO, Luiz Eduardo Boaventura. *O ônus da prova*. 2. ed. São Paulo: Revista dos Tribunais, 2011; FREIRE, Rodrigo da Cunha Lima. *Condições da ação*: enfoque sobre o interesse de agir. 3. ed. São Paulo: Revista dos Tribunais, 2005; MEDEIROS, Maria Lúcia L. C. *A revelia sob o aspecto da instrumentalidade*. São Paulo: Revista dos Tribunais, 2003.

[279] MOREIRA, José Carlos Barbosa. *Temas de direito processual*. Oitava série. São Paulo: Saraiva, 2004. p. 255. Ressalta o processualista que a importação de modelos jurídicos acaba sendo comum entre diferentes povos, ao afirmar: "Mostra a história que nações e povos não recebem de fora dos respectivos territórios somente bens materiais: também recebem, com grande freqüência, idéias filosóficas e políticas, crenças religiosas, conhecimentos científicos, técnicas e manifestações artísticas. O direito não faz exceção. Raríssimos são os casos em que alguma sociedade se haja mantido impermeável, por tempo dilatado, à influência de ordenamentos jurídicos estrangeiros. Em universo como o de hoje, semelhante isolamento seria decididamente inconcebível".

[280] LAMY, Eduardo de Abelar; RODRIGUES, Horácio Wanderlei. *Curso de processo civil*: teoria geral do processo. Florianópolis: Conceito, 2010. p. 74. Sobre os processualistas italianos que influenciaram a doutrina

austríacos,[281] entre meados do século XIX e início do século XX, ou seja, em um diferente contexto cultural que o brasileiro,[282] embora como já referido, Cândido Rangel Dinamarco ateste que Liebman conseguiu equilibrar as tradições. Insta a lembrança de que ainda no início do século XX o Direito Processual brasileiro era ligado aos clássicos portugueses e italianos do século XIX, sendo que, somente por volta dos anos 30 iniciou-se um novo método científico, como lembra Ada Pellegrini Grinover.[283] Quando Liebman chegou em solo brasileiro, encontrou uma gama de processualistas que seguiram seus passos, em especial em sua residência no Brasil para encontros semanais, conforme pontua Daniel Mitidiero,[284] dentre eles Alfredo Buzaid e José Frederico Marques,[285]

---

processual no Brasil discorrem os autores: "O desenvolvimento da doutrina processual brasileira contemporânea aconteceu fundamentalmente, após a vinda de Enrico Tullio Liebman ao Brasil. Liebman foi discípulo de Chiovenda e professor titular de Direito Processual Civil na Universidade de Parma, Itália. Além dele, também influenciaram a doutrina brasileira, por suas obras, entre outros, Giuseppe Chiovenda, Piero Calamandrei e Francesco Carnelutti".

[281] SANTOS, Moacyr Amaral. *Primeiras linhas de direito processual civil*. 25. ed. atualizada por Maria Beatriz Amaral dos Santos Köhnen. São Paulo: Saraiva, 2007. v. I. p. 57. Refere o autor sobre o impulso do processo baseado em outros países após a publicação do Códido de 1939: "A partir da promulgação do Código de 1939, a ciência processual, especialmente a do processo civil, acompanhando o fenômeno ocorrido na Alemanha e Áustria, desde a metade do século XIX, na Itália, desde os alvores do século XX, com a publicação dos Principii di Diritto Processuale Civile, de Chiovenda, na Espanha e Portugal, no México, Colômbia, Argentina e Uruguai, tomou no Brasil supreendente impulso, com a publicação de obras inúmeras e de grandes merecimentos, muitas das quais realmente notáveis".

[282] Não se está defendendo que a Escola italiana seja de menos valia, apenas que o seu contexto é para uma realidade cultural diferente da brasileira. Aliás, Angel Landoni Sosa, na apresentação à 4ª edição da obra de Eduardo Couture, afirma o que o pensador uruguaio pensava sobre a Escola, ao dizer: "Al prologar la obra del Maestro florentino 'Introducción al estúdio sistemático de las providencias cautelares' (1945), COUTURE no oculta su admiración por la Escuela Italiana, indicando que ella había tomado de Francia la claridad y el método, de Alemania la exquisitez de los conceptos, y sin traicionar una sola de las adquisiciones del legado latino, al que permanecía fiel en todo instante, había superado a dichas escuelas". COUTURE, Eduardo J. *Fundamentos del derecho procesal civil*. Cuarta edición. Montevideo: B de F; Buenos Aires: Euros Editores S.R.L., 2010. p. IX.

[283] GRINOVER, Ada Pellegrini. *O processo em evolução*. 2. ed. Rio de Janeiro: Forense, 1998. p. 4. Aduz: "Mas esses foram os geniais precursores. Suas lições tardaram a espraiar-se e a doutrina brasileira de então ressentiu-se profundamente de grande desatualização metodológica, permanecendo ligada aos clássicos portugueses (Correia Telles, Pereira e Souza, Lobão) e aos exegetas italianos do século passado (Mattirolo, Pescatore e, até certo ponto, Mortara) e não se alinhando ao movimento de renovação que a partir do século passado se instalara na Europa".

[284] MITIDIERO, Daniel. O processualismo e a formação do Código Buzaid. In: TELLINI, Denise Estrella; JOBIM, Geraldo Cordeiro; JOBIM, Marco Félix. *Tempestividade e efetividade processual*: novos rumos do processo civil brasileiro. Caxias do Sul: Plenum, 2010. p. 109-130. Expõe o autor: "Em São Paulo, nosso Professor passa a ministrar aulas no Curso de Extensão Universitária oferecido pela Universidade de São Paulo (1941), primeiro em italiano e logo depois em português. Mais intimamente, na casa Alameda Ministro Rocha Azevedo, sua residência no Brasil, Liebman começa a receber um grupo seleto de jovens e dedicados estudiosos de processo civil para reuniões semanais, todos os sábados, das 15 às 17 horas, ocasião em que dialogavam sobre os problemas da ciência processual. Depois da apreensão de leituras previamente indicadas durante a semana, todos se reuniam em uma larga mesa tendo o Mestre ao centro para discussão dos temas selecionados. O grupo era composto por Luís Eulálio de Bueno Vidigal, Benvindo Aires, Bruno Affonso de André, José Frederico Marques e Alfredo Buzaid. No Rio de Janeiro, por conta de breve passagem, as lições de Liebman passaram a ser meditadas e estudadas por Luís Machado Guimarães e Eliézer Rosa, que se encarregaram de espalhá-las na então capital da República".

[285] MEDINA, Paulo Roberto de Gouvêa. *Teoria geral do processo*. Belo Horizonte: Del Rey, 2012. p. ix-x. Atesta o autor quais foram os maiores difundidores da escola paulista: "Ver-se-á que o autor professa, no campo do Direito Processual, a linha doutrinária clássica, difundida, no Brasil, por LIEBMAN e perfilhada por seus discípulos da chamada Escola Paulista (BUZAID, FREDERICO MARQUES, MOACYR AMARAL DOS SANTOS), a qual recebeu inestimável contribuição, no sentido do seu aprimoramento, de eminentes processualistas como HÉLIO TORNAGHI e LUÍS MACHADO GUIMARÃES (de que é discípulo JOSÉ CARLOS

conforme relata Jônatas Luiz Moreira de Paula,[286] ao descrever sobre o nascimento da Escola Paulista de processo:

Finaliza o autor, afirmando quem sucede hoje a Escola Paulista de Processo, ao dizer que uma nova geração da escola abarca os estudos realizados por Teresa Arruda Alvim,[287] Flávio Luiz Yarshell,[288] Kazuo Watanabe,[289] Celso Neves, Vicente Greco Filho,[290] Antônio Carlos Marcato, José Carlos Barbosa Moreira,[291] entre outros,[292] o que demonstra a força existente na escola,[293] que conta com grandes juristas da atualidade.[294] Não é à toa que foram, em sua maioria,

---

BARBOSA MOREIRA) e teve em Minas Gerais uma figura pinalucar, de visão modernizadora, LOPES DA COSTA. Sem mostra-me insensível, porém, às idéias novas, proponho revisão de conceitos em torno de determinados temas, como os de ação, processo e jurisdição, ou sobre o sistema de nulidades. Tenho como fundamentais a concepção do processo como instrumento de garantia dos direitos fundamentais e a imperiosa necessidade de conciliarem-se os valores celeridade processual e segurança jurídica".

[286] PAULA, Jônatas Luiz Moreira de. *História do direito processual brasileiro*: das origens lusas à escola crítica do processo. Barueri: Manole, 2002. p. 356. "A escola paulista formou-se a partir dos jovens processualistas da década de 40 do século XX, com os trabalhos de Alfredo Buzaid e José Frederico Marques, discípulos diretos de Liebman. A respeito do primeiro, por ocasião de ser autor do Projeto do Código de Processo Civil, ficou clara sua influência em Liebman, quando adotou-se a teoria eclética da ação, acolhendo as condições gerais da ação (legitimidade de partes, interesse de agir e possibilidade jurídica do pedido), conforme proclama o artigo 267, VI, do CPC. Em seguida vieram outros processualistas de imenso calibre, filiados à escola, que já não mais se limitavam ao Estado de São Paulo, como Moacyr Amaral dos Santos, Luís Eulálio de Bueno Vidigal, Celso Agrícola Barbi, Arruda Alvim, Teresa Arruda Alvim, Alcides de Mendonça Lima, Egas Dirceu Moniz Aragão, Galeno Lacerda, Hélio Tornaghi, Fernando da Costa Tourinho Filho e Romeu Pires de Campos Barros. Também os processualistas trabalhistas não escaparam à ascendência da escola, como Antônio Lamarca, Coqueijo Costa, Wagner Giglio, Amauri Mascaro Nascimento e Wilson de Souza Campos Batalha".

[287] Recomenda-se a leitura de uma de suas principais obras: WAMBIER, Teresa Arruda Alvim. *Nulidades do processo e da sentença*. 7. ed. São Paulo: Revista dos Tribunais, 2014.

[288] YARSHELL, Flávio Luiz. *Curso de Direito Processual Civil*. Vol. I. São Paulo: Marcial Pons, 2014. p. 8. Inclusive no seu curso, o autor faz referência aos seus marcos teóricos, todos da Escola paulista de processo, em texto assim realizado: "Também agradeço na pessoa dos três processualistas que são minha mais importante referência: Antonio Carlos de Araújo Cintra, meu primeiro professor de processo; Ada Pellegrini Grinover, minha mais fiel e presente companheira de vida acadêmica (sem embargo de considerá-la também minha professora); e Cândido Rangel Dinamarco, meu orientador nos cursos de Mestrado e Doutorado, cujo pensamento é seguramente minha maior fonte de inspiração".

[289] Recomenda-se a leitura de uma de suas principais obras: WATANABE, Kazuo. *Cognição no processo civil*. 4. ed. São Paulo: Saraiva, 2012.

[290] Greco teve atividade intensa como Professor da UERJ, sendo que alguns de seus escritos podem ser interpretados como um processualista mais afeito à Escola de Copacabana.

[291] Aqui uma contradição com os textos adiante trabalhados de Paulo Cesar Pinheiro Carneiro e Luiz Fux que referem ser o processualista de outra Escola nascida em berço carioca.

[292] PAULA, Jônatas Luiz Moreira de. *História do direito processual brasileiro*: das origens lusas à escola crítica do processo. Barueri: Manole, 2002. p. 356.

[293] GRINOVER, Ada Pellegrini. *A professora da USP*. Rio de Janeiro: Forense Universitária, 2011. p. 7. Relata a processualista que, apesar de existirem posições divergentes, a Escola Paulista encontra-se em plena atividade, ao expor: "Essa influência, que se exerceu inicialmente sobre os jovens estudiosos na Faculdade de Direito de São Paulo, acabou, assim, irradiando-se por todo o Brasil. Em toda parte em todos os autores estão presentes, hoje, o método trazido pelo mestre e suas ideias fundamentais. As naturais divergências de opiniões não enfraquecem a unidade da Escola Brasileira de Direito Processual, que hoje se renova, mas se retroalimenta, ganhando espaço cada vez maior no panorama mundial da ciência processual contemporânea".

[294] YARSHELL, Flávio Luiz. *Tutela jurisdicional*. 2. ed. São Paulo: DPJ, 2006. p. 8. Para demonstrar a força com que a Escola Paulista continua atuando, basta ler a apresentação de Cândido Rangel Dinamarco à obra acima referida, assim o fazendo: "O que vejo, na síntese desse trato dado a temas metodológicos bem encadeados com profundos conhecimentos conceituais e dogmáticos, é o apaixonado comprometimento de Flávio Yarshell com os postulados da Nova Escola Processual de São Paulo. Reafirma-se ele como membro de um grupo que se habilita e se dispõe a levar adiante as tradições iniciadas na obra de João Mendes Júnior

os membros dessa Escola os escolhidos para a elaboração do anteprojeto do novo Código de Processo Civil brasileiro,[295] sendo que ela também foi o berço para a elaboração do Código de Processo Civil de 1973,[296] assim como continua formando vários mestres e doutores[297] em Processo Civil de todo o território nacional e, especialmente, no próprio Estado de São Paulo.[298]

Demonstrando uma produção surpreendente em termos quantitativos e qualitativos, a Escola Paulista tem coleção própria de seus trabalhos monográficos, intitulada *Coleção Estudos de Direito de Processo Enrico Tullio Liebman*, homenageando seu *maestro*. As obras eram todas numeradas no passado, sendo algumas delas: (1) **Questões prévias e os limites objetivos da coisa julgada**, de Thereza Alvim;[299] (2) **Reconhecimento jurídico do pedido**, de Clito Fornaciari Júnior;[300] (3) **O procedimento da uniformização da jurisprudência**, de José

---

e João Monteiro, continuadas nos escritos de Gabriel de Resende Filho, de Buzaid, de Amaral dos Santos e de Vidigal, que passam pela atual geração de discípulos deste último e que, segundo tudo indica, perpetuar-se-á nessa nova e fecunda geração composta pelos nossos discípulos. O empenho em cultivar e desenvolver dinamicamente essas linhas de pensamento são a grande e continuada homenagem que o Departamento de Direito Processual das Arcadas da São Francisco presta a Enrico Tullio Liebman e Luís Eulálio de Bueno Vidigal – eternos patronos da nossa Escola e da continuidade que, com a graça de deus, temos sabido cultivar".

[295] Sobre o assunto recomenda-se a leitura do artigo: JOBIM, Marco Félix. "A tempestividade do processo no projeto de lei do novo Código de Processo Civil brasileiro e a comissão de juristas nomeada para sua elaboração: quem ficou de fora?". *Revista Eletrônica de Direito Processual*, a. 4, v. 6, jul./dez. 2010. Disponível em: <http://www.redp.com.br>. Acesso em: 12 maio 2011.

[296] PACHECO, Silva. *Evolução do processo civil brasileiro*. 2. ed. Rio de Janeiro: Renovar, 1999. p. 250-251. Aponta o autor o congresso nacional que foi realizado em São Paulo e aqueles autores que, oralmente, se manifestam concedendo sugestões ao anteprojeto do CPC, ao referir: "Do Congresso Nacional de Direito Processual de São Paulo e Campos do Jordão, de 1965. No Congresso, realizado em abril de 1965, inaugurado em São Paulo pelo Ministro Milton Campos, desenvolvido e concluído em Campos do Jordão, com a presença do autor do anteprojeto, e de que participamos, juntamente com dezenas de processualistas de todo o país, houve intensa discussão sobre o trabalho do Prof. Alfredo Buzaid e sobre as teses apresentadas". E acaba por concluir quais autores manifestaram suas sugestões: "Além das manifestações orais dos participantes, houve sugestões escritas, dentre as quais destacamos as de Jorge Salomão, Bruno Afonso de André, Wilson Dias Castejon, Luiz Ambra, Luiz Pereira de Melo, José Geraldo Rodrigues de Alkmin, Hely Lopes Meirelles, Ary Florêncio de Guimarães, J. J. Calmon de Passos, Theodolindo Castigliono, Alcino Salazar, José Ignácio Botelho de Mesquita, Alberto Deodato Filho, Rogério Lauri Tucci, Luiz Antonio de Andrade, Isaac Pereira, Roberto Lyra Filho, Waldomiro Cascaes, Pedor Lins Palmeira, Alberto da Rocha Barros, Celso Neves, Moacyr Lobo da Costa, João Pedido Burnier Jr., Antonio Alberto Alves Barbosa, Olavo Ferreira Prado, E. D. Moniz de Aragão, Evandro Gueiros Leite, Luiz Rodolfo de Araujo Jr., Mario Moacyr Porto, Agnelo Amorin Filho, Celso Agrícola Barbi, Dinio de Santis Garcia, Bruno Mendonça Lima, Amilcar de Castro, José Antonio de Almeida Amazonas, Oswaldo Affonso Borges, Nicolau Nazo, Jerônimo Geraldo Queiroz, João Afonso Borges, Miguel Reale, Jacy de Assis, Negi Calixto, Alcides Mendonça Lima, José Olympio de Castro Filho, Luiz Antonio da Costa Carvalho, Moacyr Amaral dos Santos, Ataliba Vianna, José Moura Rocha, Caio Mario, Meira Vasconcelos e José Afonso da Silva".

[297] Dentre eles, por exemplo, sendo de Curitiba, tem-se com sua tese já publicada: TALAMINI, Eduardo. *Coisa julgada e sua revisão*. São Paulo: Revista dos Tribunais, 2005.

[298] SICA, Heitor Vitor Mendonça. *O direito de defesa no processo civil brasileiro*: um estudo sobre a posição do réu. São Paulo: Atlas, 2011. p. xiii-xiv. Homenageia o autor a Escola de São Paulo, ao referir: "Finalmente, não me furtarei de fazer uma singela homenagem a todos os professores do Departamento de Direito Processual do Largo de São Francisco, responsáveis por manter vivo e cada vez mais forte o espírito da 'Escola Processual de São Paulo'. Sem o contato com os trabalhos e ideias desenvolvidas pelas sucessivas gerações de estudiosos que aqui têm passado (tanto professores como alunos do curso de pós-graduação), teria sido impossível elaborar o presente estudo. Tem-se nesta casa a prova de que o conhecimento se constrói e se transmite coletivamente".

[299] ALVIM, Thereza. *Questões prévias e os limites objetivos da coisa julgada*. São Paulo: Revista dos Tribunais, 1977.

[300] FORNACIARI JÚNIOR, Clito. *Reconhecimento jurídico do pedido*. São Paulo: Revista dos Tribunais, 1977.

de Albuquerque Rocha;[301] (4) **Da revelia do processo civil brasileiro**, de Rita Gianesini;[302] (5) **Ação rescisória**, de Sérgio Rizzi;[303] (7) **Legitimidade para agir no direito processual civil brasileiro**, de Donaldo Armelin;[304] (8) **Liquidação de sentença**, de Antônio Carlos Matteis de Arruda;[305] (9) **Adjudicação compulsória**, de Ricardo Arcoverde Credie;[306] (10) **Ação declaratória**, de João Batista Lopes;[307] (11) **Assistência simples do direito processual civil**, de Ubiratan de Couto Maurício;[308] (13) **Substituição processual**, de Ephraim de Campos Jr.;[309] (23) **Arresto cautelar**, de Sérgio Shimura;[310] (26) **Liminares no processo civil**, de Betina Rizzato Lara;[311] (27) **A *causa petendi* no Processo Civil**, de José Rogério Cruz e Tucci;[312] (31) **Os sindicatos e a defesa dos interesses difusos no direito processual civil brasileiro**, de Celso Antonio Pacheco Fiorillo;[313] (35) **Chamamento ao processo**, de Flávio Cheim Jorge;[314] (37) **Tutela monitória**: a ação monitória – Lei 9.079/95, de Eduardo Talamini;[315] (38) **A *causa petendi* nas ações de separação judicial e de dissolução da união estável**, de Alexandre Alves Lazzarini;[316] (39) **O dever de fundamentar as decisões judiciais, de Sérgio Nojiri;**[317] (41) **Ação anulatória**, de Berenice Soubhie Nogueira Magri;[318] (42) **Processo de execução**: parte geral, de Teori Albino Zavascki;[319] (43) **Condições da ação**: enfoque sobre o interesse de agir, de Rodrigo da Cunha Freire;[320]

---

[301] ROCHA, Jose de Albuquerque. *O processo da uniformização da jurisprudência*. São Paulo: Revista dos Tribunais, 1977.

[302] GIANESINI, Rita. *Da revelia no processo civil brasileiro*. São Paulo: Revista dos Tribunais, 1977.

[303] RIZZI, Sérgio. *Ação rescisória*. São Paulo: Revista dos Tribunais, 1979.

[304] ARMELIN, Donaldo. *Legitimidade para agir no direito processual civil brasileiro*. São Paulo: Revista dos Tribunais, 1980.

[305] ARRUDA, Antônio Carlos Matteis de. *Liquidação de sentença*. São Paulo: Revista dos Tribunais, 1981.

[306] CREDIE, Ricardo Arcoverde. *Adjudicação compulsória*. São Paulo: Revista dos Tribunais, 1982.

[307] LOPES, João Batista. *Ação declaratória*. 6. ed. São Paulo: Revista dos Tribunais, 2009.

[308] MAURÍCIO, Ubiratan de Couto. *Assistência simples no direito processual civil*. São Paulo: Revista dos Tribunais, 1983.

[309] CAMPOS JR., Ephraim de. *Substituição processual*. São Paulo: Revista dos Tribunais, 1985.

[310] SHIMURA, Sérgio Seiji. *Arresto cautelar*. 3. ed. São Paulo: Revista dos Tribunais, 2005.

[311] LARA, Betina Rizzato. *Liminares no processo civil*. 2. ed. São Paulo: Revista dos Tribunais, 1994.

[312] TUCCI, José Rogério Cruz e. *A causa petendi no Processo Civil*. 3. ed. São Paulo: Revista dos Tribunais, 2009.

[313] FIORILLO, Celso Antonio Pacheco. *Os sindicatos e a defesa dos interesses difusos no direito processual civil brasileiro*. São Paulo: Revista dos Tribunais, 1995.

[314] JORGE, Flávio Cheim. *Chamamento ao processo*. 2. ed. São Paulo: Revista dos Tribunais, 1999.

[315] TALAMINI, Eduardo. *Tutela monitória: a ação monitória – Lei 9.079/95*. 2. ed. São Paulo: Revista dos Tribunais, 2001.

[316] LAZZARINI, Alexandre Alves. *A causa petendi nas ações de separação judicial e de dissolução da união estável*. São Paulo: Revista dos Tribunais, 1998.

[317] NOJIRI, Sérgio. *O dever de fundamentar as decisões judiciais*. 2. ed. São Paulo: Revista dos Tribunais, 2000.

[318] MAGRI, Berenice Soubhie Nogueira. *Ação anulatória: art. 486 do CPC*. 2. Ed. São Paulo: Revista dos Tribunais, 2004.

[319] ZAVASCKI, Teori Albino. *Processo de execução: parte geral*. 3. ed. São Paulo: Revista dos Tribunais, 2004. Até a 2ª edição o nome era outra: ZAVASCKI, Teori Albino. *Título executivo e liquidação*. 2. ed. São Paulo: Revista dos Tribunais, 2001.

[320] FREIRE, Rodrigo da Cunha Lima. *Condições da ação: enfoque sobre o interesse de agir*. 3. ed. São Paulo: Revista dos Tribunais, 2005.

(44) **O ônus da prova**, de Luiz Eduardo Boaventura Pacífico;[321] (45) **Procedimento sumário**, de Gilson Delgado Miranda;[322] (46) **Prazos no processo de conhecimento**, de Cristina Ferraz;[323] (47) **A citação do direito processual civil brasileiro**, de André de Luizi Correia;[324] (48) **Execução civil**: teoria geral: princípios fundamentais, de José Miguel Garcia Medina;[325] (49) **Ação inibitória**: a ação preventiva prevista no art. 461 do CPC., de Joaquim Felipe Spadoni;[326] (53) **O princípio da oralidade**: procedimento por audiências no Direito Processual Civil brasileiro, de Jefferson Carús Guedes;[327] (54) **A revelia sob o aspecto da instrumentalidade**, de Maria Lúcia L. C. de Medeiros;[328] **O princípio da inafastabilidade do controle jurisdicional**, de Zaiden Geraige Neto;[329] (57) **Do reexame necessário**, de Jorge Tosta;[330] (58) Ação executiva *lato sensu* e ação mandamental, de Sergio Muritiba;[331] (59) **Embargos à arrematação e à adjudicação**, de Robson Carlos de Oliveira;[332] (60) **O abuso do processo**, de Helena Najjar Abdo;[333] (63) **Ação rescisória**: o lento caminhar do olhar escrito, comparado às rápidas transformações das sociedades contemporâneas, de Zaiden Geraige Neto.[334]

Recentemente a coleção Liebman, que publica estudos de processualistas ligados à tradição Paulista de Processo, ganhou nova força e tem galgado maior espaço no contexto editorial brasileiro. Dentre os novos estudos publicados na coleção, que deixou de ser enumerada em sua nova versão, pode-se citar: **Fundamentação das decisões judiciais: a crise na construção de respostas no processo civil**, de Leonard Ziesemer Schmitz;[335] **Preclusão processual civil**:

---

[321] PACÍFICO, Luiz Eduardo Boaventura. *O ônus da prova*. 2. ed. São Paulo: Revista dos Tribunais, 2011.

[322] MIRANDA, Gilson Delgado. *Procedimento sumário*. São Paulo: Revista dos Tribunais, 2000.

[323] FERRAZ, Cristina. *Prazos no processo de conhecimento*: preclusão, prescrição, decadência, perempção, coisa julgada material e formal. São Paulo: Revista dos Tribunais, 2001.

[324] CORREIA, André de Luizi. *A citação no direito processual civil brasileiro*. São Paulo: Revista dos Tribunais, 2001.

[325] MEDINA, José Miguel Garcia. *Execução civil*: teoria geral: princípios fundamentais. 2. ed. São Paulo: Revista dos Tribunais, 2004.

[326] SPADONI, Joaquim Felipe. *Ação inibitória*: a ação prevista no art. 461 do CPC. São Paulo: Revista dos Tribunais, 2007.

[327] GUEDES, Jefferson Carús. *O princípio da oralidade*: procedimento por audiências no Direito Processual Civil Brasileiro. São Paulo: Revista dos Tribunais, 2003.

[328] MEDEIROS, Maria Lúcia L. C. de. *A revelia sob o aspecto da instrumentalidade*. São Paulo: Revista dos Tribunais, 2003.

[329] GEREIGE NETO, Zaiden. *O princípio da inafastabilidade do controle jurisdicional*: art. 5º, inciso XXXV, da Constituição Federal. São Paulo: Revista dos Tribunais, 2003.

[330] TOSTA, Jorge. Do reexame necessário. São Paulo: Revista dos Tribunais, 2005.

[331] MURITIBA, Sergio. *Ação executiva lato sensu e ação mandamental*. São Paulo: Revista dos Tribunais, 2005.

[332] OLIVEIRA, Robson Carlos de. *Embargos à arrematação e à adjudicação*. São Paulo: Revista dos Tribunais, 2006.

[333] ABDO, Helena Najjar. *O abuso do processo*. São Paulo: Revista dos Tribunais, 2007.

[334] GERAIGE NETO, Zaiden. *Ação rescisória*: o lento caminhar do olhar escrito, comparado às rápidas transformações das sociedades contemporâneas. São Paulo: Revista dos Tribunais, 2009.

[335] SCHMITZ, Leonard Ziesemer. *Fundamentação das decisões judiciais*: a crise na construção de respostas no processo civil. São Paulo: Revista dos Tribunais, 2015. p. 17/18. Na apresentação da coleção, Teresa Arruda Alvim Wambier e Eduardo Talamini já apontam para o seio em que a mesma se respalda: "Orientada por Arruda Alvim, que continua nesta função, cujo pensamento e cuja escola sempre tiveram como nota marcante justamente a necessidade de se extrair rendimento prático do estudo e da reflexão sobre teoria, esta

estática e dinâmica, de Anissara Toscan;[336] **Provas**: atipicidade, liberdade e instrumentalidade, de Paulo Osternack Amaral;[337] **Impenhorabilidade do bem de família**, de Rita Vasconcelos;[338] **Coisa julgada**, de Jordi Nieva-Fenoll;[339] **Incidente de resolução de demandas repetitivas (IRDR)**, de Marcos de Araújo Cavalcanti;[340] **A responsabilidade patrimonial no novo sistema processual civil**, de Thiago Ferreira Siqueira;[341] **Sentença no novo CPC**, de José Alexandre M. Oliani;[342] **Tutela de evidência**: teoria da cognição, análise econômica do direito processual e comentários sobre o novo CPC, de Bruno V. da Rós Bodart;[343].**A jurisprudência uniforme e os precedentes no novo Código de Processo Civil brasileiro**, de Cláudia Aparecida Cimardi;[344] **Legitimação democrática do Poder Judiciário no novo CPC**, de Gisele Mazzoni Welsch;[345] **Litisconsórcio unitário**: fundamentos, estrutura e regime, de Elie Pierre Eid;[346] **Arbitragem societária**, de Diego Franzoni,[347] e **Tutela provisória**: tutela a de urgência e tutela de evidência: do CPC/1973 ao CPC/2015, de Leonardo Ferres da Silva Ribeiro;[348] **Defesa do executado**, de Alexandre Minatti;[349] **Intervenção de terceiro por ordem do juiz**: a intervenção *iussu iudicis* no processo civil, de Lia

---

coleção homenageia Enrico Tullio Liebman. Esse processualista italiano veio ao Brasil fugindo da Segunda Guerra Mundial, que então destruía a Europa. Tivemos a sorte de tê-lo tido entre nós por muitos anos, formando e ensinando processualistas brasileiros. O Código de Processo Civil de 1973 tem a sua marca e tem-na também o Código de 2015. No CPC 2015, deram-se passos à frente em vários campos, para resolver problemas que não existiam à época em que foi elaborado o projeto do diploma anterior, como por exemplo, os conflitos de massa ou a excessiva demora dos processos. Abriu-se mão, em certa dimensão, da segurança, em favor da efetividade, na linha da tendência que se vinha revelando evidente ao longo dos mais de vinte anos de reformas pelas quais passou o CPC de 1973. Mas as linhas fundamentais do pensamento de Liebman no que diz respeito à resolução de conflitos individuais estão visivelmente mantidas, tendo-se, até mesmo, incorporado a sua mudança de opinião quanto às condições da ação, com a exclusão da possibilidade jurídica do pedido como hipótese autônoma".

[336] TOSCAN, Anissara. *Preclusão processual civil*: estática e dinâmica. São Paulo: Revista dos Tribunais, 2015.

[337] AMARAL, Paulo Osternack. *Provas*: atipicidade, liberdade e instrumentalidade. São Paulo: Revista dos Tribunais, 2015.

[338] VASCONCELOS, Rita. *Impenhorabilidade do bem de família*. 2. ed. São Paulo: Revista dos Tribunais, 2015.

[339] NIEVA-FENLL, Jordi. *Coisa julgada*. Tradução de Antônio do Passo Cabral. São Paulo: Revista dos Tribunais, 2016.

[340] CAVALCANTI, Marcos de Araújo. *Incidente de resolução de demandas repetitivas (IRDR)*. São Paulo: Revista dos Tribunais, 2016.

[341] SIQUEIRA, Thiago Ferreira. *A responsabilidade patrimonial no novo sistema processual civil*. São Paulo: Revista dos Tribunais, 2016.

[342] OLIANI, José Alexandre M. *Sentença no novo CPC*. São Paulo: Revista dos Tribunais, 2015.

[343] BODART, Bruno V. da Rós. *Tutela de evidência*: teoria da cognição, análise econômica do direito processual e comentários sobre o novo CPC. 2. ed. São Paulo: Revista dos Tribunais, 2015.

[344] CIMARDI, Cláudia Aparecida. *A jurisprudência uniforme e os precedentes no novo Código de Processo Civil brasileiro*. São Paulo: Revista dos Tribunais, 2015.

[345] WELSCH, Gisele Mazzoni. *Legitimação democrática do Poder Judiciário no novo CPC*. São Paulo: Revista dos Tribunais, 2016.

[346] EID, Elie Pierre. *Litisconsórcio unitário*: fundamentos, estrutura e regime. São Paulo: Revista dos Tribunais, 2016.

[347] FRANZONI, Diego. *Arbitragem societária*. São Paulo: Revista dos Tribunais, 2015.

[348] RIBEIRO, Leonardo Ferres da Silva. *Tutela provisória*: tutela a de urgência e tutela de evidência: do CPC/1973 ao CPC/2015, de Leonardo Ferres da Silva Ribeiro. São Paulo: Revista dos Tribunais, 2015.

[349] MINATTI, Alexandre. *Defesa do executado*. São Paulo: Revista dos Tribunais, 2017.

Carolina Batista Cintra;[350] **Cognição sumária, cognição exaustiva e coisa julgada**, de Jose Aurélio de Araújo;[351] **Tutelas de urgência e processo arbitral**, de Mateus Aimoré Carreteiro;[352] **Cognição do juiz na execução civil**, de Heitor Vitor Mendonça Sica;[353] **A lealdade processual na prestação jurisdicional**: em busca de um modelo de juiz leal, de Marcio Carvalho Faria;[354] **Fundamentos da prova civil**: teoria geral da prova e provas em espécie segundo o novo CPC, de Marcelo José Magalhães Bonizzi;[355] **Precedentes vinculantes e a aplicação do direito brasileiro na convenção de arbitragem**, de Márcio Bellocchi.[356] Com este rol de informações coletadas, pode-se conhecer um pouco mais dessa linha doutrinária de direito processual, sendo que, ao lado delas, algumas outras correntes merecem destaque, como se passa a fazer.

3.3. A Escola da Universidade Federal do Rio Grande do Sul[357]

A nova escola criada em solo rio-grandense,[358] e diga-se nova, pois já existe uma Escola Sulista[359] denominada de "Alternativa", que será trabalhada posteriormente, é produto dos estudos realizados no programa de pós-graduação em Direito da Universidade Federal do Rio Grande do Sul, defendida pelo saudoso processualista gaúcho Carlos Alberto Alvaro de Oliveira,[360] em especial

---

[350] CINTRA, Lia Carolina Batista. *Intervenção de terceiro por ordem do juiz*: a intervenção *iussu iudicis* no processo civil. São Paulo: Revista dos Tribunais, 2017.

[351] ARAÚJO, José Aurélio de. *Cognição sumária, cognição exaustiva e coisa julgada*. São Paulo: Revista dos Tribunais, 2017.

[352] CARRETEIRO, Mateus Aimoré. *Tutelas de urgência e processo arbitral*. São Paulo: Revista dos Tribunais, 2017.

[353] SICA, Heitor Vitor Mendonça. *Cognição do juiz da execução civil*. São Paulo: Revista dos Tribunais, 2017.

[354] FARIA, Márcio Carvalho. *A lealdade processual na prestação jurisdicional*: em busca de um modelo de juiz leal. São Paulo: Revista dos Tribunais, 2017.

[355] BONIZZI, Marcelo José Magalhães. *Fundamentos da prova civil*: teoria geral da prova e provas em espécie segundo o novo CPC. São Paulo: Revista dos Tribunais, 2017.

[356] BELLOCCHI, Márcio. *Precedentes vinculantes e a aplicação do direito brasileiro na convenção de arbitragem*. São Paulo: Revista dos Tribunais, 2017.

[357] Na primeira edição havia denominado a Escola de Gaúcha.

[358] Em 1997 já havia horizontes que defendiam a existência desta Escola. Leia-se: ALVARO DE OLIVEIRA, Carlos Alberto. *Elementos para uma nova teoria geral do processo*. Porto Alegre: Livraria do Advogado, 1997. p. 7. Referiu o processualista na época: "O Rio Grande do Sul, apesar de sempre ter contado com juristas de escola, teimou durante muito tempo em oferecer escassa produção científica na área jurídica, muito aquém de suas potencialidades. Essa situação, nada obstante obras de grande significado, agora autênticos clássicos, revela-se totalmente destoante da realidade e só passou realmente a se modificar com a edição do Código de Processo Civil de 1973, catalisador inestimável para que nossos autores saíssem finalmente do casulo. Este impulso fez com que o extremo sul chegasse mesmo a ombrear com os maiores centros culturais do País, não sendo exagerado afirmar ter se criado, mercê da originalidade e riqueza de idéias de grandes mestres, uma escola verdadeiramente riograndense de processo. Outra vertente decisiva para semelhante desenvolvimento verificou-se com a criação, embora tardia, de Cursos de Pós-Graduação stricto sensu em tradicionais escolas gaúchas".

[359] Ressalta-se que não se trata de escola própria do Rio Grande do Sul somente, mas, como o próprio nome demonstra, trata-se de escola da Região Sul do País.

[360] Um pouco da história dessa obra é retratada no recente livro em sua homenagem: MITIDIERO, Daniel; AMARAL, Guilherme Rizzo (Coords.). FEIJÓ, Maria Angélica Echer Ferreira (Org.). *Processo civil*: estudos em homenagem ao professor doutor Carlos Alberto Alvaro de Oliveira. São Paulo: Atlas, 2012. Assim relata Guilherme Rizzo Amaral na apresentação à obra, nas páginas x e xi: "Em 1997, publicou o clássico Do for-

na sua premiada obra, fruto de sua tese de doutoramento, **Do Formalismo no Processo Civil: Proposta de um Formalismo-valorativo**.[361] Aqui também se fala em "nova" no sentido de que, por muito tempo, os processualistas gravitavam ao redor do pensamento que gerou a criação do Instituto Brasileiro de Direito Processual, conforme será analisado em capítulo próprio quando, a luz dos pensamentos de Enrico Tullio Liebman, formou-se quase um consenso sobre a determinação do conteúdo do direito processual, não sendo estranho que no ato de criação do IBDP, em Porto Alegre, grandes nomes do Direito processual estavam juntos, fazendo a lembrança ao de Galeno Lacerda para demonstrar a miscigenação de processualistas que se comprometeram com os ensinamentos de Liebman. Talvez esse tenha sido um dos fatos motivadores da crítica de Carlos Alberto Alvaro de Oliveira[362] sobre o não aproveitamento da potencialidade existente nos processualistas gaúchos durante um longo período, o que fazia questão de enfatizar em seus debates no Programa de Pós-Graduação[363] *stricto sensu* da UFRGS (mestrado e doutorado), vinculada à Faculdade de Direito,[364] da qual era professor titular.

---

malismo no processo civil (Editora Saraiva), hoje na quarta edição brasileira, publicado em língua espanhola (Peru, Editora Palestra, 2007) e em vias de ser publicado na Itália. Nesta obra seminal, apresentada originariamente como sua tese de doutoramento na Universidade de São Paulo (USP) – recebendo nota máxima com louvor (suma cum laude) –, a ideia da ponderação entre os valores efetividade e segurança é abordada de forma absolutamente original. Enquanto, para a doutrina da época, amparada por Cappelletti, a instrumentalidade era a pedra de toque do sistema processual, na obra de Carlos Alberto Alvaro de Oliveira o núcleo e a síntese do sistema encontram-se no entrechoque dos valores efetividade e segurança. Da ideia de que um valor (instrumentalidade) definiria a concepção do processo e seu aprimoramento, passamos a reconhecer que da dinâmica e conflituosa relação entre dois valores (efetividade versus segurança) é que resultará essa mesma concepção e aprimoramento". E continua: "Assim, enquanto na visão tradicional as formas processuais seriam tão somente meios preordenados para a realização dos escopos do processo, para Alvaro de Oliveira o formalismo-valorativo, ou forma em sentido amplo, representa muito mais do que esses meios preordenados: é limite de poderes, faculdades e deveres dos sujeitos processuais, coordenação das atividades processuais, ordenação do procedimento e organização do processo. E, tudo isso, marcado por profunda influência cultural e talhada pelo constante conflito entre os valores efetividade e segurança". Continua afirmando: "A partir de sua terceira edição, a tese ganhou um subtítulo: proposta de um formalismo-valorativo, designando de forma mais precisa a ideia central defendida por nosso homenageado. A concepção desse subtítulo revela também, em detalhe, a grandeza e a humildade de nosso querido professor, que, ao agradecer seus alunos dos cursos de Mestrado e Doutorado da Faculdade de Direito da Universidade Federal do Rio Grande do Sul e exemplificar a contribuição destes para sua obra, afirmou: 'de uma instigante cobrança, formulada por Daniel Mitidiero, a elocução 'formalismo-valorativo' saiu do casulo em que hibernava há tanto tempo em minha cabeça'", e finaliza: "Hoje, a ideia do formalismo-valorativo exerce uma influência crescente, e serve como inspiração para ensaios, dissertações e teses no Brasil e no exterior, inclusive na área da filosofia do direito".

[361] ALVARO DE OLIVEIRA, Carlos Alberto. *Do formalismo no processo civil*: proposta de um formalismo-valorativo. 4. ed. São Paulo: Saraiva, 2010.

[362] Carlos Alberto Alvaro de Oliveira, no prefácio à obra: MITIDIERO, Daniel. *Colaboração no processo civil*: pressupostos sociais, lógicos e éticos. São Paulo: Revista dos Tribunais, 2009. p. 9. De nada adianta o semeador, se a semente não cair em solo fértil e não for de boa qualidade, se a plantação não for bem cuidada e for invadida por plantas nocivas. Assim também o trabalho do formador de ideias, do professor, cuja tarefa fundamental não é só transmitir saber, mas ensinar a pensar crítica e metodicamente a realidade. Perguntas, mais do que respostas. Discussões intelectuais, e não imposição de este ou aquele entendimento. Nada de *magister dixit*. Eis o árduo caminho do saber, que é inalcançável em sua plenitude e está sempre sujeito a dúvidas e incertezas. E o discípulo (que também é o mestre)? O verdadeiro discípulo é o que pensa como Aristóteles: *Amicus Plato, sed magis amica veritas* (Platão é meu amigo, mas a verdade é mais minha amiga).

[363] Para conhecer um pouco mais do programa: <http://www.ufrgs.br/ppgd/>.

[364] Para conhecer um pouco mais da Faculdade de Direito: <http://www.ufrgs.br/direito/>.

A escola ou unidade de pensamento desenvolvida por Carlos Alberto Alvaro de Oliveira, que tem em uma de suas premissas o modo zetético de pensamento, valorando mais a pergunta do que a resposta, como o próprio autor explica em prefácio a uma das obras de seus orientados,[365] tem formado doutores e mestres no programa de pós-graduação em Direito da Universidade Federal do Rio Grande do Sul, dentre eles podendo ser citados Hermes Zanetti Jr.,[366] Daniel Mitidiero,[367] Sérgio Luís Wetzel de Mattos,[368] Klaus Cohen-Koplin,[369] Guilherme Rizzo Amaral,[370] Luis Alberto Reichelt,[371] Eduardo Scarparo,[372] Clóvis Juarez Kemmerich,[373] Francisco Rosito[374] e Pedro Luiz Pozza,[375]

---

[365] BOECKEL, Fabrício Dani de. *Tutela jurisdicional do direito a alimentos*. Porto Alegre: Livraria do Advogado, 2007. p. 10. Refere Carlos Alberto Alvaro de Oliveira: "Nascida da academia, como dissertação de mestrado, a que foi atribuída grau máximo, a obra de Fabrício Boeckel está destinada a servir como notável ferramenta para a prática forense, além de suscitar questões da mais alta relevância no plano dogmático, aspecto a merecer atenta consideração. Como professor orientador, que prega contra o dogmatismo e defende o modo zetético, em que a pergunta é mais importante do que a resposta, e em que a crítica construtiva é considerada tarefa mais importante do verdadeiro intelectual, as divergências que tenho em relação a algumas ideias defendidas no livro só me servem de estímulo à docência e demonstram a bondade do caminho pedagógico trilhado".

[366] Tese publicada: ZANETI JÚNIOR, Hermes. *Processo constitucional*: o modelo constitucional do processo civil brasileiro. Rio de Janeiro: Lumen Juris, 2007. p. 44-45. Refere o autor sobre a fase metodológica: "O processo conforma-se hoje pelo que corretamente começamos a denominar paradigma do 'formalismo valorativo'. Trata-se do resgate da dimensão tópico-problemática para o direito e da compreensão do processo como direito fundamental, ou seja, ver na forma sua capacidade emancipatória e sua vinculação aos valores constitucionais como garantia da liberdade".

[367] Tese publicada: MITIDIERO, Daniel. *Colaboração no processo civil*: pressupostos sociais, lógicos e éticos. São Paulo: Revista dos Tribunais, 2009. p. 17. Já na introdução defende o processualista: "O presente trabalho tem por objetivo propor a construção de um modelo de processo civil conforme as exigências do Estado Constitucional, fazendo-o a partir do marco teórico do formalismo-valorativo. Defende-se aqui que esse modelo de processo corresponde ao processo cooperativo, pautado pelo diálogo judiciário, pela colaboração e pela lealdade entre as pessoas que participam do processo".

[368] Tese publicada: MATTOS, Sérgio Luís Wetzel de. *Devido processo legal e proteção de direitos*. Porto Alegre: Livraria do Advogado, 2009. Refere o autor, na página 134 de sua obra, ao aderir à tese do formalismo-valorativo: "Com isto, 'não há formalismo por formalismo', emergindo, daí, a proposta de um formalismo-valorativo, segundo o qual o que importa é a 'organização de um processo justo', informado pelos valores da efetividade e da segurança jurídica e voltado para a realização da justiça do caso concreto e a pacificação social. A realização da justiça do caso, a pacificação social, a efetividade e a segurança jurídica constituem, pois, os 'valores mais importantes para o processo', vale dizer, os próprios 'fundamentos do formalismo-valorativo'".

[369] Tese ainda não publicada, mas já defendida, denominada de "*Tutela jurisdicional mandamental*".

[370] Tese já publicada: AMARAL, Guilherme Rizzo. *Cumprimento e execução de sentença sob a ótica do formalismo-valorativo*. Porto Alegre: Livraria do Advogado, 2008. p. 8. Já nos agradecimentos aponta o autor a fase a que se filia para a realização da tese, o que também é confirmado pelo próprio título da obra. Refere: "Ninguém, no entanto, teve maior influência e foi mais decisivo para a concepção desta tese do seu orientador, Professor Doutor Carlos Alberto Alvaro de Oliveira. Sua original concepção do formalismo-valorativo foi não apenas ponto de partida, como também bússola do presente estudo, que lhe presta uma singela e, sem dúvida, insuficiente homenagem, ao tentar demonstrar a sua aplicabilidade para a temática específica do cumprimento e da execução das sentenças".

[371] REICHELT, Luis Alberto. *A prova no direito processual civil*. Porto Alegre: Livraria do Advogado, 2009.

[372] Tese já publicada: SCARPARO, Eduardo. *As invalidades processuais civis na perspectiva do formalismo-valorativo*. Porto Alegre: Livraria do Advogado, 2013.

[373] KEMMERICH, Clóvis Juarez. *Sentença obscura e trânsito em julgado*. Porto Alegre: Livraria do Advogado, 2013.

[374] ROSITO, Francisco. *Teoria dos precedentes judiciais*: racionalidade da tutela jurisdicional. Curitiba: Juruá, 2012.

[375] POZZA, Pedro Luiz. *Sentença parcial de mérito*: cumulação de pedidos e o formalismo-valorativo para a celeridade da prestação jurisdicional. Curitiba: Juruá, 2015.

todos com suas teses voltadas a esta fase que acabou denominando de formalismo-valorativo, assim como se podem encontrar dissertações de mestrado com a mesma ótica, como a de Artur Carpes,[376] Daisson Flach,[377] Fernando Rubin[378] e Lucas Pereira Baggio,[379] trabalho este que se sagrou vencedor do prêmio Humberto Theodoro Júnior de Direito Processual Civil. Aliado a esse fator, outros alunos de diferentes programas de pós-graduação também iniciam as defesas de seus trabalhos afirmando a existência de uma quarta fase do processo civil, como pode ser visto na dissertação de mestrado defendida por Guilherme Botelho,[380] mestre pelo programa de pós-graduação da Pontifícia Universidade Católica do Rio Grande do Sul, e Leonardo Santana de Abreu[381] que, embora defendendo igualmente nesta Universidade, traz o pensamento de Carlos Alberto Alvaro de Oliveira, o que se comprova com a dissertação sendo publicada na coleção em homenagem a ele.[382] Outro fato importante que

---

[376] CARPES, Artur. *Ônus dinâmico da prova*. Porto Alegre: Livraria do Advogado, 2010. p. 20. Aduz o autor, ao se referir às fases metodológicas: "Nessa quadra, a doutrina faz perceber a existência de rupturas históricas no desenvolvimento do formalismo processual, dividindo-as em quatro principais endereços culturais: o praxismo, o processualismo, instrumentalismo e, finalmente, o formalismo-valorativo".

[377] FLACH, Daisson. *A verossimilhança no processo civil e sua aplicação prática*. São Paulo: Revista dos Tribunais, 2009. p. 39. Sobre o tema, diz em sua obra: "O processo, no marco do formalismo-valorativo, deve oferecer, dentro das possibilidades, resultado materialmente justo e passível de controle racional, em parâmetros de razoabilidade e proporcionalidade, além da participação no processo com paridade de armas e exercício efetivo do contraditório".

[378] RUBIN, Fernando. *A preclusão na dinâmica do processo civil*. Porto Alegre: Livraria do Advogado, 2010. p. 17-18. Refere o autor, ao relatar sobre as fases metodológicas e a ótica que adotará em seu trabalho: "De fato, presencia-se um momento da ciência do processo – ultrapassada a segunda fase do processualismo (monismo de direito processual), onde se tratou de investigar todos os grandes institutos a fim de autorizar o desenvolvimento de uma autonomia do direito processual, e já bem superada a primeira fase sincretista (monismo de direito material) – de destaque efusivo ao estudo do Processo Constitucional, em busca da articulação de fatores sociais e políticos da jurisdição ao lado dos fatores propriamente jurídicos; em busca da decisão justa ao caso concreto, por meio de procedimento, em contraditório, que auxilie na criação do direito (substancial) declarado e realizado pelo Estado".

[379] Dissertação já publicada: BAGGIO, Lucas Pereira. *Tutela jurisdicional de urgência e as exigências do direito material*. Rio de Janeiro: Forense, 2010. p. 1-2. Refere o autor, na introdução de sua obra: "O presente estudo busca examinar como pode ser prestada a tutela jurisdicional de urgência para atender aos anseios sociais predispostos no plano do direito material, do modo mais efetivo possível, mas sem descuidar da segurança indispensável à justa concretização do Direito. O problema é posto, portanto, no confronto entre valores efetividade e segurança; tensão sensível nos casos emergenciais, que exigem resposta imediata e adequada diante de lesão ou ameaça de lesão a direito. A investigação procura o equilíbrio entre esses valores no exercício da jurisdição, com a observância das exigências decorrentes do direito material. *A análise é desenvolvida em conformidade com o paradigma vigente do formalismo-valorativo*, que compreende o fenômeno jurídico em sua experiência cultural, permeada de valores que deságuam nas respectivas proteções jurídicas – axiologia que não pode ser ignorada para se atingir, no processo, seu escopo de pacificação social com justiça" [grifo nosso].

[380] Dissertação já publicada: BOTELHO, Guilherme. *Direito ao processo qualificado*: o processo civil na perspectiva do Estado constitucional. Porto Alegre: Livraria do Advogado, 2010. p. 55. Refere o autor: "Assim, pode-se afirmar que um quarto e contemporâneo método de pensamento se forma com o processo em seu epicentro, constituindo-se este em um espaço democrático para o debate jurisdicional que visa ao alcance da justiça para o caso concreto. Trata-se de modo de pensar que já integra nosso ambiente cultural por intermédio da doutrina e até mesmo da jurisprudência, todavia, o marco legislativo infraconstitucional ainda não parece bem definido em nosso ordenamento".

[381] ABREU, Leonardo Santana de. *Direito, ação e tutela jurisdicional*. Porto Alegre: Livraria do Advogado, 2011.

[382] A série Estudos de Processo e Constituição na coleção ALVARO DE OLIVEIRA tem as abras acima já referidas, como a de Artur Carpes (n. 1); Fernando Rubin (n. 3); Leonardo Santana de Abreu (n. 4); Eduardo Scarparo (n. 5) e Clóvis Juarez Kemmerich (n. 6). Para se ter uma ideia, a obra nº 2 é de Darci Guimarães Ribeiro, cujas linhas de pesquisa diferem em parte do homenageado, mas que, pela importância da coleção

atesta que escola não tem fronteiras é a tese de Claudio Madureira[383] que, tendo finalizado seu doutorado na PUCSP, o fez sob a ótica do formalismo-valorativo, escrevendo sob os novos fundamentos do processo civil brasileiro.

Mostra-se tão forte a relação criada entre os ex-alunos do programa e o criador da tese que o próprio Carlos Alberto Alvaro de Oliveira[384] dedica sua nota prévia à terceira edição da sua comemorada obra para enaltecer esta relação, assim como para referir que a própria expressão formalismo-valorativo foi criada a partir do constante estímulo intelectual que seus alunos do programa lhe proporcionavam, sendo a maior delas a realizada pelo seu então aluno de doutorado Daniel Mitidiero. Cabe, ainda, referir que referida escola, apesar do falecimento de Carlos Alberto Alvaro de Oliveira,[385] continua seus estudos com o ingresso no programa de pós-graduação em Direito da Universidade Federal do Rio Grande do Sul de Daniel Mitidiero como Professor Adjunto, que tem obrado formar novos pensadores,[386] desenvolvendo uma leitura do processo em conjunto com a teoria geral do Direito, inclusive, com estudos inovadores, como a tese de doutoramento de Júlio Cesar Goulart Lanes,[387] e a partir de

---

e sendo ela de homenagens, não há óbices que outros pensadores, que não o da Escola, publiquem nela. Obra n. 2: RIBEIRO, Darci Guimarães. *Da tutela jurisdicional às formas de tutela*. Porto Alegre: Livraria do Advogado, 2010.

[383] MADUREIRA, Claudio. *Fundamentos do novo Processo Civil brasil*eiro: o processo civil do formalismo-valorativo. Belo Horizonte: Fórum, 2017. p. 18. Sem ainda adentrar na conceituação de formalismo-valorativo, pois guarda capítulo próprio na obra, cumpre fazer o registro das palavras do autor sobre a escola gaúcha: "Com esse objetivo, reporto-me à evolução histórica do Processo Civil Brasileiro, que comporta quatro fases metodológicas – a fase sincrética (praxismo), a fase autonomista (processualismo), a fase instrumentalista (instrumentalismo) e o formalismo-valorativo – contexto em que procuro induzir a compreensão de que a quarta e última fase, conquanto tenha sido projetada pelos adeptos do formalismo-valorativo ainda na vigência do código de 1973, instaura-se, em rigor, com a edição do Código de 2015, que parece adotar as premissas teóricas e as técnicas de atuação propostas por essa singular doutrina concebida pela escola processual gaúcha e adiante assimilada, por influência de Hermes Zaneti Júnior, pelo Programa de Pós-Graduação em Direito da UFES".

[384] ALVARO DE OLIVEIRA, Carlos Alberto. *Do formalismo no processo civil*: proposta de um formalismo-valorativo. 4. ed. São Paulo: Saraiva, 2010. p. 16. Aduz: "Não posso deixar de registrar, finalmente, o estímulo intelectual constantemente recebido das discussões acadêmicas mantidas com os cursos de Mestrado e Doutorado da Faculdade de Direito da Universidade Federal do Rio Grande do Sul. Para dar um exemplo do maior significado: de uma instigante cobrança, formulada por Daniel Mitidiero, a elocução 'formalismo-valorativo' saiu do casulo em que hibernava há tanto tempo na minha cabeça".

[385] O carinho nutrido pelos seus alunos pode ser confirmado com a leitura da edição n. 228, do ano 39, de fevereiro de 2014, da Revista de Processo – Repro –, na qual Daniel Mitidiero, Fredie Didier Jr., e Hermes Zaneti Jr., prestam homenagens póstumas ao processualista, respectivamente, nas páginas 471-472, 473-475 e 477-479.

[386] Tal fato pode ser comprovado com a obra: MITIDIERO, Daniel (Coord.). *O processo civil no estado constitucional*. Salvador: JusPodivm, 2012. Nela, os colaboradores são ex-alunos do coordenador que defenderam suas monografias pensando o Processo Civil a partir de seus ensinamentos. Dentre os escritores estão: João Gabriel Krás Couto, Laura Sirangelo Belmonte de Abreu, Marcela Camargo Savonitti, Otávio Augusto Dal Molin Domit, Otávio Luiz Verdi Motta, Rafael Sirangelo Belmonte de Abreu, Rodrigo Papaléo Fermann, Vanessa Kerpel Chincoli Mitidiero, Vanessa Grazziotin Dexheimer e Vitor de Paula Ramos. Ressalte-se que alguns dos nomes já, inclusive, defenderam suas dissertações de mestrado orientadas pelo coordenador.

[387] LANES, Julio Cesar Goulart. *A inseparabilidade das questões de fato e de direito e o modelo de processo civil cooperativo*. São Paulo: Revista dos Tribunais, 2014. No prelo. A tese foi orientada por José Maria Rosa Tesheiner e coorientada por Daniel Mitidiero, tendo sido aprovada com louvor na banca composta por Luiz Guilherme Marinoni, Elaine Harzheim Macedo, Luiz Rodrigues Wambier, Teresa Arruda Alvin Wambier e pelos orientadores, com recomendação para publicação.

autores com quem tem dialogado dentro e fora do país, como Michele Taruffo,[388]-[389] Pierluigi Chiassoni,[390] Susan Haack[391] e Humberto Ávila.

Diante disso, não mais se apresenta a escola da Universidade Federal do Rio Grande do Sul como uma promessa, pois já se trata de uma escola criada em berço rio-grandense, tendo formado alguns processualistas de renome nacional e internacional, o que atesta, no mínimo, a qualidade dos trabalhos e dos pensamentos que aqui são produzidos. Contudo, como será trabalhado mais adiante quando for descrita a escola paranaense de processo, há uma afinidade incrível dos pensadores desta com alguns professores e alunos da UFRGS, inclusive com alguns escritos em conjunto, afirmação que também pode ser realizada, talvez em menor potência, do contrário, como atesta obras como **Negócios jurídicos processuais no novo CPC**: das consequências do seu descumprimento, de Adriano C. Cordeiro,[392] no qual o autor, em que pese ter mestrado e doutorado pela Universidade Federal do Paraná, utiliza como um dos marcos de sua obra o formalismo-valorativo.

3.4. A Escola Mineira

O Estado de Minas Gerais sempre esteve e continua com uma produção na área de Direito Processual que tem assumido posição, cada vez mais destacada no cenário nacional, em especial com os estudos realizados pelos professores, pesquisadores e alunos do programa de pós-graduação da Pontifícia Universidade Católica[393] daquele Estado. Cumpre referir que esse caldo histórico é antigo, rememorando a fundação da Faculdade Livre de Direito, nos oitocentos, tendo o Estado contado com nomes como Lopes da Costa, Pedro Batista Martins, José Olympio de Castro Filho e Amílcar de Castro e, mais recentemente, podem-se citar Aroldo Plínio Gonçalves, Celso Agrícola Barbi, Ernane Fidélis, Humberto Theodoro Júnior, Ronaldo Cunha Campos e Sálvio de Figueiredo Teixeira, o que culminou, inclusive, com a criação do Instituto de

---

[388] Inclusive, recentemente, Daniel Mitidiero publica uma obra na qual traduz textos de Michele Taruffo: TARUFFO, Michele. *Processo civil comparado*: ensaios. Tradução de Daniel Mitidiero. São Paulo: Marcial Pons, 2013.

[389] Professor na *Università degli Studi di Pavia*.

[390] Professor na *Università degli Studi di Genova*.

[391] Professora na *University of Miami*.

[392] CORDEIRO, Adriano C. *Negócios jurídicos processuais no novo CPC*: das consequências de seu descumprimento. Curitiba: Juruá, 2017. p. 99. Em capítulo próprio sobre o tema, conclui: "Desse modo, impõe-se afstar o formalism incapaz de servir às finalidades básicas do processo, eis que o formalismo excessivo significa denegação da justiça, e se o direito é mais amplo que a lei, o formalism que deve existir é apenas o valorativo".

[393] Uma das obras coletivas que pode ser referida, produzida pelo grupo da PUCMINAS, é: TAVARES, Fernando Horta (Coord.). *Constituição, direito e processo*: princípios constitucionais do processo. Curitiba: Juruá, 2008. Já na apresentação refere o coordenador: "A pesquisa que ora se oferece à crítica é o resultado de pesquisas seminarizadas na disciplina Direito Processual Constitucional, ao nosso encargo, oferecida no Programa de Pós-Graduação da Faculdade Mineira de Direito, da PUCMINAS, em que se enfatizou o estudo dos Princípios Constitucionais como fundantes da Teoria e Técnica Processuais".

Direito Processual, em 11 de novembro de 1983,[394] tendo o mesmo obrado em enfraquecimento nos anos seguintes, com o passamento de Ronaldo Cunha Campos e com a nomeação de Sálvio de Figueiredo Teixeira para ocupar o cargo de Ministro do Superior Tribunal de Justiça, o que não abalou um grupo de alunos e ex-alunos dos fundadores e demais membros, tentando, em 2015, resgatar o IDPro com sua refundação, a partir de novos encontros para discussão de quais são suas bases de sustentação na atualidade,[395] tendo encontrado, nas palavras de João Otávio de Noronha,[396] em prefácio à obra, uma mensagem que lhe garante um ressurgimento em elevada estima, associando o IDPro, na atualidade, ao nome de Humberto Theodoro Júnior, que junta a história das três décadas do Instituto. Também é de se deixar registrado o alerta de Alexandre Freitas Câmara[397] que, na versão comercial de sua tese de doutoramento, faz questão de demonstrar que a Escola Mineira de Processo encontra já extraterritorialidade do Estado de Minas Gerais já faz algum tempo.

Mas o Estado de Minas Gerais, como bem referido, é berço de processualistas, e, numa outra vertente que tem-se mostrado bastante significativa, há

---

[394] JAYME, Fernando Gonzaga; GONÇALVES, Gláucio Maciel; FARIA, Juliana Cordeiro de; FRANCO, Marcelo Veiga; ARAÚJO, Mayara de Carvalho; CREMASCO, Suzana Santi (Orgs.). *Processo Civil brasileiro*. Belo Horizonte: Del Rey, 2016. p. 13. São as palavras dos organizadores: "Minas Gerais tem um papel importante – e de reconhecido destaque – na história do desenvolvimento do Direito Processual Civil brasileiro. Desde a fundação da Faculdade Livre de Direito, em 1892, o Estado foi berço dos ensinamentos de Lopes da Costa, Pedro batista Martins, José Olympio de Castro Filho e Amílcar de Castro. Em tempos mais próximos, teve entre os seus expoentes professores como Humberto Theodoro Júnior, Ronaldo Cunha Campos e Sálvio de Figueiredo Teixeira, para quem 'nunca faltou na historiografia do Direito Processual Civil em Minas Gerais processualistas de escol, nomeada e talento, assim como obras e estudos de marcante qualidade nesse importante campo da ciência jurídica", e continuam: "E é a quatro desses 'processualistas de escol, nomeada e talento' – Professores Alberto Deodato Filho, Humberto Theodoro Júnior, Ronaldo Cunha Campos, além do próprio Sálvio de Figueiredo Teixeira – aos quais se deve a fundação do Instituto de Direito processual, em 11 de novembro de 1983".

[395] Idem, p. 14. Aduzem: "O falecimento do Professor Ronaldo Cunha Campos, em 1987, e a nomeação do Professor Sálvio de Figueiredo como Ministro do Superior Tribunal de Justiça, em 1989, fizeram com que os encontros se escasseassem, o que não representou, absolutamente, rompimento com o compromisso de pensar e construir o direito processual pátrio tendo por base os pilares de efetividade e justiça", e concluem: "Para tanto, durante o ano de 2015, os alunos e ex-alunos Délio Mota de Oliveira Júnior, Guilherme Costa Leroy, Marcelo Veiga Franco, Suzana Santi Cremasco e Victor Barbosa Dutra, com a participação efetiva dos Professores Fernando Gonzaga Jayme e Juliana Cordeiro de faria e com o apoio incondicional do Professor João Alberto de Almeida, passaram a realizar sucessivos encontros, visando a refundar o IDPro, a traçar as diretrizes fundamentais deste recomeço e a difundir o pensamento de um direito processual civil atento às necessidades da comunidade – jurídica e não jurídica".

[396] Idem, p. 17. João Otávio de Noronha, no prefácio, afirma: "Criado há três décadas, o IDPro, após intervalo de suas atividades, ressurge com seu propósito originário de pensar o direito processual e investigar soluções para as carências que se perpetuam historicamente em razão da liturgia processualista, da prodigalidade recursal e do alto grau de litigiosidade, conjunto de fatores que sempre afetaram sensivelmente a celeridade da Justiça, evidenciando o descompasso entre o excesso de leis processuais e sua inoperância", para finalizar: "À obra que inaugura a nova fase inevitavelmente se associa o nome de Humberto Theodoro Júnior, um dos fundadores do Instituto e integrante da comissão de juristas que elaborou o anteprojeto do CPC/2015, processualista cuja notoriedade acadêmico-científica o recomendou para a coordenação geral desta edição".

[397] CÂMARA, Alexandre Freitas. *Levando os padrões decisórios a sério*: formação e aplicação de precedentes e enunciados de súmula. São Paulo: Atlas, 2018. p. VII. Escreve: "Este livro corresponde à minha tese de doutoramento, defendida junto à Faculdade Mineira de Direito da Pontifícia Universidade Católica de Minas Gerais (PUC-Minas). Nessa instituição encontrei o ambiente perfeito para desenvolver a pesquisa que deu origem a este trabalho, mas espero seja útil para a comunidade juridical brasileira. Na PUC-Minas, pude ter certeza de que a assim chamada 'Escola Mineira de Direito Processual' não é só mineira, e que o Rio de Janeiro pode a ela se juntar (e vale aqui lembrar que o grande Lopes da Costa, que se tornou conhecido como um processualista das Minas Gerais, era carioca)".

outros estudos realizados que merecem referência, ainda mais que trabalham sob uma ótica de que o processo é instrumento de democracia. Rosemiro Pereira Leal[398] aponta, com estudos sérios e complexos, como um dos mestres de uma escola que denomina de neoinstitucionalista[399]-[400] de processo, em contrapartida – e aqui se leia rompimento[401] – às demais escolas já existentes no Brasil. Ela, apesar de já existir algum tempo, é ainda pouco difundida no resto do Brasil em comparação com a Escola Paulista, mas goza de amplo prestígio dentro de seu Estado, contando com inúmeros adeptos e pensadores de peso. De outro lado, note-se que no prefácio à versão comercial da tese de doutorado de Dierle José Coelho Nunes, defendida na Pontifícia Universidade Católica de Minas Gerais, Marcelo Andrade Cattoni de Oliveira[402] aponta que referido trabalho representa um ponto altíssimo na construção de uma escola mineira de Direito processual, o que é referendado pelo apresentador da obra, Nicola Picardi,[403] ao referir que o autor cria um modelo processual próprio, o que determina a existência de dois pensamentos um pouco diversos sobre o modo de se pensar o processo em berço mineiro, o que legitima um questionamento se não haveria duas unidades de pensamento distintas em Minas Gerais.

---

[398] LEAL, Rosemiro Pereira. A principiologia jurídica do processo na teoria neo-institucionalista. In: TAVARES, Fernando Horta (Coord.). *Constituição, direito e processo*: princípios constitucionais do processo. Curitiba: Juruá, 2008. p. 281-290. p. 284. Veja-se o trecho a seguir para compreender que não se consegue ler os escritos da Escola sem se aprofundar no texto: "A teoria *neo-institucionalista* do processo conjectura, à sua compreensão, a pré-instalação de um *pacto* de significância (paradigma discursivo-lingüístico) como teoria da constitucionalidade (teoria axial), a regenciar e balizar a construção, aplicação e extinção do *direito* que reclama, por conseguinte, ao seu exercício, falantes *di-alógicos* (*legitimados ao processo*) que adotem princípios autocríticos: *contraditório, ampla defesa e isonomia*".

[399] Na primeira edição denominei de *Escola Mineira de Processo*.

[400] LEAL, Rosemiro Pereira; ALMEIDA, Andréa Alves de (Orgs.). *Comentários críticos à exposição de motivos do CPC de 1973 e os motivos para a elaboração de um novo CPC*. Franca: Lemos e Cruz, 2010. p. 30. "Foi difícil aos colaboradores do trabalho que ora se publica discorrer sobre os conteúdos temáticos de abordagem à EXPOSIÇÃO DE MOTIVOS DO CPC de 1973 em vigor, porque há uma extensa bibliografia processual do país de alinhamento persistente a escolas da 'ciência processual' civilística e positiva que barram os esforços de uma nova geração de estudiosos à compreensão e aprofundamento dos marcos teóricos de um *direito processual democrático* só recentemente em cogitação pelas vertentes constitucionalista, neoconstitucionalista e *neoinstitucionalista* do Direito Processual".

[401] LEAL, Rosemiro Pereira. *A teoria neoinstitucionalista do processo*: uma trajetória conjectural. Belo Horizonte: Arraes, 2013. p. XII. O prefaciador da obra, André Cordeiro Leal, assim expõe sobre a diferença entre o pensamento neoinstitucionalista e os das demais Escolas: "Essa responsabilidade é, no entanto, redobrada, porque, como se sabe, a teoria neoinstitucionalista do processo, além de complexa em seus conteúdos informativos, rompe, radicalmente com as linhas e escolas tradicionais do pensamento jurídico, provocando, como seu autor reconhece, as mais variadas reações nos que com ela se deparam".

[402] NUNES, Dierle José Coelho. *Processo jurisdicional democrático*: uma análise crítica das reformas processuais. Curitiba: Juruá, 2008. p. 33. Aponta o prefaciador: "Com certeza, esta importante obra científica do Professor Doutor Dierle José Coelho Nunes representa um dos pontos mais altos de maturidade acadêmica alcançados no sentido da construção de uma Escola Mineira de Direito Processual no seu compromisso maior com a consolidação do Estado Democrático de Direito entre nós. Um belo e inestimável presente que é oferecido à Ciência do Direito Processual, nos vinte anos da Constituição da República Federativa do Brasil de 1988".

[403] NUNES, Dierle José Coelho. *Processo jurisdicional democrático*: uma análise crítica das reformas processuais. Curitiba: Juruá, 2008. p. 27. Aduz: "Richiamandosi, quindi, soprattutto alla concezione procedimentale dello Stato di diritto di Habermas, l'A. propone un *modello democratico de processo* basato sul *policentrismo*, una partecipazione legittima e costante di tutti i soggetti Che partecipano al processo, senza la mínima connotazione gerarchica, Nunes respinge, infatti, ogni forma di sottomissione delle parte al giudiche, cosi come si è storicamente formata con il prevalere *dell'ordine asimmetrico*; postula, invece, línterdipendenza e la compartecipazione fra tutti i soggetti processuali in um'ottica *isonomica*".

O mesmo Marcelo Andrade Cattoni de Oliveira,[404] prefaciando outra tese de doutorado defendida por André Cordeiro Leal, afirma, novamente, a existência do que chama de escola mineira de processo que, nas palavras de Ronaldo Brêtas de Carvalho Dias,[405] já ganha a simpatia de professores de outros programas de fora do Estado, como o caso de Joseli Lima Magalhães, da Universidade Federal do Piauí. Ocorre que resta difícil de cindir os pensamentos em duas escolas distintas, afirmação que havia feito em edições passadas, mas que tive que refluir, tendo em vista que, vez que outra, seus autores escrevem livros em conjunto, o que faz parecer existir uma só escola, que congrega pontos de convergência e de divergência. Em recente publicação, isso ocorreu novamente, bastando analisar que Ronaldo Brêtas de Carvalho Dias[406] coordena obra em conjunto com Carlos Henrique Soares e, num dos artigos, há o escrito de Rosemiro Pereira Leal.[407]

Dierle José Coelho Nunes,[408] em capítulo de sua tese que nomina de *Contribuições da escola mineira de Direito processual da PUC-Minas*, refere que há mais de 10 anos a Pontifícia Universidade Católica de Minas Gerais vem desenvolvendo uma reconstrução da dogmática processual a partir do novo marco constitucional que é o Estado Democrático de Direito, citando entre os autores que desenvolvem o tema Marcelo Andrade Cattoni de Oliveira, Rosemiro Pereira Leal, Ronaldo Brêtas de Carvalho Dias, Flaviane Magalhães de Barros, Vicente de Paula Maciel Junior, José Marcos Rodriguez e Fernando Horta Tavares. Aqui a preocupação de se saber se existem ou não duas Escolas, quando o autor[409] aponta que alguns desses autores, e delineia como sendo Marcelo Andrade Cattoni de Oliveira e Flaviane Magalhães de Barros, têm uma perspectiva democrática procedimentalizada, tendo como base a teoria de Jürgen Habermas. Os integrantes dessa vertente, do mesmo modo como as outras, têm preocupação alicerçada na onda da constitucionalização do processo. Um dos pensamentos que se sobressaem da escola é de que as partes constroem a decisão judicial por meio do diálogo com o juiz, seguindo uma linha de raciocínio introduzida pelo filósofo alemão Jürgen Habermas[410] com sua

---

[404] O texto do autor citado está no prefácio da obra: LEAL, André Cordeiro. *Instrumentalidade do processo em crise*. Belo Horizonte: Mandamentos, FUMEC, 2008. p. 17. Descreve assim a Escola: "Mais uma vez, André Leal inova e renova a Ciência do Direito Processual brasileira, em total consonância com o projeto permanente e aberto de construção do Estado democrático de direito entre nós, e decisivamente contribui para consolidar, nos vinte anos da Constituição da República de 1988, uma grande Escola Mineira do Direito Processual".

[405] MAGALHÃES, Joseli Lima. *Temas de direito processual democrático*. Teresina: EDUFPI, 2012. p. 5. Ronaldo Brêtas de Carvalho Dias expõe a afirmação no prefácio à obra.

[406] DIAS, Ronaldo Brêtas de Carvalho; SOARES, Carlos Henrique (Coords.). *Técnica processual*. Belo Horizonte: Del Rey, 2015.

[407] LEAL, Rosemiro Pereira. Da técnica procedimental à ciência processual contemporânea. *in Técnica processual*. Ronaldo Brêtas de Carvalho Dias e Carlos Henrique Soares (Coords.). Belo Horizonte: Del Rey, 2015. p. 1-22.

[408] NUNES, Dierle José Coelho. *Processo jurisdicional democrático*: uma análise crítica das reformas processuais. Curitiba: Juruá, 2008. p. 202. Os autores estão citados na nota de rodapé 175.

[409] Idem. p. 202.

[410] DUTRA, Delamar José Volpato. Habermas. In: PECORARO, Rossano (Org.). *Os filósofos*: clássicos da filosofia: de Ortega Y Gasset a Vattimo. Petrópolis, RJ: Vozes; Rio de Janeiro: PUC-Rio, 2009. v. III. p. 304-321. p. 304. "Jürgen Habermas nasceu em Düsseldorf em 18/06/1929. Estudou nas universidades de Göttingen,

conhecida teoria do discurso, sendo que, não poucas vezes, a escola também é conhecida como Escola *Habermasiana* de processo. A importância da utilização da teoria do filósofo alemão é explicada por André Del Negri,[411] outro nome de destaque dentro da escola, que relata a importância de se assegurar um discurso permanente no processo como forma de se garantir uma sociedade democrática.

Já na outra vertente doutrinária de Minas Gerais, o expoente maior é Rosemiro Pereira Leal, cujas obras **Processo como Teoria da Lei Democrática**[412] e **Teoria Geral do Processo**,[413] que se encontra já em sua décima segunda edição,[414] abordam o processo e a teoria geral, indo além da teoria de Karl Popper,[415] da qual em parte se baseia epistologicamente, reconstruindo inéditas reflexões, como refere André Cordeiro Leal.[416] A Escola inicia a demonstrar sua força na nova geração de processualistas pela densa obra **Comentários Críticos à Exposição de Motivos do CPC de 1973 e os Motivos para Elaboração de um Novo CPC**,[417] donde conta com a colaboração do próprio Rosemiro Pereira Leal que, além de escrever, coordena e organiza a obra, assim como de: Adriane Luisa Vieira Trindade, Ana Flávia Sales, Ana Paula Pereira da Silva, André Araújo do Pinho, Aline de Souza Lima Dias Paes Nahass, Andréa Alves de Almeida,[418] Carlos Henrique de Morais Bomfim Júnior, Carolina Fagundes Cândido, Cíntia Batista Pereira, Charley Teixeira Chaves, Christiano Rodrigo

---

Zurique e Bonn. Em 1953 publica Mit Heidegger gegen Heidegger denken: Zur Veröffentlichung von Vorlesungen aus dem jahre 1935. Doutorou-se em Bonn em 1954 com a tese O absoluto e a história. Consegue sua habilitação para professor em 1962 com a tese Mudança estrutural da esfera pública".

[411] DEL NEGRI, André. *Processo constitucional e decisão interna corporis*. Belo Horizonte: Fórum, 2011. p. 41. Inicia o autor: "As sociedades totalitárias são avessas ao debate. Silenciam o discurso dos atores sociais, tanto quanto. Em face dessa não possibilidade de manifestar opinião, o outro é anulado. Por isso, a importância de estudos que buscam a emancipação dos indivíduos num contexto que privilegie a pluralidade de vozes e de visões de mundo. Daí a importância da *teoria da democracia*, das soluções legítimas para os problemas sociais, da 'inclusão do outro', da contestação da racionalidade, das 'sociedades abertas', de uma razão dialogal, e não subjetiva, de decisões compartilhadas e não solitárias. É dessa forma que o princípio do discurso se transforma em democracia, e eu não gostaria de encerrar esse tópico sem fazer alusão clara à importância da *teoria neoinstitucionalista do processo* na democracia. Aí está o ponto". E continua: "Em meio a esse arrazoado de argumentos, aquilo que foi validade em parlamento deve ser legitimado pelo estudo crítico. É nessa possibilidade de levantamento do discurso de pretensão de verdade, veracidade e correção normativa, poderemos trabalhar a legitimidade do Direito, a democratização dele". Para finalizar: "Para tanto, a partir do momento que o projeto de construção de uma sociedade democrática passa por uma revisitação-fiscalização permanente, como forma de integração social (Habermas), o princípio do discurso necessariamente tem que ser assegurado pelo Direito, em especial, no nosso ensaio, pelo *direito processual constitucional* (recinto que garante a isonomia argumentativa e simultânea)".

[412] LEAL, Rosemiro Pereira. *Processo como teoria da lei democrática*. Belo Horizonte: Fórum, 2010.

[413] LEAL, Rosemiro Pereira. *Teoria geral do processo*: primeiros estudos. 9. ed. Rio de Janeiro: Forense, 2010.

[414] O autor trabalhou com a 9ª edição para este estudo, sendo a 12ª de 2014.

[415] Para compreender mais do autor, recomenda-se a leitura de: POPPER, Karl. *Conjecturas e refutações*: o desenvolvimento do conhecimento científico. Tradução de Benedita Bettencourt. Coimbra: Almedina, 2006.

[416] LEAL, Rosemiro Pereira. *A teoria neoinstitucionalista do processo*: uma trajetória conjectural. Belo Horizonte: Arraes, 2013. p. XII. Aduz: "Ao contrário do que possa pensar o leitor menos atento das obras de Rosemiro Pereira Leal, e como se lê do texto que ora se apresenta, as conjecturas da teoria neoinstitucionalista do processo, embora partam da epistemologia popperiana, não reproduzem as teses do pensador austríaco, mas as aproveitam e as reconstroem para inéditas reflexões sobre o direito democrático".

[417] LEAL, Rosemiro Pereira; ALMEIDA, Andréa Alves de (Orgs). *Comentários críticos à exposição de motivos do CPC de 1973 e os motivos para a elaboração de um novo CPC*. Franca: Lemos e Cruz, 2010.

[418] Que também, juntamente com Rosemiro Pereira Leal, organiza a obra.

Gomes de Freitas, Cristiano de Oliveira Ferreira, Daniel Secches Silva Leite, Débora Carvalho Fioratto, Gustavo de Castro Faria, Fabrício Veiga Costa, Joseli Lima Magalhães, Juliana Matos Ferreira, Leonardo Campos Victor Dutra, Leonardo Cardoso de Magalhães, Natália Chernicharo Guimarães, Pablo de Almeida Padrão, Paula Fonseca Martins da Costa, Priscila Aparecida Borges Camões, Renata Cristina Vilela Nunes, Roberto Apolinário de Castro Júnior, Talita Viza Dias, Vinícius Diniz Monteiro de Barros e Welington Pereira. Note-se que já nos idos de 2004, alguns pensadores dessa unidade de pensar o processo,[419] ainda muito jovem, já apresentava um volume IV de estudos em teoria do processo, coordenada pelo seu atual mestre. Outro interessante fato a ser relatado é a recente *Coleção Estudos da Escola Mineira de Processo*, que conta com desdobramentos teóricos e técnicos para uma reformulação dos institutos do direito processual que superem os resquícios autoritários ainda existentes na doutrina, contando com obras de mestres e doutores, como exposto na apresentação à coleção.[420] Já foram publicadas algumas obras como: **Introdução aos fundamentos da processualidade democrática**, de Roberta Maia Gresta,[421]

---

[419] LEAL, Rosemiro Pereira (Coord.). *Estudos continuados de teoria do processo*: a pesquisa jurídica no curso de mestrado em direito processual. Porto Alegre: Síntese, 2004. p. 7. A obra contem artigos de: Alberico Alves da Silva Filho, Andréa Alves de Almeida, Camilo José d´Ávila Couto, Carlos Henrique Soares, Dierle José Coelho Nunes, Gustavo Torres Soares, Humberto Leandro de Melo e Souza, Leonardo Goulart Pimenta, Leonardo Oliveira Soares, Manuel Bravo Saramago, Marcelo Henrique Couto França e Renata Caldas Fagundes. É de ser ressaltado, também, parte da apresentação que já aponta para a criação de uma Escola de Processo. Refere o autor: "Com a abertura pioneira do Doutorado e Mestrado em Direito Processual da PUC/MG, Minas Gerais retoma a pesquisa científica nessa área importante do Direito, voltada à revisitação de temas que já estão a suplicar teorizações diferenciadas. É que o Direito Processual sofreu intensas transformações pela deslocação de seu eixo epistemológico em todo o mundo, tendo em vista o movimento constitucionalista de 1980 que, finalmente vitorioso, adotou os direitos fundamentais do contraditório, da isonomia, da ampla defesa e do direito do advogado, como base angular do Estado Democrático de Direito, que se rege por princípios jurídicos de legalidade e legitimidade, instituídos pelos atos estruturais da Comunidade Política de Direito Democrático em suas feições nacionais e supranacionais. A jurisdição, em seu conceito autocrático, de atividade decisória de realização de um direito pretensamente justo, cede lugar ao processo como instituição constitucionalizada e referente lógico-jurídico de legitimação de atuação jurisdicional e judicacional na democracia".

[420] GRESTA, Roberta Maia. *Introdução aos fundamentos da processualidade democrática*. Rio de Janeiro: Lumen Juris, 2014. p. XI-X. Não consta o nome do apresentador, mas refere à passagem: "A Escola Mineira de Processo da Pontifícia Universidade Católica de Minas Gerais se distingue por oferecer alternativas consistentes à abordagem instrumentalista do processo. A linha de pesquisa de sua pós-graduação *stricto sensu*, denominada O Processo na Construção do Estado Democrático de Direito, congrega estudiosos em torno de teorias (estruturalista, modelo constitucional de processo e neoinstitucionalista) que têm em comum a priorização das garantias processuais do cidadão. Com isso, a Escola Mineira de Processo suscita debates atuais e de repercussão prática, que têm encaminhado a reformulação dos institutos de Direito Processual com superação de resquícios autoritários ainda frequentes na doutrina clássica", e continua: "A proposta científica da Coleção Estudos da Escola Mineira de Processo é disponibilizar ao público desdobramentos teóricos e técnicos dessa original contribuição da Escola Mineira de Processo, por meio da publicação de obras de autoria de Mestres, Doutores em Direito Processual pela PUC-Minas. Os autores, além de deterem a titulação, são atuantes no âmbito acadêmico, como professores de graduação e pós-graduação em diversas instituições de ensino, e também no âmbito profissional, na advocacia, na assessoria jurídica de tribunais e na magistratura, em diversos ramos Dio direito", e ainda refere: "Essa formação diversificada permite que cada obra apresente uma abordagem arejada e autêntica de tema de relevante interesse do meio jurídico. O Objetivo é oferecer a estudantes, acadêmicos e profissionais sólidos subsídios para o aprendizado e a prática do Direito Processual em um contexto democrático", para, então, finalizar: "A Coleção Estudos da Escola Mineira de Processo é uma proposta editorial em permanente incremento, pelo acréscimo de novos títulos que acompanhem a produção acadêmica de Mestres e Doutores formados pela PUC-Minas".

[421] GRESTA, Roberta Maia. *Introdução aos fundamentos da processualidade democrática*. Rio de Janeiro: Lumen Juris, 2014.

volume 1; **O ônus da prova no processo democrático**, de Camilla Mattos Paolinelli,[422] volume 3, assim como não se podem deixar de referir algumas outras obras que devem ser mencionadas, pois expõem o pensamento da escola mineira de processo, como a **Processualidade jurídica & legitimidade normativa**, de Andréa Alves de Almeida.[423]

Uma advertência própria de Rosemiro Pereira Leal é feita na abertura de sua mais nova obra que historia um pouco dos anos de pesquisa que deram guarida à criação da teoria neoinstitucionalista do processo, sendo que, pela importância do rompimento com o que já se conhece das teorias que tentam explicar o fenômeno processual, nada melhor que repeti-la, na íntegra,[424] para que o leitor se sinta curioso de ir atrás de mais estudos para tentar compreender algo tão complexo como é a referida teoria.

3.5. Escola Pernambucana ou de Recife

Num país de dimensões estratosféricas como o Brasil, não há como afirmar não existirem diversas formas de culturas, tendo, pois, conforme já

---

[422] PAOLINELLI, Camilla Mattos. *O ônus da prova no processo democrático*. Rio de Janeiro: Lumen Juris, 2014.

[423] ALMEIDA, Andréa Alves de. *Processualidade jurídica & legitimidade normativa*. Belo Horizonte: Fórum, 2005. p. 15. Rosemiro Pereira Leal, em prefácio à obra de 2005, já refere sobre os ares escolásticos de Minas Gerais: Escreve: "É mesmo de se agradecer à PUC Minas o vanguardismo da instalação de um centro de Excelência Científica em PROCESSO em níveis de Mestrado e Doutorado, que ensejou a produção desta obra (não mias texto), que certamente marcará os estudos avançados do DIREITO PROCESSUAL no Brasil em busca infatigável da teorização e compreensão da Sociedade Democrática da pós-modernidade a ser viabilizada por gerações de pensadores presentes e futuros que certamente não confundirão pesquisa científica com reprodução de conhecimentos por achamento de textos".

[424] LEAL, Rosemiro Pereira. *A teoria neoinstitucionalista do processo*: uma trajetória conjectural. Belo Horizonte: Arraes, 2013. p. 1. Refere: "O que vai ser exposto neste ensaio há de ser lido sem preconceitos e com muitos cuidados. A minha *teoria neoinstitucionalista do processo* dá seguimento às conjecturas de Popper, migradas, à minha instância, para a área jurídica, sobre a sociedade aberta, a miséria do historicismo e principalmente sobre o seu método de encaminhar o conhecimento científico: o falseasionismo (falseabilidade). É um ensaio que deve contrariar as expectativas dos culturalistas (sociologistas) em seus variados saberes e especialidades acadêmicas. O risco que se corre com o que será dito é a ira indomável dos prosélitos do positivismo, dos líderes carismáticos, dos tradicionalistas e burocratas weberianos principalmente dos hegelianos que têm fé na racionalidade da história e creem firmemente no milagre do tempo curativo de todos os males, dos escatologistas de todas as índoles, dos fatalistas morais, enfim dos 'filósofos de crença'. Claro que aqui se incluem os 'agóricos' (os demagogos de fala nua), os arautos das artes e dos esportes como produtos sublimes da humanidade – essa humanidade kantiana que é pré-fundada numa suposta sociedade universal, cujos impregnados por uma vontade benévola voltada à prática do Bem (a Moral), devendo ser punidos, como forma de recuperação de sua cidadania, até mesmo coma a pena de morte, se transgredirem esses irrecusáveis desígnios de desvelamento da paz perpétua credularmente intrínseca a 'natureza' humana". E continua: "A única coisa que restará ao autor deste ensaio é a esperança de que a ousadia teórica das conjecturas a serem alinhavadas não caia, ante as novas gerações de estudiosos, na vala comum e reacionária de considerarem a *teoria neoinstitucionalista do processo* uma incursão elitista ou burguesa. Nos tempos atuais em que a estratégica preservação da pobreza, do obscurantismo, do aprofundamento continuado e midiático da imbecilização coletiva, do incentivo (premiação) ao crescimento das populações condenadas ao holocausto da ignorância, dos regimes totalitaristas ou disfarçadamente democráticos, da apologia das musculaturas olímpicas, da plasticidade corporal, da magia do imaginário desportivo e musical, do culto aos líderes carismáticos, da multiplicação das seitas, das guerras corretivas e de toda a sorte de perversidades sociais que já se celebrizam com o nome emblemático de 'sociedade complexa', falar em teorias que possam acenar novos caminhos para o homem é tarefa perigosa em face do dissabor dos que lucram escandalosamente com o vegetativo crescimento dos conflitos humanos e da tragédia estrutural a que estamos condenados por nossa própria omissão de pensar (pesquisar) os graves e milenares problemas da humanidade.

analisado, um multiculturalismo muito rico. De fato, isso faz com que não exista um pensamento homogêneo por essas diversidades culturais, o que deságua nas várias formas de pensar, não escapando o Direito e, no caso, o processo, desta heterogeneidade. Com isso, pode-se afirmar que ao lado da grande tríade de escolas já apresentadas – Paulista, da Universidade Federal do Rio Grande do Sul e Mineira –, outras existem e devem ser tratadas com grande respeito em razão de que seus estudos já influenciaram grandes temas de processo e podem continuar a fazer grandes contribuições a este debate. A primeira que se poderia lembrar, e até em razão de um resgate histórico com sua importância para o crescimento do estudo do Direito e do processo no Brasil, sendo uma das mais antigas Escolas, é a Pernambucana ou de Recife.[425] Conforme aponta Cândido Rangel Dinamarco,[426] antes da chegada de Liebman no Brasil, um dos grandes pensadores do processo era Francisco Paula Baptista,[427] pernambucano, que à sua época de pensar não encontrou unicidade por razões históricas de conquistas europeias em solo brasileiro, encontrando, nas palavras de Ada Pellegrini Grinover,[428] forças para ser considerado como o grande marco da história do direito processual brasileiro. Francisco Paula Batista tem reconhecimento de grandes autores, como a processualista Ada Pellegrini Grinover, e seu nome foi colocado ao lado de grandes juristas, como Tobias Barreto e Clóvis Beviláqua, conforme expõe Jônatas Luiz Moreira de Paula.[429]

---

[425] MERCADANTE, Paulo. *Tobias Barreto*: o feiticeiro da tribo. Rio de Janeiro: UniverCidade, 2006. p. 282. "Fortaleceu-se a chamada Escola do Recife, cuja designação leva-nos, necessariamente, à definição de escola. A rigor, tratava-se de intelectuais, tendo não só tendências comuns, como certa característica de organização, correspondência e encontros, reuniões pelo menos informais. O grupo estava disperso em atividades outras, porém se manifestando".

[426] DINAMARCO, Cândido Rangel. *Fundamentos do processo civil moderno*. 6. ed. São Paulo: Malheiros, 2010. v. I. p. 34. Aduz Dinamarco: "Mercê dessas e outras variantes histórico-culturais tantas vezes contadas, o direito brasileiro do tempo da chegada de Liebman era extremamente diverso daquele conhecido e vivenciado pelos europeus continentais, especialmente em razão de suas premissas metodológicas e sistemáticas nem sempre coincidentes e também porque aqui inexistia um pensamento processualístico organizado em escola. Alguns processualistas haviam obtido destaque na cultura brasileira, especialmente o pernambucano Paula Baptista, o carioca Machado Guimarães e os paulistas João Mendes Jr. e Gabriel Rezende Filho, mas faltava uma unidade de pensamento e de rumos, mercê, principalmente da escassa inserção nas conquistas que em terras européias já caminhavam em ritmo acelerado e com muita riqueza. E daí as surpresas do Mestre, em face das características de nosso sistema processual e (embora ele jamais o haja dito) também do baixo índice de desenvolvimento".

[427] Historiando um pouco da vida do processualista, leia-se Alessandro Hirato, disponível em: <http://www.cartaforense.com.br/conteudo/colunas/o-processualista-francisco-de-paula/9343>. Acesso: 25.06.2014.

[428] GRINOVER, Ada Pellegrini. *O processo em evolução*. 2. ed. Rio de Janeiro: Forense, 1998. p. 3. Refere: "A história do direito processual brasileiro começa em meados do século passado, com a figura ímpar de Paula Batista, mestre da Faculdade de Olinda e Recife, ainda hoje altamente considerado pela profunda percepção de problemas fundamentais do processo civil (ação, demanda, execução), descortinando horizontes desconhecidos pela próprio processualística européia da época".

[429] PAULA, Jônatas Luiz Moreira de. *História do direito processual brasileiro*: das origens lusas à escola crítica do processo. Barueri: Manole, 2002. p. 352-353. Refere: "Também conhecida por Escola do Recife, contudo prefere-se a primeira denominação por também abranger os pensadores da Faculdade de Olinda. A Escola Pernambucana teve seu auge na segunda metade do século XIX e início do século XX, razão pela qual foi fortemente influenciada pelas idéias alemãs, que representavam a modernidade da época, como Ihering, Kölher e Herman Post. Teve a frente Tobias Barreto, Clóvis Beviláqua, Sílvio Romero, Martins Júnior, Artur Orlando, Adolfo Tarcio da Costa Cirne, Pedro Cirne, Graça Aranha e Francisco Paula Batista".

Em que pese ter gozado de grande prestígio, a escola Pernambucana, ou também conhecida escola de Recife,[430] não é mais aquela de outrora em termos de representação nacional, restando, pois, lembrada mais por sua força histórica[431] na formação de grandes juristas do que pelos dias atuais, não se mostrando mais uma escola da força como a que tinha entre meados do século XIX e início do século XX.

3.6. A Escola Alternativa e sua vertente processual

Ainda para Jônatas Luiz Moreira de Paula, podem-se referir mais três Escolas brasileiras: (*i*) a do Direito Alternativo,[432] (*ii*) a Escola Paranaense e (*iii*) a Escola Crítica do processo, cuja matriz também tem seu nascedouro na Escola Paranaense. Neste momento, analisa-se a primeira das três que na esteira aludida pelo autor[433] sendo ela uma Escola criada ainda nos anos 70 do século passado, cuja nascente foi no Estado do Rio Grande do Sul, ganhando força para os demais Estados da Região Sul do país. Há de ser referido que existe certa divergência de datas quando comparado o texto de Jônatas Luiz Moreira de Paula, que afirma ter iniciado o movimento ainda na década de 70,[434] com o de Amilton Bueno de Carvalho,[435] participante ativo da Escola Alternativa, que refere ter sido criada a Escola em 1985, por juízes gaúchos, em momento pouco anterior à Constituição Federal de 1988, justamente com o intuito de debatê-la, complementando[436] que a Escola Alternativa ainda não alcançou o patamar desejado, mas isto é fruto de ainda ser considerada nova, sendo que acredita ser por meio desta teoria que será explicado futuramente o fenômeno jurídico.

Apesar de que, se for realmente analisada a Escola Alternativa pelo tempo de pensamento existente, será inegável a afirmação de que ela é relativamente

---

[430] MERCADANTE, Paulo. *Tobias Barreto*: o feiticeiro da tribo. Rio de Janeiro: UniverCidade, 2006. Para ver a real importância do legado deixado por esta Escola, recomenda-se a leitura do capítulo XIII da obra referida.

[431] Nunca se esquecendo de que Francisco Cavalcanti Pontes de Miranda é egresso da Universidade.

[432] MIRANDA, Roberta Drehmer de. *A 'reinvenção' do direito alternativo*: neoconstitucionalismo, garantismo penal e 'direito das minorias'. Porto Alegre: Sergio Antonio Fabris, 2014. p. 163. "Ainda que o Direito Alternativo tenha surgido sob a espécie de movimento social dentro do Direito, é correto afirmar que sua ideologia e seu projeto de 'luta' e 'revolução social' hoje traduz-se como pensamento jurídico. Mesmo que de forma 'sutil' ou 'quase imperceptível', a visão do Direito que se visualiza na atual modernidade tem suas bases no alternativismo, sendo uma circunstância social quase que inevitável".

[433] PAULA, Jônatas Luiz Moreira de. *História do direito processual brasileiro*: das origens lusas à escola crítica do processo. Barueri: Manole, 2002. p. 357. Refere: "O movimento do Direito Alternativo iniciou-se em meados da década de 70 do século XX, no Estado do Rio Grande do Sul, que depois transcendeu para os Estados de Santa Catarina e Paraná. Hodiernamente, seus expoentes máximos são Edmundo de Lima Arruda Júnior, Elicio de Cresci Sobrinho, Amilton Bueno de Carvalho, Antonio Carlos Wolkmer e Rui Portanova".

[434] Na verdade, foi o movimento do uso alternativo do direito que foi criado na Itália na década de 70, sendo a escola alternativa gaúcha da década de 80.

[435] BUENO DE CARVALHO, Amilton. *Direito alternativo em movimento*. 6. ed. Rio de Janeiro: Lumen Juris, 2005. p. 16. Aduz o ex-integrante da magistratura gaúcha: "Neste contexto é que nasce entre os juízes gaúchos, um grupo vinculado ao movimento do Direito Alternativo. Este grupo surge com o movimento pré-constituinte (1985), quando os juízes reúnem-se para debater sugestões à Constituição, momento em que houve forte limitação dos ganhos financeiros, por exemplo".

[436] Idem. p. 17.

jovem. Porém, jovem ou não, a Escola Alternativa não consegue angariar muitos adeptos, perdendo até mesmo para Escolas mais novas que ela em termos de representatividade nacional, o que faz com que a tese da jovialidade faleça por seus próprios fundamentos. E talvez a própria inefetividade de tornar-se maior explica-se pela razão de sua existência hoje, que, nas palavras de Amilton Carvalho de Bueno,[437] parece ser um pretenso rompimento com o positivismo jurídico concedendo ao aplicador do Direito uma não neutralidade, pois parcialmente comprometido com algumas ideologias como a de ser um tipo de salvação dos pobres e das classes trabalhadoras e, como bem se sabe, isto, no processo, pode-se tornar extremamente perigoso, podendo aflorar, em cada julgador, um decisionismo incontrolável.

Sem maiores ponderações sobre a Escola Alternativa, uma vez que apenas se quer identificar a sua existência e localizá-la espaço e temporalmente, assim como expor que há uma vertente processual em seus escritos analisando o conjunto de toda a Escola, em especial sob a pena de Rui Portanova,[438] outro membro ativo. Existe, ao que parece, uma grande carga discricionária nas mãos do intérprete nesta Escola, o que gera uma insegurança, não só nas relações jurídicas, mas também sociais, políticas e econômicas, fazendo com que aqueles que são adeptos de uma teoria mais dogmática no Direito estejam em constante contraposição ao que a Escola Alternativa defende. Aliado a esses fatos, conclui-se que na Escola Alternativa não havia um enfoque totalmente voltado para o processo, mas sim a releitura do Direito em seu conjunto. Por fim, deve-se lembrar que a Escola do Direito Alternativo tem perdido muita força hoje em dia, tendo em vista a constitucionalização do Direito a partir de 1988, com a promulgação da Constituição da República Federativa do Brasil concedendo guarida aos anseios da Escola alternativa ao constitucionalizar vários direitos pelos quais ela lutava. Mas isso não deixa de ser uma consideração do autor da obra. Em recente publicação, um dos nomes exponenciais do

---

[437] BUENO DE CARVALHO, Amilton. *Direito alternativo em movimento*. 6. ed. Rio de Janeiro: Lumen Juris, 2005. p. 35. Assim inicia explicando: "Hoje, no Brasil, o movimento tem alcançado os operadores jurídicos, embora incipientemente (aliás, não pode exigir demais de um movimento que tem apenas alguns anos de vida). A discussão, a produção teórica e a práxis abundante. Todavia, ainda não se logrou estabelecer uma ponte entre nós, os operadores, e os movimentos sociais de vanguarda, embora a caminhada aponte para esta ligação. E no momento em que isto ocorrer, penso que estaremos próximos da elaboração de uma teoria que dê conta do fenômeno jurídico a partir da nossa realidade, que expresse nosso suor, nosso sofrimento, nossa história". E finaliza: "Vê-se, pois, que o Direito Alternativo rompe com o saber positivista, pois não tem o direito como neutro, mas sim como expressão da vontade de determinada classe (mas, ante sua ambivalência em determinados momentos, expressa conquistas dos pobres) e, como consequência da não-neutralidade, invade o jurídico buscando ser mais um instrumento para emancipação da classe trabalhadora, tendo o jurista e o direito a serviço desta luta; não se funda basicamente no direito positivado, mas avança pelos caminhos abertos pela luta dos pobres, alargando, assim, o foco do direito; abandona qualquer atitude dogmática (eis que repudia 'verdades definitivas'), atuando sempre em busca do valor maior justiça (não uma justiça 'neutra', mas sim comprometida com os fracos), elegendo a lei, doutrina e jurisprudência como fontes de procura, possibilidades de partida para a discussão, orientações para a invenção, na lição de Viehweg; explica e aplica o direito dentro da totalidade socioeconômica, eis não o compartimentaliza da sociedade (sua origem e fim)".

[438] Pelo menos em duas obras o autor expõe esta vertente processual, sendo elas: PORTANOVA, Rui. *Princípios do processo civil*. 6. ed. Porto Alegre: Livraria do Advogado, 2005 e PORTANOVA, Rui. *Motivações ideológicas da sentença*. 5. ed. Porto Alegre: Livraria do Advogado, 2003.

movimento – Lédio Rosa de Andrade[439] – afirma que sua vida no Judiciário ainda é delineada pelos nortes do Direito alternativo, sendo que, até mesmo, sua reinvenção foi alvo de tese de doutoramento defendida na Universidade Federal do Rio Grande do Sul por Roberta Drehmer de Miranda,[440] tendo seu trabalho sido publicado sob o título de **A 'reinvenção' do direito alternativo**, mostrando que muito ainda pode ser debatido para o adeptos dos pensamentos nela desenvolvidos.

3.7. Escola Paranaense

A Região Sul do país é berço de inúmeros pensadores, razão pela qual não se poderia esperar outra coisa senão a existência de mais Escolas na região, havendo, pelo menos, mais duas, ambas com início de sua existência no Estado do Paraná. A Escola Paranaense é um movimento diverso daqueles existentes na Escola Paulista e no Direito Alternativo, mostrando, até mesmo, traços de ambas, pela sua localização geográfica, conforme expõe Jônatas Luiz Moreira de Paula.[441] Trata-se, ainda na ótica do autor, de uma Escola que produz ideologias voltadas a reflexões sobre o que é, para que serve e quais efeitos o Direito reflete na sociedade, tanto que, como expõe Luiz Guilherme Marinoni,[442] há de

---

[439] ANDRADE, Lédio Rosa de. *O que é direito alternativo?* 4. ed. Rio de Janeiro: Lumen Juris, 2014, p. 61-62. "O tempo passou. No início do movimento eu era um jovem magistrado de trinta e três anos, desesperado ao ver e sentir a destruição dos ideais da juventude pelo cotidiano do sistema oficial de Justiça, o qual mantém a Injustiça e torna o julgador impotente diante das estruturas e das instituições. Esse sofrimento afetou minha vida pessoal e a totalidade das consequências é desconhecida. Quantas alegrias deixei de viver? Quantos sofrimentos causei, perturbado pela angústia? Quantas pessoas acabei ajudando ou prejudicando? Não sei dizer. Abandonar a carreira e ir lutar em outra frente? Cuidar da minha vida e olvidar o social? Perguntas vivas naquela época. Hoje, já com trinta anos de carreira, sete como desembargador, calejado pela vida e pela idade, posso afirmar que o Direito alternativo me permitiu ir adiante, não deixar se perder a vontade de lutar por um mundo melhor. Nunca tive dúvida (só críticas) sobres os propósitos e a ideologia. Como juiz, o pensamento alternativo girou minhas decisões. Com a ascensão à Presidência da República de propostas sociais e de esquerda, pensei que iria descansar um pouco. Como membro de um Tribunal de Justiça vejo que a luta continua acirrada como sempre. A voracidade do capital e das instituições financeira, agraciados com permanentes interpretações benéficas aos seus interesses nos Tribunais, faz do Direito Alternativo uma necessidade atual. Em uma Câmara Comercial assisto, a golpes de jurisprudência, ser o Código do Consumidor aviltado, o cidadão relegado e o poder financeiro agraciado, quase sempre. Mas os ideais alternativos me permitem fazer o pouco, que é o meu muito. Pequenas vitórias, mesmo sendo minoria. Vitórias acompanhadas por quem não é alternativo, mas tem sensibilidade. Não possuo qualquer hesitação em afirmar: valeu e está valendo à pena pertencer ao Direito Alternativo, seja ele o que for. Sigamos...".

[440] MIRANDA, Roberta Drehmer de. *A 'reinvenção' do direito alternativo*: neoconstitucionalismo, garantismo penal e 'direito das minorias'. Porto Alegre: Sergio Antonio Fabris, 2014.

[441] PAULA, Jônatas Luiz Moreira de. *História do direito processual brasileiro*: das origens lusas à escola crítica do processo. Barueri: Manole, 2002. p. 358-359. Inicia referindo: "Também como movimento distinto da Escola Paulista e da Escola do Direito Alternativo, a Escola Paranaense congrega várias tendências, face a ascendência científica matriz utilizada pelo pensador. Aliás, facilmente explicável geograficamente, uma vez que o Estado do Paraná encontra-se entre os estados de São Paulo (Escola Paulista) e Santa Catarina e Rio Grande do Sul (Escola Alternativa), cujos pensadores se serviram dos programas de pós-graduação desses respectivos estados". Para finalizar: "Essas tendências, contudo, apresentam em comum a postura ideológica que seus membros possuem, refletindo o que é direito (?), para quê serve o direito (?) e os efeitos que ele produz na sociedade".

[442] MARINONI, Luiz Guilherme. *Teoria geral do processo*. 8. ed. São Paulo: Revista dos Tribunais, 2014. p. 7. "Na verdade, foi especialmente após a publicação do Manual do processo de conhecimento que percebi a necessidade de escrever um livro de teoria do processo civil. O 'novo processo civil' – caracterizado pela antecipação da tutela, pela tutela específica, pela tutela inibitória e pela tutela dos direitos transindividuais –

ser ela amalgamada em determinadas técnicas processuais, como a antecipação de tutela e a tutela específica dos direitos, para ficar somente nelas. Segundo interpretação que se pode dar ao já referido, a Escola Paranaense seria uma Escola híbrida, pois congregaria o pensamento daqueles professores das Escolas Paulista[443] e Sulista. É de ser referido que a Escola Paranaense tem crescido cada vez mais, especialmente pelos escritos do processualista Luiz Guilherme Marinoni,[444] Professor Titular de Direito Processual Civil da Universidade Federal do Paraná, que tem incentivado, inclusive, a produção de seus alunos no mestrado e doutorado da Universidade.[445] É ainda de ser ressaltado que outro expoente da Escola, que além de dividir alguns títulos com o próprio Luiz Guilherme Marinoni,[446] tem uma vasta produção individual, encontrando norte seguro na doutrina processual pátria pela sua produção acadêmica, é Sérgio Cruz Arenhart.[447]

Fato interessante é que Luiz Guilherme Marinoni já havia escrito em conjunto tanto com Sérgio Cruz Arenhart como com Daniel Mitidiero. Mas com o novo Código de Processo Civil brasileiro, a tríade de processualistas se juntou e produziu já cinco obras para a comunidade jurídica, sendo elas

---

naturalmente reclama uma outra teoria geral do processo. É que, se o processo civil mudou, tornou-se urgente elaborar uma teoria capaz de explicar os motivos dessa mudança e de fundamentar os discursos teóricos incidentes sobre a realidade normativa delineada pelas reformas processuais que ocorreram nos últimos vinte anos".

[443] PAULA, Jônatas Luiz Moreira de. *História do direito processual brasileiro*: das origens lusas à escola crítica do processo. Barueri: Manole, 2002. p. 359. Inclusive, a Escola tem seu nascedouro com um dos adeptos da Escola Paulista, conforme relembra o autor: "O cientificismo paranaense surgiu com a figura de Egas Dirceu Moniz Aragão, adepto da Escola Paulista, então professor da Universidade Federal do Paraná (UFPR). Depois surgirão nomes de conhecimento nacional, como René Ariel Dotti e Luís Alberto Machado, professores da UFPR na área de direito penal e processo penal. Posterior e hodiernamente, existe uma nova safra de pensadores, também de fama nacional, que possuem uma postura ideológica mais nítida, como Luiz Guilherme Marinoni (sucessor de Moniz Aragão e de forte inspiração italiana), João Gualberto Garcez Ramos, Jacinto Nelson Miranda Coutinho, Clémerson Merlin Clève, Luis Edson Fachin, Manoel Teixeira Filho, Marçal Justen Filho e Romeu Bacelar".

[444] Entre sua expressiva bibliografia, podem ser citadas, além do seu prestigiado Curso de Processo Civil, algumas obras de grande importância ao estudo do processo civil brasileiro: MARINONI, Luiz Guilherme. *Precedentes obrigatórios*. São Paulo: Revista dos Tribunais, 2010; MARINONI, Luiz Guilherme. *Coisa julgada inconstitucional*: a retroatividade da decisão de (in) constitucionalidade do STF sobre a coisa julgada: a questão da relativização da coisa julgada. São Paulo: Revista dos Tribunais, 2008; MARINONI, Luiz Guilherme. *Técnica processual e tutela dos direitos*. 2. ed. São Paulo: Revista dos Tribunais, 2008; MARINONI, Luiz Guilherme. *Abuso de defesa e parte incontroversa da demanda*. São Paulo: Revista dos Tribunais, 2007; MARINONI, Luiz Guilherme. *Tutela antecipada e julgamento antecipado*: parte incontroversa da demanda. 5. ed. São Paulo: Revista dos Tribunais, 2002; MARINONI, Luiz Guilherme. *Antecipação de tutela*. 11. ed. São Paulo: Revista dos Tribunais, 2009; MARINONI, Luiz Guilherme. *Tutela inibitória*: individual e coletiva. 4. ed. São Paulo: Revista dos Tribunais, 2006; MARINONI, Luiz Guilherme. *O STJ enquanto corte de precedentes*. São Paulo: Revista dos Tribunais, 2013; MARINONI, Luiz Guilherme. *Julgamento nas cortes supremas*: precedentes e decisão do recurso diante do novo CPC. São Paulo: Revista dos Tribunais, 2015.

[445] O que pode ser visto na obra: MARINONI, Luiz Guilherme (Org.). *A força dos precedentes*: estudos dos cursos de mestrado e doutorado em direito processual civil da UFPR. 2. ed. Salvador: JusPodivm, 2012.

[446] MARINONI, Luiz Guilherme; ARENHART, Sérgio Cruz. *Prova*. São Paulo: Revista dos Tribunais, 2009.

[447] Dentre alguns trabalhos do autor, cita-se: ARENHART, Sérgio Cruz. *A tutela coletiva de interesses individuais*: para além da proteção dos interesses individuais homogêneos. 2. ed. São Paulo: Revista dos Tribunais, 2015; ARENHART, Sérgio Cruz. *Perfis da tutela inibitória coletiva*. São Paulo: Revista dos Tribunais, 2003.

CULTURA, ESCOLAS E FASES METODOLÓGICAS DO PROCESSO

O novo Processo Civil,[448] o **Novo Código de Processo Civil comentado**,[449] assim como o **Novo Curso de Processo Civil** em seus volumes I,[450] II[451] e III.[452] Aliado a isso, uma nova coleção denominada de **O novo Processo Civil**, com a marca dos três processualistas referidos,[453] apresenta trabalhos de autores que defenderam suas dissertações nos Programas de Pós-Graduação em Direito tanto da Universidade Federal do Paraná[454] como da Universidade Federal do Rio Grande do Sul, podendo ser citadas obras como **Ônus da prova no Processo Civil**: do ônus ao dever de provar, de Vitor de Paula Ramos;[455] **Coisa julgada e precedente**: limites temporais e as relações jurídicas de trato continuado, de Paulo Mandes de Oliveira;[456] **Reclamação constitucional e precedentes judiciais**: contributo a um olhar crítico sobre o novo Código de Processo Civil, de Carlos Eduardo Rangel Xavier;[457] **Direitos individuais homogêneos**: pressupostos, fundamentos e aplicação no processo civil e **Processo Civil, cultura e proporcionalidade**: análise crítica da teoria processual, ambos de Gustavo Osna;[458]-[459] **A prova do nexo de causalidade na responsabilidade civil**, de Artur Thompsen Carpes;[460] **Igualdade e processo**: posições processuais equilibradas e unidade do direito, de Rafael Sirangelo de Abreu;[461] *Iuri Novit Curia* **e causa de pedir**: o juiz e a qualificação jurídica dos fatos no processo civil bra-

---

[448] MARINONI, Luiz Guilherme; ARENHART, Sérgio Cruz; MITIDIERO, Daniel. *O novo Processo Civil*. São Paulo: Revista dos Tribunais, 2015.

[449] MARINONI, Luiz Guilherme; ARENHART, Sérgio Cruz; MITIDIERO, Daniel. *O novo Código de Processo Civil comentado*. São Paulo: Revista dos Tribunais, 2015.

[450] MARINONI, Luiz Guilherme; ARENHART, Sérgio Cruz; MITIDIERO, Daniel. *O novo curso de Processo Civil*: teoria do processo civil. São Paulo: Revista dos Tribunais, 2015. Vol. I.

[451] Idem, Vol. II.

[452] Idem, Vol. III.

[453] Que inclusive afirmam na apresentação da coleção: "É com enorme entusiasmo que apresentamos esta coleção de monografias a comunidade acadêmica. Enfeixada pela afinidade pessoal e intelectual de seus coordenadores, especialmente pela convicção de que o processo civil deve ser orientado a partir dos direitos fundamentais para proporcionar a adequada tutela dos direitos, a coleção 'O Novo Processo Civil' é um espaço que pretende acolher e divulgar livros que tenham como pano de fundo a preocupação em tornar o processo um meio comprometido com as necessidades sociais carentes de tutela e com a promoção da proteção dos direitos na perspectiva da Constituição". Paula Pessoa. *Legitimidade dos precedentes*: universalidade das decisões do STJ. São Paulo: Revista dos Tribunais, 2014. p. 13.

[454] Para conhecer um pouco mais do Programa de Pós-Gradução da Universidade Federal do Paraná: <http://www.ppgd.ufpr.br/portal/>. Acesso em 13 fev. 2018.

[455] RAMOS, Vitor de Paula. *Ônus da prova no processo civil*: do ônus ao dever de provar. São Paulo: Revista dos Tribunais, 2015.

[456] OLIVEIRA, Paulo Mendes de. *Coisa julgada e precedente*: limites temporais e as relações jurídicas de trato continuado. São Paulo: Revista dos Tribunais, 2015.

[457] XAVIER, Carlos Eduardo Rangel. *Reclamação constitucional e precedentes judiciais*: contributo a um olhar crítico sobre o novo Código de Processo Civil. São Paulo: Revista dos Tribunais, 2016.

[458] OSNA, Gustavo. *Direitos individuais homogêneos*: pressupostos, fundamentos e aplicação no processo civil. São Paulo: Revista dos Tribunais, 2014.

[459] OSNA, Gustavo. *Processo Civil, cultura e proporcionalidade*: análise crítica da teoria processual. São Paulo: Revista dos Tribunais, 2017.

[460] CARPES, Artur Thompsen. *A prova do nexo de causalidade na responsabilidade civil*. São Paulo: Revista dos Tribunais, 2016.

[461] ABREU, Rafael Sirangelo. *Igualdade e processo*: posições processuais equilibradas e unidade do direito. São Paulo:: Revista dos Tribunais, 2015.

sileiro, de Otávio Augusto Dal Molin Domit;[462] **Tutela cautelar e antecipação de tutela**: perigo de dano e perigo de demora, de André Luiz Bäuml Tesser;[463] **Legitimidade dos precedentes**: universabilidade das decisões do STJ, de Paula Pessoa Pereira;[464] **Precedentes e a** *civil law* **brasileira**: interpretação e aplicação do novo Código de Processo Civil, de William Pugliese;[465] **O devido processo legal coletivo**: dos direitos aos litígios coletivos, de Edilson Vitorelli;[466] **Jurisdição constitucional e Código de Processo Civil**: sincronia, racionalidade, interpretação e segurança jurídica, de Romulo Ponticelli Giorgio Júnior;[467] **Ônus da prova no novo CPC**: do estático ao dinâmico, de Artur Thompsen Carpes,[468] sendo impossível, diante desse fato, não se questionar se houve uma fusão das Escolas de processo, o que somente poderá ser respondido com o passar do tempo, embora se tenha trabalhos defendidos fora de ambos os Estados, como **Negócios processuais e desjudicialização da produção da prova**: análise econômica e jurídica, de Julio Guilherme Müller,[469] versão comercial de seu doutorado defendido na Universidade do Largo de São Francisco. Há, ainda, traduções realizadas pelos autores da coleção que não importa em dizer que os escritores das obras traduzidas pertencem à referida Escola, mas referidas traduções confirmam um crescimento cada vez mais significativo de seus pensadores. Dentre as obras, podem-se citar **Prova e verdade no direito**, de Jordi Ferrer Beltrán,[470] traduzida por Vitor de Paula Ramos, **Perspectivas sobre o sistema da justiça civil francesa**: seis lições brasileiras, de Loïc Cadiet,[471] traduzida por Daniel Mitidiero, Bibiana Gava, Toscano de Oliveira, Luciana Robles de Almeida e Rodrigo Lomando, e **Processo civil comparado**: uma perspectiva evolutiva, de Angelo Dondi, Vincenzo Ansenelli e Paolo Comoglio,[472] com coordenação e revisão da coleção dos próprios coordenadores.

---

[462] DOMIT, Otávio Augusto Dal Molin. *Iuri Novit Curia e causa de pedir*: o juiz e a qualificação jurídica dos fatos no processo civil Brasileiro. São Paulo: Revista dos Tribunais, 2016.

[463] TESSER, André Luiz Bäuml. *Tutela cautelar e antecipação de tutela*: perigo de dano e perigo de demora. São Paulo: Revista dos Tribunais, 2014.

[464] PEREIRA, Paula Pessoa. *Legitimidade dos precedentes*: universabilidade das decisões do STJ. São Paulo: Revista dos Tribunais, 2014.

[465] PUGLIESE, William. *Precedentes e a civil law brasileira*: interpretação e aplicação do novo Código de Processo Civil. São Paulo: Revista dos Tribunais, 2016.

[466] VITORELLI, Edilson. *O devido processo legal coletivo*: dos direitos aos litígios coletivos. São Paulo: Revista dos Tribunais, 2016.

[467] GIORGIO JÚNIOR, Romulo Ponticelli. *Jurisdição constitucional e Código de Processo Civil*: sincronia, racionalidade, interpretação e segurança jurídica. São Paulo: Revista dos Tribunais, 2017.

[468] CARPES, Artur Thompsen. *Ônus da prova no novo CPC*: do estático ao dinâmico. São Paulo: Revista dos Tribunais, 2017.

[469] MÜLLER, Julio Guilherme. *Negócios processuais e desjudicialização da produção da prova*: análise econômica e jurídica. São Paulo: Revista dos Tribunais, 2017.

[470] BÉLTRAN, Jordi Ferrer. *Prova e verdade no direito*. Tradução de Vitor de Paula Ramos. São Paulo: Revista dos Tribunais, 2017.

[471] CADIET, Loïc. *Perspectivas sobre o sistema da justiça civil francesa*: seis lições brasileiras. Tradução: Daniel Mitidiero; Bibiana Gava; Toscano de Oliveira; Luciana Robles de Almeida e Rodrigo Lomando. São Paulo: Revista dos Tribunais, 2017.

[472] DONDI, Angelo; ANSENELLI, Vincenzo; COMOGLIO, Paolo. *Processo civil comparado*: uma perspectiva evolutiva. Luiz Guilherme Marinoni, Sérgio Cruz Arenhart e Daniel Mitidiero (coordenação e revisão da tradução). São Paulo: Revista dos Tribunais, 2017.

Ainda, em nível informativo, Luiz Guilherme Marinoni foi o diretor, auxiliado na coordenação por Sérgio Cruz Arenhart e Daniel Mitidiero da coleção vencedora do Prêmio Jabuti de 2017 na categoria Direito, com os Comentários ao Código de Processo Civil que, apesar de não ter todos os nomes da coleção vinculados à Escola, em grande parte o são. A coleção está assim distribuída em seus volumes: (arts. 1º – 69 de autoria de Luiz Guilherme Marinoni e Daniel Mitidiero);[473] (arts. 70 – 187 de autoria de Renato Beneduzi)[474]; (arts. 188 – 293 de autoria de Leonardo Carneiro da Cunha);[475] (arts. 294 – 333 de autoria de Luiz Guilherme Marinoni e Sérgio Cruz Arenhart);[476] (arts. 334 – 368 de autoria de Flávio Luiz Yarshell, Guilherme Setoguti J. Pereira e Viviane Siqueira Rodrigues);[477] (arts. 369 – 380 de autoria de Luiz Guilherme Marinoni e Sérgio Cruz Arenhart);[478] (arts. 381 a 484 de autoria de Luiz Guilherme Marinoni e Sérgio Cruz Arenhart);[479] (arts. 485 – 538 de autoria de José Rogério Cruz e Tucci);[480] (arts. 539 – 673 de autoria de Ricardo Alexandre da Silva e Eduardo Lamy);[481] (arts. 674 – 718 de autoria de Heitor Vitor Mendonça Sica);[482] (arts. 719 – 770 de autoria de Jefferson Carús Guedes);[483] (arts. 771 – 796 de autoria de Teori Zavascki);[484] (arts. 797 a 823 de autoria de Araken de Assis);[485] (arts. 824 – 925 de autoria de Hermes Zaneti Jr.);[486] (arts. 926 – 975 de autoria de Luiz Guilherme

---

[473] MARINONI, Luiz Guilherme; MITIDIERO, Daniel. *Comentários ao Código de Processo Civil*: arts. 1º ao 69. Luiz Guiherme Marinoni; Sérgio Cruz Arenhart e Daniel Mitidiero (coords.). São Paulo: Revista dos Tribunais, 2016. v. I.

[474] BENEDUZI, Renato Resende. *Comentários ao Código de Processo Civil*: arts. 70 ao 187. Luiz Guiherme Marinoni; Sérgio Cruz Arenhart e Daniel Mitidiero (coords.). São Paulo: Revista dos Tribunais, 2016. v. II.

[475] CUNHA, Leonardo Carneiro da. *Comentários ao Código de Processo Civil*: arts. 188 ao 293. Luiz Guiherme Marinoni; Sérgio Cruz Arenhart e Daniel Mitidiero (coords.). São Paulo: Revista dos Tribunais, 2016. v. III.

[476] MARINONI, Luiz Guilherme; ARENHART, Sérgio Cruz. *Comentários ao Código de Processo Civil*: arts. 294 ao 333. Luiz Guiherme Marinoni; Sérgio Cruz Arenhart e Daniel Mitidiero (coords.). São Paulo: Revista dos Tribunais, 2016. v. IV.

[477] YARSHELL, Flávio Luiz; PEREIRA, Guilherme Seteguti J.; RODRIGUES, Viviane Siqueira. *Comentários ao Código de Processo Civil*: arts. 334 ao 368. Luiz Guiherme Marinoni; Sérgio Cruz Arenhart e Daniel Mitidiero (coords.). São Paulo: Revista dos Tribunais, 2016. v. V.

[478] MARINONI, Luiz Guilherme; ARENHART, Sérgio Cruz. *Comentários ao Código de Processo Civil*: arts. 369 ao 380. Luiz Guiherme Marinoni; Sérgio Cruz Arenhart e Daniel Mitidiero (coords.). São Paulo: Revista dos Tribunais, 2016. v. VI.

[479] MARINONI, Luiz Guilherme; ARENHART, Sérgio Cruz. *Comentários ao Código de Processo Civil*: arts. 381 ao 484. Luiz Guiherme Marinoni; Sérgio Cruz Arenhart e Daniel Mitidiero (coords.). São Paulo: Revista dos Tribunais, 2016. v. VII.

[480] TUCCI, José Rogério Cruz e. *Comentários ao Código de Processo Civil*: arts. 485 ao 538. Luiz Guiherme Marinoni; Sérgio Cruz Arenhart e Daniel Mitidiero (coords.). São Paulo: Revista dos Tribunais, 2016. v. VIII.

[481] SILVA, Ricardo Alexandre da; LAMY, Eduardo. *Comentários ao Código de Processo Civil*: arts. 539 ao 673. Luiz Guiherme Marinoni; Sérgio Cruz Arenhart e Daniel Mitidiero (coords.). São Paulo: Revista dos Tribunais, 2016. v. IX.

[482] SICA, Heitor Vitor Mendonça. *Comentários ao Código de Processo Civil*: arts. 674 ao 718. Luiz Guiherme Marinoni; Sérgio Cruz Arenhart e Daniel Mitidiero (coords.). São Paulo: Revista dos Tribunais, 2016. v. X.

[483] GUEDES, Jefferson Carús. *Comentários ao Código de Processo Civil*: arts. 719 ao 770. Luiz Guiherme Marinoni; Sérgio Cruz Arenhart e Daniel Mitidiero (coords.). São Paulo: Revista dos Tribunais, 2016. v. XI.

[484] ZAVASCKI, Teori. *Comentários ao Código de Processo Civil*: arts. 771 ao 796. Luiz Guiherme Marinoni; Sérgio Cruz Arenhart e Daniel Mitidiero (coords.). São Paulo: Revista dos Tribunais, 2016. v. XII.

[485] ASSIS, Araken de. *Comentários ao Código de Processo Civil*: arts. 797 ao 823. Luiz Guiherme Marinoni; Sérgio Cruz Arenhart e Daniel Mitidiero (coords.). São Paulo: Revista dos Tribunais, 2016. v. XIII.

[486] ZANETI Jr, Hermes. . *Comentários ao Código de Processo Civil*: arts. 824 ao 925. Luiz Guiherme Marinoni; Sérgio Cruz Arenhart e Daniel Mitidiero (coords.). São Paulo: Revista dos Tribunais, 2016. v. XIV.

Marinoni e Daniel Mitidiero);[487] (arts. 976 – 1.044 de autoria de Luiz Guilherme Marinoni e Daniel Mitidiero)[488] e (arts. 1.045 – 1.072 de autoria de Clayton Maranhão).[489]

3.8. Escola Crítica de Processo

Ainda no Estado do Paraná ascende outra Escola, a Crítica de Processo, que tem nascedouro nos pensamentos de Luiz Fernando Coelho e semente por ele deixada quando ministrou cursos na PUC-PR, na UFSC e na UFPR,[490] na qual se sagrou Professor Titular, conforme relembra Jônatas Luiz Moreira de Paula.[491] A base do pensamento crítico é criada por meio de uma revisão do Direito, realizando um corte epistemológico na dogmática já acumulada, obtendo-se um renovado conhecimento científico-processual,[492] buscando, com este posicionamento, a Escola Crítica do Processo, uma justiça social,[493] com base numa nova interpretação do artigo 3° da Constituição da República Federativa do Brasil, o que pode ser confirmado com leitura de Jônatas Luiz Moreira de Paula[494] em obra específica sobre o papel que a jurisdição tem na inclusão social, contando

---

[487] MARINONI, Luiz Guilherme; MITIDIERO, Daniel. *Comentários ao Código de Processo Civil*: arts. 926 ao 975. Luiz Guiherme Marinoni; Sérgio Cruz Arenhart e Daniel Mitidiero (coords.). São Paulo: Revista dos Tribunais, 2016. v. XV.

[488] MARINONI, Luiz Guilherme; MITIDIERO, Daniel. *Comentários ao Código de Processo Civil*: arts. 976 ao 1.044. Luiz Guiherme Marinoni; Sérgio Cruz Arenhart e Daniel Mitidiero (coords.). São Paulo: Revista dos Tribunais, 2016. v. XVI.

[489] MARANHÃO, Clayton. *Comentários ao Código de Processo Civil*: arts. 1.045 ao 1.072. Luiz Guiherme Marinoni; Sérgio Cruz Arenhart e Daniel Mitidiero (coords.). São Paulo: Revista dos Tribunais, 2016. v. XVII.

[490] TESSER, André Luiz Bäuml. *Tutela cautelar e antecipação de tutela*: perigo de dano e perigo de demora. São Paulo: Revista dos Tribunais, 2014; OSNA, Gustavo. *Direitos individuais homogêneos*: pressupostos, fundamentos e aplicação no processo civil. São Paulo: Revista dos Tribunais, 2014; PEREIRA, Paula Pessoa. *Legitimidade dos precedentes*: universabilidade das decisões do STJ. São Paulo: Revista dos Tribunais, 2014.

[491] PAULA, op. cit., p. 359-360. Aduz: "Por outro lado, o Estado do Paraná presencia os primeiros passos da Escola Crítica do Processo, tendo o tronco científico os postulados filosóficos de Luiz Fernando Coelho. A história da escola crítica surge em dois momentos. O primeiro, que trata da formação e desenvolvimento acadêmico de Luiz Fernando Coelho, quando ministrou aulas na Pontifícia Universidade Católica do Paraná (PUC-PR) e depois na Universidade Federal de Santa Catarina (UFSC). Posteriormente, veio a elaboração da Teoria Crítica do Direito, tese aprovada pelo qual o professor ascendeu à cadeira de Professor Titular da UFPR. Ainda nesta fase, tem-se a consolidação da teoria elaborada, ao longo da cátedra nos cursos de graduação e pós-graduação em direito".

[492] PAULA, Jônatas Luiz Moreira de. *História do direito processual brasileiro*: das origens lusas à escola crítica do processo. Barueri: Manole, 2002. p. 360. Salienta: "O pensamento crítico processual pugna pela revisão do direito, sem abrir mão de sua cientificidade. Essa revisão dar-se-á pela re-formulação do pensamento jurídico mediante o corte epistemológico do dogma acumulado, com a introdução das premissas críticas (ideologia, política, normativa, sociológica e hermenêutica). Após o trabalho teórico, obtém-se um novo conhecimento científico-processual, reformulando conceito de jurisdição, finalidade do processo e de diversos institutos processuais e da atividade judiciária".

[493] PAULA, Jônatas Luiz Moreira de. *A jurisdição como elemento de inclusão social*: revitalizando as regras do jogo democrático. Barueri: Manole, 2002. p. XIII. "Para alcançar tais fins, é preciso traçar os instrumentos aptos a permitir a inclusão social via atividade jurisdicional. Destaca-se aí, um dos grandes obstáculos científicos a ser superado, refere-se sobre a possibilidade do Poder Judiciário determinar o cumprimento de um programa social previsto em orçamento público, bem como sobre os postulados para uma nova postura das tutelas da obrigação de fazer e não fazer e do mandado de injunção".

[494] PAULA, Jônatas Luiz Moreira de. *A jurisdição como elemento de inclusão social*: revitalizando as regras do jogo democrático. Barueri: Manole, 2002. p. XIII. Expõe: "O presente trabalho procura estabelecer novos horizontes para a atividade jurisdicional, resgatando a essência do direito: o proveito social. E nesse diapasão,

a Escola com vários adeptos.[495] Os estudos relacionados da Escola tem base sólida no Programa de Pós-Graduação *stricto sensu* (mestrado) da UNIPAR (Universidade Paranaense), em Direito Processual e Cidadania,[496] que tem numa de suas linhas de pesquisa a jurisdição constitucional e direitos fundamentais na qual objetiva analisar *a construção e manutenção da cidadania, sob o aspecto individualizado como coletivo, no contexto da Ciência do Direito Processual. Portanto, temas como a efetivação dos direitos fundamentais, a ideologia do Estado e do processo judicial, os Direitos Humanos, a inclusão social, a proteção das minorias e a bioética surgem como amparo pedagógico para os projetos de pesquisa dentro desta linha.* Dentre os professores que atuam nesta linha, têm-se Celso Hiroshi Iocohama,[497] Bruno Smolarek Dias, Eduardo Augusto Salomão Cambi, o próprio Jônatas Luiz Moreira de Paula, José Laurindo de Souza Neto, Tereza Rodrigues Vieira e Carlos Antônio Bonamigo, ressaltando, ainda, que processualistas como Fábio Caldas de Araújo e José Miguel Garcia Medina são parte integrante do grupo de professores, embora em linha diversa sobre Processo e Relações Negociais.

3.9. Escola Norte/Nordeste

Cumpre ressaltar que, nascida numa Escola Baiana,[498] cresceu e se tornou conhecida como Escola Norte/Nordeste ou ANNEP – Associação Norte e Nordeste de Professores de Processo –,[499] em especial pelos escritos de Fredie

---

sempre afinado com o artigo 3º, da CF, que o trabalho irá desenvolver-se, numa metodologia interdisciplinar, enfocando sobre o mesmo tema a sociologia, a ciência política e o direito processual civil".

[495] PAULA, Jônatas Luiz Moreira de. *História do direito processual brasileiro*: das origens lusas à escola crítica do processo. Op. cit., p. 363. Refere alguns autores que seguem a tradição da Escola: "São integrantes dessa emergente escola, que tem como berço a UNIPAR, além do próprio Luiz Fernando Coelho, os professores Mariulza Franco, Jônatas Luiz Moreira de Paula, Alessandro Otávio Yokohama, Carlos Roberto Mariani, Celso Hiroshi Iocohama, Cândido Furtado Maia Neto, Nefi Cordeiro, Joe Tennyson Velo, Miguel Bruno, Gleiton Gonçalves de Souza, entre outros, além de Luis de França da Costa Filho, professor da UEL, que recentemente faleceu. Também não se pode perder de vista as investigações científicas dos alunos do referido curso de mestrado, que se caracterizam pela re-discussão do processo e do Poder Judiciário".

[496] Para conhecer um pouco mais do Programa de Pós-Graduação da UNIPAR: <http://pos.unipar.br/pt-br/mestrado-e-doutorado/mestrado-em-direito-processual-e-cidadania>. Acesso em 13 fev. 2018.

[497] IOCOHAMA, Celso Hiroshi. *Litigância de má-fé e lealdade processual*. Curitiba: Juruá, 2006.

[498] DIDIER JR., Fredie; MOUTA, José Henrique; KLIPPEL, Rodrigo. *O projeto do novo Código de Processo Civil*: estudos em homenagem ao Professor José de Albuquerque Rocha. Salvador: JusPodivm, 2011. p. 7. Em que pese ser chamada no texto de Escola Baiana de processo, recentemente Fredie Didier Jr. lançou obra na qual denomina os estudos que tem realizado junto a outros professores de Grupo Norte e Nordeste de Professores de Processo, e, em sua apresentação, assim está ressaltado o que vem a ser a referida: "A presente coletânea de estudos jurídicos sobre o Novo Código de Processo Civil – Projeto de Lei do Senado 166/10, em trâmite na Câmara sob o nº 8.046/10 – é um marco na história do processo brasileiro. Representa o primeiro esforço conjunto de professores da disciplina de direito processual do Norte e do Nordeste do Brasil, que se reuniram e formaram um grupo de estudos e debates, chamado de 'Grupo Norte e Nordeste de Professores de Processo'. No ano de 2009 foi realizada, em Salvador, a sua primeira reunião, que contou com membros de Alagoas, Bahia, Ceará, Espírito Santo, Pará, Pernambuco e Sergipe, dando início às discussões acadêmicas relacionadas aos temas palpitantes do processo (em especial em sua vertente civil) e ao ensino do direito processual na graduação e pós-graduação, *lato* e *stricto sensu*. O grupo se solidificou e evoluiu, com os encontros realizados em Vitória (durante as jornadas de Processo do IBDP) e em Fortaleza. No último deles, a discussão girou em torno do Projeto de Novo Código de Processo Civil".

[499] Dentre os nomes que estão na obra, constam: André Luis Bitar de Lima Garcia; Antonio Adonias A. Bastos; Beclaute Oliveira Silva; Bruno Campos Silva; Bruno Régis Bandeira Ferreira Macedo; Daniel Miranda;

Didier Jr.[500] e seus orientandos no mestrado e doutorado e agora para outros importantes nomes dos demais Estados das regiões que abarcam a Escola, pautando que na relação processual deve-se incidir o princípio da boa-fé objetiva no processo e no aspecto do fenômeno processual a teoria do fato jurídico,[501] sendo estes dois dos marcos teóricos para o processualista baiano. O crescimento da Escola é significativo, sendo que em *site* próprio Fredie Didier Jr. aponta para mais de 50.000 pessoas para sua comunidade jurídica.[502] Segundo Fredie Didier Jr. e Antonio Adonias,[503] outro integrante ativo da Escola, foi desde o ano de 2009 que os professores de processo das regiões Norte e Nordeste iniciaram seus encontros para a formação do que hoje tem-se tornado a ANNEP que, inclusive, dispõe de Estatuto,[504] estando, pois, formalmente constituída.

Para se manter a lisura sobre a análise realizada sobre a obra de Jônatas Luiz Moreira de Paula, em razão de ter sido uma das principais fontes de pesquisa para a sistematização das Escolas de processo, não tendo ela citado algumas das Escolas retratadas, explica-se que sua publicação é do ano de 2002, sendo que ainda não havia a força que existe hoje da Escola da Universidade Federal do Rio Grande do Sul, razão pela qual pode-se dizer que esta Escola hoje tem mais influência no Brasil que a Escola do Direito Alternativo, o que, à época da publicação da obra, era o inverso. Por último, também não expõe em seus escritos o autor a existência de uma Escola Mineira e uma Norte e Nordeste de processo, pois, ainda desconhecida a primeira no cenário nacional ou, como a segunda, sequer existia.

Flávia Moreira Guimarães Pessoa; Frederico Augusto Leopoldino Koehler; Fredie Didier Júnior; Isabela Lessa de Azevedo Pinto Ribeiro; Iure Pedroza Menezes; Jean Carlos Dias; João Luiz Lessa de Azevedo Neto; José Henrique Mouta Araújo; José Herval Sampaio Júnior; Leonardo José carneiro da Cunha; Mateus Costa Pereira; Michel Ferro e Silva; Pedro Henrique Pedrosa Nogueira; Rinaldo Mouzalas de Souza e Silva e Rodrigo Klippel.

[500] Entre algumas das obras que podem ser citadas do processualista baiano, além de seu festejado Curso de Processo Civil com cinco volumes, são: DIDIER JR., Fredie. *Pressupostos processuais e condições da ação*: o juízo de admissibilidade do processo. São Paulo: Saraiva, 2005; DIDIER JR., Fredie. *Regras processuais no Código Civil*: aspectos da influência do Código Civil de 2002 na legislação processual. 4. ed. São Paulo: Saraiva, 2010; DIDIER JR., Fredie. *Fundamentos do princípio da cooperação no direito processual civil português*. Coimbra: Coimbra, 2010; DIDIER JR., Fredie. *Recurso de terceiro*: juízo de admissibilidade. 2. ed. São Paulo: Revista dos Tribunais, 2005.

[501] É de se referir a recente obra lançada pelo processualista baiano: DIDIER JR., Fredie; NOGUEIRA, Pedro Henrique Pedrosa. *Teoria dos fatos jurídicos processuais*. Salvador: JusPodivm, 2011.

[502] Quando do fechamento desta edição, já se contabilizava mais de 72.000 nomes: Disponível em: <https://www.facebook.com/FredieDidierJr>. Acesso em: 11 jun. 2014.

[503] DIDIER JR., Fredie; BASTOS, Antonio Adonias Aguiar (Coords.). *O projeto do novo Código de Processo Civil*: estudos em homenagem ao professor José Joaquim Calmon de Passos. Salvador: JusPodivm, 2012. Os coordenadores, na página11, escrevem: "Desde 2009, um grupo cada vez maior de Professores dos Estados do Norte e do Nordeste vem se solidificando em torno do estudo do Direito Processual. Além de organizarmos e de participarmos de diversos congressos, seminários, debates, pesquisas e publicações, realizamos uma reunião geral a cada ano. A primeira aconteceu em Salvador/BA, em 2009. No ano seguinte, encontramo-nos em Fortaleza/CE. Em 2011, reunimo-nos em Belém/PA, quando foi constituída a ANNEP – Associação Norte e Nordeste de Professores de Processo. Em 2012, daremos seguimento aos trabalhos em Porto de Galinhas/PE".

[504] ANNEP. *Estatuto*. Disponível em: <http://www.annep.org.br/wp-content/themes/annep/pdf/EstatutoANNEP.pdf>. Acesso em: 11 jun. 2014.

3.10. Outras Escolas de Processo

Com certeza, a escolha pela demonstração da existência de algumas Escolas de Processo como as trabalhadas apresenta, neste momento, um rol meramente exemplificativo, tendo em vista que não se desconhece que outros estudos são feitos em outras localidades[505] que teorizam o processo de forma diversa das acima identificadas. Como já se pode comunicar na nota prévia à 2ª edição, muito do que se modificou da obra anterior nela está relacionado, em especial, a críticas de estudiosos do processo que não se enquadravam em nomenclaturas que tentaram regionalizar uma Escola, salvo o caso da tradicional Escola Paulista de processo e a nova Escola Norte e Nordeste que, com esta denominação, tem se consolidado no cenário brasileiro. Aqui, a verdadeira intenção da obra é expor, a partir de pesquisa, um radiograma do estágio atual do estudo do Processo Civil brasileiro, rogando que a obra possa encontrar diálogo para identificar cada vez mais Escolas e pensamentos até mesmo contrapostos, entendendo-os,[506] assim como para a correção de eventuais equívocos que possam existir no texto publicado.

3.10.1. A jovem Escola Catarinense de Processo

Ao lado de tais Escolas, pode-se referir, por exemplo, uma nascente de escola a partir de estudos realizados por Horácio Wanderlei Rodrigues e Eduardo de Avelar Lamy.[507] A referida obra, que nos dizeres de Eduardo Lamy quando ministrou aula no PPGD em Direito da PUC/RS foi por ele atualizada, mas baseada nos escritos de Horácio Wanderley Rodrigues quando professor da disciplina de teoria geral do processo, fomentou um cenário próprio para a criação de Escola processual nascida no berço da Universidade Federal de Santa Catarina, baseada num tom crítico para a evolução do Direito Processual, como anuncia Petrônio Calmon[508] em prefácio a uma das obras da

---

[505] A obra não se debruçará quando houver indícios de que uma Escola processual esteja sendo criada, apenas realizando uma referência a mesma, deixando para uma futura edição, se consolidada, um tópico maior. Pode-se citar, como exemplo, um início da formação de uma Escola dos professores da Faculdade do Norte Paranaense, o que pode ser confirmado com a leitura da obra: Ruzon, Bruno Ponich (Org.). *Princípios do processo civil brasileiro*. Porto Alegre: Verbo Jurídico, 2013. Nela estão publicados escritos de Alexandre Sturion de Paula, Bruno Ponich Ruzon, Lívia R. De Rosis Peixoto, Maria Celia Nogueira Pinto e Borgo, Roberto de Paula e Thiago Caversan Antunes. O prefácio, elaborado por Luiz Guilherme Marinoni, chega a aponta que o livro reúne "promissores processualistas da Faculdade do Norte Paranaense (UNIFORTE)". p. 13.

[506] LAMY, Eduardo de Avelar. *Ensaios de processo civil*. Eduardo de Avelar Lamy; Pedro Manoel Abreu; Pedro Miranda de Oliveira (Coordenadores). Florianópolis: Conceito, 2011. p. 9. "Da nota dos coordenadores à edição. Definitivamente, não é hora de o Processo Civil brasileiro se limitar às discussões locais, regionais ou mesmo nacionais, fechando-se em escolas tão cegas quanto o reducionismo do horizonte bairrista. É necessário que os autores brasileiros tenham oportunidade de divulgar suas ideias e iniciativas; conheçam e compreendam uns aos outros; conheçam e compreendam a diversidade de suas concepções e das realidades que vivem; percebam, enfim, a riqueza das ideias de grupos alheios. É, sem dúvida, o que já tem feito boa parte dos apaixonados e comprometidos processualistas brasileiros".

[507] RODRIGUES, Horácio Wanderlei; LAMY, Eduardo de Avelar. *Teoria geral do processo*. 3. ed. Rio de Janeiro: Elsevier, 2012. Um dos estudos dos autores está configurado na referida obra.

[508] Petrônio Calmon ao prefaciar a obra: LAMY, Eduardo de Avelar. *Ensaios de processo civil*. Eduardo de Avelar Lamy; Pedro Manoel Abreu; Pedro Miranda de Oliveira (Coordenadores). Florianópolis: Conceito,

Escola. Registre-se, inclusive, uma coleção própria de Ensaios de Processo Civil, o primeiro destinado a ensaios em geral do processo[509] e o segundo sobre recursos e temas afins,[510] o terceiro sobre processo e democracia,[511] o quarto sobre condenação e cumprimento de sentença,[512] o quinto sobre litigância de má-fé e responsabilização do advogado,[513] o sexto sobre neoprocessualismo,[514] o sétimo sobre os aspectos processuais da recuperação judicial,[515] o oitavo sobre adjudicação na execução,[516] o décimo sobre o novo sistema recursal,[517] coordenada por Lamy, juntamente a Pedro Manoel Abreu e Pedro Miranda de Oliveira. Num dos últimos livros da coleção, ao prefaciar a obra, Eduardo de Avelar Lamy[518] aponta para o crescimento da jovem Escola Catarinense de Processo Civil, que elenca o neoprocessualismo[519] como marco teórico de seus estudos.

Recentemente a coleção da jovem e produtiva Escola de Processo Catarinense migrou para a Editora Empório do Direito – que mantém um *site*[520] com coluna[521] específica sobre Processo sob a coordenação de Gilberto Bruschi

---

2011. p. 17. "Não é difícil perceber na obra de Eduardo Lamy a sua preocupação com a análise crítica das novidades jurídicas e, em igual medida, das propostas legislativas. Essa preocupação em discutir o futuro, demonstrada no capítulo sobre a tutela de urgência, revela uma quase singularidade do autor, pois é um dos poucos professores brasileiros que têm se dedicado constantemente à essa abordagem, de grande valor científico. Ao ler e estudar os ensaios de Lamy, o leitor certamente obterá subsídios para desenhar um panorama atual e criativo do Processo Civil brasileiro".

[509] LAMY, Eduardo de Avelar. *Ensaios de processo civil.* Eduardo de Avelar Lamy; Pedro Manoel Abreu; Pedro Miranda de Oliveira (Coordenadores). Florianópolis: Conceito, 2011.

[510] OLIVEIRA, Pedro Miranda de. *Ensaios sobre recursos e assuntos afins.* Florianópolis: Eduardo de Avelar Lamy; Pedro Manoel Abreu; Pedro Miranda de Oliveira (Coordenadores). Conceito, 2011.

[511] ABREU, Pedro Manoel. *Processo e democracia.* Florianópolis: Eduardo de Avelar Lamy; Pedro Manoel Abreu; Pedro Miranda de Oliveira (Coordenadores). Conceito, 2011.

[512] SILVA, Ricardo Alexandre da. *Condenação e cumprimento de sentença.* Eduardo de Avelar Lamy; Pedro Manoel Abreu; Pedro Miranda de Oliveira (Coordenadores). Florianópolis: Conceito, 2011.

[513] DANTAS, Rodrigo D'orio. *Litigância de má-fé e a responsabilidade civil do advogado.* Eduardo de Avelar Lamy; Pedro Manoel Abreu; Pedro Miranda de Oliveira (Coordenadores). Florianópolis: Conceito, 2013.

[514] HERZL, Ricardo Augusto. *Neoprocessualismo, processo e Constituição:* tendências do direito processual civil à luz do neoconstitucionalismo. Eduardo de Avelar Lamy; Pedro Manoel Abreu; Pedro Miranda de Oliveira (Coordenadores). Florianópolis: Conceito, 2013.

[515] BARROS NETO, Geraldo Fonseca de. *Aspectos processuais da recuperação judicial.* Florianópolis: Eduardo de Avelar Lamy; Pedro Manoel Abreu; Pedro Miranda de Oliveira (Coordenadores). Conceito, 2014.

[516] CÂMARA, Helder Moroni. *A nova adjudicação na execução civil.* Florianópolis: Eduardo de Avelar Lamy; Pedro Manoel Abreu; Pedro Miranda de Oliveira (Coordenadores). Conceito, 2014.

[517] OLIVEIRA, Pedro Miranda de. *Novíssimo sistema recursal conforme o CPC/2015.* Florianópolis: Eduardo de Avelar Lamy; Pedro Manoel Abreu; Pedro Miranda de Oliveira (Coordenadores). Conceito, 2015.

[518] HERZL, Ricardo Augusto. *Neoprocessualismo, processo e Constituição:* tendências do direito processual civil à luz do neoconstitucionalismo. Florianópolis: Conceito, 2013. Na página 13, no Prefácio, refere Eduard de Avelar Lamy: "Assim, Ricardo versa maravilhosamente bem a respeito das influências do neoconstitucionalismo sobre o Direito Processual Civil, criando fundamentação sólida e chegando a conclusões independentes, as quais merecem a atenção da comunidade acadêmica. Seu trabalho constitui, portanto, mais passo importantíssimo da jovem Escola Catarinense de Processo Civil".

[519] Idem. p. 76. Aponta o autor: "Em conclusão, o neoconstitucionalismo e a constitucionalização do direito processual civil proporcionam o repensar do conceito de processo. Para o neoprocessualismo, o processo consiste em um ato jurídico complexo resultante da aplicação de princípios constitucionais sobre uma base procedimental, instrumentalizando o direito material e proporcionando a satisfação de direitos fundamentais".

[520] Disponível em: <http://emporiododireito.com.br/>. Acesso em 13 fev 2018.

[521] Disponível em: <http://emporiododireito.com.br/colunas/o-novo-processo-civil-brasileiro-coordenador-gilberto-bruschi>. Acesso 13 fev 2018.

–, que iniciou sua própria coletânea sobre o Novo Código de Processo Civil, agora com a coordenação de Eduardo Lamy e Pedro Miranda de Oliveira, já tendo sido editado algumas obras que, ao lado da extinta coleção da Editora Conceito, publica os trabalhos realizados pelos seus pensadores. Já foram publicados: (o número 1), (o número 2) **Aspectos polêmicos do novo CPC**, de Eduardo Lamy,[522] (o número 3) **Overruling: a superação do precedente no direito brasileiro**, de Morgana Henicka Gálio,[523] (o número 4) Súmula vinculante no CPC/2015, de Ezair José Meuer Junior[524] e (número 5) **Reclamação no CPC/2015: hipóteses de cabimento, procedimento e tutela provisória**, de Douglas Anderson Dal Monte,[525] mostrando que a produção da Escola continua em franco crescimento, primando pela excelência daquilo que produz.

3.10.2. Escola processual de Copacabana

O Estado do Rio de Janeiro sempre foi grande formador de opiniões e de grandes pensadores, sendo que, não à toa, foi, por muitos anos, capital do país. Produz juristas de renome nacional e internacional sendo, talvez um dos maiores deles, José Carlos Barbosa Moreira, falecido em 2017, mas que deixou uma monumental obra para o pensar do processo civil brasileiro. Em texto de um de seus alunos, intitulado **José Carlos Barbosa Moreira: o mestre e sua obra**, e também com nome respeitado na área do Direito, Paulo Cesar Pinheiro Carneiro faz um resgate histórico da vida deste processualista e aponta para o reconhecimento de uma Escola própria,[526] o que não passa despercebido por Aluísio Gonçalves de Castro Mendes,[527] dando continuidade a uma Escola

---

[522] LAMY, Eduardo. *Aspectos polêmicos do novo CPC*. Florianópolis: Empório do Direito, 2016.

[523] GALIO, Morgana Henicka. *Overruling*: a superação do precedente no direito brasileiro. Florianópolis: Empório do Direito, 2016.

[524] MEURER JUNIOR, Ezair José. *Súmula vinculante no CPC/2015*. Florianópolis: Empório do Direito, 2016.

[525] MONTE, Douglas Anderson Dal. *Reclamação no CPC/2015*: hipóteses de cabimento, procedimento e tutela provisória. Florianópolis: Empório do Direito, 2015.

[526] CARNEIRO, Paulo Cesar Pinheiro. *José Carlos Barbosa Moreira*: o mestre e sua obra. Refere o articulista ao discorrer sobre parte da vida de Barbosa Moreira: "Foi com um pequeno grupo de alunos desta sua primeira turma de 1972 que, talvez sem se dar conta, o professor resolveu dar continuidade – seu mestre, Machado Guimarães, falecera no ano de 1971 – à Escola Processual de Copacabana. O Mestre passou a reunir em sua casa, também em Copacabana, semanalmente, durante um período de cerca de 10 anos, este grupo de alunos. Nessas aulas-reuniões, verdadeiro e único curso de pós-graduação, o Mestre não se limitou ao ensino do Direito Processual, do pensamento dos grandes processualistas do passado; antes, seus ensinamentos alcançaram a Teoria Geral do Direito. Quem quer que tenha tido o privilégio de participar deste grupo de estudo colheu, sem qualquer dúvida, o maior, o mais profícuo e o mais silencioso de todos os títulos que um dia pudesse obter".

[527] MENDES, Aluisio Gonçalves de Castro; WAMBIER, Teresa Arruda Alvim. *O processo em perspectivas*: jornadas brasileiras de direito processual. São Paulo: Revista dos Tribunais, 2013. São as palavras de FUX, Luiz. O processo e o homem – palestra e homenagem do Prof. Min. Luiz Fux. p. 259-268. p. 267. "Nós somos afilhados do professor José Carlos Barbosa Moreira. Nós, com o professor José Carlos Barbosa Moreira, até desafiamos algumas escolas processuais... Ele vai se lembrar disso. Havia o professor Liebman que, exilado da perseguição nazista, fundara a Escola de Direito Processual de São Paulo; e nós, com o professor José Carlos, fundamos a Escola Processual de Copacabana... Que é diferente! Na Rua Anita Garibaldi, 26, 401... Na casa dele. Nós estudávamos ali. Eu não tinha a menor dúvida de dizer que o professor José Carlos Barbosa Moreira nunca procurou captar admiração; ele era voluntariamente admirado, amado e querido pelos seus alunos. As turmas faziam absolutamente questão de tê-lo como nome da turma, porquanto professor ímpar e um ser humano desses absolutamente singulares".

denominada de Processual de Copacabana e contando com muitos adeptos de grande nome para o Processo Civil brasileiro, como o próprio articulista, mais Luiz Fux,[528] Luís Roberto Barroso,[529] Carlos Roberto Siqueira Castro e Heloisa Helena Barbosa.[530] Note-se em recente obra[531] que homenageou José Carlos Barbosa Moreira,[532] este, em sua saudação e agradecimentos, expõe a gratidão à Universidade Estadual do Rio de Janeiro (UERJ),[533] a qual informa ser sua segunda família. Há, no PPGD da UERJ uma linha de pesquisa em Direito processual cuja descrição anuncia uma preocupação com as alterações do Direito processual e o estudo do Direito comparado para a discussão destas alterações. Nessa mesma obra, Luiz Fux[534] historia um pouco da criação da Escola Processual de Copacabana que, em suas palavras, desafia algumas outras Escolas, como aquela criada por Liebman em São Paulo. Na mesma obra, Paulo Cesar Pinheiro Carneiro[535] presta seus tributos na mesma linha que Luiz Fux e confirmando seu anterior artigo publicado em homenagem ao mestre. A lista de professores hoje do departamento de direito processual da Universidade do Estado do Rio de Janeiro[536] é extensa e contém nomes importantes no cenário nacional, como Afrânio Silva Jardim, Aluísio Gonçalves de Castro Mendes,

---

[528] FUX, Luiz. *Teoria geral do processo civil*. Rio de Janeiro: Forense, 2014. p. VII. As palavras do autor na apresentação de sua obra merecem destaque ao demonstrar sua alegria com a sua reaproximação acadêmica com a UERJ. Refere: "Motivou-me, sobretudo, o propósito de contribuir na formação do alunado, objeto de minha profunda e constante atenção, que foi deveres intensificada com a minha recente retomada de atividades na graduação na Faculdade de Direito da Universidade do Estado do Rio Grande do Sul" e finaliza: "Destaco que, na elaboração do livro, recebi notável contribuição do meu filho Rodrigo Fux, com quem tive o prazer de experimentar a relação professor e aluno no mestrado de Direito Processual Civil na UERJ, bem como do meu assessor no Supremo Tribunal Federal, Irapuã do Nascimento da Silva, que promoveu as atualizações e revisões no texto e nas notas".

[529] Como se sabe, quando escreve sobre processo, o faz mais na linha da Jurisdição Constitucional.

[530] CARNEIRO, Paulo Cesar Pinheiro. *José Carlos Barbosa Moreira*: o mestre e sua obra. Refere: "Para se ter uma idéia do exemplo e da influência do Mestre em seus alunos, basta percorrer a lista dos professores da Universidade do Estado do Rio de Janeiro. Só para ficar nos professores titulares, senão a lista seria infindável e difícil de ser conhecida com precisão, temos nada mais nada menos do que cinco professores: Paulo Cezar Pinheiro Carneiro (Professor Titular de Teoria Geral do Processo); Luiz Fux (Professor Titular de Direito Processual Civil); Professor Luís Roberto Barroso (Professor Titular de Direito Constitucional); Professor Carlos Roberto Siqueira Castro (Professor Titular de Direito Constitucional); Professora Heloisa Helena Barboza (Professora Titular de Direito Civil)".

[531] A obra saiu de algumas jornadas de direito processual que foram em homenagem a José Carlos Barbosa Moreira.

[532] MENDES, Aluisio Gonçalves de Castro; WAMBIER, Teresa Arruda Alvim. *O processo em perspectivas*: jornadas brasileiras de direito processual. São Paulo: Revista dos Tribunais, 2013. p. 380. Refere o processualista: "Em seguida, eu tenho de agradecer àquela que foi a minha segunda família, digamos assim: a Universidade do Estado do Rio de Janeiro, antigamente do Estado da Guanabara, onde fui recebido com carinhosa afeição por todos os que compunham e compõem aquela entidade, desde os membros da administração até os meus ilustres colegas de congregação, os professores da UERJ. Todos eles testemunharam sempre grande apreço e grande afeição e, por esse motivo, eu lhes sou muito grato e aqui aproveito para expressar o meu reconhecimento. Realmente, ser acolhido como fui na UERJ não é coisa que qualquer um possa vangloriar-se de haver experimentado".

[533] Para conhecer um pouco mais do Programa de Pós-Graduação da Universidade do Estado do Rio de Janeiro, acessar: <http://www.ppgduerj.com/>. Acesso em 13 fev. 2018.

[534] Ver citação que inicia o capítulo.

[535] CARNEIRO, Paulo Cesar Pinheiro. Discurso em homenagem ao professor José Carlos Barbosa Moreira. In: MENDES, Aluisio Gonçalves de Castro; WAMBIER, Teresa Arruda Alvim. *O processo em perspectivas*: jornadas brasileiras de direito processual. São Paulo: Revista dos Tribunais, 2013. p. 333-336.

[536] UERJ. *Faculdade de Direito*. Disponível em: <http://www.direitouerj.org.br/2005/index.php?id_pagina=1020000&listar_por=departamentos>. Acesso em: 13 jun. 2014.

Álvaro Sagulo Borges de Aquino, Antônio do Passo Cabral, Eduardo Weaver de Vasconcelos Barros, Flávia Pereira Hill, Flávio Antonio Esteves Galdino, Flávio Antonio Esteves Galdino, Flávio Mirza Maduro, Helcio Alves de Assumpção, Humberto Dalla Bernardina de Pinho,[537] João Hilário Valentim, José Augusto Garcia de Souza, José de Souza Gama, Leonardo Faria Schenk, Leonardo Greco, Luiz Fux, Luiz Paulo da Silva Araújo Filho, Marcelo Rocha Monteiro, Marco Antônio dos Santos Rodrigues,[538] Nelson Luiz Pinto, Paulo Cezar Pinheiro Carneiro, Paulo Sérgio Rangel do Nascimento, Regina Fátima Bello Butrus, Rosângela Martins Alcântara Zagaglia, Sandra Weissblum, Sérgio de Souza Verani, bastando saber que seguirão uma Escola Processual própria com base nos ensinamentos do mestre.

3.10.3. Escola pontiana ou pontesiana de processo?

Por fim, resta saber se há propriamente uma Escola Pontiana de Processo, razão pela qual da existência de um ponto de interrogação no título do capítulo. Note-se, de início, a existência um Instituto Pontes de Miranda,[539] constituído em Alagoas, estado natal do jurista, que, aparentemente, não enfoca o estudo do direito processual, mas das ciências como um todo, e que estudou um mínimo daquele que muitos consideram ser o maior jurista brasileiro do século passado, sabendo-se que não se dedicou apenas ao processo, tampouco somente ao estudo do direito.[540] Como anunciam Fredie Didier Jr., Pedro Henrique Pedrosa Nogueira e Roberto P. Campos Gouveia Filho,[541] o autor inau-

---

[537] Sobre o autor, recomenda-se: PINHO, Humberto Dalla Bernadina de. *Direito processual civil contemporâneo*: teoria geral do processo. 8º ed. São Paulo: Saraiva, 2018. vol 1, e PINHO, Humberto Dalla Bernadina de. *Direito processual civil contemporâneo*: processo de conhecimento, procedimentos especiais, processo de execução, precesso nos tribunais e disposições finais e transitórias. 5ª ed. São Paulo: Saraiva, 2018. vol. 2.

[538] RODRIGUES, Marco Antonio. *Manual dos recursos*: ação rescisória e reclamação. São Paulo: Atlas, 2017.

[539] INSTITUTO PONTES DE MIRANDA. Disponível em: <http://www.ipm.al.org.br/>. Acesso em: 13 jun. 2014.

[540] DIDIER JR., Fredie; NOGUEIRA, Pedro Henrique Pedrosa; GOUVEIA FILHO, Roberto P. Campos (Coords.). *Pontes de Miranda e o direito processual*. Salvador: JusPodivm, 2013. Um pouco de sua vida e obra é retratada na apresentação à obra, com os seguintes dizeres: "Pontes de Miranda, nascido em 1892 e falecido em 1979, formou-se, contando com apenas dezenove anos, na Faculdade de Direito do Recife. Há quem diga ter sido a Matemática sua opção original. Mais tarde, todavia, fez opção pelo Direito. Ciência esta, aliás, que era tida por ele como da mais alta relevância e de grande dificuldade. Logo após sua graduação, já em 1912, publicou sua primeira obra: À Margem do Direito. Foi um dos precursores, além disso, da Sociologia no Brasil com seus livros, publicados sobre o tema nas décadas de 10 e 20 do século passado. Dentre elas, destacam-se: A Moral do Futuro, de 1913, Introdução à Política Científica, de 1924, e Introdução à Sociologia Geral, de 1926. Tem livros sobre Teoria Política, como Anarquismo, Comunismo e Socialismo, de 1933, e Democracia, Liberdade e Igualdade: os Três Caminhos, de 1945. A Filosofia do Conhecimento e das Ciências não lhe passou despercebida, pois, em 1937, publicou uma obra da mais alta relevância sobre o tema: O Problema Fundamental do Conhecimento, na qual se destaca a famosa Teoria dos Jetos. Suas obras literárias também merecem ser referenciadas, destacando-se a obra premiada em 1º. Lugar pela Academia Brasileira de Letras, A Sabedoria dos Instintos, de 1921, vindo ele a se tornar imortal da citada Academia no fim de sua vida".

[541] São as palavras dos coordenadores na apresentação à obra: DIDIER JR., Fredie; NOGUEIRA, Pedro Henrique Pedrosa; GOUVEIA FILHO, Roberto P. Campos (Coords.). *Pontes de Miranda e o direito processual*. Salvador: JusPodivm, 2013. p. 31. "No âmbito da Teoria Geral do Processo e do Direito Processual Civil, alvo de maior interesse desta coletânea, o pioneirismo de Pontes de Miranda deve ser destacado, podendo-se, até mesmo, dizer ter sido ele o fundador da Ciência Processual brasileira com a publicação, em 1934, de sua obra A Acção Rescisória contra Sentenças. Em 1947, Pontes de Miranda publica o primeiro volume de seus

gurou uma nova forma no Brasil de escrever sobre o texto legislado, deixando, em seus escritos, uma marca de trabalhar o processo como ramo do Direito mais ligado à vida, o que foi um dos diferenciais de sua obra.

A nominata de autores que prestigiam Francisco Cavalcanti Pontes de Miranda, os quais representam Escolas processuais diferentes, faz crer que o alagoano deixou sua obra para ser estudada, e não para que uma Escola fosse propriamente criada. Dentre os nomes que homenageiam Pontes de Miranda estão: Adriana de Mendonça Costa, Alex Xavier Santiago da Silva, Alexandre Freire Pimentel, André Lucas Fernandes, Antonio Carlos F. de Souza Júnior, Antonio do Passo Cabral, Beclaute Oliveira Silva, Bruna Maria Jacques F. de Albuquerque, Bruno Garcia Redondo, Carlos Alberto Molinaro, Carlos Eduardo Araújo, Cristiano Simão Miller, Daniela Bomfim, Danilo Heber Gomes, Dierle Nunes, Eduardo José da Fonseca Costa, Elaine Ribeiro Bueno de Mendonça, Flávia Moreira Guimarães Pessoa, Francisco Barros Dias, Fredie Didier Jr., Gabriela Expósito Miranda de Araújo, Hermes Zaneti Jr., Humberto Theodoro Jr., Jadison Juarez Cavalcante Dias, José Carlos Van C. de Almeida Santos, José Henrique Mouta Araújo, José Maria Rosa Tesheiner, José Roberto Fernandes Teixeira, Leonardo Carneiro da Cunha, Lucas Buril de Macêdo, Luciano Vianna Araújo, Lúcio Grassi de Gouveia, Luiz Eduardo Ribeiro Mourão, Luiz Henrique Volpe Camargo, Marcelo Miranda Caetano, Márcio Oliveira Rocha, Marcos Bernardes de Mello, Maria Eduarda Vilar, Mariângela Guerreiro Milhoranza, Marsel Botelho, Mateus Costa Pereira, Nestor Eduardo Araruna Santiago, Paulo Machado Cordeiro, Pedro Henrique Pedrosa Nogueira, Pedro Miranda de Oliveira, Pedro Spíndola Bezerra Alves, Rafael Alexandria de Oliveira, Raquel Silva Araújo, Ravi Peixoto, Roberto P. Campos Gouveia Filho, Roberto Paulino de Albuquerque Jr., Roberto Wanderley Nogueira, Robson Renault Godinho, Rodrigo Mazzei, Rodrigo Numeriano Dubourcq Dantas, Rodrigo Saraiva Marinho, Rodrigo Xavier Leonardo, Sérgio Cabral dos Reis, Suenya Talita de Almeida, Venceslau Tavares Costa Filho, Vinicius de Negreiros Calado, Welder Queiroz dos Santos, Leonardo Greco e Leonardo Santana de Abreu. A afirmação de que todos estudam a obra pontiana, quer seja para concordar ou discordar, e que, por isto, não se consegue verificar a existência de uma Escola, é também comprovada a partir da obra que o homenageia[542] nos 30 anos de seu falecimento, contando, novamente, com autores de diversas Escolas processuais, sendo eles: Alexandre Freire Pimentel, Araken de Assis, Beclaute Oliveira Silva, Clayton Maranhão, Darci Guimarães Ribeiro, Edson Ribas Malachini, Eduardo Arruda Alvim, Eduardo José da Fonseca Costa,

---

Comentários ao Código de Processo Civil de 1939, os quais foram completados em oito volumes (a segunda edição, a qual começou a ser publicada em 1958, teve impressionantes quinze volumes). Nas palavras de Eliézer Rosa (*Dicionário de Processo Civil*. São Paulo: José Bushatsky Editor, 1974, p. 100), tal obra inaugurou, no Direito brasileiro, o tipo de comentários exegéticos a um diploma legislativo, algo que, à época, só se via na Europa. Com o advento do CPC/1973, Pontes de Miranda adaptou seus Comentários, vindo a publicá--los, em dezessete volumes, cujos últimos saíram já no fim de sua vida, de acordo com o Código que então surgia. Sua dedicação ao Direito Processual talvez tenha sido dizer, logo no prólogo de seus comentários ao CPC, ser o direito processual o ramo do direito mais rente à vida".

[542] COSTA, Eduardo José da Fonseca; MOURÃO, Luiz Eduardo Ribeiro; NOGUEIRA, Pedro Henrique Pedrosa. *Teoria quinária da ação*: estudos em homenagem a Pontes de Miranda nos 30 anos do seu falecimento. Salvador: JusPodivm, 2010.

Fábio Cardoso Machado, Francisco Glauber Pessoa Alves, Fredie Didier Jr., Guilherme Recena Costa, Hermes Zaneti Junior, Humberto Theodoro Júnior, Luciano Vianna Araújo, Lúcio Delfino, Fernando Rossi, Luiz Eduardo Ribeiro Mourão, Marcos Bernardes de Mello, Mirna Cianci, Rita Quartieri, Ovídio Baptista da Silva, Paulo Afonso de Souza Sant'anna, Paulo Roberto Lyrio Pimenta, Pedro Henrique Pedrosa Nogueira, Ricardo Tinoco de Góes, Roberto Pinheiro Campos Gouveia Filho, Mateus Costa Pereira, Rosmar Rodrigues Alencar e Sérgio Cruz Arenhart.

Após ler a nominata o leitor, atento mas desavisado, poder-se-ia perguntar a razão pela qual há nomes repetidos que, estando em algumas Escolas já abordadas, têm novamente sua designação inserida naqueles que prestigiam a obra de Pontes de Miranda, sendo a resposta bastante tranquila de ser concedida, uma vez que cabe ao processualista e ao estudioso do Direito em si conhecer, senão muito, um mínimo da obra do jurista alagoano, razão pela qual, quem a conhece e sabe de sua vastidão e profundidade, faz questão de poder dialogar com ela, mesmo que não se vincule a uma tradição pontiana, como é o caso de inúmeros dos autores citados.

O que se pretendeu alertar com a demonstração da existência de possíveis outras Escolas que se dedicam ao estudo do fenômeno processual é que não se pode acreditar que há uma taxatividade naquelas já mencionadas, mas podem elas se formar, num país de dimensões como o Brasil, em qualquer localidade na qual haja uma determinada organização, um mestre ou pensamento a ser o norte e estudantes dispostos a concretizar o sonho, lembrando que a Escola Paulista inicia com encontros de pequenos grupos com o jurista italiano Enrico Tullio Liebman e hoje é a mais tradicional Escola de processo existente em solo brasileiro.

3.10.4. A Escola Capixaba de Processo

Conforme será referido oportunamente, quando do capítulo destinado à compreensão da fase metodológica denominada de formalismo-valorativo, há, na obra de Claudio Madureira,[543] uma curiosidade a ser ressaltada desde já, em especial quando anuncia que no Mestrado em Direito da Universidade Federal do Espírito Santo, Hermes Zaneti Jr tem levado os ensinamentos de Carlos Alberto Alvaro de Oliveira sobre o tema, tendo, inclusive, sido influenciado pelo

---

[543] MADUREIRA, Claudio. *Fundamentos do novo processo civil brasileiro*: o processo civil do formalismo-valorativo. Belo Horizonte: Fórum, 2017. p. 71-72. Escreve: "Por uma e outra razão, e por cada uma delas, discurso de Mitidiero, ainda que tão somente a esse específico particular, para manter a qualificação da quarta e última fase metodológica do processo como *formalismo-valorativo*. E assim o faço também por influência das minhas aulas com Zaneti no Mestrado da Universidade Federal do Espírito Santo. Naquele tempo, Zaneti nos chamava a atenção para a circunstância de os nomes atribuídos aos institutos e às teorias (ou doutrinas) nem sempre corresponderem às designações que melhor representavam seus conteúdos. Mas sempre nos advertia sobre a necessidade de que a academia estabeleça, em seus escritos, soluções de compromisso que permitam preservar essas denominações, para que não se verifique, na prática, confusão semântica proporcionada pela atribuição de nomes distintos às mesmas coisas, com sérios prejuízos ao desenvolvimento da ciência. Também por esse motivo afirmo que o *Novo Processo Civil Brasileiro*, tal como disciplinado pelo Código de 2015, é o *processo civil do formalismo-valorativo*".

processualista gaúcho (hoje praticamente mais capixaba em suas atividades acadêmicas e profissionais) durante suas aulas para assumir, na defesa de sua tese, referida fase cultural como sendo a que realmente explica o processo civil contemporâneo.

Mas se existe uma vinculação entre o formalismo-valorativo e Hermes Zaneti Jr., o que faria da Universidade Federal do Espírito Santo o berço de uma Escola de Processo? A resposta parece estar na linha de pesquisa que o Programa de Pós-Graduação em Direito oferece aos seus mestrandos sobre o *Sistema de Justiça, Constitucionalidade e Tutela de Direitos Individuais e Coletivos* que propõe uma leitura do fenômeno processual atento às necessidades, por meio da judicialização dos conflitos sociais e coletivos, promovendo a justiça social, ou seja, o diferencial é o estudo da coletivização dos direitos e sua tutela.[544] O quadro de docentes que estruturam a linha de pesquisa anuncia a força do programa, tendo dentre eles Fredie Didier Jr., Adriana Pereira Campos, Geovany Cardoso Jeveaux, Hermes Zaneti Junior, Júlio César Pompeu, Marcellus Polastri Lima, Tárek Moyses Moussallem (todos permanentes) e como professor colaborador Manoel Alves Rabelo. Ainda, analisando a outra linha de pesquisa, *Processo, Técnicas e Tutelas dos Direitos Existenciais e Patrimoniais*, nota-se outra gama de professores que alicerçam o Programa como um todo e que, inclusive, navegam na área do direito processual, como Flavio Chein Jorge, Rodrigo Reis Mazzei, Gilberto Fachetti Silvestre, Tiago Figueiredo Gonçalves, Ricardo Gueiros Bernardes Dias, Valesca Raizer Borges Moschen, Francisco Vieira Lima Neto, Fabrício Polido e Augusto Passamani e o próprio Claudio Madureira que instigou, em parte, por sua passagem em sua obra, a elaboração desse capítulo. Não se pode perder de vista que ainda na citada linha há quem navegue na área da tutela coletiva, como Marcelo Abelha Rodrigues,[545] demonstrando que o diálogo entre ambas as linhas de pesquisa é, além de possível, desejável. Por fim, deve ser ressaltado que ainda em 2018, na UFES, ocorrerá o III Congresso Brasil-Argentina de Direito Processual, intitulado

---

[544] O resumo do projeto de pesquisa de Hermes Zaneti Jr é esclarecedor para compreender o alcance do tema: Disponível em: <http://www.direito.ufes.br/pt-br/pos-graduacao/PPGDIR/detalhes-do-projeto?id=6471>. Acesso 15 fev. 2018. "O grupo pretende analisar, discutir e apresentar propostas a respeito do processo coletivo brasileiro. Foram identificadas recentemente na tese de pós-doutorado do Prof. Hermes Zaneti Jr. três grandes tendências ou modelos de processos coletivos: class actions; ações associativas e litígios agregados; processo coletivo: modelo brasileiro. O grupo pretende portanto aprofundar as pesquisas sobre a matriz metodológica do direito processual coletivo brasileiro no direito comparado, *civil law* e *common law*, bem como, através da crítica comparativa identificar as tendências do processo coletivo no Brasil e em outros ordenamentos jurídicos, notadamente da Europa, América-Latina e Estados Unidos da América. Adotou-se, ademais, um novo conceito de processo coletivo, compreendido como: "[...] processo coletivo é aquele em que se postula um direito coletivo lato sensu (situação jurídica coletiva ativa) ou se afirma a existência de uma situação jurídica coletiva passiva [...] o núcleo do conceito de processo coletivo está em seu objeto litigioso: coletivo é o processo que tem por objeto litigioso uma situação jurídica coletiva ativa ou passiva" (DIDIER JR,. Fredie; ZANETI JR., Hermes. Curso de direito processual civil. Processo coletivo. 9ed. revista, ampliada e atualizada. Salvador: Jus Podivm, 2014, p. 38/39, vol. 4). Assim tanto as class actions como as ações associativas e os litígios agregados poderão ser identificados do ponto de vista comparado como processos coletivos. Por outro lado, a pesquisa procura identificar o conteúdo dogmático e teórico dos direitos fundamentais coletivos e dos direitos subjetivos materiais coletivos ao lado dos direitos processuais assegurados pelo processo coletivo e já devidamente reconhecidos, pois se parte da premissa que os direitos materiais e o processo convivem em uma relação circular e mutuamente implicada. O grupo pretende ainda analisar a constitucionalização dos processos coletivos".

[545] RODRIGUES, Marcelo Abelha. *Fundamentos da tutela coletiva*. Brasília: Gazeta Jurídica, 2017.

Temas de Direito Processual Contemporâneo, lembrando que os argentinos tem produção bastante profícua na área da tutela coletiva de direitos ou tutela de direitos coleticos, para lembrar aqui Teori Zavascki,[546] o que apenas confirma que uma Escola de Processo (coletivo) desponta em solo brasileiro.

3.11. Outros pensamentos em solo rio-grandense

Em recente evento ocorrido na Pontifícia Universidade Católica do Rio Grande do Sul (2016), denominado de *Conversas Processuais*, com a participação de Araken de Assis e Sérgio Gilberto Porto, e com a organização científica de José Maria Rosa Tesheiner e Elaine Harzheim Macedo, ocorreu um debate sobre, dentre tantas questões, qual a identidade processual que existe nos processualistas[547] do Rio Grande do Sul, sendo que, aberto evento e passada a palavra a Araken de Assis, foi por ele referido que apesar das diversas correntes de pensamento existente, para ele o que movimenta o pensamento rio-grandense é o tom crítico sobre o conteúdo, objeto e sistemática do direito processual civil. Por e em razão dessa frase, impactante por sinal, mostra-se mais que necessário uma reformulação no capítulo das Escolas existentes em solo gaúcho para identificar o tom crítico de cada uma das vertentes que se dedica ao estudo do processo civil brasileiro.

3.11.1. *Escola ovidiana de processo*

Mesmo no Rio Grande do Sul, no qual há formação de Escolas de Processo Civil, pode-se cogitar que mais horizontes podem ser ventilados com tantos talentos formados ao longo dos anos por diferentes mestres que acabam, ao seu modo, pensando o fenômeno processual de maneira diversa. Poderia ser ventilada, por exemplo, uma Escola a partir dos ensinamentos de Ovídio Araújo Baptista da Silva[548] para quem, qualquer teoria processual pensanda

---

[546] ZAVASCKI, Teori Albino. *Processo coletivo*: tutela de direitos coletivos e tutela coletiva de direitos. 7. ed. São Paulo: Revista dos Tribunais, 2017.

[547] Sobre a cepa de processualistas que transitam no Rio Grande do Sul, vale a lembrança de José Carlos Barbosa Moreira na apresentação de uma das obras de Adroaldo Furtado Fabrício. Refere ele: "O Rio Grande do Sul tem sido fecundo em gerar processualistas de ótima cepa. Aí está, modelo de jurista, o grande mestre de Adroaldo e de todos quantos se ocupam das coisas de processo: Galeno Lacerda. Não cito outros nomes para não correr o risco de omissões injustas embora involuntárias: na pessoa de Galeno, insigne chefe de Escola, homenageio toda plêiade de estudiosos de prol". FABRÍCIO, Adroaldo Furtado. *Ensaio de direito processual*. Rio de Janeiro: Forense, 2003. P. XII.

[548] Dentre algumas de suas obras que marcaram a doutrina processual civil brasileira, tem-se: SILVA, Ovídio A. Baptista da. *Sentença e coisa julgada*: (ensaios e pareceres). 4. ed. Rio de Janeiro: Forense, 2006; SILVA, Ovídio A. Baptista da. *Jurisdição, direito material e processo*. Rio de Janeiro: Forense, 2008; SILVA, Ovídio A. Baptista da. *Processo e ideologia*: o paradigma racionalista. 2. ed. Rio de Janeiro: Forense, 2006; SILVA, Ovídio A. Baptista da. *Jurisdição e execução na tradição romano-canônica*. 3. ed. Rio de Janeiro: Forense, 2007; SILVA, Ovídio A. Baptista da. *Da sentença liminar à nulidade da sentença*. Rio de Janeiro: Forense, 2002; SILVA, Ovídio Araújo Baptista da. *Epistemologia das ciências culturais*. Porto Alegre: Verbo, 2009. Obviamente não podemos deixar de citar seu Curso de Processo Civil. SILVA, Ovídio A. Baptista da. *Curso de Processo Civil*. 8. ed. Rio de Janeiro: Forense, 2008, vol. 1, Tomo I e SILVA, Ovídio A. Baptista da. *Curso de Processo Civil*: Processo cautelar (tutela de urgência). 4. ed. Rio de Janeiro: Forense, 2007, vol. 2.

desligada da vida social não é teoria.[549] Uma análise de seu currículo[550] demonstra a formação de alguns doutores, como Elaine Harzheim Macedo,[551] Angela Araujo da Silveira Espindola, Marciano Buffon, Carlos Alberto Lunelli, Fábio Luiz Gomes[552] e Jânia Maria Lopes Saldanha,[553] assim como os mestres Carolina Elisa Suptitz, Daniela Boito Maurmann Hidalgo, Karinne Emanoela Goettems dos Santos, Lísia Dorneles Dal Osto, Orlando Venâncio dos Santos Filho, Paulo Eduardo de Almeida Vieira, Mariana Pacheco Machado, Karla Cristina França Castro, Adriana Castanho da Maia Taborda, Miriam Helena Schaeffer, Roberto Pacheco Tapia, Fábio Cardoso Machado,[554] Ben-Hur Silveira Claus, Giovanni Conti, Alberto Delgado Neto, Astried Brettas Grunwald, Karina Schuch Brunet, Luciane Cardoso, que carregam consigo algo que o processualista lhes legou, até pelas suas ideias originais às épocas em que pensadas e as obras que são referência no estudo do Processo Civil brasileiro. Refira-se que Ovídio A. Baptista da Silva mantinha o chamado *Grupo dos 11*, do qual faziam parte o próprio maestro e mais Maurício Martins Reis,[555] Marcelo Dadalt, Marcelo Pacheco, Clarissa Lucena, Mariana Machado, Miriam Schaeffer, Fábio Machado, Jeferson Dutra, Daniela Hidalgo e Rafael Corte Mello. Contudo, e infelizmente, não há algo continuadamente coeso naqueles que seguem seus estudos que permita afirmar a existência de uma Escola ovidiana do processo, em que pese seu pensamento ter sido inovador e responsável por inúmeras contribuições na área do Processo Civil brasileiro, inclusive com obras escritas em sua homenagem,[556] coleções como Clássicos Contemporâneos em homenagem a Ovídio

---

[549] MACEDO, Elaine Harzheim; HIDALGO, Daniela Boito Maurmann (Orgs.). *Jurisdição, direito material e processo*: os pilares da obra ovidiana e seus reflexos na aplicação do Direito. Porto Alegre: Livraria do Advogado, 2015. p. 13. O trecho faz parte da apresentação à obra, realizado por ambas as organizadoras. "O coração no passado, o pensamento no futuro. Uma responsabilidade: permanecer em constante busca pela construção do sentido do Direito. Nosso homenageado recriminou, como ele próprio deixou dito, veementemente, e com insistência, o distanciamento entre o Direito e a vida social. Todos aqueles que foram tocados pelos ensinamentos de Ovídio Araújo Baptista da Silva carregam a responsabilidade de disseminar as sementes da busca pela reintrodução do Direito – especialmente o processo – no mundo da vida. Cada um de nós, de um modo muito próprio, é verdade, guarda em si a grata satisfação de saber que a abertura crítica do Direito é o caminho para a superação das impossibilidades que se tornaram a marca do Direito científico da modernidade. Trabalhar pela reintrodução dos sentidos do Direito, por uma sua problematização como ciência compreensiva que é, esse é o compromisso. Conhecemos a importância de semear seus ensinamentos. A presente obra nasce dessa consciência e dessa responsabilidade".

[550] CNPq. *Ovídio Araújo Baptista da Silva*. Disponível em: <http://buscatextual.cnpq.br/buscatextual/visualizacv.do?metodo=apresentar&id=K4794814Y2>. Acesso em: 28 maio 2014.

[551] Tese publicada: MACEDO, Elaine Harzheim. *Jurisdição e processo*: crítica histórica e perspectivas para o terceiro milênio. Porto Alegre: Livraria do Advogado, 2005.

[552] Tese publicada: GOMES, Fábio Luiz. *Responsabilidade objetiva e antecipação de tutela*: (Direito e pós-modernidade). 2. ed. Porto Alegre: Livraria do Advogado, 2014.

[553] Tese publicada: SALDANHA, Jânia Maria Lopes. *Substancialização e efetividade no Direito Processual Civil* – A sumariedade material da jurisdição – Proposta de estabilização da tutela antecipada em relação ao Projeto de Novo CPC. 1. ed. Curitiba: Juruá, 2011.

[554] Dissertação já publicada: MACHADO, Fábio Cardoso. *Jurisdição, condenação e tutela jurisdicional*. Rio de Janeiro: Lumen Juris, 2004.

[555] REIS, Maurício Martins. *A legitimação do Estado Democrático de Direito para além da decretação abstrata de constitucionalidade*: o valor prospectivo da interpretação conforme à Constituição como desdobramento concreto entre a lei e o direito. Passo Fundo: Imed, 2012. Apenas para se ter uma ideia da forte carga ovidiana no grupo dos 11, basta ler a tese de doutorado do autor.

[556] Dentre elas, a mais recente: MACEDO, Elaine Harzheim; HIDALGO, Daniela Boito. Maurmann. *Jurisdição, direito material e processo*: os pilares da obra ovidiana e seus reflexos na aplicação do direito. Porto Ale-

Araújo Baptista da Silva, dirigida e coordenada por Darci Guimarães Ribeiro,[557] já com duas obras publicadas, sendo o volume I **O juiz e a prova**: estudo da errônea recepção do brocardo *iudex iudicare debet secundum allegata et probata, non secundum conscientiam* e sua repercussão atual, de Joan Picó i Junoy,[558] e o volume II **Ensaios sobre o processo civil: escritos sobre processo e justiça civil**, de Michele Taruffo,[559] e reclamos de que suas lições serão reproduzidas pelos seus alunos e pelos alunos de seus alunos,[560] o que não se duvida, mas apenas se constata que se assim for, uma Escola ovidiana de processo pode estar para, finalmente, se concretizar.

3.11.2. Escola da PUC/RS de processo

A Pontifícia Universidade Católica do Rio Grande do Sul, a partir de sua área de concentração de teoria geral da jurisdição e processo e linha de pesquisa em jurisdição, efetividade e instrumentalidade do processo, do programa de pós-graduação *stricto sensu*[561] – mestrado e doutorado –, sob a orientação de nomes como Elaine Harzheim Macedo, Luis Alberto Reichelt e Marco Felix Jobim, já tendo tido docentes como José Maria Rosa Tesheiner, Sérgio Gilberto Porto e Araken de Assis (estes últimos professores eméritos da instituição), começa a desbravar horizontes do que possa vir a ser um embrião de uma nova Escola em residência gaúcha, comprovando-se esta afirmação pela coleção *Temas de Direito Processual Civil*, na qual se publicam teses e dissertações defendidas pelo programa, já contando com dez volumes, sendo, na ordem, os trabalhos de (1) Raquel Heck Mariano da Rocha,[562] (2) Martha Rosinha,[563]

---

gre: Livraria do Advogado, 2015. São articulistas da homenagem: Elaine Harzheim Macedo; Daniela Boito Maurmann Hidalgo, Araken de Assis, Fábio Cardoso Machado, Jânia Maria Lopes Saldanha, Jaqueline Mielke Silva, Jeferson Dytz Marin, Jeferson Luiz Dellavalle Dutra, Lenio Luiz Streck, Luiz Guilherme Marinoni, Maurício Martins Reis, Sérgio Gilberto Porto, Antonio Castanheira Neves e Rafael Corte Mello.

[557] RIBEIRO, Darci Guimarães. *La pretensión procesal y la tutela judicial efectiva*: hacia una teoria procesal del derecho. Barcelona: J. M. Bosch Editor, 2004.

[558] PICÓ I JUNOY, Joan. *O juiz e a prova*: estudo da errônea recepção do brocardo *iudex iudicare debet secundum allegata et probata, non secundum conscientiam* e sua repercussão atual. Tradução de Darci Guimarães Ribeiro. Porto Alegre: Livraria do Advogado, 2015.

[559] TARUFFO, Michele. *Ensaios sobre o processo civil*: escritos sobre processo e justiça civil. Organizador e revisor das traduções Darci Guimarães Ribeiro. Porto Alegre: Livraria do Advogado, 2017.

[560] MARIN, Jeferson Dytz (coordenador). *Jurisdição e processo*. v. III. Curitiba: Juruá, 2009. p. 12. Este volume é dedicado a homenagear Ovídio Baptista da Silva. Dentre os articulistas, estão: Ailor Carlos Brandelli, Angela Araújo da Silveira Espíndola, Alexandre Allegretti Venzon, Carlos Alberto Lunelli, Carolina Elesa Suptitz, Darci Guimarães Ribeiro, Denise Arisi Dondi, Jânia Maria Lopes Saldanha, Jaqueline Mielke Silva, Marina Bertarello e o próprio coordenador, que na apresentação escreve as seguintes palavras: *"O Prof. Ovídio sempre será o que foi. O que é dentro de cada um que o leu. Que com ele conviveu e aprendeu. Para nós, mais do que um perito das letras jurídicas, é um mito, um vulto inspirador, um farol. Será eterno! Será reproduzido e lembrado por seus alunos e pelos alunos de seus alunos. Estará presente em Jaqueline Mielke Silva, em Jania Saldanha e em tantos outros que o seguiram. Se é pecado institucionalizado falar em poesia sem lembrar de Mário Quintana, também será um vilipêndio lembrar de tutelas de urgência, de cautelares, sem pronunciar o nome do são-borjense Ovídio Baptista da Silva".*

[561] Para conhecer um pouco mais do Programa: <http://www.pucrs.br/direito/programa-de-pos-graduacao-em-direito/>. Acesso em 13 fev. 2018.

[562] ROCHA, Raquel Heck Mariano da. *Preclusão no processo civil*. Porto Alegre: Livraria do Advogado, 2011.

[563] ROSINHA, Martha. *Os efeitos dos recursos*: atualizado com o projeto do novo Código de Processo Civil. Porto Alegre: Livraria do Advogado, 2012.

(3) Fabiano Aita Carvalho,[564] (4) Lívio Goellner Goron,[565] (5) Marco Félix Jobim,[566] (6) Maurício Matte,[567] (7) Daniele Viafore,[568] (8) Guilherme Athayde Porto,[569] (9) Cristiana Zugno Pinto Ribeiro[570] e (10) Shana Serrão Fersterseifer,[571] sendo que Elaine Harzhein Macedo[572] atesta a qualidade de seus ex alunos quando prefacia a obra de Guilherme Athayde Porto.

Já estão sendo publicados trabalhos, inclusive, entre professores e mestres do programa, como se comprova com as obras **A decisão monocrática e a numerosidade no Processo Civil brasileiro**,[573] de Elaine Harzheim Macedo e Daniele Viafore, e **Teoria geral do processo**,[574] de José Maria Rosa Tesheiner e Rennan Faria Krüger Thamay.[575] Aliado aos fatos narrados, há, ainda, uma gama de dissertações e teses defendidas e publicadas ao longo dos anos anteriores à coleção *Temas de Direito Processual Civil* que podem ser comprovadas com obras como: **As astreintes e o Processo Civil brasileiro**, de Guilherme

---

[564] CARVALHO, Fabiano Aita. *Multa e prisão civil*: o *contempt of court* no direito brasileiro. Porto Alegre: Livraria do Advogado, 2012.

[565] GORON, Lívio Goellner. *Tutela específica de urgência*: antecipação da tutela relativa aos deveres de fazer e de não fazer. Porto Alegre: Livraria do Advogado, 2013.

[566] JOBIM, Marco Félix. *Medidas estruturantes*: da Suprema Corte estadunidense ao Supremo Tribunal Federal. Porto Alegre: Livraria do Advogado, 2013.

[567] MATTE, Maurício. *Revisão da sentença em ação civil pública por alteração do estado de fato*. Porto Alegre: Livraria do Advogado, 2013.

[568] VIAFORE, Daniele. *As ações repetitivas no direito brasileiro*: com comentários sobre a proposta de "incidentes de resolução de demandas repetitivas" ao projeto de novo Código de Processo Civil. Porto Alegre: Livraria do Advogado, 2014.

[569] PORTO, Guilherme Athayde. *Formação da coisa julgada e prova produzida*: uma perspectiva do processo coletivo para o individual. Porto Alegre: Livraria do Advogado, 2015.

[570] RIBEIRO, Cristiana Zugno Pinto. *Apelação no novo CPC*: efeitos devolutivo e suspensivo. Porto Alegre: Livraria do Advogado, 2016.

[571] FENSTERSEIFER, Shana Serrão. *A eficácia imediata da sentença no CPC de 2015*. Porto Alegre: Livraria do Advogado, 2016.

[572] Elaine Harzheim Macedo no prefácio a uma das obras que revelam os mestres e doutores em processo pela Pontifícia Universidade Católica do Rio Grande do Sul. PORTO, Guilherme Athayde. *Formação da coisa julgada e prova produzida*: uma perspectiva do processo coletivo para o individual. Porto Alegre: Livraria do Advogado, 2015. p. 9. A prefaciadora o faz contando uma possível lenda: "Conta a lenda que em uma pequena cidade do interior o povo votou por ter uma estátua, em sua praça principal, de um cavalo, a ser esculpida na pedra, até porque era um animal de todos desconhecido, já que não havia cavalos". "Para realizar a obra, foi escolhido um artista local que trabalhava em esculpir madeira, por sua habilidade no ato de talhar. O escultor, ao receber a pedra de mármore na qual deveria realizar o seu trabalho, apenas pediu para ser respeitado o seu isolamento, mantendo-se em sigilo o desenvolvimento da criação". "Marcada a data de inauguração da estátua, que foi instalada no centro da praça coberta por um manto, a cidade estava em festa. Depois dos discursos de praxe, seguiu-se o desvelamento da estátua e...surpresa: lá estava um animal portentoso, de quatro patas, cabeça erguida, crina perfeita, rabo ondulante. Um belo e elegante cavalo!". "As crianças, mais que todos embevecidas, cercaram o escultor e perguntaram como ele havia conseguido se não tivera nenhum modelo a orientá-lo". "Sua resposta foi simples: eu não precisei fazer nada: o cavalo já estava lá, dentro da pedra de mármore! Bastava revelá-lo ao mundo!".

[573] MACEDO, Elaine Harzheim; VIAFORE, Daniele. *A decisão monocrática e a numerosidade no processo civil brasileiro*. Porto Alegre: Livraria do Advogado, 2015.

[574] TESHEINER, José Maria Roda; THAMAY, Rennan Faria Krüger. *Teoria geral do processo*: em conformidade com o novo CPC. Rio de Janeiro: Forense, 2015.

[575] Em que pese o autor estar mais afeito, atualmente, à Escola Paulista de Processo, mas ter defendido sua tese na PUC/RS com a obra já em sua versão comercial: THAMAY, Rennan Faria Krüger. *A coisa julgada no controle de constitucionalidade abstrato*. São Paulo: Atlas, 2015.

Rizzo Amaral,[576] **O reexame necessário e a efetividade da tutela jurisdicional**, de Gisele Mazzoni Welsch;[577] **Tutela específica dos direitos:** obrigações de fazer, não fazer e entregar coisa, de Guilherme Puchlscki Teixeira;[578] assim como livros já referidos em outras Escolas como a de Júlio César Goulart Lanes[579] e Gisele Welsh. Também cumpre registro que há doutores pela PUCRS que, não tendo publicado propriamente a tese, utilizam o seu núcleo para conformar suas obras, como o caso de Artur Torres que, propriamente, não publicou a sua monografia sobre a humanização do processo, mas a utiliza como base de suas obras posteriores.[580] Por fim, mas não menos importante, é de ser referido que já havia se tentado elaborar uma série de trabalhos publicados na Pontifícia Universidade Católica que foi chamada de Série Especialização em Processo Civil, que contou com trabalhos defendidos como o de Paulo Valério Dal Pai Moraes,[581] que escreveu sobre o **Conteúdo interno da sentença: eficácia e coisa julgada**, coleção esta que não logrou seguimento.

3.11.3. A nova Escola da Unisinos de processo

A Universidade do Vale do Rio dos Sinos foi a última morada de um dos mais renomados processualistas que o Brasil já teve: Ovídio A. Baptista da Silva. Sua forte veia crítica auxiliou inúmeros estudantes a pensarem o fenômeno processual sob outro viés, conforme já visto quando trabalhada a possibilidade de sair do casulo uma Escola ovidiana de processo. Mas a Unisinos, mesmo após o passamento de Ovídio, continuou a ter trabalhos voltados ao Direito processual, alicerçados pelos estudos realizados no Programa de Pós-Graduação[582] *stricto sensu* daquela Universidade, e o mesmo fenômeno que propicia a acontecer na PUC ocorre da Unisinos, com a publicação dos trabalhos lá defendidos em coleção que homenageia o atual orientador de temas processuais, Darci Guimarães Ribeiro,[583] sendo que já há quatro volumes

---

[576] AMARAL, Guilherme Rizzo. *As astreintes e o Processo Civil brasileiro:* multa do art. 461 do CPC e outras. 2. ed. Porto Alegre: Livraria do Advogado, 2010.

[577] WELSCH, Gisele Mazzoni. *O reexame necessário e a efetividade da tutela jurisdicional*. Porto Alegre: Livraria do Advogado, 2010.

[578] TEIXEIRA, Guilherme Puchalski. *Tutela específica dos direitos:* obrigações de fazer, não fazer e entregar coisa. Porto Alegre: Livraria do Advogado, 2011.

[579] Não havia tido menção ainda ao seu livro sobre audiências, fruto também de seu estudo a nível de metrado na PUCRS. Ver: LANES, Júlio Cesar Goulart. *Audiencias:* conciliação, saneamento, prova e julgamento. Rio de Janeiro: Forense, 2008.

[580] Como se pode ver com o agora curso recentemente lançado. TORRES, Artur. *CPC passado a limpo:* procedimento geral, procedimento comum e cumprimento de sentença: volume 1. Porto Alegre: Livraria do Advogado, 2018 e TORRES, Artur. *CPC passado a limpo:* procedimentos especiais, processo de execução e o processo nos tribunais: volume 2. Porto Alegre: Livraria do Advogado, 2018.

[581] MORAES, Paulo Valério Dal Pai. *Conteúdo interno da sentença:* eficácia e coisa julgada. Porto Alegre: Livraria do Advogado, 1997.

[582] Para conhecer um pouco mais do Programa de Pós-Graduação da Unisinos: <http://www.unisinos.br/mestrado-e-doutorado/direito/presencial/sao-leopoldo>. Acesso: 13 fev. 2018.

[583] JOBIM, Marco Félix. Poderes do juiz, processo civil e suas relações com o Direito material, de Miguel do Nascimento Costa. in *Revista de processo*. Ano 39. N. 230. Abril de 2014. São Paulo: Revista dos Tribunais, 2014. p. 482. "Trata-se de uma obra importante para o estudioso do processo, uma vez que resgata conceitos históricos e realiza o devido cotejo com a atualidade, bem escrita, com bibliografia adequada e faz parte de

publicados,[584] o primeiro de Gustavo Santana,[585] o segundo de Miguel do Nascimento Costa,[586] o terceiro de Felipe Scalabrin[587] e o quarto de Guilherme Antunes da Cunha.[588]

Os trabalhos defendidos no PPGD, com viés processual, encontram na hermenêutica, Constituição e concretização de direitos a linha de pesquisa que os embasa e os torna diferentes de grande parte dos demais PPGGs do País, alimentando aquilo que pode vir a se consolidar como uma unidade de pensamento próprio na lida do processo civil brasileiro.

3.12. A formação dos institutos, academias e associações de Direito Processual no Brasil

Com o gosto pelo debate, em especial nos últimos anos na área delimitada pelo Direito Processual Civil, alguns institutos, academias e fóruns foram criados ou organizados em solo brasileiro para uma doutrina em franca expansão, voltada, em algumas de suas bases teóricas, pelo resgate de conceitos duros sobre processo e outras para um processo civil progressista. Diante disso, não poderia a obra restar incompleta, se é que um dia estará perto de esgotar qualquer dos assuntos que se propõe tratar, sem referir alguns dos principais movimentos teóricos que, organizados, se propõe a estudar, debater, interpretar e aplicar o processo. Antes de conhecer alguns deles, fica o registro aqui da ainda existência pelo menos virtual <www.abdpc.org.br>, da ABDP (Academia Brasileira de Direito Processual),[589] então presidida por Marcio Louzada Carpena,[590] que logrou congregar, em especial na primeira década do século XXI, inúmeros processualistas que ainda restam registrados em seu *site*, contendo ainda uma gama de artigos, indicações bibliográficas e entrevistas que vale dar uma olhada.

3.12.1. O IBDP – Instituto Brasileiro de Direito Processual

O Instituto Brasileiro de Direito Processual (IBDP), foi fundado em Porto Alegre, na Faculdade de Direito de Universidade Federal do Rio Grande do

---

uma coletânea que presta justa homenagem ao seu orientador, Prof. Darci Guimarães Ribeiro, pesquisador de escol, que auxilia no crescimento e aprofundamento do estudo do Direito Processual Civil brasileiro com seu viés sempre crítico e atualizado".

[584] O nome da coleção intitula-se: *Coleção Estudos de Direito em homenagem ao Prof. Darci Guimarães Ribeiro.*

[585] SANTANA, Gustavo. *A administração pública em juízo.* Porto Alegre: Verbo Jurídico, 2013.

[586] COSTA, Miguel do Nascimento. *Poderes do juiz, processo civil e suas relações com o direito material.* Porto Alegre: Verbo Jurídico, 2013.

[587] SCALABRIN, Felipe. *Causa de pedir e atuação do Supremo Tribunal Federal.* Volume 3. Porto Alegre: Verbo Jurídico, 2014.

[588] CUNHA, Guilherme Antunes da. *Tutelas satisfativas autônomas no processo civil*: perspectivas a partir do projeto de novo CPC. Volume 4. Porto Alegre: Verbo Jurídico, 2014.

[589] Que tem como um de seus objetivos precípuos: "Fomentar a pesquisa e o estudo do direito processual civil, enquanto ciência jurídica e meio necessário à entrega do direito material". Disponível em: <http://www.abdpc.org.br/abdpc/Academia.asp>. Acesso 13 fev. 2018.

[590] CARPENA, Márcio Louzada. *Do processo cautelar moderno.* 2. ed. Rio de Janeiro: Forense, 2004.

Sul, em agosto de 1958, sendo impossível não referir desde já, até em razão da linha adotada pelo livro de tentar individualizar as Escolas de processo, que foi o Instituto criado por processualistas que se filiaram a linha científica de processo introduzida no Brasil pela chegada e lições de Enrico Tullio Liebman. Restou consignado no grandioso evento *aos quinze dias do mês de agôsto do ano de mil novecentos e cinqüenta e oito, na Faculdade de Direito de P. Alegre, da Universidade do Rio Grande do Sul, presentes o Sr. Diretor, Prof. José Salgado Martins, e os Srs. Professores Luiz Eulálio de Bueno Vidigal, Alfredo Buzaid, José Frederico Marques, Bruno de Mendonça Lima, Alcides de Mendonça Lima, Vicente Marques Santiago e Galeno Vellinho de Lacerda, foi decidida a fundação do Instituto Brasileiro de Direito Processual Civil (I. B. D. P. C.).*

No *site* do instituto <www.direitoprocessual.org.br> há diversas informações que vão desde a forma de tentar iniciar o processo de inscrição como membro associado até os mais recentes eventos realizados em nome ou com apoio do instituto. No *link* relacionado à história do mesmo, há diversas informações necessárias à historiografia do próprio precesso civil brasileiro, como, por exemplo, a importante notícia da realização do Congresso Internacional de Direito Processual Civil, em Campos do Jordão, com a presença do próprio Liebman, a convite do então presidente do instituto Alfredo Buzaid, para o debate, reflexão e propostas de interpretação do Código de Processo Civil de 1973.

Após um período de inatividade, o instituto ganhou vida novamente em 1987 quando, por iniciativa de um grupo de processualistas, houve um renovado vigor, modificando até mesmo um pouco de suas bases, voltando-se ele para todos os ramos do direito processual, não sendo, então, estranho que nele se congregem processualistas de vários ramos do direito processual. É nesse momento que se fala numa segunda fase do instituto, sendo, à época, nomeado Presidente Celso Neves, sendo acompanhado de uma pleiade de colegas para o fortalecimento da instituição, como Ada Pellegrini Grinover na Vice-Presidência (tendo assumido a Presidência em 1993 e sendo substuída na Vice-Presidência por Teresa Arruda Alvim), Vicente Greco Filho como Secretário-Geral, Carlos Alberto Carmona como Secretário Executivo (substituído em 1993 por José Roberto dos Santos Bedaque) e Kazuo Watanabe como Tesoureiro, assim como foi nomeado Presidente do Conselho Consultivo Cândido Rangel Dinamarco.

Atualmente, a configuração do IBDP mudou significativamente, sendo esses os nomes e cargos ocupados pelos processualistas: Paulo Henrique dos Santos Lucon[591] (Presidente); Cassio Scarpinella Bueno[592] (Vice-Presidente); Ricardo de Carvalho Aprigliano[593] (Secretário-Geral); Ronaldo Vasconcelos[594]

---

[591] LUCON, Paulo Henrique dos Santos. *Relação entre demandas*. Brasília, DF: Gazeta Jurídica, 2016.

[592] Entre tantas obras, recomenda-se: BUENO, Cassio Scarpinella. *Amicus curiae no Processo Civil brasileiro*: um terceiro enigmático. 3. Ed. São Paulo: Saraiva, 2012 e BUENO, Cassio Scarpinella. *Manual de Direito Processual Civil*. 3. ed. São Paulo: Saraiva, 2017.

[593] APRIGLIANO, Ricardo de Carvalho. *Ordem pública e processo*: o tratamento das questões de ordem pública no Direito Processual Civil. São Paulo: Atlas, 2011.

[594] VASCONCELOS, Ronaldo. *Direito processual falimentar*. São Paulo: Quartier Latin, 2008.

(Vice-Secretário-Geral); Gustavo Henrique Righi Ivahy Badaró[595] (Diretor de Publicações); Leonardo Carneiro da Cunha[596] (Vice-Diretor de Publicações); Eduardo Talamini (Diretor de Ensino); Heitor Vitor de Mendonça Sica (Vice-Diretor de Ensino); Daniel Mitidiero (Diretor de Pesquisa); Ronaldo Cramer[597] (Vice-Diretor de Pesquisa); Aluisio Gonçalves de Castro Mendes[598] (Diretor de Relações Institucionais); Alexandre Freitas Câmara[599] (Vice-Diretor de Relações Institucionais); Teresa Celina Arruda Alvim (Diretora de Relações Internacionais); Antonio do Passo Cabral[600] (Vice-Diretor de Relações Internacionais). O IBDP registrou recentemente a nomeação de vários secretários adjuntos nos Estados, sendo alguns deles: No Rio Grande do Sul: Marco Felix Jobim, Sérgio Luís Wetzel de Mattos e Cristina Motta; Em Minas Gerais: Dierle José Coelho Nunes e Juliana Cordeiro de Faria; Em Santa Catarina: Eduardo de Avelar Lamy e Pedro Miranda de Oliveira; Na Bahia: Antonio Adonias Aguiar Bastos e Paula Sarno Braga; No Pará: Gisele Santos Fernandes Goés e José Henrique Mouta Araújo; Em São Paulo: Rita Dias Nolasco, Fernando da Fonseca Gajardoni, Olavo de Oliveira Neto, William Santos Ferreira, Sidnei Amendoeira Júnior e Ana Cândida Menezes Marcato; No Paraná: Rogéria Fagundes Dotti e Sérgio Cruz Arenhart; Em Pernambuco: Frederico Augusto Leopoldino Koehler e Lúcio Grassi de Gouveia; No Rio Grande do Norte: Marcelo Navarro Ribeiro Dantas, Francisco Glauber Pessoa Alves e Rodrigo da Cunha Lima Freire; No Distrito Federal: Osmar Mendes Paixão Côrtes e Bruno Dantas Nascimento; No Rio de Janeiro: Bruno Garcia Redondo e Guilherme Peres de Oliveira; No Espírito Santo: Samuel Meira Brasil Júnior e Rodrigo Reis Mazzei; No Amazonas: Vitor Moreira da Fonsêca e Rafael Vinheiro Monteiro Barbosa; No Mato Grosso do Sul: Luiz Henrique Volpe Camargo e Vilson Bertelli; No Ceará: Juvêncio Vasconcelos Viana e Daniel Gomes de Miranda; Em Mato Grosso: Joaquim Felipe Spadoni e Welder Queiroz dos Santos; Em Alagoas: Beclaute Oliveira Silva e Pedro Henrique Pedroza Nogueira e na Paraíba: Rinaldo Mouzalas e Delosmar Mendonça Jr. Nota, ainda, para os cargos de Presidente de Honra: Ada Pellegrini Grinover (*in memoriam*); Presidente do Conselho: Antônio Magalhães Gomes Filho e Vice-Presidente do Conselho: Carlos Alberto Carmona.

Todas as informações sobre o instituto colocadas estão publicizadas em seu *site*, somente tendo o autor do texto o cuidado de resumí-las para melhor compreensão de sua gradiosidade, despertando a curiosidade nos leitores para que acessem o *site*, naveguem e conheçam um pouco mais da história do próprio processo brasileiro.

---

[595] BADARÓ, Gustavo Henrique. *Juiz natural e processo penal*. São Paulo: Revista dos Tribunais, 2014.

[596] CUNHA, Leonardo Carneiro da. *Fazenda Pública em juízo*. São Paulo: Forense, 2017.

[597] CRAMER, Ronaldo. *Precedentes judiciais*: teoria e dinâmica. São Paulo: Forense, 2017.

[598] MENDES, Aluísio Gonçalves Castro. *Incidente de resolução de demandas repetitivas*: sistematização, análise e interpretação do novo instituto processual. São Paulo: Forense, 2017.

[599] CÂMARA, Alexandre Freitas. *O novo Processo Civil brasileiro*. 4. ed. São Paulo: Atlas, 2018.

[600] CABRAL, Antonio do Passo. *Coisa julgada e preclusões dinâmicas*: entre continuidade, mudança e transição de posições processuais estáveis. Salvador: JusPodivm, 2013.

3.12.1.1. Projeto Mulheres no Processo Civil

Diversas são as iniciativas do IBDP para debater o processo em geral, apoiando, sempre que pode, alguns importantes projetos.[601] Um deles, de valor ímpar, é Mulheres no Processo Civil que, a cada dia, propicia a ganhar maior espaço no cenário jurídico brasileiro, movimento este iniciado a partir de outro projeto intitulado *Processualistas*[602-603] que, embora tenha suas coincidências com aqueles, não pode com ele ser confundido. Assim, tendo em vista que congressos, seminários, obras científicas sempre deram a preferência em termos percentuais aos homens processualistas, por bem criou-se a possibilidade de demonstrar que inúmeras são as processualistas e que por trás de cada uma há experiências e competências de sobra para figurarem nos melhores eventos e obras de processo, em percentual equivalente aos dos homens. Por isso, em 2016, o IBDP deu início ao Projeto Mulheres no Processo Civil Brasileiro, cujo principal objetivo, como consta no *site* <http://mulheresnoprocessocivil.com.br>, *é evidenciar a mulher brasileira como pensadora, pesquisadora e produtora de conhecimento no âmbito do direito processual.*

Desde sua criação, o projeto já produziu três grandes eventos, sendo eles: I Congresso Mulheres no Processo Civil, nos dias 25 e 26 de novembro de 2016, em Salvador, que abordou o tema dos negócios processuais, tendo como homenageada Marilia Muricy; II Congresso Mulheres no Processo Civil, tendo como tema os precedentes, nos dias 27 e 28 de abril de 2017, tendo como homenageada Elaine Harzheim Macedo. Houve ainda um III Congresso Mulheres no Processo Civil, nos dias 26 e 27 de outubro, em Belém do Pará, no qual foi homenageada Suzy Elizabeth Cavalcante Koury, tendo como tema de fundo a execução. Ainda, há que se fazer referência ao fato de que o projeto já logrou a publicar obra jurídica coletiva[604] importantíssima com seu selo, assim como criou um subprojeto denominado de *"Afilhada Acadêmica"*, no qual uma estudante de graduação é orientada por uma madrinha ou um padrinho acadêmico na elaboração de um artigo científico, mostrando que a seriedade e a inovação serão marcas constantes no projeto.

---

[601] Conforme é historiado no *site* da ANNEP, esta propiciou a surgir de um encontro promovido pelo IBDP: "Em 2008, o Instituto Brasileiro de Direito Processual (IBDP) promoveu, na Faculdade de Direito do Largo de São Francisco (USP), o I Encontro de Jovens Processualistas. Nesse evento, além da discussão de ideias jurídico-processuais, os participantes assumiram compromisso de formar grupos regionais, a fim de promover, em todo o Brasil, o debate em torno do Direito Processual". Disponível em: <http://www.annep.org.br/historia/>. Acesso 20 fev. 2018.

[602] O projeto tem coluna própria no *site* do jusbrasil, disponível em: <https://processualistas.jusbrasil.com.br/>. Acesso 15 fev. 2018. Há também atividade intense na rede social disponível em: <https://pt-br.facebook.com/processualistas/>. Acesso 15 fev. 2018.

[603] A título de referência, também há obra com o selo das *Processualistas*: GALINDO, Beatriz; FARIA, Marcela Kohlbach de (coords). *Recursos no CPC/2015*: perspectivas, crítica e desafios. Salvador: JusPodivm, 2017.

[604] MARCATO, Ana Cândida Menezes; BRAGA, Paula Sarno, APRIGLIANO, Ricardo de Carvalho, NOLASCO, Rita Dias, GÓES, Gisele Fernandes e GALINDO, Beatriz (coords.). *Negócios Processuais*. Salvador: JusPodivm, 2018. vol. I.

3.12.2. A ANNEP – Associação Norte e Nordeste de Professores de Processo

Já discorrido, preliminarmente, sobre o surgimento da ANNEP – Associação Norte e Nordeste dos Professores de Processo – no capítulo relacionado à Escola Norte e Nordeste de Processo, cumpre, aqui, dar algumas diretrizes gerais sobre sua arquitetura, quer nas questões gerenciais como dos objetivos que busca a partir dos estudos lá direcionados. Na realidade, como se pode compreender da história da Associação, foi somente no II encontro Norte e Nordeste de Professores de Processo que apareceu a ideia de sua criação, em 2010, como uma instituição que congregasse os professores de ambas as Regiões, sendo, efetivamente, ela lançada no III Encontro, em 2011, em Belém, criando-se, formalmente, a ANNEP.

Mas desde o I encontro, em 2009, na cidade de Salvador, e até mesmo antes dele, pode-se chegar, facilmente, a inúmeras atividades já desenvolvidas e apoiadas pela ANNEP, quer como associação criada formalmente quer ainda meramente embrionária (como apenas uma ideia, um sonho). Congressos (e aqui se destaca o de Pontes de Miranda), obras coletivas (algumas homenageando grandes juristas como José de Albuquerque Rocha,[605] José Joaquim Calmon de Passos,[606] José de Moura Rocha,[607] Francisco Cavalcanti Pontes de Miranda e Torquato Castro[608]), assim como obras com parceria internacional, como **Processo Civil comparado**: análise entre Brasil e Portugal,[609] que publicou uma série de textos vinculados ao Colóquio Luso-Brasileiro de Direito Processual Civil, o qual foi, conforme palavras de Leonardo Carneiro da Cunha,[610] Presidente da segunda gestão, que sucedeu a inaugural presidida por Fredie Didier Jr., o primeiro evento internacional da Associação Norte e Nordeste de Professores de Processo que já contou, no ano posterior, com o II Colóquio Luso-Brasileiro, em novembro de 2017, e com projeto de realização de evento na África. Além disso, já são inúmeras obras publicadas com o selo da Associação sobre Processo Civil que fazem hoje parte do acervo indispensável para a compreensão de um novo modelo de processo brasileiro, estando, entre alguns dos títulos: **Precedentes**, coordenado por Fredie Didier Jr., Leonardo Carneiro

---

[605] DIDIER JR., Fredie; MOUTA, José Rodrigo; KLIPPEL, Rodrigo. *O projeto do novo Código de Processo Civil*: estudos em homenagem ao professor José de Albuquerque Rocha. Salvador: JusPodivm, 2011.

[606] DIDIER JR., Fredie; BASTOS, Antonio Adonias Aguiar. *O projeto do novo Código de Processo Civil*: estudos em homenagem ao professor Joaquim José Calmon de Passos. Salvador: JusPodivm, 2012. 2ª Série.

[607] DIDIER JR., Fredie; CUNHA, Leonardo carneiro da; BASTOS, Antonio Adonias (coords). *Execução e cautelar*: estudos em homenagem a José de Moura Rocha. Salvador: JusPodivm, 2012.

[608] SILVA NETO, Francisco Antônio de barros e; KOEHLER, Frederico Augusto Leopoldino; CUNHA, Leonardo Carneiro da; ALBUQUERQUE JÚNIOR, Roberto Paulino; COSTA FILHO, Venceslau Tavares (coords.). *Relações e influências recíprocas entre direito material e direito processual*: estudos em homenagem ao professor Torquato Castro. Salvador: JusPodivm, 2017. 6ª Série.

[609] SILVA, João Calvão da; CUNHA, Leonardo Carneiro da; CAPELO, Maria José; THOMAZ, Osvir Guimarães (orgs). *Processo Civil comparado*: análise entre Brasil e Portugal. São Paulo: Forense, 2017.

[610] CUNHA, Leonardo Carneiro. *In Processo Civil comparado*: análise entre Brasil e Portugal. SILVA, João Calvão da; CUNHA, Leonardo Carneiro da; CAPELO, Maria José; THOMAZ, Osvir Guimarães (orgs). São Paulo: Forense, 2017. p. XVIII. Em sua apresentação à obra, escreve: "Esse foi o primeiro evento internacional da Associação Norte e Nordeste de Professores de Processo (ANNEP), marcando o início de uma jornada com objetivo de intercâmbio acadêmico entre docentes brasileiros e portugueses".

da Cunha, Jaldemiro Rodrigo de Ataíde Jr., e Lucas Buril de Macedo;[611] **Improcedência**, coordenado por Rinaldo Mouzalas, Beclaute Oliveira Silva e Rodrigo Saraiva Marinho;[612] **Direito Probatório**, coordenado por Marco Félix Jobim e William Santos Ferreira[613] e **Julgamento de Casos Repetitivos**, coordenado por Fredie Didier Jr. e Leonardo Carneiro da Cunha,[614] lembrando que toda a coleção ainda tem outros títulos, embora sem o selo da ANNEP na capa, sobre: (1) **Negócios Processuais**;[615] (2) **Honorários Advocatícios**;[616] (6) **Tutela Provisória**;[617] (7) **Direito Intertemporal**;[618] (8) **Normas Fundamentais**[619] e (9) **Justiça Multiportas**,[620] tem a coordenação geral de Fredie Didier Jr.

Apenas para se ter ideia da organização da Associação, ou aqui, para fins do estudo, da Escola, seu *site* <http://www.annep.org.br>[621] contém a nominata de todos os membros fundadores, sendo eles: Adriana de Mendonça Costa, Alexandre Soares Bartilotti, Almyr Carlos de Morais Favacho, André Luis Bitar de Lima Garcia, Andrian de Lucena Galindo, Antonio Adonias Aguiar Bastos, Antonio Gonçalves da Mota Silveira Neto, Beclaute Oliveira Silva, Bernardo Silva de Lima, Bruno Regis Bandeira Ferreira Macedo, Daniel Gomes de Miranda, Danilo Heber de Oliveira Gomes, Fredie Souza Didier Junior, Iure Pedroza Menezes, Jean Carlos Dias, José Henrique Mouta Araújo, José Herval Sampaio Júnior, José Roberto Fernandes Teixeira, Leonardo Carneiro da Cunha, Marcelo Miranda Caetano, Marco Aurélio Ventura Peixoto, Mateus Costa Pereira, Michel Ferro e Silva, Pedro Bentes Pinheiro, Pedro Bentes Pinheiro Neto, Pedro Henrique Pedrosa Nogueira e Rodrigo Avila Guedes Klippel, assim como dos membros efetivos, sendo eles: Adrualdo de Lima Catão, Alexandre Freire Pimentel, Alexandre José Góis Lima de Victor, Antônio Carlos F. de Souza Jr., Delosmar Domingos de Mendonça Júnior, Francisco Antônio de Barros e Silva Neto, Francisco Ivo Dantas Cavalcanti, Francisco Wildo Lacerda Dantas, Frederico Augusto Leopoldino Koehler, Gabriela Expósito Tenório Miranda de Morais, Isabela Lessa de Azevedo Pinto Ribeiro, Jaldemiro Rodrigues de

---

[611] DIDIER JR., Fredie; CUNHA, Leonardo Carneiro da; ATAÍDE JR., Jaldemiro Rodrigues; MACÊDO, Lucas Buril (coords.). *Precedentes*. Salvador: JusPodivm, 2015. vol. 3.

[612] MOUZALAS, Rinaldo; SILVA, Beclaute Oliveira, MARINHO, Rodrigo Saraiva (coords.). *Improcedência*. Salvador: JusPodivm, 2015. vol. 4.

[613] JOBIM, Marco Félix; FERREIRA, William Santos (coords.). *Direito probatório*. Salvador: JusPodivm, 2015. vol. 5.

[614] DIDIER JR., Fredie; CUNHA, Leonardo Carneiro da (coords.). *Julgamento de casos repetitivos*. Salvador: JusPodivm, 2017. vol. 10.

[615] CABRAL, Antonio do Passo; NOGUEIRA, Pedro Henrique (coords.). Negócios processuais. 3. ed. Salvador: JusPodivm, 2017. vol. 1.

[616] COÊLHO, Marcus Vinícius Furtado; CAMARGO, Luiz Henrique Volpe (coords.). *Honorários advocatícios*. Salvador: JusPodivm, 2015. vol. 2.

[617] COSTA, Eduardo José da Fonseca; Pereira, Mateus Costa; GOUVEIA FILHO, Paulo Roberto P. *Tutela provisória*. Salvador: JusPodivm, 2016. vol. 6.

[618] YARSHELL, Flávio Luiz; Pessoa, Fabio Guidi Tabosa. *Direito intertemporal*. Salvador: JusPodivm, 2016. vol. 7.

[619] DIDIER JR., Fredie; Nunes, Dierle; FREIRE, Alexandre. *Normas fundamentais*. Salvador: JusPodivm, 2016. vol. 8.

[620] ZANETI JR., Hermes; CABRAL, Trícia Navarro Xavier. *Justiça multiportas*: Mediação, Conciliação, Arbitragem e outros meios de solução adequada de conflitos. Salvador: JusPodivm, 2017. vol. 09.

[621] Disponível em: <http://www.annep.org.br>. Acesso 19 fev. 2018.

Ataíde Junior, Lucio Grassi de Gouveia, Márcio Oliveira Rocha, Marcos Aurélio Netto, Rinaldo Mouzalas de Souza e Silva, Roberto Campos Gouveia Filho, Roberto Paulino de Albuquerque Junior, Rodrigo Saraiva Marinho, Ronnie Preuss Duarte, Sérgio Torres Teixeira, Ubiratan do Couto Maurício, Ravi Peixoto, João Luiz Lessa de Azevedo Neto, Lucas Buril de Macêdo, Paulo Machado Cordeiro, Renato de Magalhães Dantas Neto e Venceslau Tavares Costa Filho, não se limitando a Associação e estes nomes, mas sendo eles uma demonstração da força e organização que despontam o nome da Escola como uma das principais hoje do país, aumentando, significativamente, o número de adeptos nos últimos anos. Também podem ser acompanhadas as atividades da Associação pela rede social: <https://pt-br.facebook.com/ANNEPFACE/>.

Atualmente, está assim configurada a árvore diretiva da ANNEP: Pedro Henrique Nogueira[622] (Presidente) que, com certeza, dará continuidade à profícua presidência anterior de Leonardo Carneiro da Cunha, lembrando que o ato simbólico de transmissão do cargo foi realizado no próprio II Colóquio Luso-Brasileiro, em novembro de 2017. Segue a direção, com Paula Sarno Braga[623] (como Vice-Presidente), Frederico Koehler (como Secretário-Geral), seguidos dos demais diretores Gabriela Expósito, Jear Carlos Dias, Vitor Fonseca e Beclaute Oliveira Silva.

3.12.3. ABDPro – Associação Brasileira de Direito Processual

Alguns meses atrás, coversando com Eduardo Jose da Fonseca Costa,[624] Presidente da Associação Brasileira de Direito Processual Civil (ABDPro), compreendi qual seria a linha adotada pela jovem associação, em que pese já com grande repercussão no cenário nacional e até mesmo com adeptos no cenário internacional.

Conforme pude internalizar do que foi falado, e com a devida permissão para praticamente copiar o que discutido, trata-se de uma *corrente garantista (no sentido de uma teoria dogmática-constitucional unitária do devido processo legal), supra-regional, trans-estadual, que parte de premissas liberais antijudiocráticas, anti-publicistas, cujos membros sempre dialogaram entre si, assim como com a obra de Juan Montero Aroca e Alvarado Velloso*. Há, no *site* da ABDPro, maiores informações acerca das premissas adotadas por ela, sendo que, como fica bastante evidente, uma delas é o diálogo transdiciplinar. Também deve ser feita a referência de que duas são as proposições básicas da instituição, sendo a primeira de combater o hiperpublicismo processual, revendo as funções do juiz e de seu protagonismo, e a segunda propor uma renovação metodológica da dogmática-processual, a partir de conquistas relacionadas às áreas da filosofia, da lógica, da epistemologia, da hermenêutica e da linguagem. Para uma radiografia

---

[622] NOGUEIRA, Pedro Henrique. *Negócios jurídicos processuais*. 2. ed. Salvador: JusPodivm, 2017.

[623] BRAGA, Paula Sarno. *Norma de processo e norma de procedimento*: o problema da repartição de competência legislativa no direito constitucional brasileiro: integridade e coerência na jurisprudência do Supremo Tribunal Federal. Salvador: JusPodivm, 2015.

[624] COSTA, Eduardo José da Fonseca. *O Direito vivo das liminares*. São Paulo: Saraiva, 2011.

maior dos objetivos, o *site* <www.abdpro.com.br> deve ser consultado. Para o fortalecimento das bases teóricas, a ABDPro tem travado diálogo constante com a hermenêutica pós-heideggeriana do PPGD da Unisinos, no qual alguns dos membros estão, inclusive, realizando estágio pós-doutoral, assim como há uma abertura de diálogo constante com a Escola de Processo Democrático da PUCMG, aqui na obra trabalhada como uma das vertentes da Escola Mineira de Processo.

Hoje, a disposição diretora da ABDPro pode ser assim identificada com Eduardo José da Fonseca Costa (Presidente), Roberto Campos Gouveia Filho (Vice-Presidente), Antonio Carlos Ferreira de Souza Júnior (Secretário-Geral), Jaldemiro Rodrigues de Ataíde Júnior (Tesoureiro), Patrícia Henriques (Diretora Jurídica), Antonio de Moura Cavalcanti Neto (Diretor de Eventos), Lúcio Delfino (Diretor de publicações), Glauco Gumerato Ramos (Diretor de Relações Internacionais), Mateus Costa Pereira (Diretor de Comunicação Social), Antônio Carvalho Filho (Diretor de Assuntos Institucionais), Georges Abboud (Diretor Acadêmico), Zulmar Duarte de Oliveira Jr (Delegado Região Sul), Mônica Pimenta Júdice (Delegada Região Sudeste), José Henrique Mouta Araújo (Delegado Região Norte), Beclaute de Oliveira Silva (Delegado Região Nordeste), e Guilherme Carreira (Delegado Região Centro-Oeste) e Marcus Cavalcanti (Procurador).

Ainda, com intenção informativa, a ABDPro mantém coluna no *site* Empório do Direito <http://emporiododireito.com.br/colunas/abdpro-15083 36015> na qual, semanalmente, um de seus membros expõe sobre um dos temas relacionados às temáticas que a instituição defende como objetivos, como pode ser lido, a título exemplificativo, no artigo de Diego Crevelin[625] sobre cooperação processual, assim como mantém a página <https://pt-br.facebook.com/abdprocessual/> na rede social para que os interessados possam saber dos eventuais eventos que a Associação coloca seu selo.

3.13. Algumas revistas de Direiro Processual

Infelizmente, ainda são poucas as revistas jurídicas especializadas em Processo para que toda a comunidade de processualistas possa produzir seus artigos e publicá-los para oportunizar o debate acadêmico e prático das teses levantadas. Segundo a classificação da Capes, as revistas devem, para serem consideradas como produção bibliográfica, receber uma nota que pode ser A1, A2, B1, B2, B3, B4 e B5, sendo que ainda pode uma revista ser apresentada como nota C, o que confere ao texto publicado uma mera referência de produção técnica e não bibliográfica. Então, além da existência de poucas revistas jurídicas de processo (e aqui está-se falando no processo em geral, mas que publicam mais artigos relacionados a processo civil), tem-se que elas estão qualisadas como B1, não havendo notas A1 e A2 para produção na área do processo

---

[625] Disponível em: <http://emporiododireito.com.br/leitura/abdpro-10-o-carater-mitico-da-cooperacao-processual-por-diego-crevelin-de-sousa>. Acesso 14 fev. 2018.

(civil). Evidentemente que pode o articulista tratar de um ramo do processo e publicar em revista Qualis A, como há em administrativo e consumidor, para ficar apenas nestas, mas realmente, em processo civil, ainda há espaço, de sobra, para que revistas sejam mais bem qualificadas no *ranking* da Capes. Diante disso, para que se fomente a publicão em processo civil, expõe-se aqui cinco das principais revistas de direito processual com as respectivas indicações.

A **Revista de Processo – RePro** –, coordenada por Teresa Arruda Alvim, publicada pela Revista dos Tribunais, ISSN 0100-1981, hoje Qualis B1, é talvez hoje a mais tradicional de todas, com peridocidade mensal, publicando artigos relacionados com processo em geral, mas com grande número de publicações em processo civil especificadamente. Para que o articulista se credencie a publicar, existem as normas de publicação para autores de colaboração autoral inédita, com várias recomendações sobre o formato do texto, devendo ele ser enviado pelo *e-mail* <aval.artigo@thomsonreuters.com> para concorrer à publicação.

Também ligada à linha de publicações de processo em geral, tem-se a **RBDPro – Revista Brasileira de Direito Processual** –, dirigida por Eduardo José da Fonseca Costa, Fernando Rossi e Lúcio Delfino, publicado pela Editora Fórum, ISSN 0100-2589, com periodicidade bimestral e qualis B1. Da mesma forma que a RePro, a RBDPro anuncia nas páginas finais uma série de regras para que o texto seja encaminhado à publicação (o que não dele publicavel ainda), devendo ser realziado o encaminhamento pelo *e-mail* <editorial@rddpro.com.br>.

Ainda em versão física, há de ser referida a **Revista Magister de Direito Civil e Processo Civil**, coordenada por Luiz Guilherme Marinoni e Daniel Mitidiero, ISSN 1807-0930, qualis B1, que tem publicação específica, como o próprio nome pode dar conta, em processo civil, e não nas demais áreas processuais, que contam quase todas com revistas próprias. Para concorrer a uma publicação na revista existe o edital de submissão dos artigos, sendo que devem eles ser encaminhados para o *e-mail* <magister@editoramagister.com>.

Na versão já eletrônica, pode-se conseguir uma publicação na **REDP – Revista Eletrônica de Direito Processual** –, que está na página <http://www.e-publicacoes.uerj.br/index.php/redp>, que tem como diretor Paulo César Pinheiro Carneiro e editores Aluísio Gonçalves de Castro Mendes e Humberto Dalla Bernardina de Pinho, assim como redatora-chefe Flávia Pereira Hill. A revista é hoje qualificada como B1 pela Capes e fornece todas as diretrizes para publicação na própria página de acesso, sendo, então, autoexplicativa para o envio dos textos, tendo publicação quadrimestral.

Por fim, mas obviamente não esgotando todas as revistas em que se pode publicar artigos relacionados ao processo civil, há a **Civil Procedure Review**, ISSN 2191-1339, revista em formato eletrônico que pode ser acessada pelo *site* <www.civilprocedurereview.com>, com publicação quadrimestral. Fica um pouco claro, pelo próprio nome em inglês que a revista possui, que publica artigos relacionados ao processo comparado. A revista conta hoje no editorial executivo com Ravi Peixoto, Julia Lipiani, Marcos Seixas Souza e Felipe Batista,

CULTURA, ESCOLAS E FASES METODOLÓGICAS DO PROCESSO

podendo os textos serem enviados para o <editor@civilprocedurereview.com>. A revista não está tão bem qualificada como as demais, mas apresenta um excelente visualização pela qualidade dos artigos publicados e pela preferência em publicar artigos em outras línguas, o que facilita seu acesso em qualquer canto que se estiver.

4. As Fases metodológicas ou culturais do processo

Já definido que o Direito e o Processo estão umbilicalmente ligados[626] às noções culturais de determinada sociedade e em determinado espaço de tempo e sabendo-se que em território nacional diversas são as Escolas que hoje pensam o fenômeno processual, é chegado o momento de analisar, ao longo da história, qual fase metodológica ou cultural do processo foi adotada. Diante disso, será investigado, se possível, qual sua época de início e rompimento – *se é que se pode falar assim em rompimento* –, qual o pensamento preponderante e em que consistia ou consiste ela para o estudo do Direito Processual Civil brasileiro, em que pese também, por extensão, ser matéria afeita à teoria do processo, em especial quando se fala nas diferentes teorias da ação[627] e, por assim dizer, aos demais ramos do direito processual existentes, como o processo penal e o processo do trabalho, para ficar somente nestes, embora hoje se saiba que a cada dia há mais sistemas e microssistemas processuais[628] que se pode imaginar. É somente a partir dessas aproximações históricas que se propicia o real conhecimento do fenômeno processual, como lembram Carlos Alberto Alvaro de Oliveira e Daniel Mitidiero.[629]

Por certo que não existe, como sói acontecer em quase toda extensão dos institutos jurídicos que se queira tratar, homogeneidade no pensamento emanado, em especial pela doutrina brasileira. Para Daniel Mitidiero,[630] por exem-

---

[626] É de ser feita a referência à linda passagem da obra: OLIVEIRA FILHO, Candido de. *Curso de prática do processo*. Rio de Janeiro: Livraria Editora Dr. Candido de Oliveira Filho, 1938. p. 7. Refere: Processo é a fórma estabelecida pela lei e praxe para se tratarem as causas em juízo" e finaliza: "Íntima é a sua relação com o direito: o direito é a substância, o processo é a fórma; o direito é a força em potencia, o processo a força em acto; o direito é a these, o processo a hypothese. E por meio do processo que o direito passa, e póde passar, do estático para o dynamico, do abstracto para o concreto, da idéia para a realidade".

[627] ARAÚJO, Fabio Caldas de. *Curso de Processo Civil*: Tomo I – Parte Geral. São Paulo: Malheiros, 2016. p. 339. Refere: "A ação é um instituto fundamental do processo civil, e um dos mais polêmicos. As inúmeras teorias que surgiram como meio de explicar esse instituto processual revelam o período de amadurecimento e descolamento do direito processual do direito material".

[628] Recomenda-se para uma leitura mais aprofundada sobre os demais sistemas e microssistemas processuais: JOBIM, Marco Félix. *Teoria, história e processo*. Porto Alegre: Livraria do Advogado, 2016.

[629] OLIVEIRA, Carlos Alberto Alvaro de; MITIDIERO, Daniel. *Curso de processo civil*: volume 1: teoria geral do processo civil e parte geral do direito processual civil. São Paulo: Atlas, 2010. p. 12. Expõem: "O fenômeno jurídico, incluído aí o direito processual civil, é produto da atividade humana, pertence à cultura, não sendo, portanto, encontrável *in rerum natura*. Sendo fenômeno cultural – e não meramente técnico –, o direito processual civil permite e mesmo exige aproximações históricas a fim de que se possa compreendê-lo de forma mais adequada".

[630] MITIDIERO, Daniel. *Colaboração no processo civil*: pressupostos sociais, lógicos e éticos. São Paulo: Revista dos Tribunais, 2009. p. 29-30. Refere: "Em termos de fases metodológicas, alinham-se quatro grandes linhas

plo, existe o que se pode chamar de quatro grandes fases metodológicas do direito processual civil, quais sejam: (*i*) o praxismo, (*ii*) o processualismo, (*iii*) o instrumentalismo e (*iv*) o formalismo-valorativo, em que pese já na terceira edição de sua obra sobre colaboração já ter refletido sobre a nomenclatura desta última fase.[631] Contudo, se examinadas outras obras,[632] encontram-se somente listadas três grandes fases: (*i*) a sincretista ou praxista,[633] (*ii*) a processualista[634] ou conceitualista e (*iii*) a instrumentalista,[635] o que pode ser confirmado,

---

atinentes ao direito processual civil: o praxismo, o processualismo, o instrumentalismo e o formalismo-valorativo. A existência dessas diferentes formas de pensar o processo civil, aliás, já indica o alto grau de comprometimento existente entre cultura e processo, autorizando a impostação deste como um fenômeno eminentemente cultural".

[631] MITIDIERO, Daniel. *Colaboração no Processo Civil*: pressupostos sociais, lógicos e éticos. 3. ed. São Paulo: Revista dos Tribunais, 2015. p. 49. Escreve: "A expressão formalismo-valorativo padece de dois problemas. O primeiro deles é que a expressão 'formalismo' carrega um sentido negativo normalmente relacionado no plano do processo àquilo que foi identificado pela doutrina como 'formalismo pernicioso'. Aliás a ressignificação do termo 'formalismo' operada pela doutrina não foi capaz de realçar seu conteúdo positivo – que, de seu turno, continuava bem associado ao conceito de procedimento, aí entendido como conjunto de posições processuais que visa disciplinar a interação entre os participantes do processo e promover o adequado desenvolvimento do processo. O segundo deles é ainda mais profundo: no campo da teoria do direito, existe um amplo debate a respeito do formalismo jurídico e do formalismo interpretativo – que em nada se confunde com o conceito de formalismo processual e de formalismo-valorativo. A identidade terminológica, no entanto, contribui para identificações e assimilações teóricas indevidas. Essa é a razão pela qual também sob o ponto de vista da teoria do direito a palavra formalismo mais turva do que esclarece – o que acaba recomendando a sua substituição".

[632] BONICIO, Marcelo José Magalhães. *Introdução ao processo civil moderno*. São Paulo: Lex, 2010. p. 22. As palavras do autor são claras ao expor em que fase se está e que imperará ainda por um bom tempo: "Em resumo, a principal característica da atual fase metodológica do processo civil moderno, chamada de 'instrumentalista', está na importância dada aos resultados que o processo produz na vida das pessoas e na sociedade em geral, a partir de uma 'visão crítica' de todo o sistema". E finaliza: "Tal diretriz tem norteado boa parte dos estudos elaborados pela doutrina processual dos últimos 20 anos, e não há, por sorte, sinais de enfraquecimento desse modo de pensar o sistema processual". GÓES, Gisele Santos Fernandes. *Direito processual civil*: processo de conhecimento. São Paulo: Revista dos Tribunais, 2006. p. 27. Relata a autora sobre a fase atual do processo: "A terceira fase é a da instrumentalidade, na qual o processo é um instrumento bem dimensionado, com conotação deontológica, voltado para a sociedade, e os valores se condensam no processo e passam a irradiar para todo o sistema". CÂMARA, Alexandre Freitas. *Lições de direito processual civil*. 16. ed. Rio de Janeiro: Lumen Juris, 2007. v. I. p. 8. Aduz que: "O Direito Processual tem sua evolução científica dividida em três fases muito nítidas: a fase imanentista, a fase científica e a fase intrumentalista".

[633] CINTRA, Antonio Carlos de Araújo; GRINOVER, Ada Pellegrini; DINAMARCO, Cândido Rangel. *Teoria geral do processo*. 30. ed. São Paulo: Malheiros, 2014. p. 61. Iniciam: "A história do direito processual inclui três fases metodológicas fundamentais". E complementam: "Até meados do século passado, o processo era considerado simples meio de exercício dos direitos (daí, direito adjetivo, expressão incompatível com a hoje reconhecida independência do direito processual). A ação era entendida como sendo o próprio direito subjetivo material que, uma vez lesado, adquiria forças para obter em juízo a reparação da lesão sofrida. Não se tinha consciência da autonomia da relação jurídica processual em face da relação jurídica de natureza substancial eventualmente ligando os sujeitos do processo. Nem se tinha noção do próprio direito processual como ramo autônomo do direito e, muito menos, elementos para a sua autonomia científica. Foi o longo período do sincretismo, que prevaleceu das origens até quando os alemães começaram a especular a natureza jurídica do processo".

[634] Idem, p. 61-62: "A segunda fase foi autonomista ou conceitual, marcada pelas grandes construções científicas do direito processual. Foi durante esse período de praticamente um século que tiveram lugar as grandes teorias processuais, especialmente sobre a natureza jurídica da ação e do processo, as condições daquela e os pressupostos processuais, erigindo-se definitivamente uma ciência processual. A afirmação da autonomia científica do direito processual foi uma grande preocupação desse período, em que as grandes estruturas do sistema foram traçadas e os conceitos largamente discutidos e amadurecidos".

[635] CINTRA, Antonio Carlos de Araújo; GRINOVER, Ada Pellegrini; DINAMARCO, Cândido Rangel. *Teoria geral do processo*. 30. ed. São Paulo: Malheiros, 2014. p. 62. "A fase instrumentalista, ora em curso, é eminentemente crítica. O processualista moderno sabe que, pelo aspecto técnico-dogmático, a sua ciência já atingiu níveis muito expressivos de desenvolvimento, mas o sistema continua falho na sua missão de produzir

num primeiro momento, com a leitura do estudo **Teoria Geral do Processo**, de Antônio Carlos de Araújo Cintra, Ada Pellegrini Grinover e Cândido Rangel Dinamarco, obra esta que já se encontra na 30ª edição[636] e corresponde à leitura praticamente obrigatória em quase todos os currículos dos cursos de Direito no Brasil, tendo em vista ser a obra que espelha grande parte do pensamento da Escola Paulista de direito processual. Aliado a esse fator que demonstra a importância do livro no cenário nacional, Cândido Rangel Dinamarco, um de seus autores, admite em obra também de grande densidade de conteúdo para o estudo do direito processual brasileiro estar-se em plena fase instrumentalista, sendo ele próprio o seu grande sistematizador no Brasil na sua monografia **A Instrumentalidade do Processo**, na qual delineia o que vem a ser a fase metodológica cujo nome coincide com o do estudo produzido.

Então, se nota, desde já, uma diferença significativa, não abissal como antes defendida nas edições passadas, entre as Escolas, uma vez que a primeira, gestada na Universidade Federal do Rio Grande do Sul, defende que já se confere ao processo uma quarta fase que pode ser denominada de formalismo-valorativo, e a Escola Paulista, representada por, talvez, seu principal integrante, Cândido Rangel Dinamarco, que defende estar em plena fase instrumentalista. Contudo, agregam-se a esses entendimentos outras Escolas, como a Norte e Nordeste, que entende estar também numa quarta fase que denomina de neoprocessualista, ou ainda aquela pensada pela Escola neonstitucionalista, cuja base territorial é o Estado de Minas Gerais.

Como muito da crise da jurisdição tem, como afirma Ruy Zoch Rodrigues,[637] a ver com a evolução do processo, cabe neste momento estudar como ele evoluiu, sabendo se existem três ou quatro fases metodológicas do processo, ou ainda uma quinta, ou mais[638] (Escola primitiva[639] e Escola judicia-

---

justiça entre os membros da sociedade. É preciso agora deslocar o ponto-de-vista e passar a ver o processo a partir de um ângulo externo, isto é, examiná-lo nos seus resultados práticos. Como tem sido, já não basta encarar o sistema do ponto-de-vista dos produtores de serviço processual (juízes, advogados, promotores de justiça): é preciso levar em conta o modo como os seus resultados chegam aos consumidores desse serviço, ou seja, à população destinatária".

[636] CINTRA, Antonio Carlos de Araújo; GRINOVER, Ada Pellegrini; DINAMARCO, Cândido Rangel. *Teoria geral do processo*. 30. ed. São Paulo: Malheiros, 2014.

[637] RODRIGUES, Ruy Zoch. *Ações repetitivas*: casos de antecipação de tutela sem requisito de urgência. São Paulo: Revista dos Tribunais, 2010. Escreve: "A evolução do processo é naturalmente no mesmo sentido da linha evolutiva da jurisdição. E a sua crise também".

[638] LAMY, Eduardo de Abelar; RODRIGUES, Horácio Wanderlei. *Curso de processo civil*: teoria geral do processo. Florianópolis: Conceito, 2010. p. 49-50. Referem os autores que na doutrina do jurista espanhol Niceto Alcalá-Zamora Y Castillo, se defendia várias fases, embora discordassem da divisão criada pelo autor. Assim expõem eles em sua obra: "Pode-se afirmar que a história do direito processual inclui três fases metodológicas fundamentais: sincretista, autonomista e instrumentalista. Para Niceto Alcalá-Zamora Y Castillo, no entanto, a evolução da doutrina processual possui cinco etapas: período primitivo, escola judicialista, praxismo, procedimentalismo e processualismo científico".

[639] Idem, p. 52. Os autores, conceituando a fase e rejeitando-a, afirmam: "O denominado período primitivo inicia-se com a própria história da humanidade e atinge o século XI d.C. Nesse período não havia propriamente obras de direito processual: apenas análises esparsas acerca da justiça e seu funcionamento. Alguns autores, como Edson Prata, preferem destacar desse período o Período Romano (direito romano e direito romano-barbárico), dando-lhe tratamento em separado. Todavia, tratando-se de história da doutrina processual, ele não se justifica, tendo em vista que a evolução ocorrida em Roma refere-se às instituições dogmáticas e à sua prática, não ao estudo sistemático e reflexivo destas".

CULTURA, ESCOLAS E FASES METODOLÓGICAS DO PROCESSO

lista[640]), o que acaba por ser o cerne deste capítulo,[641] assim como conceituá-las uma a uma para que, ao final, se conclua que fase realmente responde aos anseios culturais que se vivencia hoje em solo brasileiro.

4.1. A primeira fase: o praxismo

A primeira das fases metodológicas do processo é aquela na qual não se fazia diferenciação, distinção, entre direito material e direito processual, sendo este um mero subproduto daquele, podendo ser ela conhecida de diferentes formas, dentre elas: (*i*) fase praxista,[642] (*ii*) fase sincretista,[643] (*iii*) fase imanentista;[644]-[645] (*iv*) fase do direito judiciário civil[646] ou, ainda, (*v*) fase procedimentalista,

---

[640] LAMY, Eduardo de Abelar; RODRIGUES, Horácio Wanderlei. *Curso de processo civil*: teoria geral do processo. Florianópolis: Conceito, 2010. p. 52. Depois se referem à fase posterior pensada por Niceto Alcalá-Zamora Y Castillo assim: "Nasceu com a criação da Universidade de Bolonha, em 1088 d.C., tendo assim se denominado por ser o juízo (judicio, iudicium) um termo tão enraizado na linguagem processual da época, que o mesmo se destaca nos trabalhos aí produzidos. Esse termo significava então: (a) sentença ou julgamento; e (b) processo. É nesse segundo sentido que é ele utilizado pelos judicialista, que trabalharam sobre o direito comum, de fundo romano-canônico, e também medieval italiano e ítalo-canônico".

[641] Recomenda-se a leitura de: PORTO, Sérgio Gilberto; PORTO, Guilherme Athayde. *Lições sobre teorias do processo*: civil e constitucional. Porto Alegre: Livraria do Advogado, 2013. Em especial das páginas 17 a 22.

[642] LAMY, Eduardo de Abelar; RODRIGUES, Horácio Wanderlei. *Curso de processo civil*: teoria geral do processo. Florianópolis: Conceito, 2010. p. 54. Sobre a razão de ser chamada a fase de praxismo, os autores relatam: "A denominação praxismo vem de praxe, que significa rotina, uso, aquilo que se pratica habitualmente. Nesse período, o direito processual era considerado pelos juristas como um conjunto de regras práticas sobre a forma de proceder em juízo. A preocupação central era com a forma de realizar o processo. Não havia preocupação com seu estudo teórico. Os estudos desse período estavam repletos de marcante preocupação forense".

[643] BOTELHO, Guilherme. *Direito ao processo qualificado*: o processo civil na perspectiva do Estado constitucional. Porto Alegre: Livraria do Advogado, 2010. p. 21. Relata o autor sobre as nomenclaturas da fase: "O primeiro destes estágios pode ser denominado de praxismo. Também, por vezes, nominado como fase sincrética ou procedimentalista e que pode ser examinado como a fase pré-processual. É momento marcado pela ausência de autonomia do direito processual".

[644] CÂMARA, Alexandre Freitas. *Lições de direito processual civil*. 16. ed. Rio de Janeiro: Lumen Juris, 2007. v. I. p. 8-9. Refere o processualista sobre a fase: "A primeira fase, chamada de imanentista, é a anterior à afirmação da autonomia científica do Direito Processual. Durante esta fase do desenvolvimento do Direito Processual (na verdade, nesta fase não se pode falar propriamente em Direito Processual, o que se faz por mera comodidade), o processo era verdadeiro direito substantivo, enquanto o processo, mero conjunto de formalidades para a atuação prática daquele, era um direito adjetivo. Essas denominações, hoje inteiramente ultrapassadas, e equivocadas do ponto de vista científica, devendo ser repudiadas diante do grau de desenvolvimento alcançado pelos estudos processuais, continuam – infelizmente – a ser empregados por alguns autores e, principalmente, por muitos operadores do Direito, como advogados e magistrados. Tal linguagem, porém, deve ser banida, por ser absolutamente divorciada da precisão cinetífica já alcançada".

[645] ARAÚJO, Fabio Caldas de. *Curso de Processo Civil*: Tomo I – Parte Geral. São Paulo: Malheiros, 2016. p. 345. Defende: "Este primeira concepção revelava o estágio de confusão entre o direito material e o Processual. O direito de ação era visualizado como um reflexão, oo projeção, do direito material violado. A primeira Escola que sistematizou esta visão foi denominada de Imanentista".

[646] LEONEL, Ricardo de Barros. *Manual do Processo Coletivo*. 4. ed. São Paulo: Malheiros, 2017. p 26. Aduz: "Pode-se afirmar que ainda há pouco, nos estertores do século XIX, predominava a visão imanentista ou sincretista do processo, funcionando como simples apêndice do direito material, deste indissociável. O regramento processual vinha assentado em critérios quase que exclusivamente práticos. Era estudado pelo método simplesmente exegético, sem uma construção segura dos institutos processuais e tampouco verdadeira coordenação harmoniosa entre eles, não havendo, destarte, a distinção entre o direito substancial e o processo. Nessa época, em que predominava o praxismo, do também denominado direito judiciário civil, seus institutos não haviam ainda sido correta e adequadamente formados ou compreendidos. O processo, então, não figurava como uma ciência autônoma".

embora esta última possa também ser sistematizada como fase autônoma, conforme se analisará posteriormente. Ao discorrer sobre essa fase praxista Daniel Mitidiero[647] expõe no mesmo sentido do narrado, agregando que só se prestava o processo se fosse um adjetivo do direito substantivo, que era o material. Note-se algo: é em razão da existência dessa fase que ainda hoje o direito processual civil é, equivocadamente, denominado, por alguns, de direito adjetivo, como se apenas fosse um anexo, um adendo, uma soma do direito material, o que somente se confirmaria por duas razões: (*i*) se acaso esta fase metodológica ainda estivesse em vigor, o que não se sustenta há mais de século; (*ii*) se alguém defendesse que nunca se saiu desta primeira fase ou que se retornou a ela.[648]

Sobre o alcance dessa fase, Guilherme Botelho[649] explana entender que os períodos existentes no direito romano,[650] assim como a história brasileira durante a égide da coroa portuguesa, são momentos que se enquadram nessa fase. Embora a afirmação seja de peso ao atribuir o período romano como parte integrante da fase sincretista do processo, deixa de explicar o processualista às primeiras civilizações, o que, para uma linha mais voltada à filosofia do processo, essa fase sempre existiu desde os primeiros grupos, conforme expõe Willian Couto Gonçalves:[651] Fica evidenciado que os adeptos de uma filosofia do processo podem defender, então, a existência da fase praxista desde os primórdios da civilização, pois sempre que existisse a ação de alguém contra outrem, sendo esta resolvida ou não, por força ou astúcia, estaria a concretizar

---

[647] MITIDIERO, Daniel. *Colaboração no processo civil*: pressupostos sociais, lógicos e éticos. São Paulo: Revista dos Tribunais, 2009. p. 30. "O praxismo corresponde à pré-história do direito processual civil, tempo em que se aludia ao processo como 'procedura' e não ainda como 'diritto processual civile'. Época, com efeito, em que não se vislumbrava o processo como um ramo autônomo do direito, mas como mero apêndice do direito material. Direito adjetivo, pois, que só ostentava existência útil se ligado ao direito substantivo".

[648] ALVARO DE OLIVEIRA, Carlos Alberto. *Teoria e prática da tutela jurisdicional*. Rio de Janeiro: Forense, 2008. p. 7. O autor, já no capítulo primeiro de sua obra, inicia fazendo a diferenciação entre a teoria monista e a dualista do ordenamento jurídico, referindo ainda existir quem defenda a primeira, ao dizer: "Força é convir, ademais, ter caído em total descrédito, salvo honrosas exceções, a tese monista do ordenamento".

[649] BOTELHO, Guilherme. *Direito ao processo qualificado*: o processo civil na perspectiva do Estado constitucional. Porto Alegre: Livraria do Advogado, 2010. p. 22.

[650] As fases são de todos conhecidas: *legis actiones*, *per formulas* e *extraordinaria cognitio*. Para aprofundamento do tema, recomenda-se: TUCCI, José Rogério Cruz e; AZEVEDO, Luiz Carlos de. *Lições de história do processo civil romano*. São Paulo: Revista dos Tribunais, 2001.

[651] GONÇALVES, Willian Couto. *Uma introdução à filosofia do direito processual*: estudos sobre a jurisdição e o processo fundamentando uma compreensão histórica, ontológica e teleológica. Rio de Janeiro: Lumen Juris, 2005. p. 6 e 9. Defende: "Não se pode, então, a partir de estudos mais comprometidos com a busca da natureza das coisas e também da natureza das causas, ignorar o período dito primitivo, embrionário, da jurisdição e do processo, que tem como termo inicial o homem-em-relação desde os primeiros grupos formais, ainda quando se movia por condutas reveladoras de uma cultura sabidamente rudimentar". E depois conclui: "A existência de um *modus operandi* de solução de conflitos nos primeiros tempos da civilização e no curso de toda sua história até a modernidade equivale ao reconhecimento da defesa de um direito natural à vida, à sua preservação, à integridade física de outros valores humanos, fazendo transudar condutas que repercutiram, efetivamente, na formação de uma concepção jusnaturalista fundada nos direitos da pessoa humana e delimitadora de um período que se pode denominar de 'pré-história' dos direitos fundamentais, daí não ser possível negar vigência a um sistema de leis não escritas que precederam as leis estadualizadas, nem a um sistema de aplicação dessas leis que, mesmo rudimentarmente, equivaliam à jurisdição e ao processo".

o direito material violado por meio de uma ação adjetiva, mostrando o caráter privatista da fase como refere Welber Queiroz dos Santos.[652]

Carlos Alberto Alvaro de Oliveira[653] subdivide a fase praxista em duas partes, diferentemente de alguns autores, criando duas subespécies – praxista e procedimentalista –, cada qual com suas características e com seu momento próprio, o que é de ser considerado, caso não como uma nova fase, como um novo olhar do embrionário, mas tímido, surgimento da independência do processo dentro da fase praxista ainda. Segmentando melhor o acima defendido, ao referir o saudoso processualista da Universidade Federal do Rio Grande do Sul que a "segunda fase era ainda sincrética" acaba criando uma interrogação de que se existem duas fases dentro da mesma, cada uma correspondente à certa etapa da história mundial,[654] denominadas, a primeira, de praxista, e a segunda, de procedimentalista, o que traria o campo para que houvesse o entendimento para a existência de cinco – *ou mais* – grandes fases metodológicas do processo.[655] Contudo, essa fase procedimentalista era ainda sincrética,[656] confirmando apenas a existência de fase única neste momento da história, embora sendo o procedimentalismo o início da derrocada da fase que o abarcou.

---

[652] SANTOS, Welber Queiroz. *Princípio do contraditório e vedação de decisão surpresa*. Rio de Janeiro: Forense, 2018. p. 1. Escreve: "O processo era visto tão somente como exercício do direito material, como apêndice, como direito adjetivo e não como substantivo. O caráter privatista do direito material encampava o direito processual. Esta primeira fase ocupou grande parte da história do Direito Processual Civil".

[653] ALVARO DE OLIVEIRA, Carlos Alberto. *Do formalismo no processo civil*: proposta de um formalismo-valorativo. 4. ed. São Paulo: Saraiva, 2010. p. 18-19. Refere: "Entre 1250 e 1667, aproximadamente, a aplicação judicial do direito baseava-se na lógica da argumentação cunhada por Aristóteles e reclamava a igualdade entre o juiz e as partes (ordem simétrica ou isonômica). O que interessava era o iudicium e não o processo. O direito processual civil era tratado como algo eminentemente prático, sem qualquer teorização maior. Constituía assunto e interesse da praxe judiciária, não havia ainda regulamentação estatal". E depois finaliza: "A segunda fase era ainda sincrética, de modo a caracterizar o direito processual como direito adjetivo, sem existência autônoma. Começa aí a intervenção do Príncipe (Code Louis de 1667) na esfera processual e uma mudança de perspectiva quanto à lógica mais formalizada (Petrus Ramus ou Pierre de La Ramée) e a ter, em certo momento, um papel completamente passivo (processo liberal do século XIX), em que predomina o positivismo como método de pensamento. O processo é, então, considerado mera sucessão de formalidades, simples forma de resolução de conflitos, mera sequência ordenada de atos. Confundia-se processo com procedimento. A jurisdição tinha por função a realização de direitos subjetivos, com nítida matriz privatista. A ação era confundida com a actio, compreendida como inflamação do próprio direito subjetivo quando violado. O procedimentalismo dominava o horizonte do processo civil, visto como simples apêndice do direito material. Em semelhante ambiente, não estranha que a doutrina tenha lhe dedicado atenção não raro ao final de exposições sobre o direito material".

[654] GAIO JÚNIOR, Antônio Pereira. *Direito processual civil*: teoria geral do processo, processo de conhecimento e recursos. 2. ed. Belo Horizonte: Del Rey, 2008. v. 1. p. 6. Diverge o autor do marco referencial utilizado por Carlos Alberto Alvaro de Oliveira, apontando, pois, outro referencial e outra data para o surgimento da fase procedimentalista, assim realizando a referência: "É a publicação, em 1807, do *'Code de Procédure Civile'* francês que marca o início da fase propriamente dita 'procedimentalista' do processo civil".

[655] OLIVEIRA, Carlos Alberto Alvaro de; MITIDIERO, Daniel. *Curso de processo civil*: volume 1: teoria geral do processo civil e parte geral do direito processual civil. São Paulo: Atlas, 2010. p. 13. Em outro estudo, o autor já não apresenta a aparente subdivisão ao escrever: "Nesse período, o direito processual civil era tratado como algo eminentemente prático, sem qualquer teorização maior. Constituía assunto e interesse da praxe judiciária. O processo era compreendido como simples forma de resolução de conflitos – como mera sequência ordenada de atos. Confundia-se processo com procedimento, como mera sucessão de formalidades".

[656] COSTA, Miguel do Nascimento. *Poderes do juiz, processo civil e suas relações com o direito material*. Porto Alegre: Verbo Jurídico, 2013. p. 34-35. Isso pode ser confirmado nas palavras do autor: "No praxismo, a jurisdição era entendida como um sistema posto à tutela dos direitos subjetivos particulares, sendo essa a sua finalidade essencial: a 'ação' era compreendida como um desdobramento do direito subjetivo e o processo como mero procedimento".

Note-se que essa divisão é também realizada por Eduardo de Avelar Lamy e Horácio Wanderley Rodrigues,[657] ao definirem a fase procedimentalista.[658]

Contudo, mesmo assim não responde essa fase qual a data de seu efetivo início, tendo em vista que o direito processual era parte do direito material e sempre que uma tutela de direito fosse conseguida, mesmo nos tempos mais antigos, haveria ali embutida à ação processual, razão pela qual é de se concluir que numa linha mais voltada à filosofia do direito processual, sempre que o homem buscou seu direito frente a outro, até que a autonomia do processo fosse devidamente reconhecida, a fase sincretista perdurou numa única fase, abarcando a subfase procedimentalista do processo.[659] A grande derrocada dessa fase deu-se pelo simples fato de não se pensar o processo como ciência autônoma do direito material, sendo que ainda o Código Civil brasileiro de 1916 mantinha esta confusão em seu artigo 75,[660] o que viria a ser a grande bandeira levantada pela fase seguinte, chamada de processualista.[661]

---

[657] LAMY, Eduardo de Abelar; RODRIGUES, Horácio Wanderlei. *Curso de processo civil*: teoria geral do processo. Florianópolis: Conceito, 2010. p. 54. "Também denominado de Tendência dos Práticos, teve início na Espanha, no começo do século XVI, espalhando-se posteriormente por toda a Europa e suas colônias, tendo sido mais forte na Península Ibérica. Sua influência foi marcante, estendendo-se até o começo do século XIX. Algumas de suas marcas ainda estão presentes contemporaneamente na doutrina e na técnica processual de diversos países". E concluem: "A denominação praxismo vem de praxe, que significa rotina, uso, aquilo que se pratica habitualmente. Nesse período, o direito processual era considerado pelos juristas como um conjunto de regras práticas sobre a forma de proceder em juízo. A preocupação central era com a forma de realizar o processo. Não havia preocupação com seu estudo teórico. Os estudos desse período estavam repletos de marcante preocupação forense".

[658] Idem p. 55-56. Iniciam dizendo: "Seus precursores já existiam em meados do século XVII, em especial no que se refere ao processo penal. As transformações que se operavam no mundo das ideias gerou um espírito de reforma que procurou harmonizar a legislação criminal com os princípios de justiça e humanismo. Passou-se a observar o processo penal inglês, no qual o procedimento romano-canônico, de tipo inquisitorial, não havia penetrado. Era a preparação para a renovação estrutural dos princípios políticos informadores da justiça penal". E finalizam: "Nasce assim o procedimentalismo, no início do século XIX, na França, espalhando-se rapidamente por toda a Europa. Segundo Castillo, a causa política do seu surgimento foi a Revolução Francesa, em razão de seus ideais de liberdade, igualdade e fraternidade; e a sua causa jurídica, a codificação napoleônica, ao separar, com êxito e ressonância histórica, as legislações processuais dos respectivos corpos legais de direito material. O procedimentalismo pode ser considerado, de certa forma, como a fase de transição do período de sincretismo metodológico para o período autonomista, estando caracterizada por estudos descritivos e fragmentários de institutos processuais particulares".

[659] GAIO JÚNIOR, Antônio Pereira. *Direito processual civil*: teoria geral do processo, processo de conhecimento e recursos. 2. ed. Belo Horizonte: Del Rey, 2008. v. 1. p. 6-7. O que parece ser, de igual forma, o entendimento do autor: Inicia: "Em 1667, surgiu o primeiro Código de Processo Civil Francês, tratando-se da 'Ordonnance', do Rei Luís XIV, sobre a justiça civil". E continua: "É a publicação, em 1807, do 'Code de Procédure Civile' francês que marca o início da fase propriamente dita 'procedimentalista' do processo civil. Segundo ressalta René Morel, citado por José Frederico Marques, tal publicação não é mais do que uma edição um pouco melhorada da grande ordenança processual de Luís XIV". E alerta que: "O 'Code de Procédure Civile' inaugurou os princípios da oralidade, da publicidade e do dispositivo, com atuação mais acentuada do juiz no processo, reduzindo, assim, o formalismo e a morosidade do processo comum". Para, após, finalizar: "Apesar de a escola procedimentalista ter promovido uma importantíssima renovação no processo civil, na realidade ela limitou sua elaboração doutrinária ao procedimento, à competência e à organização judiciária. O Direito Processual Civil, somente na fase seguinte, é que ascende à categoria de ciência autônoma, repudiando o epíteto de 'adjetivo' que acentua sua posição de mero complemento do Direito Civil, dito 'substantivo'".

[660] HERZL, Ricardo Augusto. *Neoprocessualismo, processo e Constituição*: tendências do direito processual civil à luz do neoconstitucionalismo. Florianópolis: Conceito, 2013. p. 31. Expõe o autor: "Por fim, impende ressaltar que o art. 75 do Código Civil Brasileiro de 1916 refletia expressamente a confusão existente entre o direito processual e o direito material, ao dispor que a todo o direito corresponde uma ação, que o assegura".

[661] GAIO JÚNIOR, Antônio Pereira. *Direito processual civil*: teoria geral do processo, processo de conhecimento e recursos. 2. ed. Belo Horizonte: Del Rey, 2008. v. 1. p. 7: "Apesar de a escola procedimentalista ter

4.2. A segunda fase: o processualismo

Toda ciência evolui, ou deveria evoluir, quando seus conceitos são superados por outros, ou seja, quando paradigmas[662] são rompidos. E foi assim que evoluiu a fase metodológica do processo, transformando aquilo que ainda não era propriamente uma ciência, na primeira fase praxista, para aquilo que iniciou a ser estudado como tal.[663] Esse rito de passagem é o que deu força para que, então, se instaurasse uma segunda fase metodológica do processo, na qual conceitos e institutos iniciaram a ser descortinados, denominando-se de fase processualista, que é explicada por algumas penas, como a de Carlos Alberto Alvaro de Oliveira[664] ou a de Daniel Mitidiero.[665]

A frase inicial da citação de Daniel Mitidiero de que o processualismo nasce na Alemanha[666] a partir da conceituação do que vem a ser a relação jurídica

---

promovido uma importantíssima renovação no processo civil, na realidade ela limitou sua elaboração doutrinária ao procedimento, à competência e à organização judiciária. O Direito Processual Civil, somente na fase seguinte, é que ascende à categoria de ciência autônoma, repudiando o epíteto de 'adjetivo' que acentuava sua posição de mero complemento do Direito Civil, dito 'substantivo'".

[662] KUHN, Thomas S. *A estrutura das revoluções científicas*. Tradução de Beatriz Vianna Boeira e Nelson Boeira. São Paulo: Perspectiva, 2005. Sobre o que se entende por paradigma, a lição de Kuhn é soberana ao referir: "Considero 'paradigmas' as realizações científicas universalmente reconhecidas que, durante algum tempo, fornecem problemas e soluções modelares para uma comunidade de praticantes de uma ciência".

[663] GRECO FILHO, Vicente. *Direito processual civil brasileiro*. Teoria geral do processo e auxiliares da justiça. 21. ed. São Paulo: Saraiva, 2009. v. 1. p. 8. Para o autor o processo só se torna autêntico quando o Estado, "[...] proibindo a justiça privada, avocou para si a aplicação do direito como algo de interesse público em si mesmo e, além disso, estruturando o sistema de direitos e garantias individuais, interpôs os órgãos jurisdicionais entre a Administração e os direitos dos cidadãos, tornando-se, então, o Poder Judiciário um poder político, indispensável ao equilíbrio social e democrático, e o processo um instrumento dotado de garantias para assegurá-lo [...]".

[664] ALVARO DE OLIVEIRA, Carlos Alberto. *Do formalismo no processo civil*: proposta de um formalismo-valorativo. 4. ed. São Paulo: Saraiva, 2010. p. 19. "Esse quadro só começa a mudar com a obra de Oskar Bülow (1868), jurista que por primeiro estabeleceu de forma sistemática os fundamentos da autonomia do direito processual, embora algumas observações de passagens anteriores da doutrina alemã. Para ele, a relação jurídico-processual não se confundiria com o direito material afirmado em juízo, com a relação jurídica de direito material posta no processo, uma vez que poderia existir esta sem aquela e vice-versa, tudo dependendo do atendimento aos pressupostos inerentes a cada uma dessas específicas situações jurídicas (atendimento aos chamados pressupostos processuais, no que diz respeito ao processo). Com a obra de Bülow e a autonomia do direito processual, inicia-se outra fase metodológica, o conceitualismo ou processualismo, em que predomina a técnica e a construção dogmática das bases científicas dos institutos processuais. Lança-se a processualística à construção da nova ciência (Wach, na Alemanha; Chiovenda e Carnelutti, na Itália, para só citar alguns dos mais expressivos juristas daqueles países). A nova empresa volta-se para a acentuação da separação entre direito material e processo e para construção e aperfeiçoamento conceitual do processo. O processo definitivamente se separa do direito material".

[665] MITIDIERO, Daniel. *Colaboração no processo civil*: pressupostos sociais, lógicos e éticos. São Paulo: Revista dos Tribunais, 2009. p. 32-33. "O processualismo, deveras, nasce com o conceito de relação jurídica processual, sendo esse o objeto da ciência processual. A partir daí, a tarefa da doutrina cifra-se à racional construção do arcabouço dos conceitos do direito processual civil. Não por acaso, pois, aponta-se como marco inicial do processo civil o direito racional, presidido pelas altas e abstratas idéias inerentes ao clima científico da modernidade, nem pode surpreender que já se tenha identificado na produção intelectual de Chiovenda um mentalismo conceitual exacerbado, já que o 'doutrinarismo' dominou mesmo os primeiros tempos da história do direito processual civil (o que se deu, vale frisar, por absoluta necessidade, porque se tratava de fundar uma nova ciência, surgindo então a necessidade de se forjarem todos os instrumentos conceituais necessários a tal intento)".

[666] MITIDIERO, Daniel. O processualismo e a formação do Código Buzaid. *In*: TELLINI, Denise Estrella; JOBIM, Geraldo Cordeiro; JOBIM, Marco Félix. *Tempestividade e efetividade processual*: novos rumos do processo civil brasileiro. Caxias do Sul: Plenum, 2010. p. 109-130. p. 109. Aduz: "Como ninguém ignora, o Direito processual civil nasceu como ciência, como um ramo autônomo do Direito, na Alemanha, no final do século

processual ganhou vida na obra de Oskar Bülow,[667] denominada de **Teoria das Exceções e dos Pressupostos Processuais**, quando o jurista alemão conseguiu sistematizar referidos pressupostos, embora, como lembra Fabio Caldas de Araújo,[668] o próprio autor anuncia em sua obra que Bethmann-Hollweg já havia acondicionado essa lição, diferenciando o direito material do processual,[669] dando-lhes autonomia, o que poderia não ter acontecido sem a importante polêmica criada anteriormente por dois juristas também de nacionalidade alemã (Windscheid e Muther),[670] acerca da *actio* romana.[671] Não é demais referir, como lembra Ada Pellegrini Grinover,[672] que o modelo adotado de processo civil pelo

---

XIX, com a publicação da clássica obra de Oskar Bülow sobre exceções e pressupostos processuais (*Die lehre von den processeinreden und die processvoraussetzungen*, 1968)".

[667] BÜLOW, Oskar Von. *Teoria das exceções e dos pressupostos processuais*. Tradução de Ricardo Rodrigues Gama. Campinas, SP: LZN, 2005.

[668] ARAÚJO, Fabio Caldas de. *Curso de Processo Civil*: Tomo I – Parte Geral. São Paulo: Malheiros, 2016. p. 345-346. Aponta: "O passo posterior seria dado por Büllow, que desvinculou a relação jurídica de direito Processual da material, reconhecendo sua autonomia e fixando-lhe os pressuspostos processuais. Este foi o ponto culminante do século XIX, e que representa o Nascimento efetivo da Ciência Processual como ramo autônomo do Direito. Büllow, em sua honestidade intellectual, aponta que Benhtmann-Hollweg já tinha instituído a noção de relação jurídica Processual em seu estudo sobre o processo civil romano, contudo sem uma preocupação de sistematização científica".

[669] MITIDIERO, Daniel. O processualismo e a formação do Código Buzaid. *In*: TELLINI, Denise Estrella; JOBIM, Geraldo Cordeiro; JOBIM, Marco Félix. *Tempestividade e efetividade processual*: novos rumos do processo civil brasileiro. Caxias do Sul: Plenum, 2010. p. 109-130. p. 109-110. Defende: "Embora tenha se tornado célebre pela caracterização do processo como relação jurídica processual, tema que ocupa pouco mais de três páginas ao longo de toda a obra, o trabalho de Bülow busca fundamentar a separação entre Direito material e processo a partir da existência de requisitos próprios de formação e desenvolvimento válido do processo (s chamados pressupostos processuais). Daí retira a máxima; pode existir o processo ainda que não exista o Direito material posto em juízo; pode existir o Direito material posto em juízo ainda que não exista o processo. Finca-se aí a independência do Direito processual com relação ao Direito material, que deixa de ser considerado seu simples apêndice".

[670] Recomenda-se a leitura da obra: WINDSCHEID, Bernhard; MUTHER, Theodor. *Polemica sobre la "actio"*. Tradução de Tomás A. Banzhaf. Buenos Aires: Ediciones Jurídicas Europa-América, 1976. p. XXXIX. Um pouco da importância da obra pode ser vista na introdução de G. Pugliese ao dizer: "En sustancia, solo donde discuten en torno al concepto de actio ya sea Windscheid, ya sea su crítico Muther, hablan todavia al espíritu del jurista moderno, en cuanto agitan problemas vivos y proponen tesis todavia discutidas. Las demás investigaciones, si bien en si mesmas muy meritorias, interesan sobre todo por la contrabución que aportan al entendimiento preciso de las ideas relativas a aquel tema central. No carece de significado al respecto que ya Muther haya cambiado la perspectiva originaria de Windscheid, consagrando al concepto de actio SUS buenas cincuenta y siete páginas de las en total ciento noventa y ocho, y profundizando, entro los temas particulares, solo el de la transferencia de las acciones (ciento seis páginas), el cual revestia entonces un específico interes intrínseco; y que Windscheid mismo lo haya seguido en su réplica, an la cual no menos de treinta y una páginas de las ochenta y ocho conciernen al concepto de actio, mientras solo veintidós de las actiones. En lo curso de la polémica también nuestros autores han advertido que el tema al cual convenia dedicarse por razón de un interes teórico no contingente, era el de la posición de la actio en el sistema jurídico".

[671] CINTRA, Antonio Carlos de Araújo; GRINOVER, Ada Pellegrini; DINAMARCO, Cândido Rangel. *Teoria geral do processo*. 27. ed. São Paulo: Malheiros, 2011. p. 139. Historiam os autores: "Ali, entre 1856 e 1858, travara-se histórica polêmica entre dois romanistas alemães, Windscheid e Muther, acerca da actio romana e do sentido que devia ser emprestado modernamente à ação. Ali, e sempre na Alemanha, escrevera-se uma obra verdadeiramente revolucionária, que haveria de tornar clara aos olhos de todos os juristas a existência de uma relação jurídico processual distinta da relação de direito material que as partes trazem para ser apreciada pelo juiz (trata-se de famoso livro de Oskar von Bülow, do ano de 1868). Ali, a partir desses trabalhos pioneiros, houvera uma efervescência de idéias e de doutrinas, especialmente sobre a natureza da ação, que veio a colocar o direito processual definitivamente como verdadeira ciência, com objeto e método próprios, libertando-a da condição de mero apêndice do direito privado".

[672] GRINOVER, Ada Pellegrini. *Direito processual civil*. São Paulo: Bushatsky, 1974. p. 2. Aduz: "O Código de Processo Civil de 1939, substituindo os vários ordenamentos processuais dos Estados-Membros da Federação, significou a integração da legislação Processual brasileira nas linhas mestras da renovação científica do

Código de 1939 tinha muito das linhas mestras do período da revolução científica do processo, a partir da clássica obra de Bülow que defendeu ser a relação jurídica processual diferente da relação jurídica de direito material.[673]

A fase também pode ser conhecida do estudioso do processo e áreas afins por outras nomenclaturas, sendo as mais conhecidas a própria do processualismo, mas também pode ser denominada de (*i*) fase do cientificismo, (*ii*) a fase conceitualista ou (*iii*) a fase autonomista, o que é alertado por Guilherme Botelho.[674] Resta evidenciado que as inúmeras nomenclaturas determinam o mesmo objeto (cientificismo, processualismo, conceitualismo ou autonomismo), qual seja a de que se buscava, nesta fase, a independência do direito processual do direito material pelo fortalecimento de seus conceitos e instituições, ganhando, assim, sua própria autonomia científica, sendo, inclusive, a teoria abstrata da ação fruto dessa fase, como alerta Ricardo de Barros Leonel.[675] Um dos grandes, ou talvez tenha sido o maior, problema teórico existente na fase do processualismo foi o de confundir autonomia do direito processual com neutralidade, como apontam Luiz Guilherme Marinoni, Sérgio Cruz Arenhart e Daniel Mitidiero[676] quando elucidam que nunca se deveria ter tentado o

---

processo, operada a partir da obra clássica de BÜLOW, em meados do século passado, e recebida por meio do magistério de CHIOVENDA e de outros processualistas italianos e alemães. O Código de Processo Civil de 1939 representou, contudo, reforma imposta por construção doutrinária ainda pouco divulgada entre nós. Foi reforma que veio a colher de surpresa a justiça brasileira, acostumada a uma legislação que não diferia, substancialmente, do Regulamento nº 737, de 1850, diretamente inspirado nas vetustas Ordenações do Reino. O foro, então, teve que se adaptar, com dificuldade, a um código que, sob vários aspectos, foi mais fiel a CHIOVENDA do que o próprio Código de Processo Civil italiano (v.g. a existência de uma única audiência; o princípio de concentração; o princípio da identidade física do juiz), mas que, em outros, conservou, de forma injustificável, institutos superados (v.g. o sistema de Recursos; as ações especiais)".

[673] OLIVEIRA, Carlos Alberto Alvaro de; MITIDIERO, Daniel. *Curso de processo civil*: volume 1: teoria geral do processo civil e parte geral do direito processual civil. São Paulo: Atlas, 2010. p. 13. Assim sintetizam os autores: "Oskar Bülow (1868), embora algumas observações de passagem anteriores da doutrina alemã, foi o primeiro a estabelecer de forma sistemática os fundamentos da autonomia do direito processual. Para ele, a relação jurídica processual não se confundiria com o direito material afirmado em juízo, com a relação jurídica de direito material posta no processo, uma vez que poderia existir esta sem aquela e vice-versa, tudo dependendo do atendimento aos pressupostos inerentes a cada uma dessas específicas situações jurídicas (atendimento aos chamados pressupostos processuais, no que diz respeito ao processo)".

[674] BOTELHO, Guilherme. *Direito ao processo qualificado*: o processo civil na perspectiva do Estado constitucional. Porto Alegre: Livraria do Advogado, 2010. p. 22-23. "A autonomia do direito processual como ciência tem o marco em conformidade com a doutrina remansosa, na obra de Oskar Büllow em 1868. Inicia-se o cientificismo, ou processualismo ou, como também, por vezes é lembrada, a fase conceitualista ou autonomista do direito processual. É justamente nesse estágio que o direito processual passa, pouco a pouco, a ser reconhecido como remo do direito, deixando de ser mera técnica para se constituir em ciência".

[675] LEONEL, Ricardo de Barros. *Manual do Processo Coletivo*. 4. ed. São Paulo: Malheiros, 2017. p. 27. Refere: "A partir desse debate teve nascimento um segundo momento da ciência processual, com a consciência da autonomia não somente da ação, mas também de todos os demais institutos que informam a existência e o modo de ser do processo. Ficou evidenciada a tomada de consciência para autônoma da relação jurídica processual, distinguindo-a da relação de direito substancial pelos sujeitos, pressupostos e objeto. Foi o surgimento da fase autonomista, com a denominada teoria abstrata do direito de ação, passando o processo a ser reconhecido como ciência independente".

[676] Ver, por exemplo: MARINONI, Luiz Guilherme; ARENHART, Sérgio Cruz; MITIDIERO, Daniel. *O novo Processo Civil*. 2. ed. São Paulo: Revista dos Tribunais, 2016. p. 37. Iniciam relatando: "Não há dúvidas de que o processo não se confunde com o direito material. Contudo, a escola sistemática, ao construírem as bases da autonomia do direito processual civil, parece ter esquecido a diferença entre autonomia e neutralidade. O fato de o processo civil ser autônomo em relação ao direito material não significa que ele possa ser neutro ou indiferente às variadas situações de direito substancial", e continuam: "Autonomia não é sinônimo de neutralidade ou indiferença. Ao contrário, a consciência da autonomia pode eliminar o medo Escondido atrás de uma falsa neutralidade ou de uma indiferença que, na verdade, é muito mais meio de defesa do

isolamento do direito processual com o material, pois há íntima interdependência entre ambos, sendo mera confusão a ideia de que a autonomia alcançava a neutralidade quando, à evidência, não se pode projetar um processo alheio às variadas situações de direito substancial.

Assim, essa fase se destinou, praticamente, a conceituar os institutos processuais, tendo sido sistematizada por inúmeros pensadores, conforme expõe Antônio Pereira Gaio Júnior,[677] de diversas nacionalidades como lembra Welber Queiroz dos Santos,[678] aliado ao fato de que não existia uma preocupação maior do que o processo pode trazer de benesses ao jurisdicionado ou à sociedade.[679] Isso fez com que o processo começasse a ser visto como mera técnica, pois somente pensados conceitos sobre ele, fazendo com que, após a fase de conceituação, doutrinarismo, houvesse uma estagnação em sua leitura, o que é destacado por Cândido Rangel Dinamarco,[680] ao referir sobre a primeira passagem de Liebman pelo Brasil. Assim, com a chegada do processualista italiano e com suas ideias, trazidas pelos seus estudos realizados na Europa, iniciou-se a pensar um novo modelo de processo para o Brasil, o que culmina na próxima fase metodológica, denominada de instrumentalista.

4.3. A terceira fase: o instrumentalismo

Criados os conceitos, ou seja, as bases teóricas para a aplicação do processo civil brasileiro, não poderia mais ele se conformar em ser mera técnica,

---

que alheamento em relação ao que acontece a 'distância das fronteiras'" e finalizam: "Na realidade, jamais ocorreu – ou poderia ter ocorrido – isolamento do Direito processual, pois há nítida interdependência entre ele e o Direito material. Isso é tão evidente que supor o contrário seria o mesmo que esquecer a razão de ser do processo, considerada a necessidade deste ser pensado à luz da realidade social e do papel que o Direito material desempenha na sociedade".

[677] GAIO JÚNIOR, Antônio Pereira. *Direito processual civil*: teoria geral do processo, processo de conhecimento e recursos. 2. ed. Belo Horizonte: Del Rey, 2008. v. 1. p. 7. Refere: "Na elaboração doutrinária do Direito Processual Civil científico, alguns nomes se destacam no período científico". E finaliza: "Na Itália: Chiovenda, Carnelutti, Calamandrei, Redenti e Alfredo Rocco; em Portugal: José Alberto dos Reis; na Espanha: Prieto Castro e Jaime Guasp; na Alemanha: Köhler, Wach, Bülow, Degenkolb, Stein e Hellwig; na Hungria: Plósz; na Áustria: Franz Klein e Wolf; na Argentina: Hugo Alsina e Davi Lascano; no Uruguai: Eduardo Couture; na França: René Morel, Henri Solus e Roger Perrot; na Venezuela: Luiz Loreto; na Colômbia: Hernando Devis Echandia e os europeus exilados em terras americanas: Liebman, Alcalá-Zamora, Rafael de Pina e Sentis Melendo".

[678] SANTOS, Welber Queiroz. *Princípio do contraditório e vedação de decisão surpresa*. Rio de Janeiro: Forense, 2018. p. 4. Aduz: "Esse período destacou-se pelo surgimento de obras específicas, ensaios e monografias dedicadas aos institutos processuais, especialmente por parte dos alemães, italianos e austríacos".

[679] Diante disso, conceitos como relação jurídica processual, pressupostos processuais, condições da ação, causa de pedir, pedido, dentre outros, foram criados nessa fase. SANTOS, Welber Queiroz. *Princípio do contraditório e vedação de decisão surpresa*. Rio de Janeiro: Forense, 2018. p. 4.

[680] DINAMARCO, Cândido Rangel. *A instrumentalidade do processo*. 13. ed. São Paulo: Malheiros, 2008. p. 33. "Quando chegou ao Brasil no ano de 1939, Liebman aqui encontrou uma cultura processualística muito diferente da sua – e estranhou. Em escrito elaborado alguns anos depois da volta à Itália chegou a dizer que, observando o funcionamento do processo civil brasileiro, 'tem-se a impressão de estar-se encostado a uma janela e assistir, surpreso e interessado, ao desenrolar em plena vida de institutos e relações das quais tínhamos tido até então um conhecimento indireto a partir dos empoeirados volumes de Durante e Bártolo'. Teve a impressão de estar de volta ao direito comum da Itália medieval, ao seu formalismo mais acentuado e a certos institutos ou técnicas que ali foram superados pelos séculos ou que em terras italianas jamais chegaram a impor-se".

baseado unicamente em formas ou fórmulas, como outrora havido já ocorrido no direito romano. Seria um retrocesso! Outras preocupações vieram com a sistematização do direito processual, o que começou a ser respondido pela criação de uma terceira fase metodológica denominada de instrumentalismo, a qual foi a alavancadora das propostas para a realização do Código de Processo Civil de 1973,[681] assim como, ainda hoje, tem sido a mais difundida em solo brasileiro.[682]

A terceira fase é sistematizada no Brasil pela Escola Paulista de processo, conforme anuncia Jônatas Luiz Moreira de Paula[683] e é melhor que seja conceituada pela caneta de seu maior pensador, Cândido Rangel Dinamarco,[684] que a define como um sistema que se apoia em escopos sociais, políticos e jurídicos, cada qual com uma função específica,[685] sendo que, como expõe José Roberto

---

[681] BUZAID, Alfredo. *Estudos e pareceres de direito processual civil*. São Paulo: Revista dos Tribunais, 2002. p. 32-33. No trecho a seguir ressalta o processualista as linhas que adotou para a elaboração do anteprojeto que se tornou o Código de Processo Civil atual, nas quais estava o pensamento de que o processo é instrumento que Estado dispõe aos litigantes, ao afirmar: "Antes de determinarmos as linhas fundamentais do sistema do Código de Processo Civil brasileiro, parece-nos de toda conveniência definir a orientação da política legislativa que presidiu a elaboração do anteprojeto, os princípios que o inspiraram e a metodologia que foi adotada. Desde os meados do século XIX vem passando o direito processual civil por intensa revisão dos seus conceitos fundamentais, podendo assinalar-se desde logo suas idéias que nele repercutiram profundamente. Uma delas foi a noção do *Estado moderno*, que monopolizou a administração da justiça e elevou o Poder Judiciário à eminência de órgão da soberania nacional. Foram suprimidas as antigas justiças municipais, eclesiásticas, universitárias e feudais; em seu lugar se implantou a justiça do Estado como atividade exercida por órgãos próprios de um Poder. Outra idéia foi a de *relação jurídica* que, aplicada ao processo civil, permitiu entendê-lo como o instrumento que o Estado põe à disposição dos litigantes para dirimir conflitos de interesses. Nasceu daí o conceito de relação jurídica processual, que se forma entre os contendores e o Estado, ora representada por um *ângulo*, ora por um *triângulo*, ora por suas *paralelas*. O processo civil que, por largo tempo, foi havido como um apêndice do direito civil, liberta-se desse vínculo e adquire plena autonomia, elevando-se à categoria de ciência no quadro geral do direito".

[682] MACEDO, Elaine Harzheim; MACEDO, Fernanda dos Santos. *O direito processual civil e a pós-modernidade*. No prelo para publicação. Em artigo recente, ainda não publicado, mas selecionado para disputar o prêmio do Conpedi, as autoras ilustram a afirmativa, ao afirmarem: "Diante da evolução metodológica do processo civil, torna-se também indispensável abordar a ideia central do chamado instrumentalismo, pois não só corresponde à majoritária aceitação na doutrina pátria, vigorando no cenário jurídico brasileiro, mas, cediço, vem exercendo forte influência sobre a hemorrágica produção legislativa que os últimos anos o processo civil recebeu. Em apertada síntese, pode-se afirmar que o instrumentalismo consiste na fase em que o processualista investe esforços para desenvolver meios de aperfeiçoar o exercício da prestação jurisdicional, tornando tal prestação mais segura e, na medida do possível, mais célere, já que objetiva aproximar a tutela jurisdicional do valor justiça. O processo é instrumento que serve ao fim – essencialmente estatal – de alcançar os escopos sociais, jurídicos e políticos, na distribuição dos bens da vida e na composição dos conflitos".

[683] PAULA, Jônatas Luiz Moreira de. *História do direito processual brasileiro*: das origens lusas à escola crítica do processo. Barueri: Manole, 2002. p. 356. "Modernamente, percebe-se que a Escola Paulista apresenta uma nova tendência, a instrumental, que se apresenta ao lado da tendência técnica, ainda vinculada com as origens da escola. A tendência instrumental, que especula as reformulações do processo por escopos políticos, sociais e jurídicos, tem entre seus integrantes nomes de escol, como Cândido Rangel Dinamarco e Ada Pellegrini Grinover, ambos vinculados à Universidade de São Paulo".

[684] DINAMARCO, Cândido Rangel. *A instrumentalidade do processo*. 13. ed. São Paulo: Malheiros, 2008. "A perspectiva instrumentalista do processo assume o processo civil como um sistema que tem escopos sociais, políticos e jurídicos a alcançar, rompendo com a idéia de que o processo deve ser encarado apenas pelo seu ângulo interno. Em termos sociais, o processo serve para persecução da paz social e para a educação do povo; no campo político, o processo afirma-se como um espaço para a afirmação da autoridade do Estado, da liberdade dos cidadãos e para a participação dos atores sociais; no âmbito jurídico, finalmente, ao processo confia-se a missão de concretizar 'vontade concreta do direito'".

[685] Idem, p. 366. "O processualista contemporâneo e atualizado vai deixando as posturas puramente técnicas e dogmáticas, que desempenharam seu relevantíssimo papel a partir da fundação de ciência do processo na segunda metade do século passado e durante a primeira deste. Tal foi a fase da autonomia do direito proces-

dos Santos Bedaque,[686] já havia pensadores defendendo-a, como Emilio Gómez Orbaneja, não sendo Dinamarco seu criador. Também é de ser referida a lição de Kazuo Watanabe[687] para confirmação do conceito da fase instrumentalista de processo.

O processo deixa de se preocupar somente com seus pressupostos internos e ganha contornos sociais, políticos e jurídicos na fase instrumentalista, o que se denomina de escopos que devem ser alcançados. Para cada escopo, Cândido Rangel Dinamarco atribui fins que o processo deve perseguir, como: (i) a paz social e a educação do povo naquele que chama de social, (ii) a afirmação da autoridade do Estado naquele que chama de político e, finalmente, (iii) na busca da vontade concreta do direito naquilo de denomina de escopo jurídico, o que pode ser lido, inclusive, por autores de outras Escolas, como a gaúcha, como refere Carlos Alberto Alvaro de Oliveira.[688]

Então, para a Escola Paulista, o processo encontra-se estagnado nessa fase[689] cultural, ou ainda, dizem Antonio Carlos de Araújo Cintra, Ada Pelle-

---

sual, que superou os males do sincretismo multissecular, mas que agora já cumpriu o seu ciclo de vida. Não se trata de renegar as finas conquistas teóricas desse período que durou cerca de um século, mas de canalizá-las a um pensamento crítico e inconformista, capaz de transformar os rumos da aplicação desse instrumento Propõe-se, em outras palavras, a duplicidade de perspectivas para encarar o sistema processual a partir de ângulos externos (seus escopos), sem prejuízo da introspecção do sistema. Foi dito que o processualista moderno já tem a consciência da necessidade de abandonar a visão exclusivamente interna do direito processual em seus institutos, princípios e normas, o que se vê de modo notável na obra dos processual-constitucionalistas".

[686] BEDAQUE, José Roberto dos Santos. Instrumentalismo e garantismo: visões opostas do fenômeno processual. In *Garantismo processual*: garantias constitucionais aplicadas ao processo. Brasília, DF: Gazeta Jurídica, 2016. p. 4. Escreve: "Dinamarco não inventou o óbvio. Simplesmente teve a perspicácia de colocar o ovo em pé ou, se preferirem, após fundamentação irrefutável, provou que o rei estava nu. A ideia instrumentalista, todavia, não nasceu com ele. A título de exemplo, podemos recorrer a autor espanhol pouco citado entre nós, que, já em 1974, aos 70 anos, em conferência realizada na Universidade de Zaragoza, afirmava:".

[687] WATANABE, Kazuo. *Da cognição no processo civil*. Campinas: Bookseller, 2000. p. 20-21. O conceito do processualista de instrumentalismo também é de ser conferido, tendo em vista que vai um pouco além daquele instrumentalismo meramente formal, ao expor: "Do conceptualismo e das abstrações dogmáticas que caracterizam a ciência processual e que lhe deram foros de ciência autônoma, partem hoje os processualistas para a busca de um instrumentalismo mais efetivo do processo, dentro de uma ótica mais abrangente e mais penetrante de toda a problemática sócio-jurídica. Não se trata de negar os resultados alcançados pela ciência processual até esta data. O que se pretende é fazer dessas conquistas doutrinárias e de seus melhores resultados um sólido patamar para, com uma visão crítica e mais ampla da utilidade do processo, proceder ao melhor estudo dos institutos processuais – prestigiando ou adaptando ou reformulando os institutos tradicionais, ou concebendo institutos novos –, sempre com a preocupação de fazer com que o processo tenha plena e total aderência à realidade sócio-jurídica a que se destina, cumprindo sua primordial vocação que é a de servir de instrumento à efetiva realização dos direitos. É a tendência ao instrumentalismo que se denominaria substancial em contraposição ao instrumentalismo meramente nominal ou formal".

[688] ALVARO DE OLIVEIRA, Carlos Alberto. *Do formalismo no processo civil*: proposta de um formalismo-valorativo. 4. ed. São Paulo: Saraiva, 2010. p. 20-21. "O próximo passo deu-se com o surgimento da ideia de que o processo deve ser sempre encarado em conjunto com a sua finalidade primacial de realização do direito material. Chega-se, assim, ao instrumentalismo: o processo passa a ser visto como instrumento de realização do direito material, cabendo à jurisdição o papel de declarar a vontade concreta do direito. Ainda se verifica o predomínio do positivismo, embora outras concepções do mundo jurídico comecem a surgir aqui e ali. O juiz passa a ser ativo. A jurisdição vem a ocupar o papel central na teoria do processo, sendo ressaltada como verdadeiro pólo metodológico. Prepondera o enfoque técnico e o único valor destacado pelos processualistas, mesmo assim apenas a partir dos anos 1970 do século XX, é o da efetividade. O direito constitucional, embora já objeto de alguma elaboração doutrinária, não é colocado em lugar de destaque e geralmente é compreendido tão somente na ótica das garantias, vale dizer, como noção fechada, de pouco mobilidade, visualizada mais como salvaguarda do cidadão contra o arbítrio estatal".

[689] DINAMARCO, Cândido Rangel. *A instrumentalidade do processo*. 13. ed. São Paulo: Malheiros, 2008. p. 22-23. "Com tudo isso, chegou o *terceiro momento metodológico* do direito processual, caracterizado pela cons-

grini Grinover e Cândido Rangel Dinamarco que "a terceira fase está longe de exaurir o seu papel reformista".[690] Note-se que os autores chegam a afirmar que a doutrina identifica a nova fase como a instrumentalista, sem sequer fazer referências às demais Escolas de processo e as fases por elas pensadas, como é o caso, também, de José Roberto dos Santos Bedaque,[691] outro adepto importante da Escola Paulista que, em sua tese de concurso para o cargo de Professor Titular, reforça a ideia[692] que ainda não se retirou todo o potencial que a fase instrumentalista tem para o processo. Ao abrir sua conceituação para os escopos do processo, facilmente qualquer fase nova a ser criada poderá se enquadrar num dos escopos da fase instrumentalista – (i) social, (ii) político ou (iii) jurídico – estando aí a grande inteligência da fase, pois nenhuma outra será tão cedo admitida por esta escola, ficando ela eternamente jovem com a releitura de seus institutos pela evolução, quer seja ela social, jurídica ou política.

Contudo, a fase instrumentalista acaba ela mesma caindo no mesmo defeito que a fase processualista caiu, sendo pensado o processo como mera aplicação, mera técnica[693] dos escopos idealizados por Cândido Rangel Dinamarco. A crítica é fundamentada por Guilherme Rizzo Amaral,[694] ao explicar que o processo continua preso à técnica quando o juiz vira refém do escopo social, ou

---

ciência da instrumentalidade como importantíssimo pólo de irradiações de idéias e coordenador dos diversos institutos, princípios e soluções. O processualista sensível aos grandes problemas jurídicos sociais e políticos do seu tempo e interessado em obter soluções adequadas sabe que agora os conceitos inerentes à sua ciência já chegaram a níveis mais do que satisfatórios e se justifica mais a clássica postura metafísica consistente nas investigações conceituais destituídas de endereçamento teleológico. Insistir na autonomia do direito processual constitui, hoje, como que preocupar-se o físico com a demonstração da divisibilidade do átomo. Nem se justifica, nessa quadra da ciência processual, pôr ao centro das investigações a polêmica em torno da natureza privada, concreta ou abstrata da ação; ou as sutis diferenças entre a jurisdição e as demais funções estatais, ou ainda a precisa configuração conceitual do *jus excepcionis* e sua suposta assimilação à idéia de ação. O que conceitualmente sabemos dos institutos fundamentais deste ramo jurídico já constitui suporte suficiente para o que queremos, ou seja, para a construção de um sistema jurídico-processual apto a conduzir resultados práticos desejados. Assoma, nesse contexto, o chamado aspecto ético do processo, a sua conotação *deontológica*".

[690] CINTRA, Antonio Carlos de Araújo; GRINOVER, Ada Pellegrini; DINAMARCO, Cândido Rangel. *Teoria geral do processo*. 27. ed. São Paulo: Malheiros, 2011. p. 49.

[691] BEDAQUE, José Roberto dos Santos. *Direito e processo*: influência do direito material sobre o processo. 5. ed. São Paulo: Malheiros, 2009. p. 17. Afirma o processualista: "A ciência processual no Brasil encontra-se na fase de sua evolução que autorizada doutrina identifica como instrumentalista. É a conscientização de que a importância do processo está em seus resultados".

[692] BEDAQUE, José Roberto dos Santos. *Efetividade do processo e técnica processual*. São Paulo: Malheiros, 2006. p. 18. Refere: "Também é preciso repensar a questão das nulidades processuais, consequências da não-observância da forma estabelecida para a prática dos atos do processo. O processualista ainda não ousou extrair da idéia instrumentalista toda a contribuição possível ao sistema de nulidades".

[693] KEPPEN, Luiz Fernando Tomasi; MARTINS, Nadia Bevilaqua. *Introdução à resolução alternativa de conflitos*: negociação, mediação, levantamento de fatos, avaliação técnica independente. Curitiba: JM Livraria Jurídica, 2009. p. 14. Também é de ser apontada a crítica realizada pelos autores: "O Direito Processual Civil tem que ser repensado como parte do campo da resolução de conflitos sociais, no qual ele tem um papel institucional preponderante, mas não como um fim em si mesmo. Tem sido estudado como disciplina autônoma e cultivado há mais de um século, encontrando grande estabilidade conceitual pelo mecanicismo, o positivismo e o especialismo, que geraram o tecnicismo. O seu foco é o conhecimento técnico, pela perspectiva da ação em juízo. Os manuais de processo civil, inúmeros e em sua maioria tecnicamente bem estruturados, preocupam-se em programá-lo para redigir a petição inicial, a contestação, participar em contraditório, avaliar a sentença, recorrer, executar... Essa mentalidade caducou ao final do século passado".

[694] AMARAL, Guilherme Rizzo. *Cumprimento e execução de sentença sob a ótica do formalismo-valorativo*. Porto Alegre: Livraria do Advogado, 2008. p. 30. "A ciência processual em si, dentro dessa ótica, nada tem a oferecer em termos axiológicos. Não é ela, a ciência, que traz em si mesma premissas para a aplicação da norma processual. Toda a carga axiológica está adstrita ao campo social, e a ciência processual, não obstante

seja, dos valores elencados pela sociedade, crítica esta que poderia, da mesma forma, ser alargada ao escopo político. Assim, a crítica faz com que o instrumentalismo esvazie o próprio escopo processual de valores, pois concede, ao alargar o campo para outros dois escopos – social e político – força igual ou maior para estes, o que denota um enfraquecimento da própria acepção do que vem a ser processo e da jurisdição, concedendo um amplo poder discricionário a cada juiz que poderá julgar, no mais das vezes, conforme o entendimento que ele próprio tem de determinado fato social,[695] trazendo insegurança ao jurisdicionado e, consequentemente, ao Estado Constitucional.[696] Por estas razões singelas, não se pretendem criticar os avanços que o instrumentalismo galgou no processo civil, mas tão somente demonstrar que ou se deve realizar uma releitura de suas bases ou realmente está-se diante de uma nova fase cultural do estudo do direito processual. Não se pode perder de vista que referida fase sempre encontrou críticas na doutrina, como àquela elaborada mais antigamente por Joaquim Calmon de Passos,[697] ou mesmo as mais contemporâneas que estão trabalhadas ao longo da obra. Por certo é que nomes conceituados da fase instrumentalista transmitem a ideia que é ela compatível com modelos de processo que se pensa mais contemporaneamente, como o garantismo processual, o que pode ser lido em recente trabalho de José Roberto dos Santos Bedaque.[698] Qual seja a resposta, as linhas seguintes tentarão demonstrar como poderia ser feita a superação da fase ou, pelo menos, sua releitura.

---

o argumento contrário, continua restrita à mera técnica, cuja eleição depende da apreensão, pelo juiz, dos valores reconhecidos pela sociedade".

[695] AMARAL, Guilherme Rizzo. *Cumprimento e execução de sentença sob a ótica do formalismo-valorativo*. Porto Alegre: Livraria do Advogado, 2008. p. 34. Também é a advertência do autor, ao referir: "O instrumentalismo não reconhece nas formas, ou no formalismo, a presença de qualquer valor. Ele prega um método de pensamento por meio do qual o intérprete é encarregado de apreender tais valores (e, para tanto, sua fontes são ilimitadas, partindo da Constituição Federal, mas estendendo-se para o próprio campo social em que vive) e com isso pacificar, com a maior efetividade possível, o conflito que lhe é apresentado. Sua tarefa é 'pacificar segundo critérios de justiça', mas tais critérios não estão definidos nas formas processuais, e sim no seu raciocínio particular".

[696] MITIDIERO, Daniel. *Processo civil e Estado constitucional*. Porto Alegre: Livraria do Advogado, 2007. p. 15-30. Talvez a nomenclatura que melhor se amolde à tese seria a de Estado Constitucional, trabalhada pelo autor na parte I da obra, na qual o diferencia dos modelos do *Rule of Law*, codificado e não codificado, o *État Légal* e o *Rechtsstaat*, até mesmo em razão do que se falará posteriormente sobre cultura constitucional. Também faz parte do estudo de seu doutorado. Id. *Colaboração no processo civil*: pressupostos sociais, lógicos e éticos. 2. ed. São Paulo: Revista dos Tribunais, 2011. p. 55-68.

[697] PASSOS, José Joaquim Calmon de. *Ensaios e pareceres*. Salvador: JusPodivm, 2014, vol. 1. p. 33. Escreve: "É essa evidência que o modismo da 'instrumentalidade do processo' camufla, ou conscientemente – perversidade ideológica, a ser combatida, ou por descuido epistemológico – equívoco a ser corrigido. Ele parece ignorar, ou finge ignorar, o conjunto de fatores que determinaram uma nova postura para o pensar e aplicar o direito em nossos dias, como sejam a crise da razão instrumental, severamente posta a nu neste século, os avanços originados pelos estudos semiológicos, a revalorização do político, a partir dos desencantos existenciais recolhidos da experiência do capitalismo tardio e da derrocada do socialismo real, a crise do Estado do Bem Estar Social e, principalmente, as revoluções que têm raiz no progresso técnico científico, acelerado depois da Segunda Grande Guerra Mundial. São elas a revolução eletrônica, seguida pelas revoluções das comunicações, dos novos materiais, da biotecnologia, todas incorporando lógicas próprias que determinaram a hibridização das várias lógicas organizativas as quais, por sua vez, influenciaram a mudança radical operada na ciência organizacional, com inevitável repercussão sobre o Estado e o direito. Tudo isso denuncia a existência de um novo paradigma, a pedir seja repensado o que ontem tínhamos como certeza".

[698] BEDAQUE, José Roberto dos Santos. Instrumentalismo e garantismo: visões opostas do fenômeno processual? *In Garantismo processual*: garantias constitucionais aplicadas ao processo. José Roberto dos Santos Bedaque, Lia Carolina Batista Cintra e Elie Pierre Eid (Coords). Brasília, DF: Gazeta Jurídica, 2016. p. 38. Em

4.3.1. O instrumentalismo substancial, o instrumentalismo constitucional, o pós-instrumentalismo ou o neoinstrumentalismo?

Antes de se adentrar nas teorias que anotam existir uma quarta fase metodológica do processo e, desde já, aponta-se que em todas elas há uma preocupação em dar concretude ao texto constitucional, questiona-se se o próprio instrumentalismo não teria uma resposta antecipada que a colocasse, também, na onda de constitucionalização do direito. Note-se que uma resposta plausível para a pergunta já está na própria obra de Cândido Rangel Dinamarco, que sustenta a fase instrumentalista como aquela ainda consistente em explicar os fenômenos processuais na atualidade, nos quais há a preocupação com o conteúdo da Constituição, sendo que o instrumentalismo a concretiza sempre que há efetividade no trato da lei ordinária, sendo a Constituição a sua medida em razão da irradiação de seus preceitos e princípios.[699] Para Maíra Coelho Torres Galindo,[700] não há como cindir do formalismo-valorativo, por exemplo, a ainda ideia de instrumentalidade do processo. Ricardo de Barros Leonel[701] denomina esta nova etapa da fase instrumentalista de instrumentalismo substancial, que é voltada a propiciar a justiça substancial.

Então, parece ser óbvio que para a Escola Paulista que defende a fase instrumentalista, esta deve ser lida em conformidade com o advento da Constituição Federal de 1988, tendo em vista que esta fase é pensada no ano de 1986, sendo que o fator superveniente da promulgação do texto constitucional é motivo de mera releitura da fase, e não de criação de outra, o que poderia fazer, inclusive, que seu nome ganhasse um mero acréscimo de pós-instrumentalismo, neoinstrumentalismo ou até mesmo um nome mais forte, como instrumentalismo ou instrumentalidade constitucional, nome este preferido

---

apertada síntese sobre o texto, conclui: "Diante do que se pretendeu explicitar, parece ter passado despercebido aos críticos da ideia instrumentalista, talvez por falta de suficiente compreensão, que 'garantismo' e 'cooperativismo' são aspectos suficientemente desenvolvidos pelo instrumentalismo, que não se limita a estudar o processo pelo ângulo do escopo, preocupando-se também com a segurança e legitimidade do método adotado. Não se abandonou a técnica processual. Procurou-se simplesmente adequá-la aos objetivos do processo".

[699] DINAMARCO, Cândido Rangel. *A instrumentalidade do processo*. 13. ed. São Paulo: Malheiros, 2008. Refere: "Fora do campo do direito processual constitucional, tem-se a instrumentalidade do processo, pelas vias ordinárias, à ordem constitucional enquanto integrante da ordem jurídica nacional globalmente considerada. Sempre que dá efetividade a algum preceito contido em lei ordinária, indiretamente o processo está servindo à Constituição, na medida em que aquele é necessariamente irradiação de preceitos e princípios constitucionais".

[700] GALINDO, Maíra Coelho Torres. *Processo cooperativo*: o contraditório dinâmico e a questão das decisões-surpresa. Curitiba: Juruá, 2015. p. 26. Refere a autora: "O formalismo-valorativo, apontado como quarta fase metodológica do Direito Processual Civil por pare da doutrina brasileira, não abandona o instrumentalismo. Aliás, é difícil, inclusive, apontar onde termina um e começa o outro, já que não deixa de ser aquele uma evolução deste".

[701] LEONEL, Ricardo de Barros. *Manual do Processo Coletivo*. 4. ed. São Paulo: Malheiros, 2017. p. 29. Escreve: "Observada esta evolução, fica possível vislumbrar a inserção do processo coletivo dentro desse movimento fenomênico, cuja importância não pode ser negligenciada. Do sincretismo ou imanentismo passou-se pela fase autonomista ou da concepção abstrata do direito de ação, e chegou-se ao instrumentalismo, hodiernamente reconhecido como instrumentalismo substancial, com a necessidade de fazer o processo valer pelo que propicia, a justiça substancial, a adequada aplicação do direito material ou, ainda, o acesso à ordem jurídica justa".

por Sérgio Gilberto Porto e Guilherme Athayde Porto,[702] que entendem que nenhuma das fases a seguir apontadas venceu ainda a fase do instrumentalismo.[703] A própria obra de Cândido Rangel Dinamarco, como a **Nova Era do Processo Civil**,[704] já aponta para assuntos que ligam o processo à Constituição Federal, como a tutela do estrangeiro, a relativização da coisa julgada, a reclamação, dentre outros tópicos que se poderia referir.

4.4. Existe uma quarta fase metodológica de estudo de Processo?

A partir de agora, serão mostradas algumas fases metodológicas que, em razão do pensamento de uma ou outra Escola de processo, acreditam que está sendo vivenciada uma quarta fase, sendo elas, a princípio, o formalismo-valorativo, o neoinstitucionalismo e o neoprocessualismo, sem se esquecer de que o instrumentalismo pode estar vivenciando uma nova etapa, assim como lembrando que não se está diante de algo estanque, podendo existir mais fases que as aqui contempladas, como já explicado e como será, ainda, refletido em capítulo próprio. O que aqui, apesar das diferentes nomenclaturas, parece haver um consenso, é que não há como interpretar/aplicar o Processo Civil brasileiro sem que esteja em conformidade com a Constituição da República Federativa do Brasil, o que anuncia uma série de características a se enfrentar, como lembra Ricardo Augusto Herl,[705] embora esteja a discorrer apenas sobre o neoprocessualismo. O que não se pode é desgostar do novo sem tentar, pelo menos, compreendê-lo.[706]

4.4.1. O Formalismo-valorativo

Já referido acima que a Escola Paulista de processo sequer menciona existir uma tentativa de quarta fase metodológica do processo civil, consubstan-

---

[702] PORTO, Sérgio Gilberto; PORTO, Guilherme Athayde. *Lições sobre teorias do processo*: civil e constitucional. Porto Alegre: Livraria do Advogado, 2013. p. 20.

[703] Idem, p. 21. "Maxima venia, deste importante posicionamento que identifica esta situação como nova fase metodológica, entendemos que esta compreensão não possa ser definida verdadeiramente como fase autônoma do desenvolvimento do processo, mas releitura da atual instrumentalidade".

[704] DINAMARCO, Cândido Rangel. *Nova era do processo civil*. 2. ed. São Paulo: Malheiros, 2007.

[705] HERL, Ricardo Augusto. Da discricionariedade (neo)processual à crítica hermenêutica do direito processual civil brasileiro. *In A discricionariedade nos sistemas jurídicos contemporâneos*. Lenio Luiz Streck (Org.). Salvador: JusPodivm, 2017. p. 182. Refere: "É possível sintetizar as mais relevantes características do neoprocessualismo: há intensa constitucionalização do direito processual civil; o processo consiste em um ato jurídico complexo resultante da aplicação de princípios constitucionais sobre uma base procedimental, instrumentalizando o direito material e proporcionando a satisfação de direitos fundamentais; o direito processual civil deve ser criado, interpretado e aplicado a partir dos princípios que emanam da Constituição; o processo civil (dentro ou fora da jurisdição) transforma-se em um meio permanente e indispensável ao exercício da cidadania, exigindo maior capacidade ética n aplicação de seus institutos; o processo deve ser um meio de expansão da interpretação e criatividade judicial para a conservação e concretização de direitos fundamentais quando a lei não for bastante para cumprir sua função social; centralização do estudo, criação e aplicação de institutos que pautem pela efetividade do processo".

[706] FEYERABEND, Paul. *Adeus à razão*. Tradução de Vera Joscelyne. São Paulo: UNESP, 2010. p. 27. "Ao encontrar raças, culturas, costumes e pontos de vista pouco familiares, as pessoas reagem de várias maneiras. Podem ficar surpresas, curiosas e ansiosas por aprender; podem sentir desprezo e uma sensação natural de superioridade; podem demonstrar aversão e até ódio. Estando equipadas com um cérebro e uma boca, elas não só sentem, mas também falam – articulam suas emoções e tentam justificá-las".

ciada no que a Escola da Universidade Federal do Rio Grande do Sul denomina ser de formalismo-valorativo.[707] Tal pensamento tem como escopo inicial a tese de doutoramento desenvolvida pelo Professor Titular da Universidade Federal do Rio Grande do Sul Carlos Alberto Alvaro de Oliveira, defendida na Universidade de São Paulo, premiada com a medalha Pontes de Miranda, hoje já um ensaio consagrado do estudo do Processo Civil, em sua quarta edição. Sobre o que vem a ser essa nova fase, nada mais justo que as palavras de seu próprio criador,[708] que a define como sendo aquela que aloca o processo para o centro da teoria geral, equacionando de maneira adequada direito e processo e processo e Constituição.

A transição é referida por Daniel Mitidiero,[709] fazendo alusão de que se trata de uma fase que supera o olhar instrumentalista, tendo em vista que é chegado o momento da evolução cultural para pensar o processo sob determinados valores constitucionalmente assegurados, o que espelha ser o pensamento de Hermes Zaneti Júnior[710] e Camilla de Magalhães Gomes. Assim,

---

[707] ALVARO DE OLIVEIRA, Carlos Alberto. *Do formalismo no processo civil*: proposta de um formalismo--valorativo. 4. ed. São Paulo: Saraiva, 2010. p. 15. "O mais relevante de tudo – com repercussão em diversas passagens desta edição – talvez tenha sido, no entanto, a constatação de que a tese detecta uma nova fase metodológica do fenômeno processual, superando o mero instrumentalismo, fase essa que resolvi denominar 'formalismo-valorativo'. Tão importante se mostra essa faceta, que deu lugar até a um subtítulo, inexistente nas edições anteriores: 'Proposta de um formalismo-valorativo'. Devo confessar que me incomodava não conseguir designar precisamente o objeto do estudo, nada obstante os esforços empreendidos para tanto".

[708] Idem, p. 22-23. "Muito mais consentâneo ao nosso ambiente cultural revela-se colocar o processo no centro da teoria do processo. Valoriza-se aí, em maior escala, o papel de todos que nele tomam parte, o modelo cooperativo de processo civil e o valor participação inerente à nossa democracia constitucional. [...] Tudo conflui, pois, à compreensão do processo civil a partir de uma nova fase metodológica – o formalismo-valorativo. Além de equacionar de maneira adequada as relações entre direito e processo, entre processo e Constituição e colocar o processo no centro da teoria do processo, o formalismo-valorativo mostra que o formalismo do processo é formado a partir de valores – justiça, igualdade, participação, efetividade, segurança –, base axiológica a partir da qual ressaem princípios, regras e postulados para sua elaboração dogmática, organização, interpretação e aplicação. [...] Nessa perspectiva, o processo é visto, para além da técnica, como fenômeno cultural, produto do homem e não da natureza. Nele os valores constitucionais, principalmente o da efetividade e o da segurança, dão lugar a direitos fundamentais, com características de normas principais. A técnica passa a segundo plano, consistindo em mero meio de atingir o valor. O fim último do processo já não é mais apenas a realização do direito material, mas a concretização da justiça material, segundo as peculiaridades do caso. A lógica é argumentativa, problemática, da racionalidade prática. O juiz, mais do que ativo, deve ser cooperativo, como exigido por um modelo de democracia participativa e a nova lógica que informa a discussão judicial, ideias essas inseridas em um novo conceito, o de cidadania processual".

[709] MITIDIERO, Daniel. *Colaboração no processo civil*: pressupostos sociais, lógicos e éticos. São Paulo: Revista dos Tribunais, 2009. p. 47. "Como o novo se perfaz afirmando-se contrariamente ao estabelecido, confrontando-o, parece-nos, haja vista o exposto, que o processo civil brasileiro já está a passar por uma quarta fase metodológica, superada a fase instrumentalista. Com efeito, da instrumentalidade passa-se ao formalismo--valorativo, que ora se assume como um verdadeiro método de pensamento e programa de reforma de nosso processo. Trata-se de uma nova visão metodológica, uma nova maneira de pensar o direito processual civil, fruto de nossa evolução cultural". "O processo vai hoje informado pelo formalismo-valorativo porque, antes de tudo, encerra um formalismo cuja estruturação responde a valores, notadamente aos valores encartados em nossa Constituição. Com efeito, o processo vai dominado pelos valores justiça, participação leal, segurança e efetividade, base axiológica da qual ressaem princípios, regras, postulados para sua elaboração dogmática, organização, interpretação e aplicação. Vale dizer: do plano axiológico ao plano deontológico".

[710] ZANETI JÚNIOR, Hermes; GOMES, Camilla de Magalhães. O processo coletivo e o formalismo-valorativo como nova fase metodológica do processo civil. *in Revista de Direitos Difusos*. Ano XI. Março/2011. Vol. 53. p. 29. Escrevem os autores: "O formalismo-valorativo, identificado como o movimento cultural destinado a imprimir valores constitucionais no processo, veiculados por meio do caráter instrumental e modificador da relação jurídica processual em contraditório, representa forte preocupação com a conformação axiológica da atividade dos operadores do direito na busca pelo processo équo e justo, tendo por método de trabalho

nota-se que no âmbito acadêmico, em especial no Rio Grande do Sul,[711] já existem autores que defendem que o formalismo-valorativo já é consagrado como uma nova fase metodológica do processo civil brasileiro, fase agarrada em um processo que não destoe de seu compromisso com os direitos fundamentais e com o Estado Constitucional de direito.

Contudo, o que dificulta o ingresso dessa quarta fase na doutrina nacional é, nas palavras de Guilherme Botelho,[712] a sua falta de publicização, o que já ocorre em demasia na Escola paulista, sendo que elenca algumas sugestões para o surgimento e fortalecimento de uma Escola, que são: (i) existência de mestres, (ii) de estudantes interessados e (iii) uma linha de pensamento que norteie a Escola.[713] Parece que a Escola da UFRGS tem trabalhado, sobremaneira, para seu reconhecimento nacional e internacional, assim como da fase do formalismo-valorativo que assume como seu marco teórico.

4.4.2. O neoprocessualismo

A expressão *neoprocessualismo*[714] é uma fase metodológica pensada, entre outros, por Fredie Didier Jr, na qual se defende um processo civil voltado para o processo descrito na Constituição Federal de 1988, com a revisão de suas categorias processuais.[715] Antes de adentrar na conceituação da fase,

---

a dialética, a lógica tópico-retórica ou problemática, observando, sempre, o fenômeno processual como instrumento ético, sem deixar de ter, obviamente, estrutura técnica".

[711] GÓES, Gisele Santos Fernandes. Quais as bases científicas para um renovado direito processual. In: CARNEIRO, Athos Gusmão; CALMON, Petrônio. *Bases científicas para um renovado direito processual*. 2. ed. Salvador: JusPodivm, 2009. p. 861-870. p. 863. Em que pese já existirem autores de outros Estados defendendo a nova fase, como a professora da Universidade do Pará que assim expõe: "Se a ideologia, aqui não como falsa consciência, como defendida por Marilena Chauí, for a do novo ou renovado Direito Processual, instaurando-se o que se poderia chamar de nova fase, sem sombra de dúvida, ela PE a da tutela constitucional focada no formalismo valorativo (Picardi; Alvaro de Oliveira; Daniel Mitidiero)".

[712] BOTELHO, Guilherme. *Direito ao processo qualificado*: o processo civil na perspectiva do Estado constitucional. Porto Alegre: Livraria do Advogado, 2010. p. 32. "Aparentemente, apenas não são notadas as referências doutrinárias quanto a uma Escola gaúcha de processo, como se vê em São Paulo, pela ausência de um interesse comum ou de um método comum de pensamento".

[713] Idem, p. 32, nota de rodapé 89. "Uma escola precisa de três fatores para formação: Exige grandes mestres capazes de articular seus alunos em torno de um interesse comum. Exige, obviamente, alunos; mas não apenas alunos e sim estudantes interessados e abdicados, isto é, dispostos a receber esse método de pensamento, incorporando-o em sua formação. E, por fim, um método de pensamento, um interesse comum que dê vazão à formação da Escola, tornando possível enxergá-la pelos que de fora analisam os textos de seus integrantes. Em suma, uma bandeira. Acredita-se que apenas lhes faltou este último fator".

[714] Saliente-se que se trata da mesma nomenclatura utilizada por Eduardo Cambi para conceituar, praticamente, o mesmo fenômeno de se entender as técnicas processuais de acordo com os ditamos constitucionais. Ver: CAMBI, Eduardo. *Neoconstitucionalismo e neoprocessualismo*: direitos fundamentais, políticas públicas e protagonismo judiciário. São Paulo: Revista dos Tribunais, 2009.

[715] DIDIER JR., Fredie. Teoria do processo e teoria do direito. In: TELLINI, Denise Estrella; JOBIM, Geraldo Cordeiro; JOBIM, Marco Félix. *Tempestividade e efetividade processual*: novos rumos do processo civil brasileiro. Caxias do Sul: Plenum, 2010. p. 195-201. p. 200. Parece mais adequado, porém, considerar a fase atual como uma quarta fase da evolução do direito processual. Não obstante mantidas as conquistas do processualismo e do instrumentalismo, a ciência teve de avançar, e avançou. [...] Fala-se, então, de um Neoprocessualismo: o estudo e a aplicação do Direito Processual de acordo com esse novo modelo de repertório teórico. Já há significativa bibliografia nacional que adota essa linha. [...] O termo Neoprocessualismo tem uma interessante função didática, pois remete rapidamente ao Neoconstitucionalismo, que, não obstante a sua polissemia, traz a reboque todas as premissas metodológicas apontadas, além de toda a produção doutrinária a respeito

cumpre esclarecer o entendimento do processualista baiano[716] acerca das fases metodológicas do processo, o qual não foge do que já é, praticamente, consenso, ao afirmar a existência do: (*i*) praxismo, (*ii*) processualismo e (*iii*) instrumentalismo. Contudo, avança nelas para denominar outra fase que se está vivenciando nos dias atuais, afirmando que o neoprocessualismo abarca este novo modelo teórico que trabalha sob a ótica da Constituição Federal.

Após discorrer sobre essa que seria uma nova fase metodológica com os olhos voltados à Constituição Federal, aponta que ela e a fase metodológica denominada de formalismo-valorativo são as mesmas, embora possuam nomenclaturas diferenciadas.[717] Em que pese o referido por Fredie Didier Jr., não parece que ambas sejam a mesma fase, embora tenham seu marco teórico no respeito aos direitos fundamentais dispostos na Constituição Federal. A fase do formalismo-valorativo claramente elenca dois paradigmas de interpretação que deverão balizar o processo civil brasileiro, quais sejam: (*i*) o da efetividade e (*ii*) da segurança jurídica. Salvo melhor juízo, a fase neoprocessualista não elenca princípios que darão releitura aos demais, sendo todos iguais na busca de um processo efetivo. Ressalte-se, por fim, que a jovem Escola Catarinense de Processo Civil elenca a nomenclatura de neoprocessualismo para a fase atual do processo, conforme leitura de Ricardo Augusto Herzl.[718]

4.4.3. O neoinstitucionalismo

A Escola Mineira de processo, que tem como um de seus pontos estruturais de apoio à teses lá desenvolvidas, pelo menos pela perspectiva adotada

---

do tema, já bastante difundida. [...] Demais disso, o termo Neoprocessualismo também pode ser útil por bem caracterizar um dos principais aspectos deste estágio metodológico dos estudos sobre o direito processual: a revisão das categorias processuais (cuja definição é a marca do processualismo do final do século XIX e meados do século XX), a partir de novas premissas teóricas, o que justifica o prefixo 'neo'.

[716] DIDIER JR., Fredie. Teoria do processo e teoria do direito. In: TELLINI, Denise Estrella; JOBIM, Geraldo Cordeiro; JOBIM, Marco Félix. *Tempestividade e efetividade processual*: novos rumos do processo civil brasileiro. Caxias do Sul: Plenum, 2010. p. 195-201. p. 199. "A evolução histórica do direito processual costuma ser dividida em três fases: a) praxismo ou sincretismo, em que não havia a distinção entre o processo e o direito material: o processo era estudado apenas em seus aspectos práticos, sem preocupações científicas; b) processualismo, em que se demarcam as fronteiras entre o direito processual e o direito material, com o desenvolvimento científico das categorias processuais; c) instrumentalismo, em que, não obstante se reconheçam as diferenças funcionais entre o direito processual e o direito material, se estabelece entre eles uma relação circular de interdependência: o direito processual concretiza e efetiva o direito material, que confere ao primeiro o seu sentido".

[717] Idem, p. 195-201. p. 200-201. "Na Universidade Federal do Rio Grande do Sul (Brasil), sob a liderança de Carlos Alberto Alvaro de Oliveira, costuma-se denominar esta fase do desenvolvimento do direito processual de formalismo-valorativo, exatamente para destacar a importância que se deve dar aos valores constitucionalmente protegidos na pauta de direitos fundamentais na construção e aplicação do formalismo processual. As premissas deste pensamento são exatamente as mesmas do chamado Neoprocessualismo, que, aliás, já foi considerado um formalismo ético, na feliz expressão de Rodrigo Uribes. Embora seja correto afirmar que se trate de uma construção teórica que nasce no contexto histórico do Neoconstitucionalismo, o formalismo-valorativo pauta-se, também, no reforço dos aspectos éticos do processo, com especial destaque para a afirmação do princípio da cooperação [...], que é decorrência dos princípios do devido processo legal e da boa-fé processual. Agrega-se, aqui, o aspecto da moralidade, tão caro a boa parte dos pensadores 'neconstitucionalistas'".

[718] HERZL, Ricardo Augusto. *Neoprocessualismo, processo e Constituição*: tendências do direito processual civil à luz do neoconstitucionalismo. Florianópolis: Conceito, 2013. p. 77 e ss.

por uma corrente da mesma, o marco teórico habermasiano,[719] também acredita estar o processo civil brasileiro vivenciando uma nova fase metodológica que denomina de neoinstitucionalista. Refere Rosemiro Pereira Leal[720] que o neoinstitucionalismo é uma conquista da pós-modernidade, na qual o processo ganha contornos discursivos constitucionalizados, em especial com o marco democrático constitucional,[721] sendo, pois, uma conquista da própria cidadania.

Note-se que, conforme leitura do texto, foi o próprio Rosemiro Pereira Leal que criou a fase denominada de neoinstitucionalista.[722] Claramente existe uma preocupação nessa fase com a consonância do processo com o texto

---

[719] LEAL, André Cordeiro. *Instrumentalidade do processo em crise*. Belo Horizonte: Mandamentos, FUMEC, 2008. p. 146. Sobre o marco teórico de Habbermas refere o autor: "A forma de tornar possível a legitimidade permanente do direito se dará mediante a institucionalização jurídica das condições para a ação comunicativa (ou, como quer Habermas, as condições pragmáticas do discurso), ou seja, através do estabelecimento de normas jurídicas por via das quais se permita uma constante participação dos destinatários das normas na produção normativa, afastando, assim, a contingência de decisões arbitrárias ou que determinem o retorno continuado à *autopoiesis*".

[720] LEAL, Rosemiro Pereira. *Teoria geral do processo*: primeiros estudos. 9. ed. Rio de Janeiro: Forense, 2010. p. 35-36. "Na presente etapa histórica, que é a do pós-modernismo, isto é: um pós-mundo posto pelo homem sem pressupostos históricos condicionadores, falar em *processo* como instituição jurídica que ao lado do Estado, do povo, da cidadania, da soberania popular, contém princípios próprios definidos nas garantias do contraditório, da ampla defesa, da isonomia, reunidos pelo instituto do *devido processo*, não é mais uma nomenclatura de incontornável imprecisão como acreditara Couture ao se desfiliar da teoria institucional do Processo pela visão do processualista espanhol Jaime Guasp. Diga-se o mesmo das ligeiras anotações do Prof. Aroldo Plínio Gonçalves que põe a teoria do processo como instituição, no bloco das 'construções frágeis' e no mesmo perfil anacrônico das teorias do processo como contrato, quase contrato e serviço público. Na *pós-modernidade*, o conceito de *Processo*, como *instituição*, não se infere pelas lições de Maurice Hauriou ou dos administrativistas franceses do século XIX ou dos processualistas e juristas dos primeiros quartéis do século XX, sequer pelas posições sociológicas de Guasp e Morel, mas pelo grau de autonomia jurídica constitucionalizada a exemplo do que se desponta no discurso do nosso texto constitucional, como conquista teórica da cidadania juridicamente fundamentalizada em princípios e institutos de proposição discursiva e ampliativa em réplica ao colonialismo dos padrões repressores de 'centração psicológica e política' dos chamados Estados-nações hegemônicos. Essas seriam as diretrizes da teoria neo-institucionalista do processo que elaborei".

[721] LEAL, Rosemiro Pereira. *A teoria neoinstitucionalista do processo*: uma trajetória conjectural. Belo Horizonte: Arraes, 2013. p. VII. A *teoria neoinstitucionalista do processo* é uma resposta que elaborei (e venho elaborando!) ao holocausto a que fui submetido pelo aprendizado museológico de um Direito fincado na ideologia secular da *Ciência Dogmática do Direito*. Com o advento da Constituição brasileira de 1988, encerrando-se o ciclo totalitário de 1964, entendi que o seu art. 1º abolira o republicanismo (modelo comunitarista de Estado Social que, a seu turno, preserva veladamente a tradição do Estado Liberal) com expressa implantação do *Estado Democrático de Direito*. Esse novo paradigma de Estado, a meu ver, porque protossignificativo e constitucionalizado (sistematizado) por uma teoria linguístico-autocrítica-jurídica denominada processo, núcleo gestativo sistêmico da própria Lei Constitucional, é que iria, por uma de suas vertentes que cognominei *neoinstitucionalista*, reclamar compreensões pela *ciência não dogmática*, logo *democrática de direito* no sentido que lhe empresto no decorrer deste ensaio. O alardeado e escatológico parasitismo estatal não para de uma ideologia cravada na dinâmica cultural da utopia da ditadura popular por *eventos* salvíficos da ontologia historicista e inefável de um ser-homem libertário em si mesmo (Badiou-Zizek). Entretanto, querer atuar um Estado aos moldes dogmáticos de Adam Smith e do *Welfare State*, como vêm fazendo, em sua quase unanimidade, os pseudojuristas e cientistas políticos e sociais, é uma alucinação que eterniza o obscurantismo de uma barbárie atávica e cruel. Por isso, o *Estado Democrático* suplica uma teorização diferenciada e pesquisa continuada na atualidade brasileira dos estudos jurídicos. É o que ousei conjecturar pela *teoria neoinstitucionalista do processo*.

[722] LEAL, André Cordeiro. Op. cit., p. 148. Refere o processualista mineiro: "No plano do Direito Processual, em sua matriz neo-institucionalista, encontra-se uma proposta teórica consistente que explica como a principiologia constitucional do processo (contraditório, ampla defesa e isonomia) pode ser entendida como asseguratória dessas condições de legitimidade decisória, explicando como o princípio do discurso pode ser institucionalizado (princípio de democracia)".

constitucional, o que também é abarcado pelas duas fases anteriores apontadas (formalismo-valorativo e neoprocessualismo). Aliado a isso, a fase neoinstitucionalista aponta ser o processo uma conquista da cidadania que a fundamenta por meio dos princípios e institutos, com o marco da teoria discursiva[723] em seu bojo.

A fase, embora interessante para estudo, não se mostra propensa a pensar o processo brasileiro. Isso, pois, a complexidade da teoria habermasiana traz dificuldades não só ao seu entendimento, com magistrados tendo que compreender uma teoria filosófica altamente complexa, quando são treinados desde os bancos acadêmicos para um pensamento mais dogmático, quanto a sua aplicação num Poder Judiciário obsoleto e com juízes, no mais das vezes, tendo que lidar com dezenas de milhares de processo sob sua jurisdição.[724] Pedir que seja aplicada uma teoria discursiva altamente complexa[725] durante o tramitar do processo, na atualidade, é pensar alto demais para como a realidade se apresenta hoje ao jurisdicionado.

4.5. Uma quinta fase? O pragmatismo processual e a tese de Vicente de Paula Ataíde Junior

Vicente de Paula Ataide Junior, em sua tese de doutoramento, defendida no Programa de Pós-Graduação da Universidade Federal do Paraná, defendeu que o processo civil pragmático é uma nova fase cultural ou metodológica[726]

---

[723] DUTRA, Delamar José Volpato. Teoria discursiva do direito. In: TRAVESSONI, Alexandre (Org.). *Dicionário de teoria e filosofia do direito*. São Paulo: LTr, 2011. p. 400-404. p. 400. Sobre o verbete teoria discursiva do direito entende o autor: "O que caracteriza a mencionada relação é a interdependência entre os conceitos referidos, de tal forma que o direito tornará plausível sob o ponto de vista da eficácia uma sociedade pautada na ação comunicativa, uma sociedade democrática, assim como a racionalidade comunicativa poderá suprir o déficit de legitimidade ou de justiça do direito. Nascem, assim, os termos propriamente ditos da teoria discursiva do direito, a qual, portanto, será exposta em três momentos: (1) o conceito de racionalidade comunicativa e ação comunicativa; (2) o papel do direito em uma sociedade que se determina comunicativamente; (3) o papel da racionalidade comunicativa na justificação do direito, sendo esta última parte, certamente, a contribuição mais importante de Habermas".

[724] Em matéria recente publicada no jornal *Zero Hora* de 11 de junho de 2011, p. 37, a reportagem traz o título "*Processos até no banheiro*: Muita demanda e falta de servidores provocam acúmulo de ações na Justiça de Passo Fundo", para após ser relatado: "Nos outros cartórios, servidores ficam quase escondidos em mesas abarrotadas de processos, dividindo a atenção entre a papelada e o público. Diante da falta de espaço, estantes repletas de ações foram parar nos corredores e até no banheiro" e a matéria finaliza com o estrondoso número de processos por servidor: "O Fórum de Passo Fundo tem 132 servidores, 70 deles nos cartórios. Com uma demanda de 77 mil processos, a média é de mais de 1 mil ações por servidor, índice considerado o dobro do tolerável pelo Sindicato dos Servidores da Justiça do Rio Grande do Sul (Sindjus/RS)".

[725] LEAL, Rosemiro Pereira. *Teoria geral do processo*: primeiros estudos. 9. ed. Rio de Janeiro: Forense, 2010. Em sua nota à 9ª edição, traz o processualista mineiro o que entende que deva ser o estudo do processo, que passa, inevitavelmente, por um forte controle argumentativo, assim discorrendo: "Entretanto, o *Processo* não adquire em nosso trabalho a finalidade mítica ou metajurídica de salvação dos valores culturais ou veículo de uma 'jurisdição' inatamente talentosa que pudesse resgatar a humanidade de suas aflições. Estudamos aqui o *processo*, não como um mero instrumento da *jurisdição* judicacional, mas como *paradigma jurídico* e eixo sistêmico da atividade jurisdicional do Direito que, por sua vez, só se legitima juridicamente pelo *controle* argumentativo, amplo, irrestrito e participativo do *advogado* na estruturação dos procedimentos".

[726] ATAIDE JÚNIOR, Vicente de Paula. *Processo Civil pragmático*. Tese de doutorado apresentada ao Programa de Pós-graduação da Universidade Federal do Paraná. 278 fls. Afirma na página 46. "O quinto estágio metodológico do direito processual – constituído a partir do pragmatismo – vem somar forças à ruptura

do processo. O fato de existir discordância sobre a tese de que se realmente há uma nova fase metodológica de estudo do processo a partir de uma análise pragmática, como defendido, não tira a reflexão de que se o estudo de um processo voltado à pragmática não tem o poder de remodelar a teoria do processo em si. Particularmente, se fosse optar pela existência da fase, defenderia que é a eficiência que tem este potencial, uma vez que não se tinha ainda no modelo de processo civil brasileiro aquela eficiência hermenêutica que foi positivada no art. 8º[727] do CPC/2015, voltada à aplicação do ordenamento jurídico pelo juiz.

4.6. Qual fase metodológica abarca o momento cultural atual?

Podem existir, dependendo da ótica a ser adotada, uma gama de fases metodológicas do processo, sendo que, para fins de complementação deste estudo, cinge-se a classificação mais comum, na qual se atribuem três fases bem delimitadas, quais sejam: (*i*) o praxismo, (*ii*) o processualismo e (*iii*) o instrumentalismo, realizando um esforço para saber se existe uma quarta fase que pode ser denominada de três formas distintas: (*i*) formalismo-valorativo, (*ii*) neoprocessualismo ou (*iii*) neoinstitucionalismo. Para que se chegue às conclusões desejadas, é imperioso ressaltar as palavras de José Maria Rosa Tesheiner no prefácio de sua obra **Medidas Cautelares**, na qual afirma que a "[...] teoria e prática estão, nesta obra, indissociavelmente ligadas, porque, como bem sabem os bacharéis em Direito, uma boa teoria serve à prática e a prática, sozinha, serve ao caos".[728]

Com toda razão a afirmativa acima, devendo ser acrescentado apenas que se pensar em teorias sem ligá-las com a prática, igualmente o caos se instalará, assim como, tentar realizar um direito processual infenso ao direito material,[729] seria o decreto de morte daquele. Algumas teorias jurídicas que têm tomado forma hoje nas academias estão sendo criadas pelo método racionalista, para que sejam depois experimentadas, sendo que, sem olharem para o horizonte fático no qual devem ser aplicadas, ou seja, o dia a dia forense, acabam nascendo para o esquecimento. No chão do Foro, as coisas chegam a patamares inimagináveis de descaso e afrontam, em especial àquilo que não poderia ser alvo de desrespeito: as garantias constitucionais do processo. Ricardo

---

metodológica com o paradigma racionalista. Certamente despertará resistências, sem as quais não representaria uma mudança de paradigmas".

[727] Art. 8º Ao aplicar o ordenamento jurídico, o juiz atenderá aos fins sociais e às exigências do bem comum, resguardando e promovendo a dignidade da pessoa humana e observando a proporcionalidade, a razoabilidade, a legalidade, a publicidade e a eficiência.

[728] TESHEINER, José Maria Rosa. *Medidas cautelares*. São Paulo: Saraiva, 1973. p. 10.

[729] TALAMINI, Eduardo. A (in)disponibilidade do Interesse público. In *Justiça multiportas*: mediação, conciliação, arbitragem e outros meios de solução adequada de conflitos. ZANETI JR., Hermes; CABRAL, Trícia Navarro Xavier (coordenadores); DIDIER JR., Fredie (coordenador geral). Salvador: Juspodivm, 2017. p. 280. Refere o autor: "Passando às considerações internas ao processo judicial, há um princípio fundamental a ser considerado. O processo, o direito processual, deve refletir fielmente os desígnios do direito material. Não cabe ao processo criar nem diminuir direitos. O processo é instrumento do direito material, de modo que regras e princípios processuais jamais podem ser utilizados para adulterar ou distorcer os resultados que adviriam se não estivesse sendo necessária a tramitação de um processo".

Aronne[730] aponta o norte de como as coisas estão postas,[731] hoje, no Poder Judiciário. Eros Grau[732] relê sua teoria após sua aposentadoria do Supremo Tribunal Federal. Lenio Streck denuncia semanalmente os problemas do Poder Judiciário e do ensino jurídico em coluna no Conjur[733] e as sistematiza em três obras sobre compreender direito.[734] A coluna jurídica do Espaço Vital entra em colisão com o atualíssimo problema da estagiocracia, sendo que seu editor, Marco Antonio Birnfeld,[735] abandonou a advocacia por sua razão. Aliado a isso, e muito mais, se vive a cultura do decisionismo. Mais uma vez é Lenio Luiz Streck[736] quem aborda o tema na obra **O que é Isto – Decido Conforme Minha Consciência?**, ao se preocupar com o rumo que estão tendo certos

---

[730] ARONNE, Ricardo. *Direito civil-constitucional e teoria do caos*: estudos preliminares. Porto Alegre: Livraria do Advogado, 2006. p. 24. "Complexidade que faz com que os operadores tenham de conhecer minúcias de áreas inesperadas do conhecimento, em função do conteúdo dos processos, não obstante e até mesmo em razão do comparecimento de peritos e assistentes técnicos especializados, em apoio aos mesmos. A palavra final, sobre a sanidade ou paternidade de alguém, pode não vir de um médico nem de um geneticista. Pode vir de um juiz. Pode contrariar integralmente a conclusão de um laudo. Seu preço? Um bom fundamento. Razão. Racionalidade. Seu meio? Indeterminação. Instabilidade. Alguém gostaria que fosse diferente? A história responde. [...] Não obstante, o Direito pode ser chamado a responder se o plano de orçamento da União Federal está adequado. A responder se a técnica empregada por um neurocirurgião ao proceder uma intervenção, foi a mais adequada ou não. Até mesmo se um indivíduo é ou não um bom pai, merecedor da guarda de seus filhos. Se o projeto de um veículo foi corretamente desenvolvido ou não e, se não bastasse, se os responsáveis pela empresa tinham ou não consciência disso antes do lançamento do produto no mercado! Observe-se que todas as questões apontadas são, ao menos em tese, cotidianas ao operador do Direito. E sempre têm de ser respondidas. Certo ou não, o non liquet, não é possível ao Direito. Pode-se-lhe perguntar da razoabilidade do que evoco. E ele terá de responder. Conforme sua inafastabilidade (art. 5º, XXXV, CF/88). Medo? Vertigem? Não, caos".

[731] TESHEINER, José Maria Rosa. *Elementos para uma teoria geral do processo*. São Paulo: Saraiva, 1993. p. 33. A mais de 15 anos atrás o processualista já alertava sobre o tipo de caso que estava sendo decidido pelo Poder Judiciário ao referir: "Curiosamente, a formalização do princípio levou a uma invasão cada vez maior da esfera do indivíduo pelo Estado, representado, agora, pelo Poder Judiciário. O princípio da inafastabilidade do Judiciário se converteu no princípio da onipresença do Judiciário. Vemos, então, juízes a substituir professores, na aprovação ou reprovação de alunos. Vemos juízes a se imiscuir na vida de associações, para manter ou excluir associados. Vemos juízes a interferir nas disputas esportivas, para apronar o campeão. O Juiz da 6ª Vara Cível de Sorocaba concedeu liminar suspendendo a realização de partida futebolística e determinando a paralisação do Campeonato Varzeano da 2ª Divisão da cidade de Sorocaba. A decisão a ser tardiamente reformada pelo Tribunal de Justiça do Estado de São Paulo que, como lhe impunha o art. 217, §1º, da Constituição, não deixou de examinar o mérito, assentando que 'não implica em anulação da partida de futebol a atuação de árbitro suspenso. (RT, 633:95)".

[732] GRAU, Eros. *Por que tenho medo dos juízes*: a interpretação/aplicação do direito e os princípios. 6. ed. São Paulo: Malheiros, 2013.

[733] CONJUR. Disponível em: <http://www.conjur.com.br>. Acesso em: 15 abr. 2014. As críticas são escritas na coluna Senso Incomun.

[734] STRECK, Lenio Luiz. *Compreender direito*. São Paulo: Revista dos Tribunais, 2013. Id. *Compreender direito II*. São Paulo: Revista dos Tribunais, 2014. *Compreender direito*: nas brechas da lei. São Paulo: Revista dos Tribunais, 2015. Vol. III.

[735] ESPAÇO VITAL. Disponível em: <http://www.espacovital.com.br>. Acesso em: 11 jun. 2014. Informação de seu currículo no *site*.

[736] STRECK, Lenio Luiz. *O que é isto* – decido conforme minha consciência. 2. ed. Porto Alegre: Livraria do Advogado, 2010. p. 25-26. "Estar comprometido apenas com a sua consciência passa a ser o elemento que sustenta o imaginário de parcela considerável dos magistrados brasileiros, o que se pode perceber em pronunciamento do então Presidente do Superior Tribunal de Justiça Min. Costa Leite, respondendo a uma indagação sobre o racionamento de energia elétrica que atingia o país, no sentido de que no momento de proferir a decisão (caso concreto), 'o juiz não se subordina a ninguém, senão à Lei e a sua consciência', assim como em importante decisão no mesmo Tribunal em sede de Habeas Corpus: 'Em face do princípio do livre convencimento motivado ou da persuasão racional, o Magistrado, no exercício de sua função judicante, não está adstrito a qualquer critério de apreciação das provas carreadas aos autos, podendo valorá-las como sua consciência indicar, uma vez que é soberano dos elementos probatórios apontados".

julgamentos nos Tribunais Superiores. Essa obra serve de alerta para o que vem acontecendo no Poder Judiciário na atualidade. Não se pode largar tudo na consciência do juiz. Respeitar a lei, após passar democraticamente pelo crivo do processo legislativo, precisa ser mais bem compreendido a partir da atualíssima ideia de separação entre texto e norma. Decidir conforme sua consciência é estar a um passo de modificação, a bel prazer, da lei,[737] o que não pode e não deve ser feito pela consciência de um homem só.

Então, qualquer teoria que não leve em conta como as coisas realmente estão acontecendo no Poder Judiciário, por mais interessante que seja, é uma teoria fadada à incompletude do que ela realmente deseja modificar. A fase metodológica que pretende sobreviver hoje nos estudos processuais deve unir a teoria e a prática. Qualquer fase que não esteja mirando em tal assertiva deve ser repensada para que se torne mais útil naquilo que ela pretende ser.

Por fim, temos ainda que pensar nos novos horizontes sociais que apontam como: (*i*) a pós-modernidade, (*ii*) a globalização, (*iii*) o hiperconsumismo, (*iv*) a sociedade da pressa, (*v*) tudo está à venda?, (*vi*) o multiculturalismo, (*vii*) a crise do ensino jurídico, (*viii*) a sociedade do espetáculo, (*ix*) o fenômeno do jovialismo, (*x*) a *internet*, (*xi*) a crise da moral, (*xii*) a crise da religião, (*xiii*) o ser politicamente correto e a era do conformismo, (*xiv*) *o medo*, (*xv*) *os novos rumos da genética e* (*xvi*) *o esvaziamento do poder.* Conhecendo esses novos paradigmas sociais é que se pode responder qual momento cultural se vivencia na atualidade no Brasil e no mundo e se há fase metodológica processual que o abarque. Ficam, então, quatro fases principais para serem estudadas e ver qual delas deve vigorar no estudo do processo hoje no Brasil, quais sejam: (*i*) a instrumentalista, (*ii*) a do formalismo-valorativo, (*iii*) a neoprocessualista e (*iv*) a neoinstitucionalista, tendo em vista que tanto a praxista como a processualista já foram deixadas de lado, embora ainda restem evidências suas na legislação processual em vigor, como alertam Sérgio Gilberto Porto e Guilherme Athayde Porto.[738]

As três últimas fases, inegavelmente, têm seu foco direcionado para o neoconstitucionalismo, momento atual que vivencia o direito não só no Brasil, mas em grande parte dos países que contém uma Constituição mais jovem e cujos ideais se sobressaem pela Democracia como regime de poder. Não se pode negar que a fase instrumentalista também defende respeito à Constituição Federal, sendo que a brasileira é posterior à criação da fase, podendo ela se moldar, pois, estruturada para tal fim ao pensar nos seus escopos: (*i*) social, (*ii*) político

---

[737] TESHEINER, José Maria Rosa. *Elementos para uma teoria geral do processo.* São Paulo: Saraiva, 1993. p. 22. Refere o processualista que mesmo tendo a possibilidade de o Poder Judiciário modificar a lei, deve-se obediência a esta: "Em nosso sistema jurídico, o Judiciário é relativamente autônomo. Apresenta-se, por um lado, como um super-Poder, pois tem competência para julgar e tornar sem efeito os atos da administração e até julgar e declarar inconstitucionais as próprias leis que é chamado a aplicar. Apresenta-se, por outro lado, como um sub-Poder, pois é organizado pelo Legislativo e deve obediência à lei. É sobretudo através do poder de reformar a Constituição que afirma a primazia do Congresso Nacional".

[738] PORTO, Sérgio Gilberto; PORTO, Guilherme Athayde. *Lições sobre teorias do processo* – civil e constitucional. Porto Alegre: Livraria do Advogado, 2013. p. 22. Referem: "Portanto, não se pode dizer que este ou aquele código é puramente abstrativista, praxista ou instrumental, na medida em que o sistema processual conta em sua gênese com os métodos já identificados, pois existem soluções que reclamam posições praxistas, outras posições abstrativistas e outras ainda instrumentais".

e (*iii*) jurídico, embora não se possa, de pronto, desconectar a proximidade das fases e o que elas acresceram ao estudo do processo, como reforça João Luiz Lessa Neto[739] ao escrever sobre o instrumentalismo e o formalismo-valorativo. Contudo, nenhuma das fases, embora reflitam o momento cultural preponderante do direito – o neoconstitucionalismo –, responde sobre o momento que se vivencia hoje nas relações sociais, políticas e econômicas, no mundo,[740] que são aquelas já mencionadas alhures. Interessante posicionamento tem Júlio Cesar Goulart Lanes[741] sobre a gênese da onda reformista que permeou anos no Código de Processo Civil brasileiro de 1973 que acaba, por motivos alheios ao próprio ordenamento jurídico, encontrando em outras áreas sua vertente.

Outro fator de extrema importância na vida o ser humano do século XXI é a questão do tempo. Qualquer fase que não abarque a velocidade com que os acontecimentos ocorrem no dia a dia, que esteja vendada aos anseios e preocupações trazidos pelos problemas globalizados de uma pós-modernidade hiperconsumista que hoje compra e vende de tudo, numa velocidade jamais pensada, tornando o cidadão uma criança que sequer consegue ser politicamente correto, com medo do que lhe possa acontecer, que vive alienado pela sociedade do espetáculo que os meios de comunicação em massa, como a *internet*, lhe proporcionam; que não tem mais norte moral ou religioso a seguir e que, muitas vezes, têm rechaço social das novas minorias que aparecem ou

---

[739] LESSA NETO, João Luiz. O novo Código de Processo Civil, racionalismo e os meios adequados de resolução de disputas no Brasil. *In Processo Civil comparado*: análise entre Brasil e Portugal. São Paulo: Forense, 2017. p. 34. Refere: "A constatação de que o processo deveria cuidar mais do direito das partes e do caso discutido, do que do próprio rigor da técnica processual ensimesmada, deu-se com o movimento da instrumentalidade do processo e com o formalism valorativo".

[740] BERMUDES, Sergio. *Introdução ao processo civil*. 5. ed. Forense: Rio de Janeiro: 2010. p. 226. Refere o processualista que se pode começar a pensar, inclusive, num direito único mundial, ao afirmar: "Aliás, o estudo isolado de um sistema de direito processual é pouco produtivo. Devem-se estudar as instituições de uma determinada legislação processual, dentro de uma perspectiva histórica em cotejo com outras instituições, pois todo o sistema de adaptação do homem na sociedade caminha, lenta mais inevitavelmente, na direção de um sonho dos que, de olhos voltados para o alto, se empenham na criação da realidade resumida neste dístico: um só direito, num mundo único, convertido na pátria sem fronteiras do homem, finalmente digno da imagem e da semelhança de Deus". Em sentido contrário: GRECO, Leonardo. *Instituições de processo civil*: introdução ao direito processual civil. 3. ed. Rio de Janeiro: Forense, 2011. v. I. p. 4. Refere o processualista da Universidade Federal do Rio de Janeiro: "Essa abordagem da ciência jurídica e da Teoria Geral do Processo, em função desses diferentes paradigmas, é muito importante para livrar-nos da falsa ideia de que o nosso modelo de justiça seja universal e de que as suas características tradicionais devam ser aceitas como absolutas e imutáveis. A própria ideia de direitos humanos é tipicamente ocidental. Embora os países do Extremo Oriente, como o Japão, por exemplo, tenham ratificado todos os tratados internacionais de direitos humanos, têm eles dificuldade de assimilá-los e respeitá-los como nós os concebemos. A ideologia dos direitos humanos foi imposta aos vencidos na Segunda Guerra, mas esses culturalmente têm dificuldade em incorporá-la ao seu modo de ser e de viver". E existe quem entenda poder existir uma cultura latino-americana ao menos. MOREIRA, José Carlos Barbosa. *Temas de direito processual*. Nona série. São Paulo: Saraiva, 2007. p. 125-126. "Sin embargo, aquí nos estamos ocupando de la cultura jurídica, más específicamente de la cultura procesal; y en este sentido creo posible concebir una cultura latinoamericana, sin perjuicio de las diversidades particulares, perfectamente comprensibles, entre los ordenamientos de un conjunto de países cuyo número alcanza aproximadamente dos docenas, por no hablar del Estado norteamericano de Lousiana ni da la provincia canadiense de Québec".

[741] LANES, Júlio Cesar Goulart. *Audiências*: conciliação, saneamento, prova e julgamento. Rio de Janeiro: Forense, 2009. p. 1. "Incerteza alguma, por sua vez, existe quanto à motivação dessa cruzada reformista, aliás, essa é assaz clara: uma crise na administração da justiça, provocada há muito por vetores de ordem política, econômica, social e cultural. Essa, contudo, não é uma realidade exclusivamente nacional. Aliás, seria acrítico não se mencionar o fato de que acolá de nossas fronteiras, muitas têm sido as pátrias que buscam o ajuste de suas legislações processuais, exatamente para atacar o problema aqui ventilado".

reaparecem, não responderá como o processo deve estar voltado a resolver os problemas dos jurisdicionados e da sociedade em geral, o que não é mais respondido pelo atual legislação datada de 1973,[742] sendo parcialmente respondido pela legislação processual que se avizinha para 2016 com a promulgação da Lei 13.105/15.

O vetor principal de uma nova fase metodológica passa, inegavelmente, pelo ouro do século XXI, que é a questão relacionada ao tempo,[743] pois este é vida, este é dignidade. Sem um modelo de processo que vislumbre o tempo como marco referencial teórico para a releitura de certos institutos processuais obsoletos, que ainda continuam em vigor por um apego exagerado e mal lido do que vem a ser o princípio da ampla defesa,[744] não se estará pensando uma fase processual para enfrentar o século em questão e tampouco os outros que virão. O processo deveria ser o meio de reestruturação[745] de tudo aquilo que está em desconformidade com os anseios sociais.

---

[742] MITIDIERO, Daniel Francisco; ZANETI JÚNIOR, Hermes. *Introdução ao estudo do processo civil*: primeiras linhas de um paradigma emergente. Porto Alegre: Sergio Antonio Fabris, 2004. p. 13-14. Apontam os autores: "Não é mais possível a ilusão de um processo infenso à ideologia, distante do direito material e da realidade da vida. Agindo como a velha senhora que usa as vestes de menina, o processo moderno aparece inútil, imprestável, muitas vezes carrasco dos nobres interesses aos quais deveria responder. A vertente tecnicista do Direito Processual Civil pode muito bem ser encarada como a coroação de um longo processo de evolução da ciência do processo".

[743] ZIMBARDO, Philip; BOYD, John. *O paradoxo do tempo*: você vive preso ao passado, viciado no presente ou refém do futuro? Tradução de Saulo Adriano. Rio de Janeiro: Objetiva, 2009. p. 16. Após longo e exaustante estudo sobre o tempo, apontam os autores sobre a sua importância: "O tempo é nosso bem mais valioso. Na economia clássica, quanto mais escasso for um recurso maior será a quantidade de usos que se pode fazer dele e maior o seu valor. O ouro, por exemplo, não tem nenhum valor intrínseco e não passa de um metal amarelo. Entretanto, os veios de ouro são raros no planeta, e esse metal tem muitas aplicações. Primeiramente o ouro era usado na confecção se joias, e mais recentemente passou a ser usado como condutor em componentes eletrônicos. A relação entre escassez e valor é bem conhecida, e por isso o preço exorbitante do ouro não é nenhuma surpresa". E concluem: "A maioria das coisas que podem ser possuídas – diamantes, ouro, notas de cem dólares – consegue ser reposta. Novas reservas de ouro e diamante são descobertas, e novas notas são impressas. O mesmo não acontece com o tempo. Não há nada que qualquer um de nós possa fazer nesta vida para acrescentar um momento a mais no tempo, e nada permitirá que possamos reaver o tempo mal-empregado. Quando o tempo passa, se vai para sempre. Então, embora Benjamin Franklin estivesse certo a respeito de muitas coisas, ele errou ao dizer que tempo é dinheiro. Na verdade o tempo – nosso recurso mais escasso – é muito mais valioso que o dinheiro".

[744] Aqui duas obras nascidas no programa de pós-graduação *lato sensu* da Unisinos podem servir de base para o entendimento de onde se quer chegar: HOMMERDING, Adalberto Narciso. *Fundamentos para uma compreensão hermenêutica do processo civil*. Porto Alegre: Livraria do Advogado, 2007. Tese de doutorado defendida sob a orientação de Lenio Streck, recomendando-se a leitura do subcapítulo 4.2 denominado de "A (ampla) defesa do processo civil é condição de possibilidade para a efetivação do processo? (ou: de como é possível sumarizar ações e defesas sem prejuízo do Devido processo legal)". Também se recomenda: SANTOS FILHO, Orlando Venâncio dos. *A dogmatização da ampla defesa*: óbice à efetividade do processo. Rio de Janeiro: Lumen Juris, 2005. Dissertação defendida na Unisinos, sob orientação de Ovídio A. Baptista da Silva.

[745] KEPPEN, Luiz Fernando Tomasi; MARTINS, Nadia Bevilaqua. *Introdução à resolução alternativa de conflitos*: negociação, mediação, levantamento de fatos, avaliação técnica independente. Curitiba: JM Livraria Jurídica, 2009. p. 29-30. Os autores apontam para o falecimento de certas acepções que deveriam impingir determinado comportamento, mas não mais o fazem, escolhendo o processo como fator de reerguimento destes valores, ao dizerem: "Importa frisar que o Direito compõe o pé mais visível do tripé estruturante do comportamento humano civilizado. O primeiro é a religião, com seus valores universais, com seus imperativos dogmáticos, formando o círculo mais amplo, fazendo o homem buscar a excelsitude de agir com base o exemplo religioso. A sanção é social-religiosa, no catolicismo a excomunhão. O segundo é a moral, que contempla a ética, círculo esse interno ao anterior, a definir comportamento conforme idéias filosóficas. Havendo transgressão a sanção é social, o que implicaria em possibilidade de exclusão do convívio social. O círculo menor é o do Direito, que exatamente haure regras da religião e da moral e as estratifica na lei. A transgres-

As quatro fases que buscam espaço para explicar os fenômenos processuais, a do instrumentalismo que ainda seria a terceira fase metodológica, e as do formalismo-valorativo, do neoprocessualismo e a do neoinstitucionalismo, que tentam ser, a seu modo, a quarta fase metodológica do processo, apesar de estarem voltadas a esta visão neoconstitucionalista, não conseguem distinguir entre os princípios processuais constitucionais aquele que dialoga com a pós-modernidade, a globalização, o hiperconsumismo, a era da velocidade, a *internet*, a possibilidade de comprar e vender o que bem se entende, e assim por diante, que se encontra catalogado no inciso LXXVIII[746] do artigo 5º da Constituição Federal consubstanciado na duração razoável do processo, assim como no artigo 4º da Lei 13.105/15. É somente por meio da leitura desse princípio que serão relidos todos os institutos que não estão em conformidade com as relações sociais, políticas, econômicas e jurídicas da sociedade brasileira que são diuturnamente modificados com a chegada do desconhecido amanhã, em especial por termos nos tornado uma sociedade doente por viver numa era da velocidade.[747]

E era o momento de isso ser idealizado por meio do novo Código de Processo Civil brasileiro, mas que fica abaixo das expectativas de pensar as relações entre tempo e processo (tempo do processo e tempo no processo),[748] embora seja uma das bandeiras principais levantadas pela comissão de juristas[749] nomeada para sua elaboração.

---

são importa em possibilidade de uma sanção patrimonial e pessoal, inclusive com a prisão do infrator". Sendo que, após a exposição daquilo que seriam os cânones estruturantes do comportamento humano, referem suas problemáticas: "Ocorre que o círculo religioso, proeminente ao longo de toda a Idade Média, com seus juízos de fé, ordálias e fogueiras aos hereges, atualmente oferece uma reprimenda pouco eficiente em termos pedagógico-comportamentais. O mesmo se diga do julgamento moral. Hoje, a imoralidade campeia. Então é o Direito que tem a hercúlea função de estruturar o comportamento humano, pois atua de modo coercitivo, com possibilidade de utilizar mais força. O Direito assume novos papéis na sociedade, ocupando os espaços perdidos da religião e da moral. Mas como o Direito é o menor círculo, deve estar em harmonia com os demais. Ele religa sentimento religioso, ética e moral, fazendo com que no conflito individual possa ser observado o influxo de uma ordem (pois tudo no universo tende à ordem)". E finalizam apontando: "E o Direito se concretiza por meio de um mecanismo civilizado: o processo".

[746] A todos, no âmbito judicial e administrativo, são assegurados a razoável duração do processo e os meios que garantam a celeridade de sua tramitação.

[747] POSCENTE, Vince. *A era da velocidade*: aprendendo a prosperar em um universo mais-rápido-já. Tradução de Suely Cuccio. São Paulo: DVS, 2008. Em parágrafo elucidativo de como ansiamos por uma resposta rápida às coisas do dia a dia, afirma o autor: "Imploramos a velocidade, e não ficamos satisfeitos até conseguir. Nossa tolerância à lentidão tem diminuído com a mesma intensidade que a ânsia pela velocidade tem aumentado. Hoje, tempo de espera e tempo ocioso são considerados inaceitáveis. A tolerância anda tão reduzida que 23% dos norte-americanos afirmam perder a paciência em cinco minutos quando esperam na fila. Embora essa atitude vagamente possa parecer imatura ou mimada, a base da intolerância pode estar enraizada em algo bem razoável: cinco minutos esperando na fila equivalem a abrir mão de cinco unidades do nosso bem mais valioso: o tempo. Exploramos o potencial de cada minuto e sabemos exatamente o que conseguimos realizar em cinco minutos. Quando somos forçados a diminuir o ritmo por algum agente externo, estamos sendo roubados de atividades que poderíamos realizar nesse tempo".

[748] JOBIM, Marco Félix. *Direito à duração razoável do processo*: responsabilidade civil do Estado em decorrência da intempestividade processual. São Paulo: Conceito, 2011. Para saber a distinção do que se entende por tempo no processo e tempo do processo, recomenda-se a leitura do capítulo 1 da obra indicada.

[749] Encarreguei-me de demonstrar em artigo que a comissão de juristas não tinha a expertise necessária para tratar das questões relacionadas ao tempo, como o momento contemporâneo demanda o tratamento. Ler: JOBIM, Marco Félix. A tempestividade do processo no projeto de lei do novo Código de Processo Civil brasileiro e a comissão de juristas nomeada para sua elaboração: quem ficou de fora? Disponível em: <http://www.redp.com.br/>.

Não se pode esquecer que Pontes de Miranda[750] sempre pensou um processo para o Brasil que abarcasse uma solução diligente ao litígio, com a aplicação judicial da lei. Relembram Daniel Mitidiero e Hermes Zaneti Jr.[751] que uma escola essencialmente brasileira é algo a ser perseguido ainda. Também é fato que dois grandes expoentes do pensamento pontiano[752] (Ovídio Araújo Baptista da Silva[753] e Carlos Alberto Alvaro de Oliveira) pensaram o processo em solo rio-grandense, cada qual seguindo uma linha de pensamento próprio,[754] embora ambos baseados num mesmo pensador.

---

[750] LAMY, Eduardo de Abelar; RODRIGUES, Horácio Wanderlei. *Curso de processo civil*: teoria geral do processo. Florianópolis: Conceito, 2010. p. 76. Segundo os autores, o pensamento de Pontes se contrapõe ao de Liebman, formando dois grandes focos de pensamento do processo no Brasil, ao referirem: "Essa ampliação de nomes de grandes processualistas induz, contemporaneamente, a existência de uma Escola Brasileira de Direito Processual. A discordância que se pode ter com relação a essa afirmação prende-se à afirmativa de que a doutrina de todos remonta necessariamente ao pensamento de Liebman, o que não procede. Há, no Brasil, significativo número de processualistas que possui base teórica preponderante para a sua produção a obra de Pontes de Miranda. Nesse sentido, Liebman e Pontes de Miranda constituem os dois grandes marcos teóricos do Processo Civil brasileiro".

[751] MITIDIERO, Daniel Francisco; ZANETI JÚNIOR, Hermes. *Introdução ao estudo do processo civil*: primeiras linhas de um paradigma emergente. Porto Alegre: Sergio Antonio Fabris, 2004. p. 15. Repensando o processo, os autores pretendem chamar a atenção para uma escola processual autenticamente brasileira, com luminares como Pontes de Miranda, que pretendiam traçar os rumos de um processo civil independente. Um processo nacional, com uma filosofia nacional, é essencial para compreender o nobre papel reservado ao direito brasileiro.

[752] MIRANDA, Pontes de. *Tratado da ação rescisória*. Atualizado por Vilson Rodrigues Alves. 2. ed. Campinas, SP: Bookseller, 2003. p. 68. Aqui se tem uma ideia do que pensava Pontes sobre o processo: "Fim do processo. O processo não defende só direitos subjetivos ou pretensões. Se bem que muitas vezes os suponha, o destino do processo é a atuação da lei, a realização do direito objetivo. Hoje, só secundariamente é que protege os direitos subjetivos. Por isso mesmo, o direito, a pretensão e o dever existem, a despeito da existência ou não, dos remédios jurídicos processuais. Quando deles lança mão alguém, crendo-se, ou não, com direito, não lhos nega o Estado. Se só os que tem a pretensão tivessem direito ao uso dos remédios, ter-se-ia que começar do fim para o princípio: quem tem ação tem remédio jurídico processual. Ora, só se sabe quem tem 'razão' depois que se instaurou o processo (remédio jurídico processual), que se verificou ser procedente a ação (isto é, existir) por se terem produzido as provas e se pronunciou a sentença, contendo o direito objetivo. Daí ser intimamente ligado ao foro o processo: nele, vários atos são coordenados, regulados, com o intuito de realizar, em determinado lugar e tempo, a justiça.Em conseqüência disso, os primeiros que o governam, no direito intertemporal e no direito internacional privado, são diferentes daqueles que decidem em assuntos de direito material".

[753] SILVA, Ovídio Araújo Baptista da. *Jurisdição, direito material e processo*. Rio de Janeiro: Forense, 2008. p. 165. Nesta passagem, demonstra o saudoso processualista que o direito está nos bastidores da vida, sob pena de ser somente uma abstração, ao referir: "A separação entre 'fato' e 'direito', entre vida e a norma, que emerge dessa conduta metodológica, exerce importante influência quando buscamos separar os dois campos do fenômeno jurídico, o 'direito material', do 'direito processual'. Na verdade, a radical separação entre 'norma' e 'fato' determina a redução do Direito apenas ao mundo normativo, concebendo-o, conseqüentemente, como entidade abstrata".

[754] MITIDIERO, Daniel Francisco; ZANETI JÚNIOR, Hermes. *Introdução ao estudo do processo civil*: primeiras linhas de um paradigma emergente. Porto Alegre: Sergio Antonio Fabris, 2004. p. 16-17. Referem os autores: "Seguiram os passos de Pontes de Miranda nos rincões do pampa gaúcho dois processualistas da melhor cepa (apenas para citar os mais próximos aos autores, sem esquecer contudo de tantos outros – uma escola é feita de muitos mestres): Ovídio Araújo Baptista da Silva, professor de raro tirocínio, aguda percepção da vida e sólida formação filosófica, cujas proposições teóricas em muitos pontos podem ser havidas como uma continuação evolutiva da obra do Velho Mestre, podendo ser considerado mesmo o processualista contemporâneo mais estreitamente ligado a Pontes e Carlos Alberto Alvaro de Oliveira, cuja formação científica em grande parte fora bebida em Pontes, mas que o estudo cotidiano e o esforço destacado, aliados a uma excelente e perspicácia só superáveis pelo senso de rigor científico, formaram o professor exemplar e inexcedível, de notável zelo com os temas do processo mais contemporâneo. Seguir um caminho em ciência é aliar-se a um ideal: prender-se a um bloco sólido, consubstanciado, mais que tudo, na vontade irrefreável do conhecimento e na busca perene de objetivos comuns fundada nas mesmas diretrizes".

Mas, enquanto o Brasil não tem uma Escola de processo totalmente volta-da aos problemas brasileiros,[755] em especial quando não se tem a real e verda-deira noção do que vem a ser a importância do tempo na vida do ser humano e ainda, quando não se tem a menor certeza de trabalhar com os problemas que aparelham o dia a dia da sociedade como os apresentados no capítulo inicial do estudo, o que se pode ter é a esperança de que dias melhores virão, e, como afirma Elaine Harzheim Macedo, sabe-se que não se quer um processo "mar-cado este pela cognição plenária e passividade judicial", pois, ao que parece, para a processualista gaúcha, este modelo "no alvorecer deste terceiro milê-nio" está fadado ao "seu total exaurimento".[756]

4.7. E afinal, o Código de Processo Civil brasileiro de 2015 leva em conta as fases metodológicas e Escolas de processo?

As palavras do hoje Ministro do Supremo Tribunal Federal Luiz Fux[757] sobre o CPC/2015 são elucidativas ao referir que não houve a incorporação de uma única orientação jurídica no texto legal. Houve um amplo debate acadê-mico e aberto ao público para que a tramitação do novo Código de Processo Civil brasileiro fosse a mais democrática possível. O esforço, em conjunto, de incontáveis pessoas, ligadas ou não ao Direito e ao processo, não foi em vão, uma vez que aprovado o texto processual nas duas casas legislativas e sancio-nado pela Presidenta[758] do Brasil, Dilma Roussef, em março de 2015, em 2016 passou a ser o guia processual que faz parte da vida do profissional do Direito. Naquele um ano de *vacatio legis*, muito foi produzido pela doutrina e, somente com a aplicação da lei, é que a verdadeira esteira do novo processo terá o con-dão de romper com algumas amarras da legislação que se revoga, formando um novo operador, apto a concretizar a lei processual da melhor forma pela qual foi criada, podendo, inclusive, nos levar a um novo modelo de justiça ci-vil.[759] Mas a pergunta é: o novo CPC tem características de uma sociedade bra-sileira com as características culturais como as apresentadas nesta obra?

---

[755] E claro, podendo aprender com outras tradições jurídicas naquilo que é pertinente.

[756] MACEDO, Elaine Harzheim. *Jurisdição e processo*: crítica histórica e perspectivas para o terceiro milênio. Porto Alegre: Livraria do Advogado, 2005. p. 286.

[757] Luiz Fux ao prefaciar a obra: FREIRE, Alexandre; DANTAS, Bruno; NUNES, Dierle; DIDIER JR., Fredie; MEDINA, José Miguel Garcia; FUX, Luiz; CAMARGO, Luiz Henrique Volpe; OLIVEIRA, Pedro Miranda de. *Novas tendências do processo civil*: estudos sobre o projeto do novo Código de Processo Civil. Salvador: JusPodivm, 2013. p. 14. Por tudo isso, o novo Código de Processo Civil não pode ser acusado de incorporar uma única orientação científica. Ao revés, sua construção tem raízes profundas no debate popular, fruto de uma centena de audiências públicas; do acolhimento majoritário da colaboração dos seguimentos científicos profissionais, mercê do aproveitamento de mensagens eletrônicas do meio jurídico em geral.

[758] Em que pese acreditar que o correto seja Presidente, respeita-se a Lei de Flexão de Gênero aqui: Disponível em: <http://www.planalto.gov.br/ccivil_03/_ato2011-2014/2012/lei/l12605.htm>. Acesso 13 fev. 2018.

[759] THEODORO JÚNIOR, Humberto; NUNES, Dierle; BAHIA, Alexandre Melo Franco; PEDRON, Flávio Quinaud. *Novo CPC*: fundamentos e sistematização. Rio de Janeiro: Forense, 2015. p. 342. "Ocorre que, ape-sar da nova lei não representar uma panaceia, viabilizará condições, desde que bem aplicada, para que possamos conviver com um sistema técnico coerente de processo, finalmente embasado em vertente com-participativa/cooperativa, e com uma aplicação dinâmica do modelo constitucional de processo (tão negli-genciado na prática, atualmente), que, ao lado de reformas infraestruturais e gerenciais, poderá representar um verdadeiro avanço para a justiça brasileira".

A resposta parece ser óbvia para o sim, em que pese não abarcar, na sua totalidade, os novos paradigmas sociais, não podendo aqui ser afirmado se poderiam eles serem preenchidos por texto de lei, tanto pelo conteúdo subjetivo de cada um dos paradigmas trabalhados, tanto pela vagueza e ambiguidade que um texto legislativo tem. Sobre este segundo ponto, é função do intérprete normatizá-lo, razão pela qual muito daquilo que não foi alcançado pelo texto será, eventualmente, resgatado pela via da interpretação.

Mas realizando um esforço para demonstrar como o novo CPC aborda alguns temas trabalhados na cultura da sociedade contemporânea, pode-se afirmar que há, no que concerne à globalização, uma disposição todo no Código que se refere a uma cooperação jurídica internacional, assim disposto: *CAPÍTULO II. DA COOPERAÇÃO INTERNACIONAL.* **Seção I. Disposições Gerais.** *Art. 26. A cooperação jurídica internacional será regida por tratado de que o Brasil faz parte e observará: I – o respeito às garantias do devido processo legal no Estado requerente; II – a igualdade de tratamento entre nacionais e estrangeiros, residentes ou não no Brasil, em relação ao acesso à justiça e à tramitação dos processos, assegurando-se assistência judiciária aos necessitados; III – a publicidade processual, exceto nas hipóteses de sigilo previstas na legislação brasileira ou na do Estado requerente; IV – a existência de autoridade central para recepção e transmissão dos pedidos de cooperação; V – a espontaneidade na transmissão de informações a autoridades estrangeiras. § 1º Na ausência de tratado, a cooperação jurídica internacional poderá realizar-se com base em reciprocidade, manifestada por via diplomática. § 2º Não se exigirá a reciprocidade referida no § 1º para homologação de sentença estrangeira. § 3º Na cooperação jurídica internacional não será admitida a prática de atos que contrariem ou que produzam resultados incompatíveis com as normas fundamentais que regem o Estado brasileiro. § 4º O Ministério da Justiça exercerá as funções de autoridade central na ausência de designação específica. Art. 27. A cooperação jurídica internacional terá por objeto: I – citação, intimação e notificação judicial e extrajudicial; II – colheita de provas e obtenção de informações; III – homologação e cumprimento de decisão; IV – concessão de medida judicial de urgência; V – assistência jurídica internacional; VI – qualquer outra medida judicial ou extrajudicial não proibida pela lei brasileira.* **Seção II. Do Auxílio Direto.** *Art. 28. Cabe auxílio direto quando a medida não decorrer diretamente de decisão de autoridade jurisdicional estrangeira a ser submetida a juízo de delibação no Brasil. Art. 29. A solicitação de auxílio direto será encaminhada pelo órgão estrangeiro interessado à autoridade central, cabendo ao Estado requerente assegurar a autenticidade e a clareza do pedido. Art. 30. Além dos casos previstos em tratados de que o Brasil faz parte, o auxílio direto terá os seguintes objetos: I – obtenção e prestação de informações sobre o ordenamento jurídico e sobre processos administrativos ou jurisdicionais findos ou em curso; II – colheita de provas, salvo se a medida for adotada em processo, em curso no estrangeiro, de competência exclusiva de autoridade judiciária brasileira; III – qualquer outra medida judicial ou extrajudicial não proibida pela lei brasileira. Art. 31. A autoridade central brasileira comunicar-se-á diretamente com suas congêneres e, se necessário, com outros órgãos estrangeiros responsáveis pela tramitação e pela execução de pedidos de cooperação enviados e recebidos pelo Estado brasileiro, respeitadas disposições específicas constantes de tratado. Art. 32. No caso de auxílio direto para a prática de atos que, segundo a lei brasileira, não necessitem de* *prestação jurisdicional, a autoridade central adotará as providências necessárias para seu cumprimento. Art. 33. Recebido o pedido de auxílio direto passivo, a autoridade central o encaminhará à Advocacia-Geral da União, que requererá em juízo a medida solicitada. Parágrafo único. O Ministério Público requererá em juízo a medida solicitada quando for autoridade central. Art. 34. Compete ao juízo federal do lugar em que deva ser executada a medida apreciar pedido de auxílio direto passivo que demande prestação de atividade jurisdicional. Seção III. Da Carta Rogatória. Art. 35. (VETADO). Art. 36. O procedimento da carta rogatória perante o Superior Tribunal de Justiça é de jurisdição contenciosa e deve assegurar às partes as garantias do devido processo legal. § 1º A defesa restringir-se-á à discussão quanto ao atendimento dos requisitos para que o pronunciamento judicial estrangeiro produza efeitos no Brasil. § 2º Em qualquer hipótese, é vedada a revisão do mérito do pronunciamento judicial estrangeiro pela autoridade judiciária brasileira.*

A pós-modernidade, trabalhada na obra como uma era de rompimento com as certezas da modernidade, tornando-se, assim, uma era de incertezas, encontra no art. 190 do novo CPC um caminho, ao prever o negócio jurídico, ou a flexibilização procedimental, ou as convenções processuais, ou contratualismo processual, nomes que podem ser encontrados na doutrina, demonstrando que, a partir de 2016, com a possibilidade de as partes negociarem o rito que regerá o caso apresentado em juízo, o próprio procedimento torna-se uma incerteza, adentrando, pois, o novo CPC no conceito de pós-moderno, o que não escapa da caneta de Osvir Guimarães Thomaz[760] ao descrever, em artigo específico sobre os negócios processuais, que o processo civil brasileiro encontra-se em plena pós-modernidade. A redação do Art. 190 dispõe que: *Versando o processo sobre direitos que admitam autocomposição, é lícito às partes plenamente capazes estipular mudanças no procedimento para ajustá-lo às especificidades da causa e convencionar sobre os seus ônus, poderes, faculdades e deveres processuais, antes ou durante o processo. Parágrafo único. De ofício ou a requerimento, o juiz controlará a validade das convenções previstas neste artigo, recusando-lhes aplicação somente nos casos de nulidade ou de inserção abusiva em contrato de adesão ou em que alguma parte se encontre em manifesta situação de vulnerabilidade.*

A questão do hiperconsumismo e suas consequências quase que nefastas ao Poder Judiciário pela quantidade massificada de demandas que ingressam pelos mesmos motivos fáticos e jurídicos, que também são construídas, em muitas oportunidades pelo fator medo, também trabalhado como fenômeno cultural contemporâneo, foram alvo de preocupação do legislador ao prever o incidente de resolução de demandas repetitivas, alocado nos artigos 976 a 987 do novo CPC. Os artigos concedem a procedimentalização ao instituto, assim o prevendo: *CAPÍTULO VIII. DO INCIDENTE DE RESOLUÇÃO DE DEMANDAS REPETITIVAS. Art. 976. É cabível a instauração do incidente de resolução de demandas repetitivas quando houver, simultaneamente: I – efetiva repetição de processos que contenham controvérsia sobre a mesma questão unicamente de direito; II*

---

[760] THOMAZ, Osvir Guimarães. Os negócios processuais típicos e atípicos no novo Código de Processo Civil brasileiro e o regramento dos negócios processuais no Código de Processo Civil português. *In Processo Civil comparado*: análise entre Brasil e Portugal. São Paulo: Forense, 2017. p. 252. Escreve: "Ousa-se nomear esse momento como a pós-modernidade do processo civil brasileiro".

– risco de ofensa à isonomia e à segurança jurídica. § 1º A desistência ou o abandono do processo não impede o exame de mérito do incidente. § 2º Se não for o requerente, o Ministério Público intervirá obrigatoriamente no incidente e deverá assumir sua titularidade em caso de desistência ou de abandono. § 3º A inadmissão do incidente de resolução de demandas repetitivas por ausência de qualquer de seus pressupostos de admissibilidade não impede que, uma vez satisfeito o requisito, seja o incidente novamente suscitado. § 4º É incabível o incidente de resolução de demandas repetitivas quando um dos tribunais superiores, no âmbito de sua respectiva competência, já tiver afetado recurso para definição de tese sobre questão de direito material ou processual repetitiva. § 5º Não serão exigidas custas processuais no incidente de resolução de demandas repetitivas. Art. 977. O pedido de instauração do incidente será dirigido ao presidente de tribunal: I – pelo juiz ou relator, por ofício; II – pelas partes, por petição; III – pelo Ministério Público ou pela Defensoria Pública, por petição. Parágrafo único. O ofício ou a petição será instruído com os documentos necessários à demonstração do preenchimento dos pressupostos para a instauração do incidente. Art. 978. O julgamento do incidente caberá ao órgão indicado pelo regimento interno dentre aqueles responsáveis pela uniformização de jurisprudência do tribunal. Parágrafo único. O órgão colegiado incumbido de julgar o incidente e de fixar a tese jurídica julgará igualmente o recurso, a remessa necessária ou o processo de competência originária de onde se originou o incidente. Art. 979. A instauração e o julgamento do incidente serão sucedidos da mais ampla e específica divulgação e publicidade, por meio de registro eletrônico no Conselho Nacional de Justiça. § 1º Os tribunais manterão banco eletrônico de dados atualizados com informações específicas sobre questões de direito submetidas ao incidente, comunicando-o imediatamente ao Conselho Nacional de Justiça para inclusão no cadastro. § 2º Para possibilitar a identificação dos processos abrangidos pela decisão do incidente, o registro eletrônico das teses jurídicas constantes do cadastro conterá, no mínimo, os fundamentos determinantes da decisão e os dispositivos normativos a ela relacionados. § 3º Aplica-se o disposto neste artigo ao julgamento de recursos repetitivos e da repercussão geral em recurso extraordinário. Art. 980. O incidente será julgado no prazo de 1 (um) ano e terá preferência sobre os demais feitos, ressalvados os que envolvam réu preso e os pedidos de habeas corpus. Parágrafo único. Superado o prazo previsto no caput, cessa a suspensão dos processos prevista no art. 982, salvo decisão fundamentada do relator em sentido contrário. Art. 981. Após a distribuição, o órgão colegiado competente para julgar o incidente procederá ao seu juízo de admissibilidade, considerando a presença dos pressupostos do art. 976. Art. 982. Admitido o incidente, o relator: I – suspenderá os processos pendentes, individuais ou coletivos, que tramitam no Estado ou na região, conforme o caso; II – poderá requisitar informações a órgãos em cujo juízo tramita processo no qual se discute o objeto do incidente, que as prestarão no prazo de 15 (quinze) dias; III – intimará o Ministério Público para, querendo, manifestar-se no prazo de 15 (quinze) dias. § 1º A suspensão será comunicada aos órgãos jurisdicionais competentes. § 2º Durante a suspensão, o pedido de tutela de urgência deverá ser dirigido ao juízo onde tramita o processo suspenso. § 3º Visando à garantia da segurança jurídica, qualquer legitimado mencionado no art. 977, incisos II e III, poderá requerer, ao tribunal competente para conhecer do recurso extraordinário ou especial, a suspensão de todos os processos individuais ou coletivos em curso no território nacional que versem sobre a questão objeto do incidente já instaurado.

CULTURA, ESCOLAS E FASES METODOLÓGICAS DO PROCESSO

§ 4º Independentemente dos limites da competência territorial, a parte no processo em curso no qual se discuta a mesma questão objeto do incidente é legitimada para requerer a providência prevista no § 3º deste artigo. § 5º Cessa a suspensão a que se refere o inciso I do caput deste artigo se não for interposto recurso especial ou recurso extraordinário contra a decisão proferida no incidente. Art. 983. O relator ouvirá as partes e os demais interessados, inclusive pessoas, órgãos e entidades com interesse na controvérsia, que, no prazo comum de 15 (quinze) dias, poderão requerer a juntada de documentos, bem como as diligências necessárias para a elucidação da questão de direito controvertida, e, em seguida, manifestar-se-á o Ministério Público, no mesmo prazo. § 1º Para instruir o incidente, o relator poderá designar data para, em audiência pública, ouvir depoimentos de pessoas com experiência e conhecimento na matéria. § 2º Concluídas as diligências, o relator solicitará dia para o julgamento do incidente. Art. 984. No julgamento do incidente, observar-se-á a seguinte ordem: I – o relator fará a exposição do objeto do incidente; II – poderão sustentar suas razões, sucessivamente: a) o autor e o réu do processo originário e o Ministério Público, pelo prazo de 30 (trinta) minutos; b) os demais interessados, no prazo de 30 (trinta) minutos, divididos entre todos, sendo exigida inscrição com 2 (dois) dias de antecedência. § 1º Considerando o número de inscritos, o prazo poderá ser ampliado. § 2º O conteúdo do acórdão abrangerá a análise de todos os fundamentos suscitados concernentes à tese jurídica discutida, sejam favoráveis ou contrários. Art. 985. Julgado o incidente, a tese jurídica será aplicada: I – a todos os processos individuais ou coletivos que versem sobre idêntica questão de direito e que tramitem na área de jurisdição do respectivo tribunal, inclusive àqueles que tramitem nos juizados especiais do respectivo Estado ou região; II – aos casos futuros que versem idêntica questão de direito e que venham a tramitar no território de competência do tribunal, salvo revisão na forma do art. 986. § 1º Não observada a tese adotada no incidente, caberá reclamação. § 2º Se o incidente tiver por objeto questão relativa a prestação de serviço concedido, permitido ou autorizado, o resultado do julgamento será comunicado ao órgão, ao ente ou à agência reguladora competente para fiscalização da efetiva aplicação, por parte dos entes sujeitos a regulação, da tese adotada. Art. 986. A revisão da tese jurídica firmada no incidente far-se-á pelo mesmo tribunal, de ofício ou mediante requerimento dos legitimados mencionados no art. 977, inciso III. Art. 987. Do julgamento do mérito do incidente caberá recurso extraordinário ou especial, conforme o caso. § 1º O recurso tem efeito suspensivo, presumindo-se a repercussão geral de questão constitucional eventualmente discutida. § 2º Apreciado o mérito do recurso, a tese jurídica adotada pelo Supremo Tribunal Federal ou pelo Superior Tribunal de Justiça será aplicada no território nacional a todos os processos individuais ou coletivos que versem sobre idêntica questão de direito.

A questão da sociedade da pressa pode encontrar conforto em razão de ser a duração razoável do processo uma norma fundamental[761] vetor do novo CPC, com disposição no artigo 4º ao aduzir que *as partes têm o direito de obter em prazo razoável a solução integral do mérito, incluída a atividade satisfativa*, assim como encontra norte seguro nas tutelas provisórias, urgência e evidência, que estão enumeradas entre os artigos 294 a 311 da legislação processual, com a

---

[761] As normas fundamentais que estão elencadas nos artigos 1º ao 12º colocam, de vez, o novo CPC em conformidade com a Constituição da República Federativa do Brasil, conferindo à legislação processual o ar neoconstitucionalista referido no primeiro capítulo como o momento atual que o Direito atravessa.

seguinte redação: *LIVRO V. DA TUTELA PROVISÓRIA. TÍTULO I. DISPOSI-ÇÕES GERAIS. Art. 294. A tutela provisória pode fundamentar-se em urgência ou evidência. Parágrafo único. A tutela provisória de urgência, cautelar ou antecipada, pode ser concedida em caráter antecedente ou incidental. Art. 295. A tutela provisória requerida em caráter incidental independe do pagamento de custas. Art. 296. A tutela provisória conserva sua eficácia na pendência do processo, mas pode, a qualquer tempo, ser revogada ou modificada. Parágrafo único. Salvo decisão judicial em contrário, a tutela provisória conservará a eficácia durante o período de suspensão do processo. Art. 297. O juiz poderá determinar as medidas que considerar adequadas para efetivação da tutela provisória. Parágrafo único. A efetivação da tutela provisória observará as normas referentes ao cumprimento provisório da sentença, no que couber. Art. 298. Na decisão que conceder, negar, modificar ou revogar a tutela provisória, o juiz motivará seu convencimento de modo claro e preciso. Art. 299. A tutela provisória será requerida ao juízo da causa e, quando antecedente, ao juízo competente para conhecer do pedido principal. Parágrafo único. Ressalvada disposição especial, na ação de competência originária de tribunal e nos recursos a tutela provisória será requerida ao órgão jurisdicional competente para apreciar o mérito. TÍTULO II. DA TUTELA DE URGÊNCIA. CAPÍTULO I. DISPOSIÇÕES GERAIS. Art. 300. A tutela de urgência será concedida quando houver elementos que evidenciem a probabilidade do direito e o perigo de dano ou o risco ao resultado útil do processo. § 1º Para a concessão da tutela de urgência, o juiz pode, conforme o caso, exigir caução real ou fidejussória idônea para ressarcir os danos que a outra parte possa vir a sofrer, podendo a caução ser dispensada se a parte economicamente hipossuficiente não puder oferecê-la. § 2º A tutela de urgência pode ser concedida liminarmente ou após justificação prévia. § 3º A tutela de urgência de natureza antecipada não será concedida quando houver perigo de irreversibilidade dos efeitos da decisão. Art. 301. A tutela de urgência de natureza cautelar pode ser efetivada mediante arresto, sequestro, arrolamento de bens, registro de protesto contra alienação de bem e qualquer outra medida idônea para asseguração do direito. Art. 302. Independentemente da reparação por dano processual, a parte responde pelo prejuízo que a efetivação da tutela de urgência causar à parte adversa, se: I – a sentença lhe for desfavorável; II – obtida liminarmente a tutela em caráter antecedente, não fornecer os meios necessários para a citação do requerido no prazo de 5 (cinco) dias; III – ocorrer a cessação da eficácia da medida em qualquer hipótese legal; IV – o juiz acolher a alegação de decadência ou prescrição da pretensão do autor. Parágrafo único. A indenização será liquidada nos autos em que a medida tiver sido concedida, sempre que possível. CAPÍTULO II. DO PROCEDIMENTO DA TUTELA ANTECIPADA REQUERIDA EM CARÁTER ANTECEDENTE. Art. 303. Nos casos em que a urgência for contemporânea à propositura da ação, a petição inicial pode limitar-se ao requerimento da tutela antecipada e à indicação do pedido de tutela final, com a exposição da lide, do direito que se busca realizar e do perigo de dano ou do risco ao resultado útil do processo. § 1º Concedida a tutela antecipada a que se refere o caput deste artigo: I – o autor deverá aditar a petição inicial, com a complementação de sua argumentação, a juntada de novos documentos e a confirmação do pedido de tutela final, em 15 (quinze) dias ou em outro prazo maior que o juiz fixar; II – o réu será citado e intimado para a audiência de conciliação ou de mediação na forma do art. 334; III – não havendo autocomposição, o prazo para contestação será contado na forma do art. 335.*

CULTURA, ESCOLAS E FASES METODOLÓGICAS DO PROCESSO

§ 2º Não realizado o aditamento a que se refere o inciso I do § 1º deste artigo, o processo será extinto sem resolução do mérito. § 3º O aditamento a que se refere o inciso I do § 1º deste artigo dar-se-á nos mesmos autos, sem incidência de novas custas processuais. § 4º Na petição inicial a que se refere o caput deste artigo, o autor terá de indicar o valor da causa, que deve levar em consideração o pedido de tutela final. § 5º O autor indicará na petição inicial, ainda, que pretende valer-se do benefício previsto no caput *deste artigo. § 6º Caso entenda que não há elementos para a concessão de tutela antecipada, o órgão jurisdicional determinará a emenda da petição inicial em até 5 (cinco) dias, sob pena de ser indeferida e de o processo ser extinto sem resolução de mérito. Art. 304. A tutela antecipada, concedida nos termos do art. 303, torna-se estável se da decisão que a conceder não for interposto o respectivo recurso. § 1º No caso previsto no caput, o processo será extinto. § 2º Qualquer das partes poderá demandar a outra com o intuito de rever, reformar ou invalidar a tutela antecipada estabilizada nos termos do caput. § 3º A tutela antecipada conservará seus efeitos enquanto não revista, reformada ou invalidada por decisão de mérito proferida na ação de que trata o § 2º. § 4º Qualquer das partes poderá requerer o desarquivamento dos autos em que foi concedida a medida, para instruir a petição inicial da ação a que se refere o § 2º, prevento o juízo em que a tutela antecipada foi concedida. § 5º O direito de rever, reformar ou invalidar a tutela antecipada, previsto no § 2º deste artigo, extingue-se após 2 (dois) anos, contados da ciência da decisão que extinguiu o processo, nos termos do § 1º. § 6º A decisão que concede a tutela não fará coisa julgada, mas a estabilidade dos respectivos efeitos só será afastada por decisão que a revir, reformar ou invalidar, proferida em ação ajuizada por uma das partes, nos termos do § 2º deste artigo. CAPÍTULO III. DO PROCEDIMENTO DA TUTELA CAUTELAR REQUERIDA EM CARÁTER ANTECEDENTE. Art. 305. A petição inicial da ação que visa à prestação de tutela cautelar em caráter antecedente indicará a lide e seu fundamento, a exposição sumária do direito que se objetiva assegurar e o perigo de dano ou o risco ao resultado útil do processo. Parágrafo único. Caso entenda que o pedido a que se refere o caput tem natureza antecipada, o juiz observará o disposto no art. 303. Art. 306. O réu será citado para, no prazo de 5 (cinco) dias, contestar o pedido e indicar as provas que pretende produzir. Art. 307. Não sendo contestado o pedido, os fatos alegados pelo autor presumir-se-ão aceitos pelo réu como ocorridos, caso em que o juiz decidirá dentro de 5 (cinco) dias. Parágrafo único. Contestado o pedido no prazo legal, observar-se-á o procedimento comum. Art. 308. Efetivada a tutela cautelar, o pedido principal terá de ser formulado pelo autor no prazo de 30 (trinta) dias, caso em que será apresentado nos mesmos autos em que deduzido o pedido de tutela cautelar, não dependendo do adiantamento de novas custas processuais. § 1º O pedido principal pode ser formulado conjuntamente com o pedido de tutela cautelar. § 2º A causa de pedir poderá ser aditada no momento de formulação do pedido principal. § 3º Apresentado o pedido principal, as partes serão intimadas para a audiência de conciliação ou de mediação, na forma do art. 334, por seus advogados ou pessoalmente, sem necessidade de nova citação do réu. § 4º Não havendo autocomposição, o prazo para contestação será contado na forma do art. 335. Art. 309. Cessa a eficácia da tutela concedida em caráter antecedente, se: I – o autor não deduzir o pedido principal no prazo legal; II – não for efetivada dentro de 30 (trinta) dias; III – o juiz julgar improcedente o pedido principal formulado pelo autor ou extinguir o processo sem resolução de mérito. Parágrafo único. Se por qualquer motivo ces-*

sar a eficácia da tutela cautelar, é vedado à parte renovar o pedido, salvo sob novo fundamento. Art. 310. O indeferimento da tutela cautelar não obsta a que a parte formule o pedido principal, nem influi no julgamento desse, salvo se o motivo do indeferimento for o reconhecimento de decadência ou de prescrição. TÍTULO III. DA TUTELA DA EVIDÊNCIA. Art. 311. A tutela da evidência será concedida, independentemente da demonstração de perigo de dano ou de risco ao resultado útil do processo, quando: I – ficar caracterizado o abuso do direito de defesa ou o manifesto propósito protelatório da parte; II – as alegações de fato puderem ser comprovadas apenas documentalmente e houver tese firmada em julgamento de casos repetitivos ou em súmula vinculante; III – se tratar de pedido reipersecutório fundado em prova documental adequada do contrato de depósito, caso em que será decretada a ordem de entrega do objeto custodiado, sob cominação de multa; IV – a petição inicial for instruída com prova documental suficiente dos fatos constitutivos do direito do autor, a que o réu não oponha prova capaz de gerar dúvida razoável. Parágrafo único. Nas hipóteses dos incisos II e III, o juiz poderá decidir liminarmente.

Questões relacionadas a casos complexos que chegam e continuarão chegando ao Poder Judiciário em razão de direitos relacionados a multiculturalismo, compra e venda de tudo, novos rumos da genética, *internet* e a sociedade midiática encontrarão um novo juiz pela frente, devendo basear suas decisões quando aplicar o ordenamento jurídico sob os cânones da proporcionalidade e razoabilidade, conforme disposto no *art. 8º ao referir que Ao aplicar o ordenamento jurídico, o juiz atenderá aos fins sociais e às exigências do bem comum, resguardando e promovendo a dignidade da pessoa humana e observando a proporcionalidade, a razoabilidade, a legalidade, a publicidade e a eficiência,* assim como no dever de justificação judicial, devidamente regulado pelo § 2º do art. 489 com a seguinte redação: *§ 2º No caso de colisão entre normas, o juiz deve justificar o objeto e os critérios gerais da ponderação efetuada, enunciando as razões que autorizam a interferência na norma afastada e as premissas fáticas que fundamentam a conclusão.* Tal dispositivo ainda coloca o novo CPC em consonância com a atualizada teoria do direito sobre a diferença entre texto e norma.

A crise do ensino jurídico e a consequente perda do ingresso no mercado de centenas de milhares de bacharéis em Direito também tem no novo CPC uma porta, ao apostar o legislador nos meios alternativos de resolução de conflitos, em especial a mediação e a conciliação, que serão realizadas em uma gama maior de oportunidades, bastando a leitura dos artigos 165 a 175 para comprovar a assertiva: **Seção V. Dos Conciliadores e Mediadores Judiciais.** *Art. 165. Os tribunais criarão centros judiciários de solução consensual de conflitos, responsáveis pela realização de sessões e audiências de conciliação e mediação e pelo desenvolvimento de programas destinados a auxiliar, orientar e estimular a autocomposição. § 1º A composição e a organização dos centros serão definidas pelo respectivo tribunal, observadas as normas do Conselho Nacional de Justiça. § 2º O conciliador, que atuará preferencialmente nos casos em que não houver vínculo anterior entre as partes, poderá sugerir soluções para o litígio, sendo vedada a utilização de qualquer tipo de constrangimento ou intimidação para que as partes conciliem. § 3º O mediador, que atuará preferencialmente nos casos em que houver vínculo anterior entre as partes, auxiliará aos interessados a compreender as questões e os interesses em conflito, de*

CULTURA, ESCOLAS E FASES METODOLÓGICAS DO PROCESSO

modo que eles possam, pelo restabelecimento da comunicação, identificar, por si próprios, soluções consensuais que gerem benefícios mútuos. Art. 166. A conciliação e a mediação são informadas pelos princípios da independência, da imparcialidade, da autonomia da vontade, da confidencialidade, da oralidade, da informalidade e da decisão informada. § 1º A confidencialidade estende-se a todas as informações produzidas no curso do procedimento, cujo teor não poderá ser utilizado para fim diverso daquele previsto por expressa deliberação das partes. § 2º Em razão do dever de sigilo, inerente às suas funções, o conciliador e o mediador, assim como os membros de suas equipes, não poderão divulgar ou depor acerca de fatos ou elementos oriundos da conciliação ou da mediação. § 3º Admite-se a aplicação de técnicas negociais, com o objetivo de proporcionar ambiente favorável à autocomposição. § 4º A mediação e a conciliação serão regidas conforme a livre autonomia dos interessados, inclusive no que diz respeito à definição das regras procedimentais. Art. 167. Os conciliadores, os mediadores e as câmaras privadas de conciliação e mediação serão inscritos em cadastro nacional e em cadastro de tribunal de justiça ou de tribunal regional federal, que manterá registro de profissionais habilitados, com indicação de sua área profissional. § 1º Preenchendo o requisito da capacitação mínima, por meio de curso realizado por entidade credenciada, conforme parâmetro curricular definido pelo Conselho Nacional de Justiça em conjunto com o Ministério da Justiça, o conciliador ou o mediador, com o respectivo certificado, poderá requerer sua inscrição no cadastro nacional e no cadastro de tribunal de justiça ou de tribunal regional federal. § 2º Efetivado o registro, que poderá ser precedido de concurso público, o tribunal remeterá ao diretor do foro da comarca, seção ou subseção judiciária onde atuará o conciliador ou o mediador os dados necessários para que seu nome passe a constar da respectiva lista, a ser observada na distribuição alternada e aleatória, respeitado o princípio da igualdade dentro da mesma área de atuação profissional. § 3º Do credenciamento das câmaras e do cadastro de conciliadores e mediadores constarão todos os dados relevantes para a sua atuação, tais como o número de processos de que participou, o sucesso ou insucesso da atividade, a matéria sobre a qual versou a controvérsia, bem como outros dados que o tribunal julgar relevantes. § 4º Os dados colhidos na forma do § 3º serão classificados sistematicamente pelo tribunal, que os publicará, ao menos anualmente, para conhecimento da população e para fins estatísticos e de avaliação da conciliação, da mediação, das câmaras privadas de conciliação e de mediação, dos conciliadores e dos mediadores. § 5º Os conciliadores e mediadores judiciais cadastrados na forma do caput, se advogados, estarão impedidos de exercer a advocacia nos juízos em que desempenhem suas funções. § 6º O tribunal poderá optar pela criação de quadro próprio de conciliadores e mediadores, a ser preenchido por concurso público de provas e títulos, observadas as disposições deste Capítulo. Art. 168. As partes podem escolher, de comum acordo, o conciliador, o mediador ou a câmara privada de conciliação e de mediação. § 1º O conciliador ou mediador escolhido pelas partes poderá ou não estar cadastrado no tribunal. § 2º Inexistindo acordo quanto à escolha do mediador ou conciliador, haverá distribuição entre aqueles cadastrados no registro do tribunal, observada a respectiva formação. § 3º Sempre que recomendável, haverá a designação de mais de um mediador ou conciliador. Art. 169. Ressalvada a hipótese do art. 167, § 6º, o conciliador e o mediador receberão pelo seu trabalho remuneração prevista em tabela fixada pelo tribunal, conforme parâmetros estabelecidos pelo Conselho Nacional de Justiça. § 1º A mediação e a conciliação podem ser realizadas como trabalho voluntário, observada a legislação pertinente e a regulamentação do tribunal. § 2° Os tribunais determinarão o percentual de audiências não remuneradas que deverão ser suportadas pelas câmaras privadas de conciliação e mediação, com o fim de atender aos processos em que deferida gratuidade da justiça, como contrapartida de seu credenciamento. Art. 170. No caso de impedimento, o conciliador ou mediador o comunicará imediatamente, de preferência por meio eletrônico, e devolverá os autos ao juiz do processo ou ao coordenador do centro judiciário de solução de conflitos, devendo este realizar nova distribuição. Parágrafo único. Se a causa de impedimento for apurada quando já iniciado o procedimento, a atividade será interrompida, lavrando-se ata com relatório do ocorrido e solicitação de distribuição para novo conciliador ou mediador. Art. 171. No caso de impossibilidade temporária do exercício da função, o conciliador ou mediador informará o fato ao centro, preferencialmente por meio eletrônico, para que, durante o período em que perdurar a impossibilidade, não haja novas distribuições. Art. 172. O conciliador e o mediador ficam impedidos, pelo prazo de 1 (um) ano, contado do término da última audiência em que atuaram, de assessorar, representar ou patrocinar qualquer das partes. Art. 173. Será excluído do cadastro de conciliadores e mediadores aquele que: I – agir com dolo ou culpa na condução da conciliação ou da mediação sob sua responsabilidade ou violar qualquer dos deveres decorrentes do art. 166, §§ 1° e 2°; II – atuar em procedimento de mediação ou conciliação, apesar de impedido ou suspeito. § 1° Os casos previstos neste artigo serão apurados em processo administrativo. § 2° O juiz do processo ou o juiz coordenador do centro de conciliação e mediação, se houver, verificando atuação inadequada do mediador ou conciliador, poderá afastá-lo de suas atividades por até 180 (cento e oitenta) dias, por decisão fundamentada, informando o fato imediatamente ao tribunal para instauração do respectivo processo administrativo. Art. 174. A União, os Estados, o Distrito Federal e os Municípios criarão câmaras de mediação e conciliação, com atribuições relacionadas à solução consensual de conflitos no âmbito administrativo, tais como: I – dirimir conflitos envolvendo órgãos e entidades da administração pública; II – avaliar a admissibilidade dos pedidos de resolução de conflitos, por meio de conciliação, no âmbito da administração pública; III – promover, quando couber, a celebração de termo de ajustamento de conduta. Art. 175. As disposições desta Seção não excluem outras formas de conciliação e mediação extrajudiciais vinculadas a órgãos institucionais ou realizadas por intermédio de profissionais independentes, que poderão ser regulamentadas por lei específica. Parágrafo único. Os dispositivos desta Seção aplicam-se, no que couber, às câmaras privadas de conciliação e mediação. Ainda, é de ser referido que na normatividade fundamental do novo CPC, também encontra norte a força das ADR que, logo no seu artigo 3°, já anuncia: Não se excluirá da apreciação jurisdicional ameaça ou lesão a direito. § 1° É permitida a arbitragem, na forma da lei. § 2° O Estado promoverá, sempre que possível, a solução consensual dos conflitos. § 3° A conciliação, a mediação e outros métodos de solução consensual de conflitos deverão ser estimulados por juízes, advogados, defensores públicos e membros do Ministério Público, inclusive no curso do processo judicial.

Existe um esvaziamento do poder do juiz no novo CPC, uma vez que aposta num processo cujo poder é mais compartilhado do que individual. Isso pode ser visto em inúmeros dispositivos, mas relembra-se aqui, para fins de comprovação do que se afirma, o artigo 269, em seu § 1°, que faculta ao advogado promover intimações: *Art. 269. Intimação é o ato pelo qual se dá ciência a alguém dos atos e dos termos do processo. § 1º É facultado aos advogados promover a intimação do advogado da outra parte por meio do correio, juntando aos autos, a seguir, cópia do ofício de intimação e do aviso de recebimento.*

Já questões relacionadas com um resgate de temais morais e éticos tomaram vida na normatividade fundamental do novo CPC, em especial no artigo 5º que refere que *aquele que de qualquer forma participa do processo deve comportar-se de acordo com a boa-fé* e no artigo 6º ao prever que *todos os sujeitos do processo devem cooperar entre si para que se obtenha, em tempo razoável, decisão de mérito justa e efetiva.* Embora estejamos nos enganando no pleno dos fatos, sendo politicamente corretos, dizendo somente aquilo que o outro deseja ouvir, o processo ainda continua sendo um ambiente em que a verdade deve ser reconstruída, não só pelo seu amplo sistema probatório, mas também em razão de dispositivos como os acima transcritos que falam em boa-fé e cooperação judicial. Diante dessas constatações, faz-se necessário fazer a referência que o novo CPC, embora às vezes timidamente e às vezes agressivamente, traz preocupações que estão permeando os paradigmas culturais da sociedade contemporânea.

O momento atual que o Direito passa também não é esquecido, uma vez que, embora não precisasse ser escrito, o artigo 1º expressamente prevê que valores e normas constitucionais devem ser respeitados na aplicação da legislação processual, com a seguinte redação: O processo civil será ordenado, disciplinado e interpretado conforme os valores e as normas fundamentais estabelecidos na Constituição da República Federativa do Brasil, observando-se as disposições deste Código. Diante de tais reflexões, inegável que o novo ordenamento jurídico processual aborda temas importantes que estão sendo vivenciadas pela sociedade contemporânea. Poderia ter ido além? Certamente, mas também este horizonte poderá e deverá ser perseguido pelo profissional do Direito a partir da sua interpretação do texto legislativo.

Considerações finais

O Direito nos leva a pensá-lo de diferentes maneiras, sendo que uma delas é por meio da cultura, esta entendida, num primeiro momento, como o conjunto de informações agregadas pelo ser humano em determinada época ou em determinado local, ou ainda, num conceito mais amplo e objetivo, no conjunto de informações de determinada sociedade que ultrapassa suas fronteiras para chegar ao homem, na linha da objetividade e da subjetividade que lhe é própria. Mas o que a cultura tem de identidade com o Direito? E o que a cultura tem a se identificar com o processo? Absolutamente tudo. Não se pode pensar neles sem pensar no momento cultural que determinada sociedade vive ou ainda em qual determinada época ela vive. As duas concepções lugar/tempo estão intimamente ligadas ao fenômeno cultural. Conforme visto, pode-se ter, num mesmo tempo, mas em diferentes locais, diversificadas culturas, assim como vice-versa, o que não inibe de existir numa mesma localidade e ao mesmo tempo culturas diferentes.

No Brasil, por exemplo, temos, num mesmo tempo, início do século XXI, uma variedade de Escolas que pensam diferentemente o fenômeno processo. Isso só pode se dar por uma simples razão: cada um dos pensamentos emanados por determinada Escola estão altamente imbricados com determinada manifestação cultural de sua localidade ou de seu mestre, apesar de todas viverem no mesmo espaço de tempo. Naquilo que se pode citar numa pequena conclusão está a Escola paulista, que se baseia nas lições do jurista italiano Enrico Tullio Liebman, e a Escola da Universidade Federal do Rio Grande do Sul, que nasceu de algumas contraposições às ideias daquela.

Por fim, tem-se que cada Escola pensará num modelo *estandardizado* de processo, nominando-o e sistematizando de acordo com o paradigma cultural que vivenciou ou vivencia. A Escola Paulista nominando a fase atual do estudo do processo de "instrumentalismo", a Escola da Universidade Federal do Rio Grande do Sul nominando de "formalismo-valorativo", uma das vertentes da Escola Mineira nominando de "neoinstitucionalista", entre outras que poderiam ser citadas, até mesmo se pensando numa quinta fase, como demonstrou o texto ora em conclusão.

Mas qual das fases é hoje a que responde ao momento cultural de pós--modernidade, de globalização e de hiperconsumismo, dentre outros temas sociais cotidianos? Note-se que no que concerne ao paradigma atual do Direito, se ficarmos somente naquilo que hoje se acostumou denominar de neoconstitucionalismo, com certeza se estará olhando para qualquer das fases acima enumeradas, pois todas pensam o processo com a ótica voltada aos valores constitucionais, embora haja divergências pontuais entre algumas, destoando, dentre elas, a fase que seria destinada ao neoinstitucionalismo, conforme já anteriormente trabalhado.

Contudo, se ingressarmos numa outra linha de pensar que o momento cultural hoje é o de abertura das fronteiras para os paradigmas sociais indicados no primeiro capítulo do estudo, nenhuma das fases está apta a abarcar essa nova concepção de sociedade que traz, na velocidade do seu tempo, a falência de qualquer fase metodológica pensada. Olhar o processo sem dar a devida importância ao seu tempo de duração, que significa vida, dignidade, efetividade e adequação, ainda mais após o advento da reforma do Poder Judiciário com o advento da Emenda Constitucional 45/2004, é deixar esses direitos fundamentais de primeira dimensão em segunda mão. Obviamente que são elas fruto de um pensar sobre o tempo, até em razão de que é inegável que o CPC, como já referido, tem em seus arts. 4º e 6º a referência à duração razoável, mas o que se está aqui falando é um estudo verdadeiro sobre as concepções de tempo e sua repercussão na vida do ser humano e da sociedade.

Ressalte-se que todas pensam fases que levam à CRFB como modelo de pensamento do processo, questão esta que, na seara do que ocorre hoje no mundo, é de inegável valor. Contudo, nenhuma delas encontra o elo que busca a resposta aos anseios criados por uma sociedade que está na era da velocidade, que seria a leitura do princípio processual da tempestividade do processo como modelo de releitura para todo o processo, valorizando aquilo que está de acordo com ele e reconfigurando ou expurgando aquilo que está contrário a ele, reformulando-o de acordo com os novos paradigmas que estão impregnados na sociedade. Como já exposto, houve uma preocupação com a implementação de uma nova ordem processual civil no Brasil (Lei 13.105/15), mas ainda foi tímida neste ponto.

Mas o que é apaixonante é que cada uma defende o processo a sua maneira, e ambas, ou melhor, todas as Escolas, quer seja a Paulista, as do Sul do país, as Mineiras, a Paranaense, a Norte e Nordeste, a Alternativa, a Crítica, a jovem Escola Catarinense de Processo, entre outras que possam existir e terem fugido a este trabalho, uma coisa é certa: todas estudam o processo com o intuito de melhorá-lo a fim de prestar a melhor jurisdição possível ao cidadão que bate às portas do Poder Judiciário.

Referencial bibliográfico

ABDO, Helena Najjar. *O abuso do processo*. São Paulo: Revista dos Tribunais, 2007.

ABREU, Leonardo Santana de. *Direito, ação e tutela jurisdicional*. Porto Alegre: Livraria do Advogado, 2011.

ABREU, Rafael Sirangelo. *Igualdade e processo*: posições processuais equilibradas e unidade do direito. São Paulo: Revista dos Tribunais, 2015.

ABREU, Pedro Manoel. *Processo e democracia*. Florianópolis: Eduardo de Avelar Lamy; Pedro Manoel Abreu; Pedro Miranda de Oliveira (Coordenadores). Conceito, 2011.

ACADEMIA brasileira de direito processual civil. Disponível em: <www.abdpc.org.br>. Acesso 13 fev. 2018.

ADOLFO, Luiz Gonzaga Silva. *Globalização e Estado contemporâneo*. São Paulo: Memória Jurídica, 2001.

AHRER, Luli Radf. Síndrome de Peter Pan. *Folha de São Paulo*, São Paulo. Disponível em: <http://www1.folha.uol.com.br/fsp/tec/162241-sindrome-de-peter-pan.shtml>. Acesso em: 22 maio 2014.

ALMEIDA, Alberto Carlos. *A cabeça do brasileiro*. 2. ed. Rio de Janeiro: Record, 2007.

——. *A cabeça do eleitor*: estratégia de campanha, pesquisa e vitória eleitoral. Rio de Janeiro: Record, 2008.

——. *O dedo na ferida*: menos impostos, mais consumo. Rio de Janeiro: Record, 2010.

ALMEIDA, Andréa Alves de. *Processualidade jurídica & legitimidade normativa*. Belo Horizonte: Fórum, 2005.

ALVARO DE OLIVEIRA, Carlos Alberto. *Do formalismo no processo civil*: proposta de um formalismo-valorativo. 4. ed. São Paulo: Saraiva, 2010.

——. *Elementos para uma nova teoria geral do processo*. Porto Alegre: Livraria do Advogado, 1997.

——. O formalismo-valorativo no confronto com o formalismo excessivo. In: DIDIER JR., Fredie; JORDÃO, Eduardo Ferreira. *Teoria geral do processo*: panorama doutrinário mundial. Salvador: JusPodivm, 2007. p. 125-150.

——. *Teoria e prática da tutela jurisdicional*. Rio de Janeiro: Forense, 2008.

ALVIM, Thereza. *Questões prévias e os limites objetivos da coisa julgada*. São Paulo: Revista dos Tribunais, 1977.

AMARAL, Guilherme Rizzo. *As astreintes e o Processo Civil brasileiro*: multa do art. 461 do CPC e outras. 2. ed. Porto Alegre: Livraria do Advogado, 2010.

——. *Cumprimento e execução de sentença sob a ótica do formalismo-valorativo*. Porto Alegre: Livraria do Advogado, 2008.

AMARAL, Paulo Osternack. *Provas*: atipicidade, liberdade e instrumentalidade. São Paulo: Revista dos Tribunais, 2015.

ANDRADE, Lédio Rosa de. *O que é direito alternativo?* 4. ed. Rio de Janeiro: Lumen Juris, 2014.

ANNEP. *Estatuto*. Disponível em: <http://www.annep.org.br/wp-content/themes/annep/pdf/EstatutoANNEP.pdf>. Acesso em: 11 jun. 2014.

APRIGLIANO, Ricardo de Carvalho. *Ordem pública e processo*: o tratamento das questões de ordem pública no Direito Processual Civil. São Paulo: Atlas, 2011.

ARAÚJO, Fabio Caldas de. *Curso de Processo Civil*: Tomo I – Parte Geral. São Paulo: Malheiros, 2016.

ARAÚJO, José Aurélio de. *Cognição sumária, cognição exaustiva e coisa julgada*. São Paulo: Revista dos Tribunais, 2017.

ARENHART, Sérgio Cruz. *A tutela coletiva de interesses individuais*: para além da proteção dos interesses individuais homogêneos. 2. ed. São Paulo: Revista dos Tribunais, 2015.

——. *Perfis da tutela inibitória coletiva*. São Paulo: Revista dos Tribunais, 2003.

ARMELIN, Donaldo. *Legitimidade para agir no direito processual civil brasileiro*. São Paulo: Revista dos Tribunais, 1980.

ARONNE, Ricardo. *Direito civil-constitucional e teoria do caos*: estudos preliminares. Porto Alegre: Livraria do Advogado, 2006.

ARRUDA, Antônio Carlos Matteis de. *Liquidação de sentença*. São Paulo: Revista dos Tribunais, 1981.

ASSIS, Araken de. *Comentários ao Código de Processo Civil*: arts. 797 ao 823. Luiz Guiherme Marinoni; Sérgio Cruz Arenhart e Daniel Mitidiero (coords.). São Paulo: Revista dos Tribunais, 2016. v. XIII.

ATAIDE JÚNIOR, Vicente de Paula. *Processo Civil pragmático*. Tese de doutorado apresentada ao Programa de Pós-Graduação da Universidade Federal do Paraná. 278 fls.

ÁVILA, Humberto. *"Neoconstitucionalismo"*: entre a "ciência do direito" e o "direito da ciência". Disponível em: <http://www.direito-doestado.com/revista/rede-17-janeiro-2009-humberto%20avila.pdf>. Acesso em: 22 mar 2014.

BADARÓ, Gustavo Henrique. *Juiz natural e processo penal*. São Paulo: Revista dos Tribunais, 2014.

BAGGIO, Lucas Pereira. *Tutela jurisdicional de urgência e as exigências do direito material*. Rio de Janeiro: Forense, 2010.

BAIERL, Luiza Fátima. *Medo social*: da violência visível ao invisível da violência. São Paulo: Cortez, 2004.

BAKER, Stephen. *Numerati*: conheça os numerati: eles já comecem você. Tradução de Ivo Korytowski. São Paulo: Saraiva, 2009.

BARBER, Benjamin R. *Consumido*: como o mercado corrompe crianças, infantiliza adultos e engole cidadãos. Tradução de Bruno Casotti. Rio de Janeiro: Record, 2009.

BARBOSA, Alexandre de Freitas. *O mundo globalizado*. 4. ed. São Paulo: Contexto, 2010.

BARROS FILHO, Clóvis de; POMPEU, Júlio. *A filosofia explica as grandes questões da humanidade*. Rio de Janeiro: Casa da Palavra; São Paulo: Casa do Saber, 2013.

BARROS NETO, Geraldo Fonseca de. *Aspectos processuais da recuperação judicial*. Florianópolis: Eduardo de Avelar Lamy; Pedro Manoel Abreu; Pedro Miranda de Oliveira (Coordenadores). Conceito, 2014.

BAUDRILLARD, Jean. *A sociedade de consumo*. Tradução de Artur Morão. Lisboa: Edições 70, 2008.

BAUMAN, Zygmunt. *Confiança e medo na cidade*. Tradução de Eliana Aguiar. Rio de Janeiro: Zahar, 2009.

——. *Globalização*: as conseqüências humanas. Tradução de Marcus Penchel. Rio de Janeiro: Jorge Zahar, 1999.

——. *Modernidade líquida*. Tradução de Plínio Dentzien. Rio de Janeiro: Jorge Zahar, 2001.

BEDAQUE, José Roberto dos Santos. *Direito e processo*: influência do direito material sobre o processo. 5. ed. São Paulo: Malheiros, 2009.

——. *Efetividade do processo e técnica processual*. São Paulo: Malheiros, 2006.

——. Instrumentalismo e garantismo: visões opostas do fenômeno processual? *In Garantismo processual*: garantias constitucionais aplicadas ao processo. José Roberto dos Santos Bedaque, Lia Carolina Batista Cintra e Elie Pierre Eid (Coords). Brasília, DF: Gazeta Jurídica, 2016. págs.1-39.

BELLOCCHI, Márcio. *Precedentes vinculantes e a aplicação do direito brasileiro na convenção de arbitragem*. São Paulo: Revista dos Tribunais, 2017.

BÉLTRAN, Jordi Ferrer. *Prova e verdade no direito*. Tradução de Vitor de Paula Ramos. São Paulo: Revista dos Tribunais, 2017.

BENEDUZI, Renato Resende. *Comentários ao Código de Processo Civil*: arts. 70 ao 187. Luiz Guiherme Marinoni; Sérgio Cruz Arenhart e Daniel Mitidiero (coords.). São Paulo: Revista dos Tribunais, 2016. v. II.

BENOIT, Hector. Sócrates: o nascimento da razão negativa. In: PECORARO, Rossano (Org.). *Os filósofos*: clássicos da filosofia: de Sócrates a Rousseau. Petrópolis, RJ: Vozes; Rio de Janeiro: PUC-Rio, 2008. v. I. p. 9-39.

BERMAN, Harold J. O fundamento histórico do direito americano. *in Aspectos do direito americano*. Tradução de Janine Yvonne Ramos Péres e Arlette Pastor Centurion. Rio de Janeiro: Forense, 1963. p. 11-21.

BERMUDES, Sergio. *Direito processual civil*: estudos e pareceres. 3ª série. São Paulo: Saraiva, 2002.

——. *Introdução ao processo civil*. 5. ed. Rio de Janeiro: Forense, 2010.

BIRKET-SMITH, Kaj. *História da cultura*: origem e evolução. 3. ed. Tradução de Oscar Mendes. São Paulo: Melhoramentos, 1965.

BITTAR, Eduardo C. B. *O direito na pós-modernidade*. 3. ed. São Paulo: Atlas, 2014.

BODART, Bruno V. da Rós. *Tutela de evidência*: teoria da cognição, análise econômica do direito processual e comentários sobre o novo CPC. 2. ed. São Paulo: Revista dos Tribunais, 2015

BOECKEL, Fabrício Dani de. *Tutela jurisdicional do direito a alimentos*. Porto Alegre: Livraria do Advogado, 2007.

BONICIO, Marcelo José Magalhães. *Introdução ao processo civil moderno*. São Paulo: Lex, 2010.

BONIZZI, Marcelo José Magalhães. *Fundamentos da prova civil*: teoria geral da prova e provas em espécie segundo o novo CPC. São Paulo: Revista dos Tribunais, 2017.

BOTELHO, Guilherme. *Direito ao processo qualificado*: o processo civil na perspectiva do Estado constitucional. Porto Alegre: Livraria do Advogado, 2010.

BRAGA, Paula Sarno. *Norma de processo e norma de procedimento*: o problema da repartição de competência legislativa no direito constitucional brasileiro: integridade e coerência na jurisprudência do Supremo Tribunal Federal. Salvador: JusPodivm, 2015.

BRASIL. *Flexão de Gênero* (Lei n. 12.605/12). Disponível em: <http://www.planalto.gov.br/ccivil_03/_ato2011-2014/2012/lei/l12605.htm>. Acesso 13 fev. 2018. Acesso 13 fev. 2018.

BUENO, Cassio Scarpinella. *Amicus curiae no Processo Civil brasileiro*: um terceiro enigmático. 3. Ed. São Paulo: Saraiva, 2012.

——. *Manual de Direito Processual Civil.* 3. ed. São Paulo: Saraiva, 2017.

BUENO DE CARVALHO, Amilton. *Direito alternativo em movimento.* 6. ed. Rio de Janeiro: Lumen Juris, 2005.

BÜLOW, Oskar Von. *Teoria das exceções e dos pressupostos processuais.* Tradução de Ricardo Rodrigues Gama. Campinas, SP: LZN, 2005.

BUZAID, Alfredo. *Estudos e pareceres de direito processual civil.* São Paulo: Revista dos Tribunais, 2002.

CABRAL, Antonio do Passo. *Coisa julgada e preclusões dinâmicas:* entre continuidade, mudança e transição de posições processuais estáveis. Salvador: JusPodivm, 2013.

——; NOGUEIRA, Pedro Henrique (coords). *Negócios processuais.* 3. ed. Salvador: JusPodivm, 2017. vol. 1.

CADIET, Loïc. *Perspectivas sobre o sistema da justiça civil francesa:* seis lições brasileiras. Tradução: Daniel Mitidiero; Bibiana Gava; Toscano de Oliveira; Luciana Robles de Almeida e Rodrigo Lomando. São Paulo: Revista dos Tribunais, 2017.

CÂMARA, Alexandre Freitas. *Levando os padrões decisórios a sério:* formação e aplicação de precedentes e enunciados de súmula. São Paulo: Atlas, 2018.

——. *Lições de direito processual civil.* 16. ed. Rio de Janeiro: Lumen Juris, 2007. v. I.

——. *O novo Processo Civil brasileiro.* 4. ed. São Paulo: Atlas, 2018.

CÂMARA, Helder Moroni. *A nova adjudicação na execução civil.* Florianópolis: Eduardo de Avelar Lamy; Pedro Manoel Abreu; Pedro Miranda de Oliveira (Coordenadores). Conceito, 2014

CAMBI, Eduardo. *Neoconstitucionalismo e neoprocessualismo:* direitos fundamentais, políticas públicas e protagonismo judiciário. São Paulo: Revista dos Tribunais, 2009.

CAMPOS JR., Ephraim de. *Substituição processual.* São Paulo: Revista dos Tribunais, 1985.

CAPPELLETTI, Mauro. *Processo, ideologias e sociedade.* Tradução de Elicio de Cresci Sobrinho. Porto Alegre: Sergio Antonio Fabris, 2008. v. I.

——; GARTH, Bryant. *Acesso à justiça.* Tradução de Ellen Gracie Northfleet. Porto Alegre: Fabris, 1988.

CARNEIRO, Paulo Cesar Pinheiro. Discurso em homenagem ao professor José Carlos Barbosa Moreira. In: MENDES, Aluisio Gonçalves de Castro; WAMBIER, Teresa Arruda Alvim. *O processo em perspectivas:* jornadas brasileiras de direito processual. São Paulo: Revista dos Tribunais, 2013. p. 333-336.

CARNELLI, Lorenzo. *Tempo e direito.* Tradução de Érico Maciel. Rio de Janeiro: José Konfino, 1960.

CARNONEL, Miguel. *Teoria del neoconstitucionalismo:* ensayos escogidos. Madrid: Trotta, 2007.

CARPENA, Márcio Louzada. *Do processo cautelar moderno.* 2ª ed. Rio de Janeiro: Forense, 2004.

CARPES, Artur Thompsen. *A prova do nexo de causalidade na responsabilidade civil.* São Paulo: Revista dos Tribunais, 2016

——. *Ônus da prova no novo CPC:* do estático ao dinâmico. São Paulo: Revista dos Tribunais, 2017.

——. *Ônus dinâmico da prova.* Porto Alegre: Livraria do Advogado, 2010.

CARRETEIRO, Mateus Aimoré. *Tutelas de urgência e processo arbitral.* São Paulo: Revista dos Tribunais, 2017.

CARVALHO, Fabiano Aita. *Multa e prisão civil:* o *contempt of court* no direito brasileiro. Porto Alegre: Livraria do Advogado, 2012.

CARVALHO, José Mauricio de. *Filosofia da cultura:* Delfin Santos e o pensamento contemporâneo. Porto Alegre: EDIPUCRS, 1999.

CATALAN, Marcos. *A morte da culpa na responsabilidade contratual.* São Paulo: Revista dos Tribunais, 2013.

CAVALCANTI, Marcos de Araújo. *Incidente de resolução de demandas repetitivas (IRDR).* São Paulo: Revista dos Tribunais, 2016.

CHASE, Oscar G. *Direito, cultura e ritual:* sistemas de resolução de conflitos no contexto da cultura comparada. Tradução de Sergio Arenhart e Gustavo Osna. São Paulo: Marcial Pons, 2014.

CHEVALIER, Jacques. *O Estado pós-moderno.* Tradução de Marçal Justen Filho. Belo Horizonte: Fórum, 2009.

CIMARDI, Cláudia Aparecida. *A jurisprudência uniforme e os precedentes no novo Código de Processo Civil brasileiro.* São Paulo: Revista dos Tribunais, 2015.

CINTRA, Antonio Carlos de Araújo; GRINOVER, Ada Pellegrini; DINAMARCO, Cândido Rangel. *Teoria geral do processo.* 27. ed. São Paulo: Malheiros, 2011.

——; ——; ——. *Teoria geral do processo.* 30. ed. São Paulo: Malheiros, 2014.

CINTRA, Lia Carolina Batista. *Intervenção de terceiro por ordem do juiz:* a intervenção *iussu iudicis* no processo civil. São Paulo: Revista dos Tribunais, 2017.

CHALITA, Gabriel. *O poder:* reflexões sobre Maquiavel e Etienne de La Boétie. 3. ed. São Paulo: Revista dos Tribunais, 2005.

CNPq. *Ovídio Araújo Baptista da Silva.* Disponível em: <http://buscatextual.cnpq.br/buscatextual/visualizacv.do?metodo=apresent ar&id=K4794814Y2>. Acesso em: 28 maio 2014.

COÊLHO, Marcus Vinícius Furtado; CAMARGO, Luiz Henrique Volpe (coords.). *Honorários advocatícios.* Salvador: JusPodivm, 2015. vol. 2.

COMTE-SPONVILLE, André. O filósofo e o político. In *A sabedoria dos modernos*: dez questões para o nosso tempo. André Comte-Sponville e Luc Ferry. Lisboa: Instituto Piaget, 1998. p. 401-414.

CONJUR. Disponível em: <http://www.conjur.com.br>. Acesso em: 15 abr. 2014.

——. STRECK, Lenio Luiz. *Direito mastigado e literatura facilitada*: agora vai !!! Disponível em: <http://www.conjur.com.br/2014-mai-08/senso-incomum-direito-mastigado-literatura-facilitada-agora>. Acesso 06 de outubro de 2017.

CORDEIRO, Adriano C. *Negócios jurídicos processuais no novo CPC*: das consequências de seu descumprimento. Curitiba: Juruá, 2017.

CORRÊA, Gustavo Testa. *Aspectos jurídicos da internet*. 5. Ed. São Paulo: Saraiva, 2010.

CORREIA, André de Luizi. *A citação no direito processual civil brasileiro*. São Paulo: Revista dos Tribunais, 2001.

CORTELLA, Mario Sergio. *Pensar nos faz bem!*: 1. filosofia, religião, ciência e educação. Petrópolis, RJ: Vozes; São Paulo, SP: Ferraz & Cortella, 2013.

COSTA, Eduardo José da Fonseca. *O Direito vivo das liminares*. São Paulo: Saraiva, 2011.

——; MOURÃO, Luiz Eduardo Ribeiro; NOGUEIRA, Pedro Henrique Pedrosa. *Teoria quinaria da ação*: estudos em homenagem a Pontes de Miranda nos 30 anos do seu falecimento. Salvador: JusPodivm, 2010.

COSTA, Eduardo José da Fonseca; Pereira, Mateus Costa; GOUVEIA FILHO, Paulo Roberto P. *Tutela provisória*. Salvador: JusPodivm, 2016. vol. 6.

COSTA, Miguel do Nascimento. *Poderes do juiz, processo civil e suas relações com o direito material*. Porto Alegre: Verbo Jurídico, 2013.

COUTURE, Eduardo J. *Fundamentos del derecho procesal civil*. Cuarta edición. Montevideo: B de F; Buenos Aires: Euros Editores S.R.L., 2010.

CRAMER, Ronaldo. *Precedentes judiciais*: teoria e dinâmica. São Paulo: Forense, 2017.

CREDIE, Ricardo Arcoverde. *Adjudicação compulsória*. São Paulo: Revista dos Tribunais, 1982.

CUNHA, Guilherme Antunes da. *Tutelas satisfativas autônomas no processo civil*: perspectivas a partir do projeto de novo CPC. Volume 4. Porto Alegre: Verbo Jurídico, 2014.

CUNHA, Leonardo Carneiro da. *Comentários ao Código de Processo Civil*: arts. 188 ao 293. Luiz Guiherme Marinoni; Sérgio Cruz Arenhart e Daniel Mitidiero (coords.). São Paulo: Revista dos Tribunais, 2016. v. III.

——. *Fazenda Pública em juízo*. São Paulo: Forense, 2017.

——. *In Processo Civil comparado*: análise entre Brasil e Portugal. SILVA, João Calvão da; CUNHA, Leonardo Carneiro da; CAPELO, Maria José; THOMAZ, Osvir Guimarães (orgs). São Paulo: Forense, 2017.

CUNHA, Paulo Ferreira da; SILVA, Joana Aguiar e; SOARES, António Lemos. *História do direito*: do direito romano à Constituição europeia. Coimbra: Almedina, 2005.

CURY, Vera de Arruda Rozo. *Introdução à formação jurídica no Brasil*. Campinas: Edicamp, 2002.

DALRYMPLE, Theodore. *Podres de mimados*: as consequências do sentimentalismo tóxico. Tradução de Pedro Sette-Câmara. São Paulo: É Realizações, 2015.

DANTAS, Rodrigo D'orio. *Litigância de má-fé e a responsabilidade civil do advogado*. Eduardo de Avelar Lamy; Pedro Manoel Abreu; Pedro Miranda de Oliveira (Coordenadores). Florianópolis: Conceito, 2013.

DIAS, Ronaldo Brêtas de Carvalho; SOARES, Carlos Henrique (Coords.). *Técnica processual*. Belo Horizonte: Del Rey, 2015.

DEL NEGRI, André. *Processo constitucional e decisão interna corporis*. Belo Horizonte: Fórum, 2011.

DIDIER JR., Fredie. *Carlos Alberto Alvaro de Oliveira*. In Revista de Processo. Ano 39. Volume 228. Fevereiro de 2014. 473-475.

——. *Fundamentos do princípio da cooperação no direito processual civil português*. Coimbra: Coimbra, 2010.

——. *Pressupostos processuais e condições da ação*: o juízo de admissibilidade do processo. São Paulo: Saraiva, 2005.

——. *Recurso de terceiro*: juízo de admissibilidade. 2. ed. São Paulo: Revista dos Tribunais, 2005.

——. *Regras processuais no Código Civil*: aspectos da influência do Código Civil de 2002 na legislação processual. 4. ed. São Paulo: Saraiva, 2010.

——. *Sobre a teoria geral do processo, essa desconhecida*. Salvador: Juspodivm, 2012

——. Teoria do processo e teoria do direito. In: TELLINI, Denise Estrella; JOBIM, Geraldo Cordeiro; JOBIM, Marco Félix. *Tempestividade e efetividade processual*: novos rumos do processo civil brasileiro. Caxias do Sul: Plenum, 2010. p. 195-201.

——; CUNHA, Leonardo carneiro da; BASTOS, Antonio Adonias (coords). *Execução e cautelar*: estudos em homenagem a José de Moura Rocha. Salvador: JusPodivm, 2012.

——; BASTOS, Antonio Adonias Aguiar (Coords.). *O projeto do novo Código de Processo Civil*: estudos em homenagem ao professor José Joaquim Calmon de Passos. Salvador: JusPodivm, 2012.

——; Nunes, Dierle; FREIRE, Alexandre. *Normas fundamentais*. Salvador: JusPodivm, 2016. vol. 8.

——; CUNHA, Leonardo Carneiro da (coords.). *Julgamento de casos repetitivos*. Salvador: JusPodivm, 2017. vol. 10.

——; CUNHA, Leonardo Carneiro da; ATAÍDE JR., Jaldemiro Rodrigues; MACÊDO, Lucas Buril (coords.). *Precedentes*. Salvador: JusPodivm, 2015. vol. 3.

——; MOUTA, José Henrique; KLIPPEL, Rodrigo. *O projeto do novo Código de Processo Civil*: estudos em homenagem ao Professor José de Albuquerque Rocha. Salvador: JusPodivm, 2011.

——; NOGUEIRA, Pedro Henrique Pedrosa. *Teoria dos fatos jurídicos processuais*. Salvador: JusPodivm, 2011.

——; NOGUEIRA, Pedro Henrique Pedrosa; GOUVEIA FILHO, Roberto P. Campos (Coords.). *Pontes de Miranda e o direito processual*. Salvador: JusPodivm, 2013.

DINAMARCO, Cândido Rangel. *A instrumentalidade do processo*. 13. ed. São Paulo: Malheiros, 2008.

——. *Fundamentos do processo civil moderno*. 6. ed. São Paulo: Malheiros, 2010. v. I.

——. *Nova era do processo civil*. 2. ed. São Paulo: Malheiros, 2007.

DOMIT, Otávio Augusto Dal Molin. *Iuri Novit Curia e causa de pedir*: o juiz e a qualificação jurídica dos fatos no processo civil Brasileiro. São Paulo: Revista dos Tribunais, 2016.

DONDI, Angelo; ANSANELLI, Vincenzo; COMOGLIO, Paolo. *Processo civil comparado*: uma perspectiva evolutiva. Coordenação e revisão da tradução de Luiz Guilherme Marinoni, Sérgio Cruz Arenhart e Daniel Mitidiero. São Paulo: Revista dos Tribunais, 2017.

DUTRA, Delamar José Volpato. Habermas. In: PECORARO, Rossano (Org.). *Os filósofos*: clássicos da filosofia: de Ortega Y Gasset a Vattimo. Petrópolis, RJ: Vozes; Rio de Janeiro: PUC-Rio, 2009. v. III. p. 304-321.

——. Teoria discursiva do direito. In: TRAVESSONI, Alexandre (Org.). *Dicionário de teoria e filosofia do direito*. São Paulo: LTr, 2011. p. 400-404.

EAGLETON, Terry. *A idéia de cultura*. Tradução de Sandra Castello Branco. São Paulo: UNESP, 2005.

EID, Elie Pierre. *Litisconsórcio unitário*: fundamentos, estrutura e regime. São Paulo: Revista dos Tribunais, 2016.

ELIOT, T. S. *Notas para a definição de cultura*. Tradução de Eduardo Wolf. São Paulo: Realizações, 2011.

ESPAÇO VITAL. Disponível em: <http://www.espacovital.com.br>. Acesso em: 11 jun. 2014.

FABRÍCIO, Adroaldo Furtado. *Ensaio de direito processual*. Rio de Janeiro: Forense, 2003.

FACULDADE DE DIREITO. Disponível em: <http://www.ufrgs.br/direito/>. Acesso 13 fev. 2018.

FALZEA, Angelo. Sistema culturale e sistema giuridico. In: ——. *Ricerche di teoria generale del diritto e di dogmatica giuridica*. Milano: Giuffrè, 1999.

FARIA, Márcio Carvalho. *A lealdade processual na prestação jurisdicional*: em busca de um modelo de juiz leal. São Paulo: Revista dos Tribunais, 2017.

FEATHERSTONE, Mike. *Cultura de consumo e pós-modernismo*. Tradução de Julio Assis Simões. São Paulo: Studio Nobel, 2007.

FEINMAN, Jay M. *Law 101*: Everything you need to know about American Law. Third Edition. New York: Oxford University, 2010.

FENSTERSEIFER, Shana Serrão. *A eficácia imediata da sentença no CPC de 2015*. Porto Alegre: Livraria do Advogado, 2016.

FERNÁNDEZ-ARMESTO, Felipe. *Então você pensa que é humano?* Uma breve história da humanidade. Tradução de Rosaura Eichemberg. São Paulo: Companhia das Letras, 2007.

FERRAREZE FILHO, Paulo: *Manual politicamente incorreto do direito no Brasil*. Rio de Janeiro: Lumen Juris, 2016.

FERRAZ, Cristina. *Prazos no processo de conhecimento*: preclusão, prescrição, decadência, perempção, coisa julgada material e formal. São Paulo: Revista dos Tribunais, 2001.

FERRY, Luc. A sociedade mediática em questão: o ecrã contra o escrito? In *A sabedoria dos modernos*: dez questões para o nosso tempo. André Comte-Sponville e Luc Ferry. Lisboa: Instituto Piaget, 1998. p. 365-373.

FERREIRA, Daniel Brantes. *Ensino jurídico e teoria do direito nos EUA*: a dupla faceta do realismo jurídico norte-americano. Curitiba: Juruá, 2012.

FEYERABEND, Paul. *Adeus à razão*. Tradução de Vera Joscelyne. São Paulo: UNESP, 2010.

FIORILLO, Celso Antonio Pacheco. *Os sindicatos e a defesa dos interesses difusos no direito processual civil brasileiro*. São Paulo: Revista dos Tribunais, 1995.

FLACH, Daisson. *A verossimilhança no processo civil e sua aplicação prática*. São Paulo: Revista dos Tribunais, 2009.

FOLEY, Michael. *A era da loucura*: como o mundo moderno se tornou a felicidade uma meta (quase) impossível. Tradução de Eliana Rocha. São Paulo: Alaúde, 2011.

FORNACIARI JÚNIOR, Clito. *Reconhecimento jurídico do pedido*. São Paulo: Revista dos Tribunais, 1977.

FRANÇA começa a expulsar ciganos. *Diário de Notícias*, 19 ago. 2010. Disponível em: <http://www.dn.pt/inicio/globo/interior.aspx?content_id=1643938&seccao=Europa>. Acesso em: 11 mar. 2014.

FRANZONI, Diego. *Arbitragem societária*. São Paulo: Revista dos Tribunais, 2015.

FREIRE, Alexandre; DANTAS, Bruno; NUNES, Dierle; DIDIER JR., Fredie; MEDINA, José Miguel Garcia; FUX, Luiz; CAMARGO, Luiz Henrique Volpe; OLIVEIRA, Pedro Miranda de. *Novas tendências do processo civil*: estudos sobre o projeto do novo Código de Processo Civil. Salvador: JusPodivm, 2013.

FREIRE, Rodrigo da Cunha Lima. *Condições da ação*: enfoque sobre o interesse de agir. 3. ed. São Paulo: Revista dos Tribunais, 2005.

FREITAS, Vladimir Passos de. *Curso de direito*: antes, durante e depois. 2. ed. Campinas: Millennium, 2012.

FRIEDMAN, Thomas L. *O mundo é plano*: o mundo globalizado do século XXI. 3. ed. Tradução de Cristiana Serra et al. Rio de Janeiro: Objetiva, 2009.

FUX, Luiz. O processo e o homem – palestra e homenagem do Prof. Min. Luiz Fux. In: MENDES, Aluisio Gonçalves de Castro; WAMBIER, Teresa Arruda Alvim. *O processo em perspectivas*: jornadas brasileiras de direito processual. São Paulo: Revista dos Tribunais, 2013. p. 259-268.

——. *Teoria geral do processo civil*. Rio de Janeiro: Forense, 2014.

GADAMER, Hans-Georg. *Verdade e método*. Traços fundamentais de uma hermenêutica filosófica. 7. ed. Tradução de Flávio Paulo Meurer. Petrópolis: Vozes; Bragança Paulista: Universitária São Francisco, 2005. v. I.

GAGLIETI, Mauro; ESPÍNDOLA, Angela Araújo da Silveira. *Direito & multiculturalismo no espaço público brasileiro*. Passo Fundo: IMED, 2013.

GAIO JÚNIOR, Antônio Pereira. *Direito processual civil*: teoria geral do processo, processo de conhecimento e recursos. 2. ed. Belo Horizonte: Del Rey, 2008. v. 1.

GAJARDONI, Fernando da Fonseca; DELLORE, Luiz; ROQUE, Andre Vasconcelos; OLIVEIRA JR., Zulmar Duarte de. *Execução e recursos*: comentários ao CPC de 2015. São Paulo: MÉTODO, 2017

——; ——; ——; ——. *Processo de conhecimento e cumprimento de sentença*: comentários ao CPC de 2015. São Paulo: Método, 2016.

——; ——; ——; ——. *Teoria geral do processo*: comentários ao CPC de 2015. São Paulo: Forense, 2015.

GALINDO, Beatriz; FARIA, Marcela Kohlbach de (coords). *Recursos no CPC/2015*: perspectivas, crítica e desafios. Salvador: JusPodivm, 2017.

GALINDO, Maíra Coelho Torres. *Processo cooperativo*: o contraditório dinâmico e a questão das decisões-surpresa. Curitiba: Juruá, 2015.

GALIO, Morgana Henicka. *Overruling*: a superação do precedente no direito brasileiro. Florianópolis: Empório do Direito, 2016.

GERAIGE NETO, Zaiden. *Ação rescisória*: o lento caminhar do olhar escrito, comparado às rápidas transformações das sociedades contemporâneas. São Paulo: Revista dos Tribunais, 2009.

——. *O princípio da inafastabilidade do controle jurisdicional*: art. 5º, inciso XXXV, da Constituição Federal. São Paulo: Revista dos Tribunais, 2003.

GIANESINI, Rita. *Da revelia no processo civil brasileiro*. São Paulo: Revista dos Tribunais, 1977.

GIDDENS, Anthony. *As consequências da modernidade*. Tradução de Raul Fiker. São Paulo: UNESP, 1991.

GILISSEN, John. *Introdução histórica ao direito*. 5. ed. Tradução de A. M. Espanha e L. M. Macaísta Malheiros. Lisboa: Fundação Calouste Gulbenkian, 2008.

GINZBURG, Carlo. A história na era Google. In: SCHÜLER, Fernando Luís e WOLF, Eduardo (Orgs.). *Pensar o contemporâneo*. Porto Alegre: Arquipélago, 2014. p. 40-63.

GIORGIO JÚNIOR, Romulo Ponticelli. *Jurisdição constitucional e Código de Processo Civil*: sincronia, racionalidade, interpretação e segurança jurídica. São Paulo: Revista dos Tribunais, 2017.

GODOY, Arnaldo Sampaio de Moraes. *A Suprema Corte Norte-Americana e o julgamento do uso de Huasca pelo Centro Espírita Beneficente União do Vegetal (UDV)*: colisão de princípios: liberdade religiosa v. repressão a substâncias alucinógenas: um estudo de caso. Disponível em: <http://www.planalto.gov.br/ccivil_03/revista/rev_79/artigos/Arnaldo_rev79.htm>. Acesso em: 04 jun. 2014.

GÓES, Gisele Santos Fernandes. *Direito processual civil*: processo de conhecimento. São Paulo: Revista dos Tribunais, 2006.

GRESTA, Roberta Maia. *Introdução aos fundamentos da processualidade democrática*. Rio de Janeiro: Lumen Juris, 2014.

GUEDES, Jefferson Carús. *O princípio da oralidade*: procedimento por audiências no Direito Processual Civil Brasileiro. São Paulo: Revista dos Tribunais, 2003.

——. Quais as bases científicas para um renovado direito processual. In: CARNEIRO, Athos Gusmão; CALMON, Petrônio. *Bases científicas para um renovado direito processual*. 2. ed. Salvador: JusPodivm, 2009. p. 861-870.

GOHN, Maria da Glória. *O protagonismo da sociedade civil*: movimentos sociais, ONGs e redes comunitárias. 2. ed. São Paulo: Cortez, 2008.

GOMES, Orlando. *Raízes históricas e sociológicas do Código Civil brasileiro*. São Paulo: Martins Fontes, 2006.

GONÇALVES, Willian Couto. *Uma introdução à filosofia do direito processual*: estudos sobre a jurisdição e o processo fundamentando uma compreensão histórica, ontológica e teleológica. Rio de Janeiro: Lumen Juris, 2005.

GOOGLE. Disponível em: <http://www.google.com.br>. Acesso em: 20 jan. 2009.

GOMES, Fábio Luiz. *Responsabilidade objetiva e antecipação de tutela*: (Direito e pós-modernidade). 2. ed. Porto Alegre: Livraria do Advogado, 2014.

GORON, Lívio Goellner. *Tutela específica de urgência*: antecipação da tutela relativa aos deveres de fazer e de não fazer. Porto Alegre: Livraria do Advogado, 2013.

GRAU, Eros. *Por que tenho medo dos juízes*: a interpretação/aplicação do direito e os princípios. 6. ed. São Paulo: Malheiros, 2013.

GRECO, Leonardo. *Instituições de processo civil*: introdução ao direito processual civil. 3. ed. Rio de Janeiro: Forense, 2011. v. I.

GRECO FILHO, Vicente. *Direito processual civil brasileiro*. Teoria geral do processo e auxiliares da justiça. 21. ed. São Paulo: Saraiva, 2009. v. 1.

GRINOVER, Ada Pellegrini. *A professora da USP*. Rio de Janeiro: Forense Universitária, 2011.

——. *Direito processual civil*. São Paulo: Bushatsky, 1974.

——. *O processo em evolução*. 2. ed. Rio de Janeiro: Forense, 1998.

GUASTINI, Riccardo. *Das fontes às normas*. Tradução de Edson Bini. São Paulo: Quartier Latin, 2005.

GUEDES, Jefferson Carús. *Comentários ao Código de Processo Civil*: arts. 719 ao 770. Luiz Guiherme Marinoni; Sérgio Cruz Arenhart e Daniel Mitidiero (coords.). São Paulo: Revista dos Tribunais, 2016. v. XI.

HÄBERLE, Peter. A dignidade humana como fundamento da comunidade estatal. In: SARLET, Ingo Wolfgang (Org.). *Dimensões da dignidade*: ensaios de filosofia do direito e direito constitucional. 2. ed. Tradução de Ingo Wolfgang Sarlet e Pedro Scherer de Mello Aleixo. Porto Alegre: Livraria do Advogado, 2009. p. 45-104.

HALL, Stuart. *A identidade cultural na pós-modernidade*. 11. ed. Tradução de Tomaz Tadeu da Silva e Guacira Lopes Louro. Rio de Janeiro: DP&A, 2006.

HARDT, Michael; NEGRI, Antonio. *Declaração* – Isto não é um manifesto. São Paulo: n – 1 Edições, 2014.

HARVEY, David. *Condição pós-moderna*: uma pesquisa sobre as origens da mudança cultural. 18. ed. Tradução de Adail Ubirajara Sobral e Maria Stela Gonçalves. São Paulo: Loyola, 2009.

HERMET, Guy. *Cultura & desenvolvimento*. Tradução de Vera Lúcia Mello Joscelyne. Petrópolis: Vozes, 2002.

HERL, Ricardo Augusto. Da discricionariedade (neo)processual à crítica hermenêutica do direito processual civil brasileiro. *In A discricionariedade nos sistemas jurídicos contemporâneos*. Lenio Luiz Streck (Org.). Salvador: JusPodivm, 2017. p. 179-210.

HERZL, Ricardo Augusto. *Neoprocessualismo, processo e Constituição*: tendências do direito processual civil à luz do neoconstitucionalismo. Florianópolis: Conceito, 2013.

HESPANHA, António Manuel. *Cultura jurídica europeia*: síntese de um milênio. Coimbra: Almedina, 2012.

HOBSBAWM, Eric. *Tempos fraturados*: cultura e sociedade no século XX. Tradução de Berilo Vargas. São Paulo: Companhia das Letras, 2013.

HOMMERDING, Adalberto Narciso. *Fundamentos para uma compreensão hermenêutica do processo civil*. Porto Alegre: Livraria do Advogado, 2007.

INSTITUTO PONTES DE MIRANDA. Disponível em: <http://www.ipm.al.org.br/>. Acesso em: 13 jun. 2014.

IOCOHAMA, Celso Hiroshi. *Litigância de má-fé e lealdade processual*. Curitiba: Juruá, 2006.

JAYME, Fernando Gonzaga; GONÇALVES, Gláucio Maciel; FARIA, Juliana Cordeiro de; FRANCO, Marcelo Veiga; ARAÚJO, Mayara de Carvalho; CREMASCO, Suzana Santi (Organizadores). *Processo Civil brasileiro*. Belo Horizonte: Del Rey, 2016. p. 13-15.

JOBIM, Marco Félix. "A tempestividade do processo no projeto de lei do novo Código de Processo Civil brasileiro e a comissão de juristas nomeada para sua elaboração: quem ficou de fora?". *Revista Eletrônica de Direito Processual*, a. 4, v. 6, jul./dez. 2010. Disponível em: <http://www.redp.com.br>. Acesso em: 12 maio 2011.

——. *Direito à duração razoável do processo*: responsabilidade civil do Estado em decorrência da intempestividade processual. 2. ed. Porto Alegre: Livraria do Advogado, 2012.

——. *Medidas estruturantes*: da Suprema Corte estadunidense ao Supremo Tribunal Federal. Porto Alegre: Livraria do Advogado, 2013.

——. Poderes do juiz, processo civil e suas relações com o Direito material, de Miguel do Nascimento Costa. *in Revista de processo*. Ano 39. N. 230. Abril de 2014. São Paulo: Revista dos Tribunais, 2014. p. 482.

——; FERREIRA, William Santos (coords.). *Direito probatório*. Salvador: JusPodivm, 2015. vol. 5.

JORGE, Flávio Cheim. *Chamamento ao processo*. 2. ed. São Paulo: Revista dos Tribunais, 1999.

JORGE NETO, Nagibe de Melo. Uma teoria da decisão judicial: fundamentação, legitimidade e justiça. Salvador: JusPodivm, 2017.

JULLIEN, François. *Fundar a moral*: diálogos de Mêncio com um filósofo as luzes. Tradução de Maria das Graças de Souza. São Paulo: Discurso Editorial, 2001.

CULTURA, ESCOLAS E FASES METODOLÓGICAS DO PROCESSO

KAFKA, Franz. *Um artista da fome.* Disponível em <http://www.psb40.org.br/bib/b186.pdf>. Acesso em: 18 mar. 2014.

KEMMERICH, Clóvis Juarez. *Sentença obscura e trânsito em julgado.* Porto Alegre: Livraria do Advogado, 2013.

KEPPEN, Luiz Fernando Tomasi; MARTINS, Nadia Bevilaqua. *Introdução à resolução alternativa de conflitos:* negociação, mediação, levantamento de fatos, avaliação técnica independente. Curitiba: JM Livraria Jurídica, 2009.

KRETSCHMANN, Ângela; WENDT, Emerson. *Tecnologia da informação & Direito.* Porto Alegre: Livraria do Advogado, 2018.

KUHN, Thomas S. *A estrutura das revoluções científicas.* Tradução de Beatriz Vianna Boeira e Nelson Boeira. São Paulo: Perspectiva, 2005.

LABRADOR, David. Do instantâneo ao eterno. *Scientific American,* São Paulo: Ediouro, ed. 21, 2007.

LACERDA, Galeno. *Teoria geral do processo.* Rio de Janeiro: Forense, 2008.

LAMY, Eduardo de Abelar; RODRIGUES, Horácio Wanderlei. *Curso de processo civil:* teoria geral do processo. Florianópolis: Conceito, 2010.

——. *Aspectos polêmicos do novo CPC.* Florianópolis: Empório do Direito, 2016.

——. *Ensaios de processo civil.* Eduardo de Avelar Lamy; Pedro Manoel Abreu; Pedro Miranda de Oliveira (Coordenadores). Florianópolis: Conceito, 2011.

LANES, Julio Cesar Goulart. *A inseparabilidade das questões de fato e de direito e o modelo de processo civil cooperativo.* São Paulo: Revista dos Tribunais, 2014. No prelo.

——. *Audiências:* conciliação, saneamento, prova e julgamento. Rio de Janeiro: Forense, 2009.

LANNA, Leonardo; MENDONÇA, Martha; ZORZANELLI, Marcelo; FERNANDES, Nelito. *Sensacionalista.* Caxias do Sul, RS: Belas Letras, 2016.

LARA, Betina Rizzato. *Liminares no processo civil.* 2. ed. São Paulo: Revista dos Tribunais, 1994.

LARAIA, Roque de Barros. *Cultura:* um conceito antropológico. 24. ed. Rio de Janeiro: Jorge Zahar, 2009.

LAZZARINI, Alexandre Alves. *A causa petendi nas ações de separação judicial e de dissolução da união estável.* São Paulo: Revista dos Tribunais, 1998.

LEAL, André Cordeiro. *Instrumentalidade do processo em crise.* Belo Horizonte: Mandamentos, FUMEC, 2008.

LEAL, Rosemiro Pereira. A principiologia jurídica do processo na teoria neo-institucionalista. In: TAVARES, Fernando Horta (Coord.). *Constituição, direito e processo:* princípios constitucionais do processo. Curitiba: Juruá, 2008. p. 281-290.

——. *A teoria neoinstitucionalista do processo:* uma trajetória conjectural. Belo Horizonte: Arraes, 2013.

——. *Da técnica procedimental à ciência processual contemporânea. in Técnica processual.* Ronaldo Brêtas de Carvalho Dias e Carlos Henrique Soares (Coords). Belo Horizonte: Del Rey, 2015. p. 1-22.

——. (Coordenador). *Estudos continuados de teoria do processo:* a pesquisa jurídica no curso de mestrado em direito processual. Porto Alegre: Síntese, 2004.

——. *Processo como teoria da lei democrática.* Belo Horizonte: Fórum, 2010.

——. *Teoria geral do processo:* primeiros estudos. 9. ed. Rio de Janeiro: Forense, 2010.

——; ALMEIDA, Andréa Alves de (Orgs). *Comentários críticos à exposição de motivos do CPC de 1973 e os motivos para a elaboração de um novo CPC.* Franca: Lemos e Cruz, 2010.

LEITE, Cláudio Antônio Cardoso. *A cultura brasileira e a sexualidade na TV:* uma análise sociológica. Rio de Janeiro: Booklink, 2010.

LEONARDI, Marcel. *Tutela e privacidade na internet.* São Paulo: Saraiva, 2012.

LEONEL, Ricardo de Barros. *Manual do Processo Coletivo.* 4. ed. São Paulo: Malheiros, 2017.

LESSA NETO, João Luiz. O novo Código de Processo Civil, racionalismo e os meios adequados de resolução de disputas no Brasil. *In Processo Civil comparado:* análise entre Brasil e Portugal. São Paulo: Forense, 2017. P. 29-48.

LIEBMAN, Enrico Túlio. *Manual de direito processual civil.* 3. ed. Tradução de Cândido Rangel Dinamarco. São Paulo: Malheiros, 2005.

LIMA, Clarissa Costa de. *O tratamento do superendividamento e o direito de recomeçar dos consumidores.* São Paulo: Revista dos Tribunais, 2014.

LIMBERGER, Têmis. Direito e informática: o desafio de proteger os direitos do cidadão. *in Direitos fundamentais, informática e comunicação:* algumas aproximações. SARLET, Ingo Wolfgang (Organizador). Porto Alegre: Livraria do Advogado, 2007. p. 195-225.

LIPOVETSKY, Gilles. *A sociedade da decepção.* Tradução: Armando Braio Ara. Barueri, SP: Manole, 2007.

LINDSTROM, Martin. *A lógica do consumo:* verdades e mentiras sobre por que compramos. Tradução de Marcello Lino. Rio de Janeiro: Nova Fronteira, 2009.

LIPOVETSKY, Gilles. *Os tempos hipermodernos.* Tradução de Mário Vilela. São Paulo: Barcarolla, 2004.

LOPES, João Batista. *Ação declaratória.* 6. ed. São Paulo: Revista dos Tribunais, 2009.

LOPES, José Reinaldo de Lima. Escola de glosadores. In: TRAVESSONI, Alexandre (Coord.). *Dicionário de teoria e filosofia do direito*. São Paulo: LTr, 2011. p. 154-157.

LUCON, Paulo Henrique dos Santos. *Relação entre demandas*. Brasília, DF: Gazeta Jurídica, 2016.

"LULU" completa 25 dias fora das lojas de aplicativos. *G1*. Tecnologia e games. Disponível em: <http://g1.globo.com/tecnologia/noticia/2014/01/lulu-completa-25-dias-fora-das-lojas-de-aplicativos.html>. Acesso em: 01 jun. 2014.

MACEDO, Elaine Harzheim. *Jurisdição e processo*: crítica histórica e perspectivas para o terceiro milênio. Porto Alegre: Livraria do Advogado, 2005.

——; VIAFORE, Daniele. *A decisão monocrática e a numerosidade no processo civil brasileiro*. Porto Alegre: Livraria do Advogado, 2015.

——; HIDALGO, Daniela Boito. Maurmann. Jurisdição, direito material e processo: os pilares da obra ovidiana e seus reflexos na aplicação do direito. Porto Alegre: Livraria do Advogado, 2015.

——; MACEDO, Fernanda dos Santos. *O direito processual civil e a pós-modernidade*. No prelo para publicação.

MACHADO, Fábio Cardoso. *Jurisdição, condenação e tutela jurisdicional*. Rio de Janeiro: Lumen Juris, 2004.

MACHADO, Marcelo Pacheco. *Comentários ao Código De Processo Civil*: dos embargos de terceiro até da restauração de autos (arts. 674-718). José Roberto F. Gouvêa; Luiz Guilherme A. Bondioli e João Francisco N. da Fonseca (coords.). São Paulo: Saraiva, 2017.

MACHIAVELLI, Niccolò. *O príncipe*: com as notas de Napoleão Bonaparte. 2. ed. Tradução de J. Cretella Jr. e Agnes Cretella. São Paulo: Revista dos Tribunais, 1997.

MADUREIRA, Claudio. *Fundamentos do novo Processo Civil brasile*iro: o processo civil do formalismo-valorativo. Belo Horizonte: Fórum, 2017.

MAGALHÃES, Joseli Lima. *Temas de direito processual democrático*. Teresina: EDUFPI, 2012.

MAGRI, Berenice Soubhie Nogueira. *Ação anulatória*: art. 486 do CPC. 2. Ed. São Paulo: Revista dos Tribunais, 2004.

MARANHÃO, Clayton. *Comentários ao Código de Processo Civil*: arts. 1.045 ao 1.072. Luiz Guiherme Marinoni; Sérgio Cruz Arenhart e Daniel Mitidiero (coords.). São Paulo: Revista dos Tribunais, 2016. v. XVII.

MARCATO, Ana Cândida Menezes; BRAGA, Paula Sarno, APRIGLIANO, Ricardo de Carvalho, NOLASCO, Rita Dias, GÓES, Gisele Fernandes e GALINDO, Beatriz (coords.). *Negócios Processuais*. Salvador: JusPodivm, 2018. vol. I.

MARIN, Jeferson Dytz (coord.). *Jurisdição e processo*. Volume III. Curitiba: Juruá, 2009.

MARINONI, Luiz Guilherme (Org.). *A força dos precedentes*: estudos dos cursos de mestrado e doutorado em direito processual civil da UFPR. 2. ed. Salvador: JusPodivm, 2012.

——. *Abuso de defesa e parte incontroversa da demanda*. São Paulo: Revista dos Tribunais, 2007.

—— (Org.). *A força dos precedentes*: estudos dos cursos de mestrado e doutorado em direito processual civil da UFPR. 2. ed. Salvador: JusPodivm, 2012.

——. *Antecipação de tutela*. 11. ed. São Paulo: Revista dos Tribunais, 2009.

——. *Coisa julgada inconstitucional*: a retroatividade da decisão de (in) constitucionalidade do STF sobre a coisa julgada: a questão da relativização da coisa julgada. São Paulo: Revista dos Tribunais, 2008.

——. *Julgamento nas cortes supremas*: precedentes e decisão do recurso diante do novo CPC. São Paulo: Revista dos Tribunais, 2015.

——. *O STJ enquanto corte de precedentes*: recompreensão do sistema processual da corte suprema. São Paulo: Revista dos Tribunais, 2013.

——. *Precedentes obrigatórios*. São Paulo: Revista dos Tribunais, 2010.

——. *Técnica processual e tutela dos direitos*. 2. ed. São Paulo: Revista dos Tribunais, 2008.

——. *Teoria geral do processo*. 4. ed. São Paulo: Revista dos Tribunais, 2010. v. I.

——. *Teoria geral do processo*. 8. ed. São Paulo: Revista dos Tribunais, 2014. v. I.

——. *Tutela antecipada e julgamento antecipado*: parte incontroversa da demanda. 5. ed. São Paulo: Revista dos Tribunais, 2002.

——. *Tutela inibitória*: individual e coletiva. 4. ed. São Paulo: Revista dos Tribunais, 2006.

——; ARENHART, Sérgio Cruz. *Prova*. São Paulo: Revista dos Tribunais, 2009.

——; ——. *Comentários ao Código de Processo Civil*: arts. 294 ao 333. Luiz Guiherme Marinoni; Sérgio Cruz Arenhart e Daniel Mitidiero (coords.). São Paulo: Revista dos Tribunais, 2016. v. IV.

——; ——. *Comentários ao Código de Processo Civil*: arts. 369 ao 380. Luiz Guiherme Marinoni; Sérgio Cruz Arenhart e Daniel Mitidiero (coords.). São Paulo: Revista dos Tribunais, 2016. v. VI.

——; ——. *Comentários ao Código de Processo Civil*: arts. 381 ao 484. Luiz Guiherme Marinoni; Sérgio Cruz Arenhart e Daniel Mitidiero (coords.). São Paulo: Revista dos Tribunais, 2016. v. VII.

———; ———; MITIDIERO, Daniel. *O novo processo civil*. São Paulo: Revista dos Tribunais, 2015.

———; ———; ———. *O novo Processo Civil*. 2. ed. São Paulo: Revista dos Tribunais, 2016.

———; ———; ———. *O novo Código de Processo Civil comentado*. São Paulo: Revista dos Tribunais, 2015.

———; ———; ———. *O novo curso de processo civil*: teoria do processo civil. São Paulo: Revista dos Tribunais, 2015. Vol. I.

———; ———; ———. *O novo curso de processo civil*: Tutela dos direitos mediante procedimento comum. São Paulo: Revista dos Tribunais, 2015. Vol. II.

———; ———; ———. *O novo curso de processo civil*: Tutela dos direitos mediante procedimentos diferenciados. São Paulo: Revista dos Tribunais, 2015. Vol. III.

———; MITIDIERO, Daniel. *Comentários ao Código de Processo Civil*: arts. 1º ao 69. Luiz Guiherme Marinoni; Sérgio Cruz Arenhart e Daniel Mitidiero (coords.). São Paulo: Revista dos Tribunais, 2016. v. I.

———; ———. *Comentários ao Código de Processo Civil*: arts. 926 ao 975. Luiz Guiherme Marinoni; Sérgio Cruz Arenhart e Daniel Mitidiero (coords.). São Paulo: Revista dos Tribunais, 2016. v. XV.

———; ———. *Comentários ao Código de Processo Civil*: arts. 976 ao 1.044. Luiz Guiherme Marinoni; Sérgio Cruz Arenhart e Daniel Mitidiero (coords.). São Paulo: Revista dos Tribunais, 2016. v. XVI.

MARKUS, Robert A. Agostinho. In: CANTO-SPERBER, Monique (Org.). *Dicionário de ética e filosofia moral*. São Leopoldo: Unisinos, 2003. v. I. p. 43-49.

MARQUES, José Roberto. *O desenvolvimento sustentável e sua interpretação jurídica*. São Paulo: Verbatim, 2011.

MARTINS-COSTA, Judith; BRANCO, Gerson Luiz Carlos. *Diretrizes teóricas do novo Código Civil*. São Paulo: Saraiva, 2002.

MATTE, Maurício. Revisão da sentença em ação civil pública por alteração do estado de fato. Porto Alegre: Livraria do Advogado, 2013.

MATTOS, Sérgio Luís Wetzel de. *Devido processo legal e proteção de direitos*. Porto Alegre: Livraria do Advogado, 2009.

MAURÍCIO, Ubiratan de Couto. *Assistência simples no direito processual civil*. São Paulo: Revista dos Tribunais, 1983.

McCRACKEN, Grant. *Cultura & consumo*: novas abordagens ao caráter simbólico dos bens e das atividades de consumo. Tradução de Fernanda Eugenio. Rio de Janeiro: MAUAD, 2003.

MEDEIROS, Ana Letícia Barauna Duarte. Multiculturalismo. In: BARRETO, Vicente de Paulo (Coord.). *Dicionário de filosofia do direito*. São Leopoldo: Unisinos; Rio de Janeiro: Renovar, 2006. p. 588-592.

MEDEIROS, Maria Lúcia L. C. de. *A revelia sob o aspecto da instrumentalidade*. São Paulo: Revista dos Tribunais, 2003.

MEDINA, José Miguel Garcia. *Execução civil*: teoria geral: princípios fundamentais. 2. ed. São Paulo: Revista dos Tribunais, 2004.

MEDINA, Paulo Roberto de Gouvêa. *Teoria geral do processo*. Belo Horizonte: Del Rey, 2012.

MENDES, Aluisio Gonçalves de Castro; WAMBIER, Teresa Arruda Alvim. *O processo em perspectivas*: jornadas brasileiras de direito processual. São Paulo: Revista dos Tribunais, 2013.

MERCADANTE, Paulo. *Tobias Barreto*: o feiticeiro da tribo. Rio de Janeiro: UniverCidade, 2006.

MEURER JUNIOR, Ezair José. *Súmula vinculante no CPC/2015*. Florianópolis: Empório do Direito, 2016.

MINATTI, Alexandre. *Defesa do executado*. São Paulo: Revista dos Tribunais, 2017.

MIRANDA, Gilson Delgado. Procedimento sumário. São Paulo: Revista dos Tribunais, 2000.

MIRANDA, Pontes de. *Tratado da ação rescisória*. Atualizado por Vilson Rodrigues Alves. 2. ed. Campinas, SP: Bookseller, 2003.

MITIDIERO, Daniel (Coord.). *O processo civil no estado constitucional*. Salvador: JusPodivm, 2012.

———; ZANETI JÚNIOR, Hermes. *Introdução ao estudo do processo civil*: primeiras linhas de um paradigma emergente. Porto Alegre: Sergio Antonio Fabris, 2004.

———. *Carlos Alberto Alvaro de Oliveira*. In Revista de Processo. Ano 39. Volume 228. Fevereiro de 2014. 471-472.

———. *Colaboração no processo civil*: pressupostos sociais, lógicos e éticos. São Paulo: Revista dos Tribunais, 2009.

———. *Colaboração no Processo Civil*: pressupostos sociais, lógicos e éticos. 3. ed. São Paulo: Revista dos Tribunais, 2015.

———. *Elementos para uma teoria contemporânea do processo civil brasileiro*. Porto Alegre: Livraria do Advogado, 2005.

———. O processualismo e a formação do Código Buzaid. In: TELLINI, Denise Estrella; JOBIM, Geraldo Cordeiro; JOBIM, Marco Félix. *Tempestividade e efetividade processual*: novos rumos do processo civil brasileiro. Caxias do Sul: Plenum, 2010. p. 109-130.

———. *Processo civil e Estado constitucional*. Porto Alegre: Livraria do Advogado, 2007.

———; AMARAL, Guilherme Rizzo (Coords.). FEIJÓ, Maria Angélica Echer Ferreira (Org.). *Processo civil*: estudos em homenagem ao professor doutor Carlos Alberto Alvaro de Oliveira. São Paulo: Atlas, 2012.

MONTE, Douglas Anderson Dal. *Reclamação no CPC/2015*: hipóteses de cabimento, procedimento e tutela provisória. Florianópolis: Empório do Direito, 2015.

MORAES, Paulo Valério Dal Pai. *Conteúdo interno da sentença*: eficácia e coisa julgada. Porto Alegre: Livraria do Advogado, 1997.

MOREIRA, José Carlos Barbosa. *Temas de direito processual*. Nona série. São Paulo: Saraiva, 2007.

——. *Oitava série*. São Paulo: Saraiva, 2004.

MORIN, Edgar. *Ciência com consciência*. 14. ed. Tradução de Maria D. Alexandre e Maria Alice Sampaio Dória. Rio de Janeiro: Bertrand Brasil, 2010.

——. *Cultura de massas no século XX*. Espírito do tempo 1: neurose. 10. ed. Tradução de Maura Ribeiro Sardinha. Rio de Janeiro: Forense Universitária, 2011.

——. *Repensar a reforma*: reformar o pensamento: a cabeça bem feita. Tradução de Ana Paula de Viveiros. Lisboa: Instituto Piaget, 1999.

MOUZALAS, Rinaldo; SILVA, Beclaute Oliveira, MARINHO, Rodrigo Saraiva (coords). *Improcedência*. Salvador: JusPodivm, 2015. vol. 4.

MÜLLER, Friedrich. *O novo paradigma do direito*: introdução à teoria e metódica estruturantes. 3. Ed. São Paulo: Revista dos Tribunais, 2014.

MÜLLER, Julio Guilherme. *Negócios processuais e desjudicialização da produção da prova*: análise econômica e jurídica. São Paulo: Revista dos Tribunais, 2017.

MURITIBA, Sergio. *Ação executiva lato sensu e ação mandamental*. São Paulo: Revista dos Tribunais, 2005.

NÁIM, Moisés. *O fim do poder*: nas salas da diretoria ou nos campos de batalha, em Igrejas ou Estados, por que estar no poder não é mais o que costumava ser? Tradução de Luis Reyes Gil. São Paulo: LeYa, 2013.

NARLOCH, Leandro. *Guia politicamente incorreto da economia brasileira*. São Paulo: Leya, 2015.

——. *Guia politicamente incorreto do Brasil*. 2. ed. São Paulo: Leya, 2011.

——. *Guia politicamente incorreto do mundo*. São Paulo: Leya, 2013.

——; TEIXEIRA, Duda. *Guia politicamente incorreto da América Latina*. São Paulo: Leya, 2011.

NIEVA-FENLL, Jordi. *Coisa julgada*. Tradução de Antônio do Passo Cabral. São Paulo: Revista dos Tribunais, 2016.

NOGUEIRA, Pedro Henrique. *Negócios jurídicos processuais*. 2. ed. Salvador: JusPodivm, 2017.

NOJIRI, Sérgio. *O dever de fundamentar as decisões judiciais*. 2. ed. São Paulo: Revista dos Tribunais, 2000.

NUNES, Dierle José Coelho. *Processo jurisdicional democrático*: uma análise crítica das reformas processuais. Curitiba: Juruá, 2008.

OAB. Conselho Federal. *Brasil, sozinho, tem mais faculdades de direito que todos os países*. Disponível em: <http://www.oab.org.br/noticia/20734/brasil-sozinho-tem-mais-faculdades-de-direito-que-todos-os-paises>. Acesso em: 03 abr. 2014.

OBSTINADA, catarinense inicia segundo leilão para vender virgindade. *Folha de São Paulo*, São Paulo, 22 nov. 2013. Disponível em: <http://f5.folha.uol.com.br/celebridades/2013/11/1375299-obstinada-catarinense-inicia-segundo-leilao-para-vender-virgindade.shtml>. Acesso em: 05 jun. 2014.

OLIANI, José Alexandre M. *Sentença no novo CPC*. São Paulo: Revista dos Tribunais, 2015.

OLIVEIRA, Carlos Alberto Alvaro de; MITIDIERO, Daniel. *Curso de processo civil*: volume 1: teoria geral do processo civil e parte geral do direito processual civil. São Paulo: Atlas, 2010.

OLIVEIRA, Paulo Mendes de. *Coisa julgada e precedente*: limites temporais e as relações jurídicas de trato continuado. São Paulo: Revista dos Tribunais, 2015.

OLIVEIRA, Pedro Miranda de. *Ensaios sobre recursos e assuntos afins*. Florianópolis: Eduardo de Avelar Lamy; Pedro Manoel Abreu; Pedro Miranda de Oliveira (Coordenadores). Conceito, 2011.

OLIVEIRA, Pedro Miranda de. *Novíssimo sistema recursal conforme o CPC/2015*. Florianópolis: Eduardo de Avelar Lamy; Pedro Manoel Abreu; Pedro Miranda de Oliveira (Coordenadores). Conceito, 2015.

OLIVEIRA, Robson Carlos de. *Embargos à arrematação e à adjudicação*. São Paulo: Revista dos Tribunais, 2006.

OLIVEIRA FILHO, Candido de. *Curso de prática do processo*. Rio de Janeiro: Livraria Editora Dr. Candido de Oliveira Filho, 1938.

O MENTIROSO (título original: *liar liar*). 86 min. 1997. Universal Pictures. Direção: Tom Shadyac.

O PRIMEIRO MENTIROSO (título original: *The invenction of lying*). 120 min. 2009. Universal Pictures. Direção: Ricky Gervais e Matthew Robinson.

ORTIZ, Renato. *Mundialização e cultura*. São Paulo: Brasiliense, 2000.

OSNA, Gustavo. *Direitos individuais homogêneos*: pressupostos, fundamentos e aplicação no processo civil. São Paulo: Revista dos Tribunais, 2014.

OSNA, Gustavo. *Processo Civil, cultura e proporcionalidade*: análise crítica da teoria processual. São Paulo: Revista dos Tribunais, 2017.

OST, François. *O tempo do Direito*. Tradução de Maria Fernanda Oliveira. Lisboa: Instituto Piaget, 1999.

CULTURA, ESCOLAS E FASES METODOLÓGICAS DO PROCESSO

PACHECO, Silva. *Evolução do processo civil brasileiro*. 2. ed. Rio de Janeiro: Renovar, 1999.

PACÍFICO, Luiz Eduardo Boaventura. *O ônus da prova*. 2. ed. São Paulo: Revista dos Tribunais, 2011.

PALMA, Rodrigo Freitas. *História do direito*. 4. ed. São Paulo: Saraiva, 2011.

PAOLINELLI, Camilla Mattos. *O ônus da prova no processo democrático*. Rio de Janeiro: Lumen Juris, 2014.

PASSOS, J. J. Calmon de. *A ação no direito processual civil brasileiro*. Salvador: JusPodivm, 2014.

———. *Ensaios e pareceres*. Salvador: JusPodivm, 2014, vol. 1.

PAULA, Jônatas Luiz Moreira de. *História do direito processual brasileiro*: das origens lusas à escola crítica do processo. Barueri: Manole, 2002.

———. *A jurisdição como elemento de inclusão social*: revitalizando as regras do jogo democrático. Barueri: Manole, 2002.

PEREIRA, Paula Pessoa. *Legitimidade dos precedentes*: universabilidade das decisões do STJ. São Paulo: Revista dos Tribunais, 2014.

PICÓ I JUNOY, Joan. *O juiz e a prova*: estudo da errônea recepção do brocardo *iudex iudicare debet secundum allegata et probata, non secundum conscientiam* e sua repercussão atual. Tradução de Darci Guimarães Ribeiro. Porto Alegre: Livraria do Advogado, 2015.

PINHO, Humberto Dalla Bernadina de. *Direito processual civil contemporâneo*: teoria geral do processo. 8º ed. São Paulo: Saraiva, 2018. vol 1.

———. *Direito processual civil contemporâneo*: processo de conhecimento, procedimentos especiais, processo de execução, preceso nos tribunais e disposições finais e transitórias. 5ª ed. São Paulo: Saraiva, 2018. vol. 2

POLIDO, Fabrício Bertini Pasquot; RAMOS, Marcelo Maciel (Orgs.). *Direito chinês contemporâneo*. São Paulo: Almedina, 2015.

PONDÉ, Luiz Felipe. *A era do ressentimento*: uma agenda para o contemporâneo. São Paulo: LeYa, 2014.

———. *Guia politicamente incorreto da filosofia*. São Paulo: Leya, 2012.

POPPER, Karl. *Conjecturas e refutações*: o desenvolvimento do conhecimento científico. Tradução de Benedita Bettencourt. Coimbra: Almedina, 2006.

PORTAL BULLYING. Disponível em: <http://www.portalbullying.com.pt/>. Acesso em: 05 jun. 2014.

PORTANOVA, Rui. *Princípios do processo civil*. 6. ed. Porto Alegre: Livraria do Advogado, 2005.

———. *Motivações ideológicas da sentença*. 5. ed. Porto Alegre: Livraria do Advogado, 2003.

PORTO, Guilherme Athayde. *Formação da coisa julgada e prova produzida*: uma perspectiva do processo coletivo para o individual. Porto Alegre: Livraria do Advogado, 2015.

PORTO, Sérgio Gilberto; PORTO, Guilherme Athayde. *Lições sobre teorias do processo*: civil e constitucional. Porto Alegre: Livraria do Advogado, 2013.

———; USTÁRROZ, Daniel. *Manual dos recursos cíveis*. 3. ed. Porto Alegre: Livraria do Advogado, 2011.

POSCENTE, Vince. *A era da velocidade*: aprendendo a prosperar em um universo mais-rápido-já. Tradução de Suely Cuccio. São Paulo: DVS, 2008.

POZZA, Pedro Luiz. *Sentença parcial de mérito*: cumulação de pedidos e o formalismo-valorativo para a celeridade da prestação jurisdicional. Curitiba: Juruá, 2015.

PPGD UFPR. Disponível em: <http://www.ppgd.ufpr.br/portal/>. Acesso em 13 fev. 2018.

PPGD UFRGS. Disponível em: <http://www.ufrgs.br/ppgd/>. Acesso 13 fev. 2018.

PPGD UNIPAR. Disponível em: <http://pos.unipar.br/pt-br/mestrado-e-doutorado/mestrado-em-direito-processual-e-cidadania>. Acesso em 13 fev. 2018.

PUGLIESE, William. *Precedentes e a civil law brasileira*: interpretação e aplicação do novo Código de Processo Civil. São Paulo: Revista dos Tribunais, 2016.

QUINTELA, Flavio. *Mentiram (e muito) para mim*. Campinas, SP: Vide Editorial, 2014.

RAMO, Joshua Cooper. *A era do inconcebível*: por que a atual desordem no mundo não deixa de nos surpreender. Tradução de Donaldson M. Garschagen. São Paulo: Companhia das Letras, 2010.

RAMOS, Vitor de Paula. *Ônus da prova no processo civil*: do ônus ao dever de provar. São Paulo: Revista dos Tribunais, 2015.

REALE, Miguel. Conceito de cultura: seus temas fundamentais. In: ———. *Paradigmas da cultura contemporânea*. 2. ed. São Paulo: Saraiva, 2005. p. 1-23.

———. *Filosofia do direito*. 20. ed. São Paulo: Saraiva, 2002.

———. *Paradigmas da cultura contemporânea*. 2. ed. São Paulo: Saraiva, 2005.

REICHELT, Luis Alberto. *A prova no direito processual civil*. Porto Alegre: Livraria do Advogado, 2009.

REIS, Maurício Martins. *A legitimação do Estado Democrático de Direito para além da decretação abstrata de constitucionalidade*: o valor prospectivo da interpretação conforme à Constituição como desdobramento concreto entre a lei e o direito. Passo Fundo: Imed, 2012.

RIBEIRO, Cristiana Zugno Pinto. *Apelação no novo CPC*: efeitos devolutivo e suspensivo. Porto Alegre: Livraria do Advogado, 2016.

RIBEIRO, Darci Guimarães. *La pretensión procesal y la tutela judicial efectiva*: hacia una teoria procesal del derecho. Barcelona: J. M. Bosch Editor, 2004.

——. *Da tutela jurisdicional às formas de tutela*. Porto Alegre: Livraria do Advogado, 2010.

RIBEIRO, Leonardo Ferres da Silva. *Tutela provisória*: tutela a de urgência e tutela de evidência: do CPC/1973 ao CPC/2015, de Leonardo Ferres da Silva Ribeiro. São Paulo: Revista dos Tribunais, 2015.

RIO GRANDE DO SUL. Tribunal de Justiça do RS. *Agravo de Instrumento N° 70058469362*. Vigésima Segunda Câmara Cível, Relator: Maria Isabel de Azevedo Souza, Julgado em 24/04/2014. Disponível em: <http://www.tjrs.jus.br/busca/?q=testemunha+e+jeov%E1&tb=jurisnova&partialfields=tribunal%3ATribunal%2520de%2520Justi%25C3%25A7a%2520do%2520RS.%28TipoDecisao%3Aac%25C3%25B3rd%25C3%25A3o%7CTipoDecisao%3Amonocr%25C3%25A1tica%7CTipoDecisao%3Anull%29&requiredfields=&as_q=>. Acesso em: 04 jun. 2014.

——. ——. *Apelação Cível N° 70059068387*. Nona Câmara Cível, Relator: Iris Helena Medeiros Nogueira, Julgado em 14/05/2014. Disponível em: <http://www.tjrs.jus.br/busca/?q=facebook&tb=jurisnova&partialfields=tribunal%3ATribunal%2520de%2520Justi%25C3%25A7a%2520do%2520RS.%28TipoDecisao%3Aac%25C3%25B3rd%25C3%25A3o%7CTipoDecisao%3Amonocr%25C3%25A1tica%7CTipoDecisao%3Anull%29&requiredfields=&as_q=>. Acesso em: 01 jun. 2014.

——. ——. *Apelação Cível N° 70049350127*. Nona Câmara Cível. Des. Leonel Pires Ohweiler Disponível em: Disponível em: http://www.tjrs.jus.br/busca/?q=bullying&tb=jurisnova&pesq=ementario&partialfields=tribunal%3ATribunal%2520de%2520Justi%25C3%25A7a%2520do%2520RS.%28TipoDecisao%3Aac%25C3%25B3rd%25C3%25A3o%7CTipoDecisao%3Amonocr%25C3%25A1tica%7CTipoDecisao%3Anull%29&requiredfields=&as_q=>. Acesso em: 05 jun. 2014.

——. ——. Apelação Cível N° 70059999144, Décima Câmara Cível, Des. Túlio de Oliveira Martins. Disponível em: <http://www1.tjrs.jus.br/site_php/consulta/consulta_processo.php?nome_comarca=Tribunal+de+Justi%E7a&versao=&versao_fonetica=1&tipo=1&id_comarca=700&num_processo_mask=70059999144&num_processo=70059999144&codEmenta=6120546&temIntTeor=true>. Acesso: 3 de maio de 2015.

RIZZI, Sérgio. *Ação rescisória*. São Paulo: Revista dos Tribunais, 1979.

ROCHA, Jose de Albuquerque. *O processo da uniformização da jurisprudência*. São Paulo: Revista dos Tribunais, 1977.

ROCHA, Raquel Heck Mariano da. *Preclusão no processo civil*. Porto Alegre: Livraria do Advogado, 2011.

RODOVALHO, Thiago. *Cláusula arbitral nos contratos de adesão*. São Paulo: Almedina, 2016.

RODRIGUES, Horácio Wanderlei. *Pensando o ensino do direito no século XXI*: diretrizes curriculares, projeto pedagógico e outras questões pertinentes. Florianópolis: Fundação Boiteux, 2005.

——; LAMY, Eduardo de Avelar. *Teoria geral do processo*. 3. ed. Rio de Janeiro: Elsevier, 2012.

RODRIGUES, Marcelo Abelha. *Fundamentos da tutela coletiva*. Brasília: Gazeta Jurídica, 2017.

RODRIGUES, Marco Antonio. *Manual dos recursos*: ação rescisória e reclamação. São Paulo: Atlas, 2017.

RODRIGUES, Ruy Zoch. *Ações repetitivas*: casos de antecipação de tutela sem requisito de urgência. São Paulo: Revista dos Tribunais, 2010.

ROHDEN, Luiz. Gadamer. In: PECORARO, Rossano (Org.). *Os filósofos*: clássicos da filosofia: de Ortega y Gasset a Vattimo. Petrópolis, RJ: Vozes; Rio de Janeiro: PUC-Rio, 2008. v. III. p. 57-80.

ROSINHA, Martha. *Os efeitos dos recursos*: atualizado com o projeto do novo Código de Processo Civil. Porto Alegre: Livraria do Advogado, 2012.

ROSITO, Francisco. *Teoria dos precedentes judiciais*: racionalidade da tutela jurisdicional. Curitiba: Juruá, 2012.

ROSSI, Jones; MENDES JÚNIOR, Leonardo. *Guia politicamente incorreto do futebol*. São Paulo: Leya, 2014.

RUBIN, Fernando. *A preclusão na dinâmica do processo civil*. Porto Alegre: Livraria do Advogado, 2010.

RUZON, Bruno Ponich (Org.). *Princípios do processo civil brasileiro*. Porto Alegre: Verbo Jurídico, 2013.

SÁ, Renato Montans de. *Manual de direito processual civil*. 3ª ed. São Paulo: Saraiva, 2017.

SALDANHA, Jânia Maria Lopes. . *Substancialização e efetividade no Direito Processual Civil* – A sumariedade material da jurisdição – Proposta de estabilização da tutela antecipada em relação ao Projeto de Novo CPC. 1. ed. Curitiba: Juruá, 2011.

SAMPAIO, Ítalo Abrantes. *Medo*: fronteira entre o sobreviver e o viver. Porto Alegre: Livraria do Advogado, 2013.

SAMPAIO JUNIOR, José Herval. *Processo constitucional*: nova concepção de jurisdição. Rio de Janeiro: Forense; São Paulo: Método, 2008.

SANDEL, Michael J. *Contra a perfeição*: ética na era da engenharia genética. Tradução de Ana Carolina Mesquita. Rio de Janeiro: Civilização Brasileira, 2013.

——. *O que o dinheiro não compra*: os limites morais do mercado. Rio de Janeiro: Civilização Brasileira, 2012.

——. *Justiça* – o que é fazer a coisa certa. Tradução de Heloisa Matias e Maria Alice Máximo. Rio de Janeiro: Civilização Brasileira, 2011.

SANTANA, Gustavo. *A administração pública em juízo*. Porto Alegre: Verbo Jurídico, 2013.

SANTO AGOSTINHO. *Confissões*. Tradução de Maria Luiza Jardim Amarante. São Paulo: Paulus, 1984.

SANTOS, André Leonardo Copetti; LUCAS, Doglas Cesar. *A (in)diferença no Direito*. Porto Alegre: Livraria do Advogado, 2015.

SANTOS, José Luiz dos. *O que é cultura*. São Paulo: Brasiliense, 2012.

SANTOS FILHO, Orlando Venâncio dos. *A dogmatização da ampla defesa*: óbice à efetividade do processo. Rio de Janeiro: Lumen Juris, 2005.

SANTOS, Ernane Fidélis dos. *Manual de direito processual civil*. Processo de conhecimento. 11. ed. São Paulo: Saraiva, 2006. v. I.

SANTOS, Moacyr Amaral. *Primeiras linhas de direito processual civil*. 25. ed. atualizada por Maria Beatriz Amaral dos Santos Köhnen. São Paulo: Saraiva, 2007. v. I.

SANTOS, Tânia Maria dos. *O direito à cultura na Constituição Federal de 1988*. Porto Alegre: Verbo Jurídico, 2007.

SANTOS, Welber Queiroz. *Princípio do contraditório e vedação de decisão surpresa*. Rio de Janeiro: Forense, 2018.

SARLET, Ingo Wolfgang. *Dignidade da pessoa humana e direitos fundamentais na Constituição Federal de 1988*. 8ª ed. Porto Alegre: Livraria do Advogado, 2010.

SCALABRIN, Felipe. *Causa de pedir e atuação do Supremo Tribunal Federal*. Volume 3. Porto Alegre: Verbo Jurídico, 2014.

SCARPARO, Eduardo. *As invalidades processuais civis na perspectiva do formalismo-valorativo*. Porto Alegre: Livraria do Advogado, 2013.

SCHWANITZ, Dietrich. *Cultura geral*: tudo o que se deve saber. Tradução de Beatriz Silke Rosa, Eurides Avance de Souza, Inês Antonia Lohbauer. São Paulo: Martins Fontes, 2007.

SCHMITZ, Leonard Ziesemer. *Fundamentação das decisões judiciais*: a crise na construção de respostas no processo civil. São Paulo: Revista dos Tribunais, 2015.

SCRUTON, Roger. *Como ser um conservador*. Tradução de Bruno Garschagen. Rio de Janeiro: Record, 2015.

SHIMURA, Sérgio Seiji. *Arresto cautelar*. 3. ed. São Paulo: Revista dos Tribunais, 2005.

SICA, Heitor Vitor Mendonça. *Cognição do juiz da execução civil*. São Paulo: Revista dos Tribunais, 2017.

——. *Comentários ao Código de Processo Civil*: arts. 674 ao 718. Luiz Guiherme Marinoni; Sérgio Cruz Arenhart e Daniel Mitidiero (coords.). São Paulo: Revista dos Tribunais, 2016. v. X.

——. *O direito de defesa no processo civil brasileiro*: um estudo sobre a posição do réu. São Paulo: Atlas, 2011.

SILVA, Ana Beatriz Barbosa. *Mentes consumistas*: do consumo à compulsão por compras. São Paulo: Globo, 2014.

SILVA, Ivan de Oliveira. *Relação de consumo religiosa*: a vulnerabilidade do fiel-consumidor e a sua tutela por meio do Código de Defesa do Consumidor. São Paulo: Atlas, 2012.

SILVA, Jaqueline Mielke. *O direito processual civil como instrumento de realização de direitos*. Porto Alegre: Verbo Jurídico, 2005.

——. *O tempo na sociedade pós-moderna*. In: JOBIM, Geraldo Cordeiro; JOBIM, Marco Félix; TELLINI, Denise Estrela. *Tempestividade e efetividade processual*: novos rumos do processo civil brasileiro. Caxias do Sul: Plenum, 2010. p. 357-367.

SILVA, João Calvão da; CUNHA, Leonardo Carneiro da; CAPELO, Maria José; THOMAZ, Osvir Guimarães (orgs). *Processo Civil comparado*: análise entre Brasil e Portugal. São Paulo: Forense, 2017.

SILVA, José Afonso da. *Ordenação constitucional da cultura*. São Paulo: Malheiros, 2001.

SILVA, Kalina Vanderlei; SILVA, Maciel Henrique. *Dicionário de conceitos históricos*. 3. ed. São Paulo: Contexto, 2010.

SILVA, Ovídio A. Baptista da. *Curso de Processo Civil*. 8. ed. Rio de Janeiro: Forense, 2008, vol. 1, Tomo I.

——. *Curso de Processo Civil*: Processo cautelar (tutela de urgência). 4. ed. Rio de Janeiro: Forense, 2007, vol. 2.

——. *Da sentença liminar à nulidade da sentença*. Rio de Janeiro: Forense, 2002.

——. *Epistemologia das ciências culturais*. Porto Alegre: Verbo, 2009.

——. *Jurisdição, direito material e processo*. Rio de Janeiro: Forense, 2008.

——. *Jurisdição e execução na tradição romano-canônica*. 3. ed. Rio de Janeiro: Forense, 2007.

——. *Processo e ideologia*: o paradigma racionalista. 2. ed. Rio de Janeiro: Forense, 2006.

——. *Sentença e coisa julgada*: (ensaios e pareceres). 4. ed. Rio de Janeiro: Forense, 2006.

SILVA, Ricardo Alexandre da. *Condenação e cumprimento de sentença*. Eduardo de Avelar Lamy; Pedro Manoel Abreu; Pedro Miranda de Oliveira (Coordenadores). Florianópolis: Conceito, 2011.

——; LAMY, Eduardo. *Comentários ao Código de Processo Civil*: arts. 539 ao 673. Luiz Guiherme Marinoni; Sérgio Cruz Arenhart e Daniel Mitidiero (coords.). São Paulo: Revista dos Tribunais, 2016. v. IX.

SILVA, Vasco Pereira da. *A cultura a que tenho direito*: direitos fundamentais e cultura. Coimbra: Almedina, 2007.

SILVA NETO, Francisco Antônio de barros e; KOEHLER, Frederico Augusto Leopoldino; CUNHA, Leonardo Carneiro da; ALBU-QUERQUE JÚNIOR, Roberto Paulino; COSTA FILHO, Venceslau Tavares (coords.). *Relações e influências recíprocas entre direito material e direito processual*: estudos em homenagem ao professor Torquato Castro. Salvador: JusPodivm, 2017. 6ª Série.

SINAY, Sergio. *A sociedade que não quer crescer*: quando os adultos se negam a ser adultos. Tradução de Maria Dalva Leite de Castro de Bonnet. Rio de Janeiro: Guarda-Chuva, 2012.

SIQUEIRA, Thiago Ferreira. *A responsabilidade patrimonial no novo sistema processual civil*. São Paulo: Revista dos Tribunais, 2016.

SOARES, Guido Fernando Silva. *Common law*: introdução ao direito dos EUA. 2. ed. São Paulo: Revista dos Tribunais, 2000.

SOKAL, Alan; BRICMONT, Jean. *Imposturas intelectuais*: o abuso da ciência pelos filósofos pós-modernos. 5. ed. Tradução de Max Altman. Rio de Janeiro: Record, 2012.

SPADONI, Joaquim Felipe. *Ação inibitória*: a ação prevista no art. 461 do CPC. São Paulo: Revista dos Tribunais, 2007.

SPENGLER, Fabiana Marion. *Da jurisdição à mediação*: por outra cultura no tratamento de conflitos. Ijuí: Unijuí, 2010.

STIX, Gary. Tempo real. *Scientific American*, São Paulo: Ediouro, ed. 21, 2007.

STRECK, Lenio Luiz. *Compreender direito II*. São Paulo: Revista dos Tribunais, 2014.

———. *Compreender direito*. São Paulo: Revista dos Tribunais, 2013.

———. *Compreender direito*: nas brechas da lei. São Paulo: Revista dos Tribunais, 2015. vol. III.

———. Direito mastigado e literatura facilitada: agora vai !!! Disponível em: <http://www.conjur.com.br/2014-mai-08/senso-incomum-direito-mastigado-literatura-facilitada-agora>. Acesso 06 de outubro de 2017.

———. *O que é isto* – decido conforme minha consciência. 2. ed. Porto Alegre: Livraria do Advogado, 2010.

———. *Lições de crítica hermenêutica do direito*. Porto Alegre: Livraria do Advogado, 2014.

SUNDFELD, Carlos Ari. *Fundamentos de Direito público*. 5. ed. São Paulo: Malheiros, 2012.

TAJES, Cláudia. A idade do exagero. *Zero Hora*. Ano 51, n. 18.015. Revista Doona, 2015. p. 8.

TALAMINI, Eduardo. *Coisa julgada e sua revisão*. São Paulo: Revista dos Tribunais, 2005.

———. *Tutela monitória: a ação monitória* – Lei 9.079/95. 2. ed. São Paulo: Revista dos Tribunais, 2001.

———. A (in)disponibilidade do Interesse público. In *Justiça multiportas*: mediação, conciliação, arbitragem e outros meios de solução adequada de conflitos. ZANETI JR., Hermes; CABRAL, Trícia Navarro Xavier (coordenadores); DIDIER JR., Fredie (coordenador geral). Salvador: Juspodivm, 2017. p. 275-297.

TARELLO, Giovanni. La semântica Del néustico. Observaciones sobra la parte descriptiva de los enunciados prescriptivos. In *El realismo jurídico genovês*. Jordi Ferrer Beltrán; Giovanni B. Ratti (Eds). Madrid: Martial Pons, 2011. P. 15-39.

TARUFFO, Michele. Aspectos fundamentais do processo civil de *civil law* e de *common law*. In: ———. *Processo civil comparado*: ensaios. Tradução de Daniel Mitidiero. São Paulo: Marcial Pons, 2013. p. 11-34.

———. *Ensaios sobre o processo civil*: escritos sobre processo e justiça civil. Organizador e revisor das traduções Darci Guimarães Ribeiro. Porto Alegre: Livraria do Advogado, 2017.

———. *Processo civil comparado*: ensaios. Tradução de Daniel Mitidiero. São Paulo: Marcial Pons, 2013.

TAVARES, Fernando Horta (Coord.). *Constituição, direito e processo*: princípios constitucionais do processo. Curitiba: Juruá, 2008.

TAYLOR, Charles. *Multiculturalismo*: examinando a política de reconhecimento. Tradução de Marta Machado. Lisboa: Instituto Piaget, 1994.

TEIXEIRA, Anderson Vichinkeski; OLIVEIRA, Elton Somensi. *Correntes contemporâneas do pensamento jurídico*. Barueri, SP: Manole, 2010.

TEIXEIRA, Guilherme Puchalski. *Tutela específica dos direitos*: obrigações de fazer, não fazer e entregar coisa. Porto Alegre: Livraria do Advogado, 2011.

TELLES, André. *A revolução das mídias sociais*: cases, conceitos, dicas e ferramentas. São Paulo: M. Books do Brasil, 2011.

TESHEINER, José Maria Rosa. *Elementos para uma teoria geral do processo*. São Paulo: Saraiva, 1993.

———. *Medidas cautelares*. São Paulo: Saraiva, 1973.

———; THAMAY, Rennan Faria Krüger. *Teoria geral do processo*: em conformidade com o novo CPC. Rio de Janeiro: Forense, 2015.

TESSER, André Luiz Bäuml. *Tutela cautelar e antecipação de tutela*: perigo de dano e perigo de demora. São Paulo: Revista dos Tribunais, 2014.

THAMAY, Rennan Faria Krüger. *A coisa julgada no controle de constitucionalidade abstrato*. São Paulo: Atlas, 2015.

THEODORO JÚNIOR, Humberto; NUNES, Dierle; BAHIA, Alexandre Melo Franco; PEDRON, Flávio Quinaud. *Novo CPC*: fundamentos e sistematização. Rio de Janeiro: Forense, 2015.

CULTURA, ESCOLAS E FASES METODOLÓGICAS DO PROCESSO

THOMAZ, Osvir Guimarães. Os negócios processuais típicos e atípicos no novo Código de Processo Civil brasileiro e o regramento dos negócios processuais no Código de Processo Civil português. *In Processo Civil comparado*: análise entre Brasil e Portugal. São Paulo: Forense, 2017. p. 237-260.

TORRES, Artur. *CPC passado a limpo*: procedimento geral, procedimento comum e cumprimento de sentença: volume 1. Porto Alegre: Livraria do Advogado, 2018.

——. *CPC passado a limpo*: procedimentos especiais, processo de execução e o processo nos tribunais: volume 2. Porto Alegre: Livraria do Advogado, 2018.

TOSCAN, Anissara. *Preclusão processual civil*: estática e dinâmica. São Paulo: Revista dos Tribunais, 2015.

TOSTA, Jorge. Do reexame necessário. São Paulo: Revista dos Tribunais, 2005.

TRINDADE, André; MAZZARI JUNIOR, Edval Luiz. *Autonomia universitária e Direito educacional. in* Direito universitário e educação contemporânea. André Trindade (Coord.). Porto Alegre: Livraria do Advogado, 2009.

TUCCI, José Rogério Cruz e. *A causa petendi no Processo Civil*. 3. ed. São Paulo: Revista dos Tribunais, 2009.

——. *Comentários ao Código de Processo Civil*: arts. 485 ao 538. Luiz Guiherme Marinoni; Sérgio Cruz Arenhart e Daniel Mitidiero (coords.). São Paulo: Revista dos Tribunais, 2016. v. VIII.

——; AZEVEDO, Luiz Carlos de. *Lições de história do processo civil romano*. São Paulo: Revista dos Tribunais, 2001.

UERJ. *Faculdade de Direito*. Disponível em: <http://www.direitouerj.org.br/2005/index.php?id_pagina=1020000&listar_por=departamentos>. Acesso em: 13 jun. 2014.

WAMBIER, Luiz Rodrigues. *Liquidação da sentença civil*: individual e coletiva. 5. ed. São Paulo: Revista dos Tribunais, 2013.

WAMBIER, Teresa Arruda Alvim. *Nulidades do processo e da sentença*. 7. ed. São Paulo: Revista dos Tribunais, 2014.

VARGAS LLOSA, Mario. Breve discurso sobre a cultura. In: MACHADO, Cassiano Elek (Org.). *Pensar a cultura*. Porto Alegre: Arquipélago, 2013. p. 11-31.

VASCONCELOS, Rita. *Impenhorabilidade do bem de família*. 2. ed. São Paulo: Revista dos Tribunais, 2015.

VASCONCELOS, Ronaldo. *Direito processual falimentar*. São Paulo: Quartier Latin, 2008.

VIAFORE, Daniele. *As ações repetitivas no direito brasileiro*: com comentários sobre a proposta de "incidentes de resolução de demandas repetitivas" ao projeto de novo Código de Processo Civil. Porto Alegre: Livraria do Advogado, 2014.

VIDIGAL, Luis Eulalio de Bueno. *Direito processual civil*. São Paulo: Saraiva, 1965.

VITORELLI, Edilson. *O devido processo legal coletivo*: dos direitos aos litígios coletivos. São Paulo: Revista dos Tribunais, 2016.

WATANABE, Kazuo. *Da cognição no processo civil*. Campinas: Bookseller, 2000.

——. *Cognição no processo civil*. 4. ed. São Paulo: Saraiva, 2012.

WEINGARTNER NETO, Jayme. *Liberdade religiosa na Constituição*: fundamentalismo, pluralismo, crenças, cultos. Porto Alegre: Livraria do Advogado, 2007.

WELSCH, Gisele Mazzoni. *O reexame necessário e a efetividade da tutela jurisdicional*. Porto Alegre: Livraria do Advogado, 2010.

——. *Legitimação democrática do Poder Judiciário no novo CPC*. São Paulo: Revista dos Tribunais, 2016.

WENDT, Emerson; JORGE, Higor Vinicius Nogueira. *Crimes cibernéticos*: ameaças e procedimentos de investigação. 2. ed. Rio de Janeiro: Brasport, 2013.

WHITE, Leslie A.; DILLINGHAM, Beth. *O conceito de cultura*. Tradução de Teresa Dias Carneiro. Rio de Janeiro: Contraponto, 2009.

WHITROW, G. J. *O que é tempo?* Uma visão clássica sobre a natureza do tempo. Tradução de Maria Ignez Duque Estrada. Rio de Janeiro: Jorge Zahar, 2005.

WINDSCHEID, Bernhard; MUTHER, Theodor. *Polemica sobre la "actio"*. Tradução de Tomás A. Banzhaf. Buenos Aires: Ediciones Jurídicas Europa-América, 1976.

XAVIER, Carlos Eduardo Rangel. *Reclamação constitucional e precedentes judiciais*: contributo a um olhar crítico sobre o novo Código de Processo Civil. São Paulo: Revista dos Tribunais, 2016.

YARSHELL, Flávio Luiz; PEREIRA, Guilherme Seteguti J.; RODRIGUES, Viviane Siqueira. *Comentários ao Código de Processo Civil*: arts. 334 ao 368. Luiz Guiherme Marinoni; Sérgio Cruz Arenhart e Daniel Mitidiero (coords.). São Paulo: Revista dos Tribunais, 2016. v. V.

YARSHELL, Flávio Luiz. *Curso de Direito Processual Civil*. Vol. I. São Paulo: Marcial Pons, 2014.

——. *Tutela jurisdicional*. 2. ed. São Paulo: DPJ, 2006.

——; Pessoa, Fabio Guidi Tabosa. *Direito intertemporal*. Salvador: JusPodivm, 2016. vol. 7.

ZAMPIER, Bruno. *Bens digitais*. Indaiatuba, SP: Foco Jurídico, 2017.

ZANETI JR., Hermes. *Carlos Alberto Alvaro de Oliveira*. In Revista de Processo. Ano 39. Volume 228. Fevereiro de 2014. 477-479.

——. *Comentários ao Código de Processo Civil*: arts. 824 ao 925. Luiz Guiherme Marinoni; Sérgio Cruz Arenhart e Daniel Mitidiero (coords.). São Paulo: Revista dos Tribunais, 2016. v. XIV.

——. *Processo constitucional*: o modelo constitucional do processo civil brasileiro. Rio de Janeiro: Lumen Juris, 2007.

——; CABRAL, Trícia Navarro Xavier. *Justiça multiportas*: Mediação, Conciliação, Arbitragem e outros meios de solução adequada de conflitos. Salvador: JusPodivm, 2017. vol. 09.

——; GOMES, Camilla de Magalhães. O processo coletivo e o formalismo-valorativo como nova fase metodológica do processo civil. *in Revista de Direitos Difusos*. Ano XI. Março/2011. Vol. 53. p. 13-32.

ZAVASCKI, Teori. *Comentários ao Código de Processo Civil*: arts. 771 ao 796. Luiz Guiherme Marinoni; Sérgio Cruz Arenhart e Daniel Mitidiero (coords.). São Paulo: Revista dos Tribunais, 2016. v. XII.

——. *Processo de execução*: parte geral. 3. ed. São Paulo: Revista dos Tribunais, 2004. Até a 2ª edição o nome era outra: ZAVASCKI, Teori Albino. *Título executivo e liquidação*. 2. ed. São Paulo: Revista dos Tribunais, 2001.

ZIMBARDO, Philip; BOYD, John. *O paradoxo do tempo*: você vive preso ao passado, viciado no presente ou refém do futuro? Tradução de Saulo Adriano. Rio de Janeiro: Objetiva, 2009.

ZIPPELIUS, Reinhold. *Filosofia do direito*. Tradução de António Franco e António Francisco de Souza. São Paulo: Saraiva, 2012.

Impressão:
Evangraf
Rua Waldomiro Schapke, 77 - POA/RS
Fone: (51) 3336.2466 - (51) 3336.0422
E-mail: evangraf.adm@terra.com.br